动物解剖学与组织胚胎学

（第3版）

本书第2版荣获
首届全国教材建设奖
全国优秀教材
一等奖

主　编　滕可导（中国农业大学）
副主编　马云飞（中国农业大学）
　　　　张　晗（河北大学）
参　编　张　涛（北京农学院）
　　　　石　娇（沈阳农业大学）
　　　　白志坤（东北农业大学）
　　　　胡传活（广西大学）
　　　　杨　平（南京农业大学）
　　　　殷玉鹏（西北农林科技大学）
　　　　李海军（内蒙古农业大学）
　　　　徐春生（石河子大学）
　　　　王水莲（湖南农业大学）

中国教育出版传媒集团
高等教育出版社·北京

内容提要

　　本书以猪为主要代表动物,从宏观到微观分别介绍各生理系统中主要器官的形态与结构,以及与畜牧生产、兽医临床有关的解剖学、组织学知识,畜禽胚胎发育的基础理论。依据动物分类,比较了从原生动物到哺乳动物等不同门类动物的主要器官形态、结构的起源和演化,以顺应动物科学、动物医学等专业的发展。全书分绪论、细胞和基本组织、被皮系统、运动系统、循环系统、消化系统、呼吸系统、泌尿系统、生殖系统、免疫系统、神经系统和内分泌腺、感觉器官、畜禽胚胎学。本书图表丰富,文字简练,主线清晰,重点突出,各章附有名词解释、自测题及答案等。

　　本书可用作各类高等院校动物科学、动物医学类专业全日制本科生或网络教育学院的教材或复习参考书。

图书在版编目（CIP）数据

动物解剖学与组织胚胎学／滕可导主编. --3版
. -- 北京：高等教育出版社，2022.8（2023.9重印）
　ISBN 978-7-04-058398-4

　Ⅰ. ①动… Ⅱ. ①滕… Ⅲ. ①动物解剖学 - 高等学校
- 教材②动物胚胎学 - 组织（动物学）- 高等学校 - 教材
Ⅳ. ①Q954

中国版本图书馆CIP数据核字（2022）第043613号

DONGWU JIEPOUXUE YU ZUZHI PEITAIXUE

策划编辑 李 融	责任编辑 李 融	封面设计 姜 磊	责任印制 朱 琦

出版发行	高等教育出版社	网　址	http://www.hep.edu.cn
社　址	北京市西城区德外大街4号		http://www.hep.com.cn
邮政编码	100120	网上订购	http://www.hepmall.com.cn
印　刷	天津鑫丰华印务有限公司		http://www.hepmall.com
开　本	787mm×1092mm　1/16		http://www.hepmall.cn
印　张	15	版　次	2006年2月第1版
字　数	380千字		2022年8月第3版
购书热线	010-58581118	印　次	2023年9月第3次印刷
咨询电话	400-810-0598	定　价	36.00元

本书如有缺页、倒页、脱页等质量问题,请到所购图书销售部门联系调换
　　　　　　侵权必究
　　　58398-00

数字课程（基础版）

动物解剖学与组织胚胎学

（第3版）

主编　滕可导

登录方法：

1. 电脑访问 http://abook.hep.com.cn/58398，或手机扫描下方二维码、下载并安装 Abook 应用。
2. 注册并登录，进入"我的课程"。
3. 输入封底数字课程账号（20 位密码，刮开涂层可见），或通过 Abook 应用扫描封底数字课程账号二维码，完成课程绑定。
4. 点击"进入学习"，开始本数字课程的学习。

课程绑定后一年为数字课程使用有效期。如有使用问题，请点击页面右下角的"自动答疑"按钮。

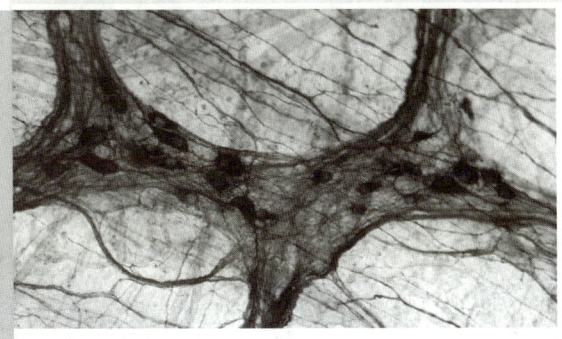

动物解剖学与组织胚胎学
（第3版）

本数字课程与纸质教材一体化设计，紧密配合，内容包括教学课件、彩图、动画、视频、名词术语等，可供各类高等院校不同专业的师生根据实际需求使用，也可供相关科学工作者参考。

http://abook.hep.com.cn/58398

扫描二维码，下载Abook应用

第3版前言

融合动物学、细胞生物学、解剖学、组织学、胚胎学的知识,认识动物身体的结构,是编写本教材的初衷。新版教材沿续了上一版教材以猪为主要代表动物、从宏观到微观介绍各生理系统中主要器官的形态与结构的基本面貌编写风格。

编者修订时考虑的因素有:畜牧扩展为动物科学、兽医变为动物医学的专业变化;动物种类很多,不同动物物种器官名称可能相同,但形态、结构会有不同;动物种类从低等到高等,器官的组织结构有简单有复杂;已有的研究资料在不同物种详细程度不同;重要的组织器官生理功能的形态学细节、分子生物学机制不断被揭示等;教学活动中学生学习需求的新变化等。

编者主要对第2版教材按生理功能所分章节第二至十一章进行了修订。关注不同动物体内相同生理功能器官的形态结构差异,参考了从原生动物到哺乳动物的相关内容,系统性地增加了不同门类动物器官起源和组织结构比较的新内容。此外,绪论中增加了解剖组织胚胎学简史、显微操作技术等。第一章中增加了:从最简单的真核细胞—原生动物—哺乳动物演化中的细胞的变与不变;对细胞、组织结构的一些新认识。第十二章按发育(时点)阶段而不是按物种分节,由两节调整为三节。正文修订约4万字,新增插图40余幅。期望新版教材是一本适教宜学的《动物解剖学与组织胚胎学》。

囿于编者水平以及取舍之间的主观意识所限,书中难免有疏漏、不当,甚至谬误,敬请各位读者批评指正。希望新版教材能激发同学们的学习兴趣,启发同学们自主学习、拓展科学认知,起到专业基础课教材的应有作用。

滕可导
2021年10月

第 2 版前言

新版教材与前一版相比,增加了"感觉器官"一章,以期完整地介绍动物身体的结构。并依据近十年来"动物解剖学与组织胚胎学"课程的教学改革,对第一版教材各章节的文字和插图做了进一步的完善和修订。补充了细胞的分子基础,心的血管,淋巴管和体液回流,特殊的牙齿,肠黏膜屏障,气囊、鳃与呼吸,肾的系膜细胞,肾间质,囊小结,调节性 T 淋巴细胞等新内容。并根据动物科学、动物医学等学科的发展,加入了一些水产动物的解剖学和组织胚胎学知识。

新版纸质教材的框架结构与前一版相同,并配套了数字课程,使纸质教材与课程的讲课录像、网页、实验指导、虚拟解剖课件等新媒体教学资源形成一体。纸质教材突出了教学要求的基本内容和重点,化繁为简,推陈出新,引导学生阅读学习掌握入门知识。数字课程中有较多的彩图、动画、视频,并有不同物种间的比较,详细分析不同部位的解剖、组织结构,重要的专业名词以中英文双语标注等,给学生提供了资源丰富的在线学习平台。

希望新版教材能在"动物解剖学与组织胚胎学"教学中发挥更好的作用。

滕可导
2016 年 8 月

第1版前言

家畜解剖学与组织胚胎学一直是兽医、畜牧等专业本科生的一门必修课。虽然是一门传统的基础课，但近几年来随着学科的发展，对动物身体显微结构和胚胎发育的认识进步很大，需要提供一些最新的科研成果和理论体系。而且随着多媒体教学和网络教学的普及，教学方法和教学手段也发生了很大的变化。本教材是顺应这一发展趋势和教学特点而编写的。与以往的教材相比，本教材不仅内容先进，并且有以下特色：

1. 编写者依据动物身体的结构与生理功能有着密不可分联系的原理，以生理功能分章节，将动物的解剖学结构与组织学结构结合到一起，从宏观到微观讲解动物的解剖与组织。本教材不同于以往教材将解剖和组织学，分别按系统分章的模式，因而克服了章节重复，宏观与微观割裂的不足。

2. 多媒体教学中图表资料丰富，为适应这一教学特色，本教材中插图占有较大的篇幅，以便和新的教学形式相适应。在应用大量插图的同时则省略了许多描述形态的文字，教材总字数要比以往的教材少。

3. 多媒体教学使网络教学在教学中占据了重要地位，网络教学使得学生有条件按自己的愿望安排学习进度，具有自学、自考的个性化学习特点。为适应这一学习特点，本教材在各章节中对重点内容以名词解释、自我测试题和参考答案的形式为学生提供了自学条件。

本教材在编写过程中曾参阅了大量的国内外有关书籍和文献，引用了有关资料及图片，在此向著者表示衷心的感谢。由于参考的书目众多，书末仅列出主要的参考文献和书目版本，敬请谅解。编者水平有限，书中必然存在不足甚至错误之处，敬请读者多提宝贵意见。

滕可导
2005 年 5 月

目 录

绪论 ································ 1

　　一、动物解剖学与组织胚胎学的概念
　　　　和在畜牧兽医学科中的作用 ··· 1
　　二、解剖学的研究方法 ············ 2
　　三、组织学与胚胎学的研究方法 ··· 2
　　四、怎样学习动物解剖学与组织
　　　　胚胎学 ······················· 8

第一章　细胞和基本组织 ··· 13

　　第一节　细胞 ······················ 14
　　　　一、细胞膜 ····················· 14
　　　　二、细胞质 ····················· 16
　　　　三、细胞核 ····················· 19
　　　　四、细胞的增殖与分化 ········· 21
　　　　五、细胞的衰老与死亡 ········· 22
　　　　六、细胞的分子基础 ············ 22
　　第二节　上皮组织 ················· 23
　　　　一、被覆上皮 ··················· 23
　　　　二、腺上皮和腺 ················ 27
　　　　三、上皮组织的更新和再生 ··· 29
　　第三节　结缔组织 ················· 29
　　　　一、固有结缔组织 ·············· 29
　　　　二、软骨 ························ 33
　　　　三、骨 ·························· 34
　　　　四、血液及血细胞发生 ········· 38
　　第四节　肌组织 ···················· 39
　　　　一、骨骼肌 ····················· 40
　　　　二、心肌 ························ 41
　　　　三、平滑肌 ····················· 41
　　第五节　神经组织 ················· 42
　　　　一、神经元 ····················· 42
　　　　二、神经胶质细胞 ·············· 44
　　　　三、神经纤维 ··················· 45
　　　　四、神经末梢 ··················· 46

第二章　被皮系统 ··············· 55

　　第一节　皮肤 ······················ 56
　　第二节　皮肤衍生物 ·············· 57
　　　　一、毛 ·························· 57
　　　　二、汗腺和皮脂腺 ·············· 57
　　　　三、乳腺 ························ 57
　　　　四、蹄 ·························· 59

第三章　运动系统 ··············· 64

　　第一节　骨 ························· 65
　　第二节　骨连接(关节) ·········· 66
　　第三节　肌肉 ······················ 66
　　第四节　胸腔、腹腔和骨盆腔 ······ 67
　　　　一、胸腔 ························ 67
　　　　二、腹腔和骨盆腔 ·············· 67

第四章　循环系统 ··············· 75

　　第一节　血液 ······················ 77
　　　　一、血浆 ························ 77
　　　　二、血液的有形成分 ············ 77
　　　　三、不同动物血液有形成分的
　　　　　　形态学差异 ················· 78
　　第二节　心血管系统 ·············· 78
　　　　一、心脏 ························ 78
　　　　二、血管 ························ 79
　　　　三、血液循环 ··················· 83

目录

　　四、淋巴管与体液回流……………84

第五章　消化系统……………90

第一节　消化管……………91
　　一、口腔……………92
　　二、咽和软腭……………94
　　三、食管……………94
　　四、胃……………94
　　五、小肠……………96
　　六、大肠……………100
　　七、肛门……………100

第二节　消化腺……………101
　　一、唾液腺……………101
　　二、胰……………101
　　三、肝和胆囊……………103

第六章　呼吸系统……………113

第一节　呼吸道……………115
　　一、鼻……………115
　　二、咽……………116
　　三、喉……………116
　　四、气管和支气管……………116

第二节　肺……………116
第三节　呼吸运动……………118

第七章　泌尿系统……………126

第一节　肾……………127
第二节　输尿管、膀胱和尿道……………132

第八章　生殖系统……………137

第一节　雄性生殖系统……………139
　　一、睾丸和附睾……………139
　　二、输精管和精索……………141
　　三、阴囊……………141
　　四、尿生殖道……………141
　　五、副性腺……………141

　　六、阴茎与包皮……………141

第二节　雌性生殖系统……………141
　　一、卵巢……………141
　　二、输卵管……………143
　　三、子宫……………143
　　四、阴道……………144
　　五、尿生殖前庭和阴门……………144

第九章　免疫系统……………151

第一节　免疫细胞……………152
　　一、淋巴细胞……………153
　　二、抗原呈递细胞……………154

第二节　淋巴组织……………154
　　一、弥散淋巴组织……………155
　　二、淋巴小结……………155

第三节　淋巴器官……………156
　　一、胸腺……………156
　　二、骨髓……………156
　　三、脾……………157
　　四、淋巴结和淋巴管……………158
　　五、扁桃体……………160
　　六、腔上囊……………161

第十章　神经系统和内分泌腺……………168

第一节　神经系统……………169
第二节　内分泌腺……………174
　　一、垂体……………175
　　二、甲状腺……………175
　　三、甲状旁腺……………176
　　四、肾上腺……………177
　　五、松果体……………178
　　六、其他器官内的内分泌细胞……………179

第十一章　感觉器官……………187

第一节　眼……………188
　　一、眼球壁……………190
　　二、眼球内容物……………193

三、眼的附属器…………………193
第二节　耳………………………194
　　一、外耳……………………194
　　二、中耳……………………194
　　三、内耳……………………194

第十二章　畜禽胚胎学…………200

第一节　生殖细胞的发生和结构……201
　　一、生殖细胞的起源与分化………201
　　二、生殖细胞发生………………201
　　三、生殖细胞的结构……………204

第二节　胚胎发育………………206
　　一、受精……………………206
　　二、卵裂……………………209
　　三、囊胚形成…………………210
　　四、原肠胚形成………………212
　　五、胚层分化与器官发生…………214
第三节　胚外膜…………………220
　　一、家畜的胚外膜和胎盘…………221
　　二、家禽的胚外膜………………221

参考文献………………………229

绪 论

一、动物解剖学与组织胚胎学的概念和在畜牧兽医学科中的作用

动物解剖学、组织学与胚胎学是相互关联的三门学科。在教学上人为将它们列为一门基础课，是因为这三门学科都是研究动物身体的形态结构及其发生发育规律的科学。

(一) 解剖学

解剖学是一门古老的科学，主要是借助解剖器械(刀、剪等)用分离切割的方法，通过肉眼及放大镜观察研究动物体各器官的形态、构造、位置及相互关系。

解剖学由于研究目的不同，有许多分支：按照动物体功能系统(如运动系统、消化系统等)阐述动物体形态结构的称为系统解剖学；根据临床需要，按部位(如颈部、胸部)记述各器官排列位置、关系的称为局部解剖学；研究动物体不同生长发育阶段，各器官变化规律的称为发育解剖学；其他还有功能解剖学、X线解剖学等，也都是根据不同研究目的而产生的解剖学分支。

(二) 组织学

组织学又称为显微解剖学，主要借助显微镜研究动物微细结构与功能关系的科学。

动物身体的组织是由细胞和细胞间质发育分化形成的，而器官则又是由几种不同的组织构成的。因此，组织学的研究内容又包括细胞、基本组织和器官组织三个部分。

细胞是动物身体形态和功能的基本单位，是动物身体新陈代谢、生长发育、繁殖分化的形态基础。因此，只有在了解细胞的基本结构和功能的基础上才能学习基本组织。

组织是由一些形态相似和功能相关的细胞和细胞间质构成。通常根据形态、功能和发生将组织分为上皮组织、结缔组织、肌组织和神经组织四大类。基本组织学就是研究上述四种组织的形态结构和功能特点的，是学习器官组织的基础。

器官是由几种不同组织按一定规律组合成执行特定生理功能的结构。器官组织学就是研究在正常情况下动物身体各器官的微细结构及其功能。

(三) 胚胎学

胚胎学是研究动物个体发生规律的科学。即研究从受精开始到个体形成，整个胚胎发育过程的形态、功能变化规律及其与环境条件的关系。

胚胎学的内容包括胚胎的早期发育(卵裂、原肠形成、三胚层形成与分化等)、器官发生以及胎膜和胎盘。

(四)解剖组织胚胎学简史

解剖学的发展久远流长,最早见于《内经》(约公元前 500 年)即有"解剖""脏腑"的记载;《希泼克拉底文集》(公元前 400 年)提出来"先有鸡还是先有蛋"的哲学思考;阿拉伯名医 Avicenna(980—1037)的《医典》中较准确地记述了血管的解剖。解剖学作为一个独立学科,始自比利时医生维扎里(Vesalius,1514—1564)《人体构造》一书的问世。19 世纪得益于显微镜的应用,在解剖学的基础上提出了组织和组织学的概念;建立了细胞学;在细致观察胚胎的发育过程中形成了胚胎学。20 世纪以来,显微镜的改进和相关技术的进步,组织学蓬勃发展;细胞学变身为细胞生物学;胚胎学发展成发育生物学。20 世纪 50 年代以来影像检查技术涌现,断层解剖学等医学解剖学不断进步。进入 21 世纪,人们开始用分子生物学的理论和技术活跃地研究细胞、组织、胚胎的各种生物学过程。

动物解剖学与组织胚胎学是动物生产类专业的专业基础课之一,与其他专业基础课和专业课,如生理学、饲养学、病理学、兽医学等课程都有着密切的联系,是学好上述课程必不可少的基础。

从生产角度看,要大力发展畜牧业生产,就必须用科学的方法饲养管理、培育良种、防治疾病和大量繁殖家畜家禽,不断提高畜禽产品的数量和质量,逐步改善我国人民的食物结构,提高人民生活水平,推进畜牧业生产现代化的目标。为此我们必须掌握现代畜牧科学的理论和技术,要做到这一点必须首先学好基础知识。只有掌握了畜禽形态结构和胚胎发生的规律,才能进一步掌握畜禽的生理功能,只有在深入了解畜禽构造和生理功能的基础上才有可能运用这些规律,去合理地饲养、繁殖改良家畜和防治畜禽疫病,使畜牧业健康、快速地发展。

二、解剖学的研究方法

解剖学研究过程中,为了不使被观察的尸体腐败变质,常需要用含甲醛的固定液固定。为了看清尸体中动脉、静脉的分布,还可以向血管内灌注有色填充物来指示血管以及追踪和分离神经的走向与分布,剥离看清关节的结构,骨骼的形态等都有一套很专业的研究方法。做成的标本常常是栩栩如生,可以长期保存供学习或陈列(图绪-1)。

三、组织学与胚胎学的研究方法

(一)光镜技术

1. 一般光镜技术 应用光学显微镜观察组织切片是最常用的方法。在切片之前,为了尽可能使它的镜下结构保持接近活体的形态,需要用一定药品,如甲醛溶液等处理,使蛋白质迅速凝固,防止其分解和变化,称为固定。而后,为了便于切成薄片,再把材料包埋在石蜡、火棉胶等内,用切片机切成薄片(图绪-2)。一般切片厚 5~10 μm,再除去切片上的蜡;经染色后放在显微镜下观察。最常用的染色方法是苏木精(hematoxylin)和伊红(eosin)染色,简称为 HE 染色。

苏木精将细胞核染成紫蓝色,伊红将细胞质染成粉红色。苏木精是碱性染料,伊红是酸性染料。对碱性染料亲和力强的称为嗜碱性。对酸性染料亲和力强的称为嗜酸性。对碱性染料和酸性染料亲和力都不强的称中性。

取新鲜组织,立即投入液氮(-196℃)内快速冻结,用恒冷箱切片机制成冷冻切片,这种方法制片迅速,细胞内酶活性保存较好,常用于酶组织化学染色。此外,血细胞、分离细胞或

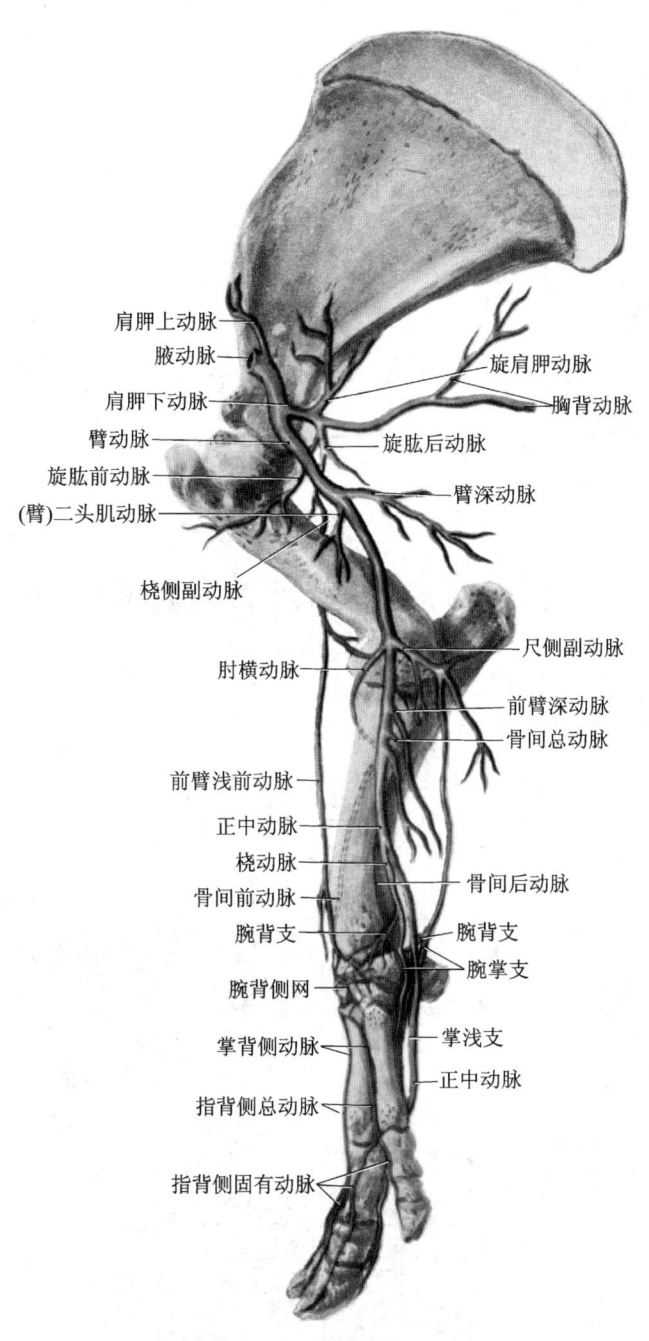

图绪-1 猪右前肢动脉铸型

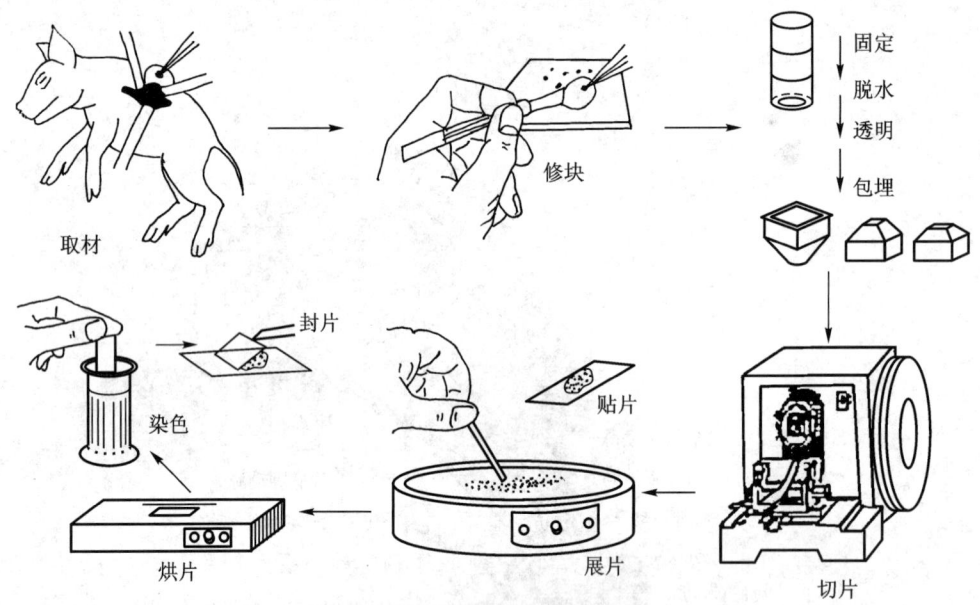

图绪-2 石蜡切片主要步骤

脱落细胞可直接涂在玻片上（涂片），疏松结缔组织可撕成薄片铺在玻片上（铺片），牙和骨等坚硬组织可磨成薄片（磨片），再经固定染色后观察。

2. 光学显微镜的种类及主要特点

（1）普通光学显微镜（图绪-3）。

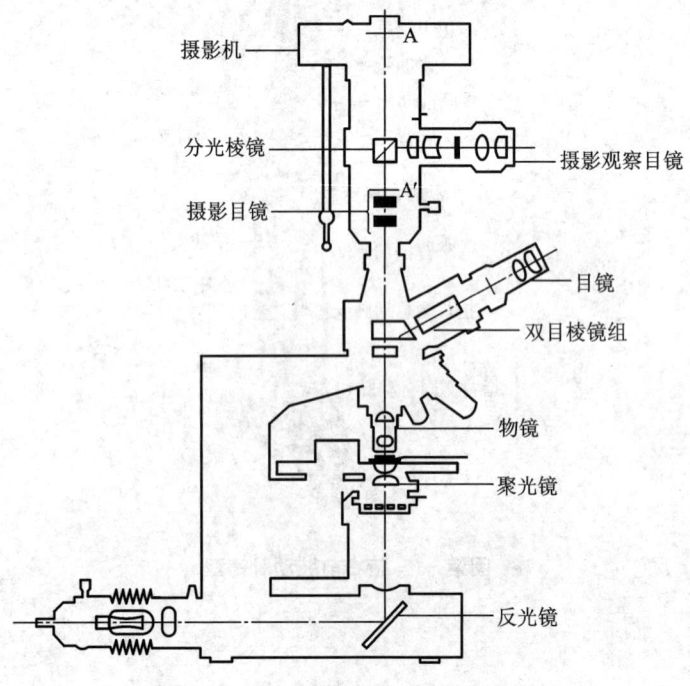

图绪-3 光学显微镜光学原理示意图

（2）倒置显微镜：特点是增大了载物台放置标本的高度。

（3）相差显微镜：光的波长决定颜色，振幅决定亮度。相差显微镜的特点是改变光的相位，使相位差（由于物体各部分的厚度和折射率不同，就发生光程差，光程差决定相位差）变为振幅差（明暗差），借增强或减弱光的明暗度而观察生活标本的微细结构。

（4）荧光显微镜：荧光显微镜的特点是激发光的光能，使标本内的荧光物质发光，然后加以观察。荧光显微镜的用途：显示组织细胞的自发性荧光，荧光染色法（续发性荧光）标本的观察，荧光抗体染色法（标记）标本的观察。

（5）暗视野显微镜：这种显微镜是以胶体粒子的反射和散射现象（Tyndall效应）为基础设计的。使光线斜照射粒子，并衬以黑暗的背景，如一束光线从门缝中射入室中，由于灰尘粒子使光线发生散射则室内空气上的灰尘粒便明显可见。主要适用于观察液体介质中未染色的细菌、酵母、真菌及血液中白细胞和血清中分子的布朗运动，细胞内线粒体的运动等。暗视野聚光器和透射荧光显微镜联合应用，在黑暗的视野内，可获得鲜艳清亮的荧光图像。

（6）激光共聚焦扫描显微镜：激光共聚焦扫描显微镜是20世纪80年代初研制成功的一种高光敏度、高分辨率的新型生物学仪器（图绪-4）。它主要是由激光光源、共聚焦成像扫描系统、电子光学系统和微机图像分析系统四部分组成，还附有外接探测器、彩色显示器和照相装置等。激光共聚焦扫描显微镜是以激光束通过扫描器和柱状透镜到达物镜，被聚焦成束斑落在样品平面上，通过机械性移动对样品进行扫描。经样品反射的激光束反射到光束分散器，然后通过透镜聚焦成像。这种图像被探测器准确地吸收，再传到彩色显示器上。图像同时传到图像分析系统，进行二维和三维的分析处理。激光共聚焦扫描显微镜可以检测、识别组织或细胞内微细结构及其变化，细胞的受体移动，膜电位变化，酶活性以及物质转运，并以激光对细胞及染色体进行切割、分离、筛选等。

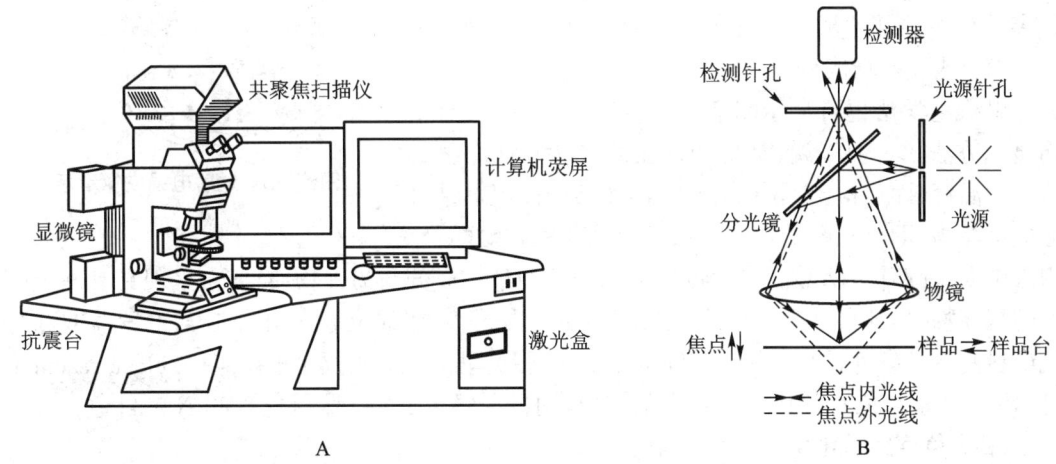

图绪-4 激光共聚焦扫描显微镜示意图

A. 激光共聚焦扫描显微镜构造示意图　B. 激光共聚焦扫描显微镜原理示意图

（二）电镜技术

电子显微镜技术简称电镜技术，是20世纪30年代发明的一项新技术。光镜分辨率为0.2 μm，放大倍数约为1 000倍；而电镜的分辨率为0.2 nm，比光镜高1 000倍，可放大几万倍到几十万倍,因此电镜能观察到细胞的更微细结构(图绪-5)。

1. **透射电子显微镜技术** 透射电子显微镜技术被研究的组织须用戊二醛或锇酸固定,树脂包埋,超薄切片(厚50~80 nm),再经铅盐等重金属盐染色后,在透射电子显微镜下观察。电子显微镜下所见的结构称超微结构,被金属所染部位,荧光屏上显得暗,图像较黑,称为电子密度高;反之则称为电子密度低。被检结构和重金属盐相结合的称为正染色;被检结构本身不与重金属盐结合,而其周围染上重金属盐的称为负染色。一般染色都是正染色。

2. **扫描电子显微镜技术** 扫描电子显微镜要观察的组织不需制成切片,经固定后,在其表面喷镀金。在荧光屏上可显示细胞组织表面的立体结构,如细胞表面突起、微绒毛、纤毛等。

(三) 组织化学

组织化学方法是利用化学试剂与组织、细胞内的某些物质呈现化学反应,在局部形成有色沉淀物,通过显微镜观察对组织、细胞内的化学成分进行定位、定性和定量的研究。例如过碘酸-希夫反应(periodic acid-Schiff reaction,简称PAS反应),是显示细胞内糖原或多糖的一种方法,其化学反应的基本过程是通过过碘酸的氧化作用,使多糖释放出醛基,醛基与无色碱性品红结合反应,于多糖存在的部位形成紫红色沉淀物,从而证明细胞内含有糖原或黏多糖成分。

组织化学法也可显示酶的活性,各种不同的酶有不同显示方法。一般来说,是将切片在某些特异性底物的溶液中温育,而后检出反应产物,它再和某种捕捉剂结合形成沉淀物;即可知酶的存在。如显示腺苷三磷酸酶,作

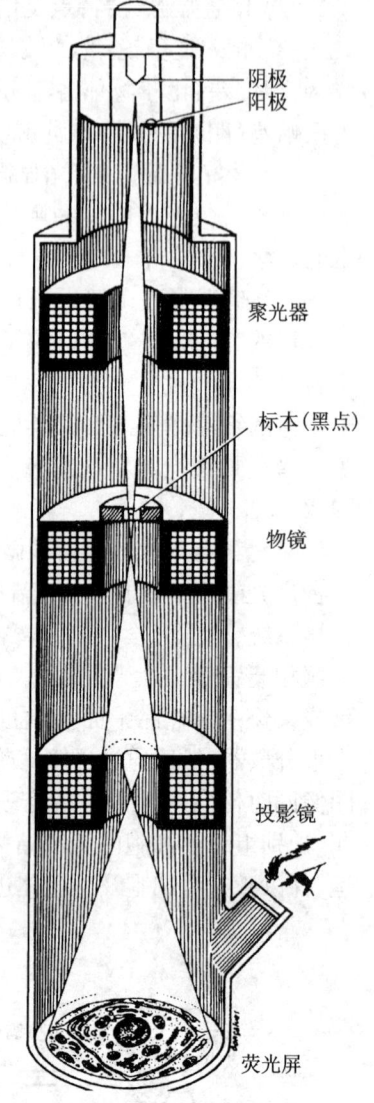

图绪-5 透射电镜成像示意图

用液中含有腺苷三磷酸。然后再把被酶分解的某一成分与另一物质结合,呈现具有一定颜色的沉淀物,借此可在显微镜下观察酶的活性强弱、存在部位等。用油红O、尼罗蓝或苏丹类染料使脂类染色。亦可用锇酸固定兼染色,脂类呈黑色。用福尔根反应(Feulgen reaction)显示DNA(紫红色),用甲基绿-派若宁反应可同时显示DNA(蓝绿色)和RNA(红色)。

(四) 免疫组织化学

免疫组织化学主要是利用抗原-抗体特异性结合的原理,检知细胞中某种多肽、蛋白质等大分子的分布。该方法先将这种蛋白质(或多肽)作为抗原,注入某种动物体内,使其体内产生与所注入抗原相应的抗体;而后从血清中提取该抗体,并以荧光染料或铁蛋白或辣根过氧化物酶等标记,用标记后的抗体来处理组织切片。标记抗体与切片上相应抗原特异性结合。因此切片中有标记物呈现的部位,从而显示该物质在组织中的分布。抗体若用荧光染料标记,则可在荧光显微镜下观察。

上述以标记抗体直接与抗原结合的方法,称为直接法。另一种方法是间接法,将分离的抗体(第一抗体,简称一抗)再作为抗原免疫另一种动物,制备该抗体(抗原)的抗体(第二抗体,简称二抗),再以标记物标记二抗。先后以一抗和标记二抗处理样品,最终形成抗原 – 一抗 – 标记二抗复合物。间接法中的一个抗原分子可通过一抗与多个标记二抗相结合,使抗体清楚的显示,因此它的敏感度较高。

(五)原位杂交

原位杂交术即核酸分子杂交组织化学技术。目前这种技术广泛地用来检测基因片段的有无,及在转录水平基因的活性(mRNA)。其原理是使用带有标记物的已知碱基顺序的核酸探针(标记的 RNA 和 DNA 探针),与细胞内待测的 DNA 和 RNA 形成特定的双链分子,即杂交,然后通过对标记物的显示和检测,而获知待测核酸的有无及相对量。常用的标记物有两种:一种是放射性核素(^{35}S、^{32}P、^3H),经过放影术处理后观察;另一类为非放射性药品,如地高辛,经免疫组织化学处理后观察。

(六)图像分析术

图像分析术又可称为形态计量术,是应用数学和统计学原理对组织切片提供的平面图像进行分析,从而获得立体的组织和细胞内各种有形成分的数量、体积、表面积等参数,如肺泡的数量和表面积、肾小体的数量和体积、胰岛的数量及其各细胞的百分比等,这些数值从量的角度显示了结构与功能的关系。目前广泛应用的图像仪可快速准确地测量切片和电镜照片中的微细结构,通过软件程序获得各项数据,也可以测量组织化学染色切片,根据染色深浅而提供该物质含量的相对数值。另外,根据连续的切片,应用计算机进行三维重建,可获得微细结构的立体模型,这部分内容称为体视学。

(七)体外培养

体外培养是将动物的活组织、活细胞在体外培养,细胞在体外生存,必须具备适宜的条件,包括营养、O_2 和 CO_2、适度的渗透压、pH、温度和湿度。体外培养细胞,可人为的给予各种不同条件,研究它们对细胞的分裂、分化、结构和功能等的影响,并可用微缩电影等纪录细胞的动态变化。

(八)流式细胞术

流式细胞术是运用流式细胞仪,亦称荧光激活细胞分类器(图绪 -6),对在高速流动的悬液中经过特异荧光标记的单个细胞的生物化学和生物物理特性进行快速测量并自动分析的技术。它是激光、微机和流体喷射等技术相结合而形成的新型技术。测定方法是将待检细胞用荧光染色或标记,制成细胞悬液,运用喷射技术使细胞悬液喷成均匀小滴,使单细胞流快速通过该仪器的激光照射分析区。被检细胞产生的不同荧光信号转变为脉冲,分别输入计算机内处理,并显示于示波器屏幕上,即可获得该细胞群体中不同类型细胞的大小、数量、密度及表面物质特性等,也可检测细胞内部的 DNA、RNA 及蛋白质的含量。目前,该技术已被广泛用于细胞动力学、遗传学、免疫学及肿瘤学等研究。

(九)差速离心术

差速离心是一种物理方法,利用离心力和各沉降系数的函数关系来分开细胞器和细胞的包含物(图绪 -7)。一个颗粒的沉降系数与其大小、形状和密度以及周围液体的黏度有关。差速离心是使匀浆化的细胞悬液经受不同的离心力。对于差速离心制取的各组成分,要用光学显微镜(检查细胞、核、线粒体、分泌颗粒),电子显微镜(检查核糖体、微粒体等)或用化学方法鉴定其纯度。该方法能够详细研究纯化的细胞成分。

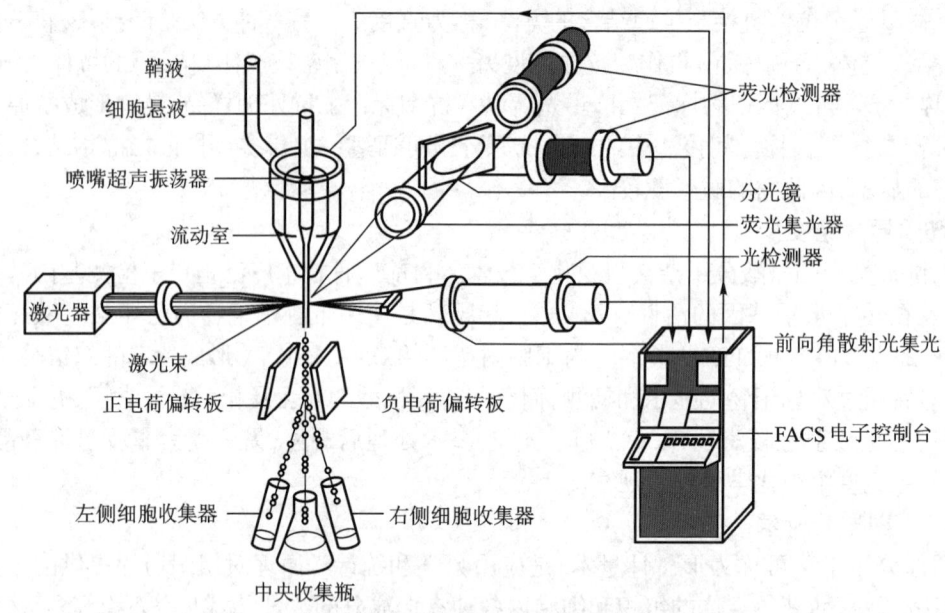

图绪-6 流式细胞仪示意图

（十）显微操作技术

显微操作技术是指在显微镜下，利用显微操作装置，对细胞或胚胎进行微注射或微灌注等操作的一种方法，包括体外受精、细胞核移植、嵌合体技术、胚胎移植、显微切割等，还可以将外源DNA、RNA或标记物等导入胚胎细胞，在细胞和分子水平上研究胚胎发育的调控机制。

四、怎样学习动物解剖学与组织胚胎学

（一）教材的内容和使用方法

本教材根据动物生产类专业需要，选择了猪和鸡为代表动物。先介绍畜体的基本成分——细胞和基本组织。然后分被皮、运动、神经和内分泌等功能系统，从宏观到微观将系统解剖学和器官组织学结合到一起，深入浅出的叙述各系统的组成、各器官的形态、位置和结构及其生理功能。最后，简要介绍畜禽胚胎发育的主要内容。形态学离不开图片，因此本教材不仅含有丰富的插图，而且有相应的多媒体教学课件与其配套，以及更多的彩图、文本、动画、录像等（参见数字课程 ）。为了让同学们记住最重要的内容，每章都有学习目标、名词解释和自测题。因此，建议同学们在学习时以教材为基础，认真上好以多媒体形式讲解的每一节课，每次课后及时复习，完成各章的自我测试练习，并利用数字课程中的答题判题系统了解自己掌握知识的情况。思考题是在掌握课程知识基础上的拓展，有的题需要同学们去查寻教材以外的资料才有答案。自主学习，自我更新知识，学以致用。这样循序渐进，持之以恒，一定会收到理想的效果。

（二）学习中应注意的几个问题

由于动物解剖学与组织胚胎学主要是介绍动物身体结构，其中有大量的专业名词和术语，学习中切忌死记硬背这些名词和术语，多看形象生动的图片和影像画面将有助于记忆，解剖学知识的立体化是牢固记忆的标志。处理好下面四种关系将使你灵活地掌握知识，锻炼观察能力、描述能力和形象思维能力。

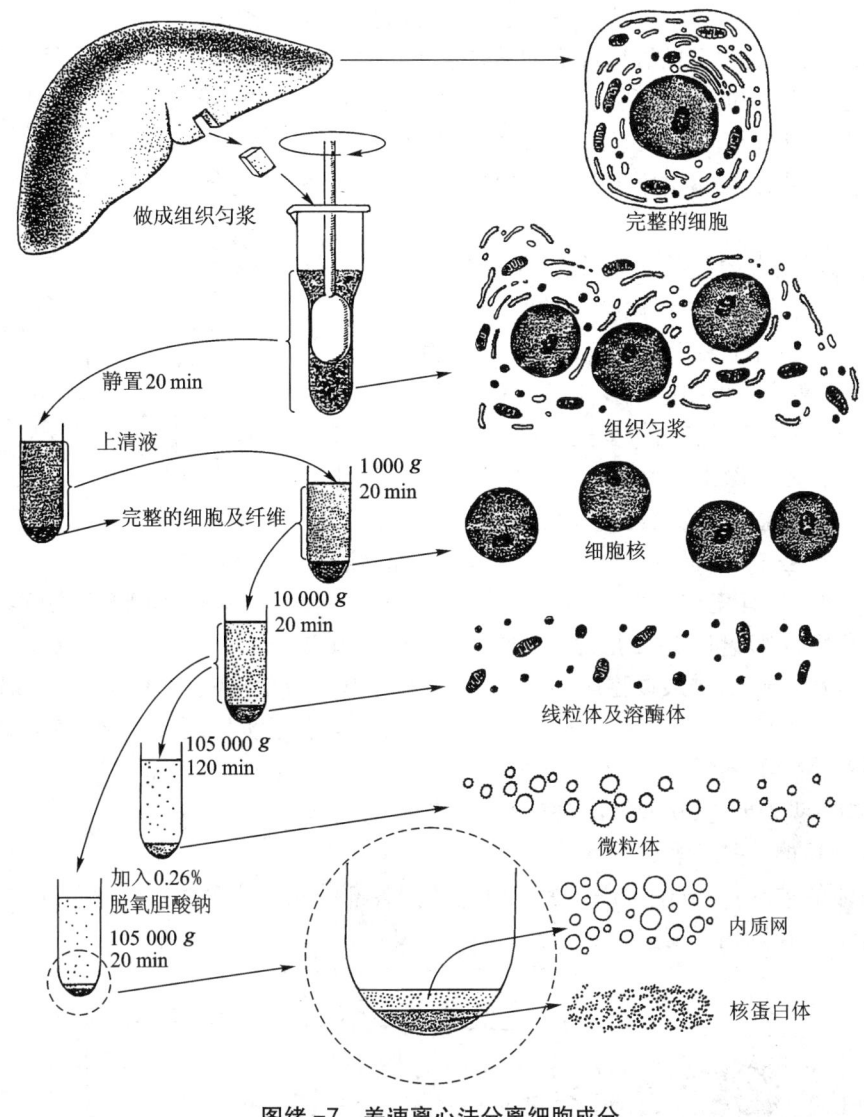

图绪-7 差速离心法分离细胞成分

1. **局部与整体的关系** 一部分动物身体,尤其是在显微镜下所看到的结构,往往是整个动物体的很小的局部,特别是在透射电镜下观察超薄切片所获得的图像更是非常局限。但是动物身体是立体的,而显微镜下所见图像是平面的,在不同方向的切面上可显示出不同的形态,如梭形细胞,当对其正中横切时,其切片图像呈圆形,且有一个圆形胞核;若正中纵切,则其图像才呈梭形。一段小肠因切面不同而表现不同切面形态(图绪-8)。要获得真实的立体结构,就需观察各个不同方向的切片。但这在实际观察中一时又很难做到。因此,要求我们在进行观察时,必须树立整体和立体观念,把所看到的图像进行综合分析,正确理解局部与整体、平面与立体的关系。应在全面观察标本的基础上,再深入观察各个局部的微细结构及其相互关系,只有这样才能获得全面而准确的资料。

2. **结构与功能的关系** 结构与功能是不可分割的,在掌握各种微细结构的同时,又要联系它与功能的关系。当已经知道某一部分结构具有某种功能时,就要探讨它的结构基础是什么。例如,巨噬细胞内含有许多溶酶体,被吞噬的异物是由这些溶酶体对其进行消化分解的;又如,当已了解胰外分泌腺能产生大量蛋白性外分泌物时,就要联想到外分泌腺由腺泡和导管组成。腺泡的细胞内一定有丰富的粗面内质网及高尔基复合体。因此,只有把结构与功能密切联系起来,才能学深学活,达到掌握微细结构的目的,并能为学习其他课程打下坚实的形态学基础。

3. 静态与动态的关系　生活的组织和细胞处于不停的动态变化中,其结构的变化主要表现在两个方面:①各种细胞都有其发生发展过程,随着发育,细胞的形态、大小、内部结构和功能也相应地发生一系列变化,如红细胞的发生,需经一系列形态结构变化才能达到成熟,只有了解其发育过程才能深刻理解其结构与功能。在研究胚胎学时更应特别注意不断发展着的动态变化规律。②器官在不同功能状态中,形态结构也随之发生变化,如膀胱处于收缩状态时,只有皮球大小,位于骨盆部,膀胱壁较厚,黏膜的变移上皮细胞有5~6层之多,细胞窄而长。当膀胱充盈时可大如排球,进入腹腔,膀胱壁变薄,黏膜上皮只有2~3层细胞,细胞宽而短等。

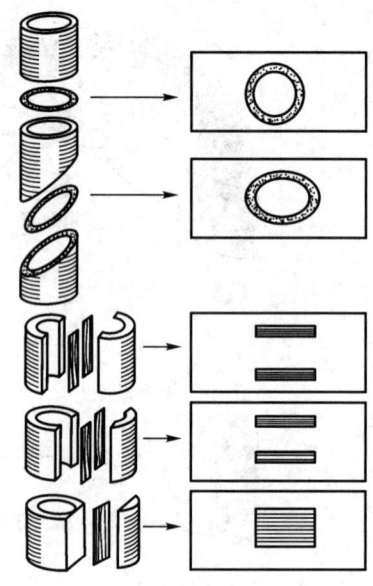

图绪-8　肠管不同切面模式图

4. 理论与实践的关系　在掌握基本理论的同时,多联系实际,多看标本,多看显微镜下的照片,并重视实验操作。只有对各种实物标本进行观察比较,分析和思考,才能不断提高对各种结构的识别能力,从而加深对基本理论知识的理解。

(三) 常用的一些术语

1. 畜体的轴、面与方位术语　为了说明畜体各部结构的位置关系,必须了解有关定位用的轴、面与方位术语(图绪-9)。

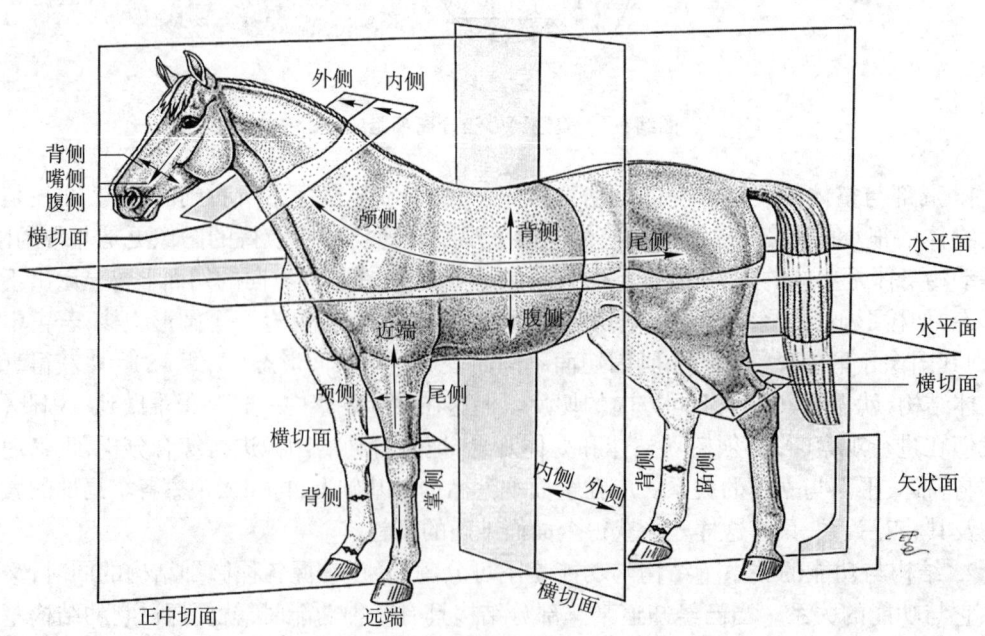

图绪-9　畜体的轴、面与方位术语

2. 常用的计量单位　肉眼观察器官与组织的常用单位是毫米(mm),光镜观察组织与细胞的常用单位是微米(μm),电镜观察细胞与细胞器的单位是纳米(nm)。换算公式:

1 m=1 000 mm

1 mm=1 000 μm

1 μm=1 000 nm

名词解释

1. 局部解剖学　在系统解剖学的基础上,以畜体的某一部位(一般分头、颈、胸、腹和四肢)或以器官的形态结构、排列顺序和相互关系,由浅层到深层逐层进行观察,常牵涉到数个系统,对于临床有实际意义。

2. 躯干　包括颈部、背胸部、腰腹部、荐臀部和尾部。

3. 矢状面　是与畜体长轴平行且与地面垂直的切面,分正中矢状面和侧矢状面。正中矢状面只有一个,位于畜体长轴的正中线上,将畜体分为左右对称的两半。侧矢状面位于正中矢状面的两侧,可作许多侧矢状面。

4. 组织　由细胞和细胞间质共同构成的群体结构。一般可分为四种基本组织:上皮组织、结缔组织、肌组织和神经组织。

5. 器官　由几种不同组织,按照一定规律有机的结合构成器官。各种器官都有一定的形态,并担负着一定的生理功能。如骨、肌肉、心脏等。

6. 系统　由几种不同器官联合起来,共同完成某一方面的生理功能。这个联合体系称为系统。如骨骼和骨骼肌构成的运动系统。

7. 固定液　防止组织材料细胞自溶变性的化学试剂。常用的固定液有甲醛、乙醇、苦味酸等,可制成单纯或混合的固定液。组织材料经固定后可以保持组织细胞与在活体内时的形态相似,并使细胞内的结构和成分不再发生变化。

8. HE 染色　采用苏木精和伊红对组织切片进行染色的最常用的方法。苏木精可使细胞核和胞质内的嗜碱性物质染成紫蓝色,伊红使细胞质基质和嗜酸性物质以及细胞间质内的胶原纤维等染成红色,以便观察组织细胞结构。

9. 嗜碱性　组织细胞成分若被碱性染料所染,称为嗜碱性。

10. 嗜酸性　组织细胞成分若与酸性染料呈强亲和力,称为嗜酸性。

11. 中性　组织细胞成分若对碱性染料和酸性染料均缺乏亲和力,则称为中性。

12. 异染性　当用蓝色碱性染料甲苯胺蓝进行染色时,组织中的糖胺多糖成分被染成紫红色,并非染成蓝色,此种色变现象称为异染性。

13. 亲银性　当组织浸于硝酸银溶液中时,有的细胞能够将硝酸银还原,使银颗粒附于细胞而呈棕黑色或棕黄色,细胞的这种染色特点称为亲银性。

14. 超微结构　电子显微镜下所观察到的结构称为超微结构。

15. 组织化学术　应用化学或物理反应原理,显示组织内某种化学成分,进行定位、定量及其与功能相关研究的方法。

16. 免疫细胞化学术　应用抗原与抗体结合的免疫学原理,检测细胞内的多肽、蛋白质及膜表面抗原和受体等大分子物质的存在与分布的方法。

17. 原位杂交术　一种核酸分子杂交技术,用于检测细胞内某种蛋白质的基因(DNA片段或mRNA片段)表达的定位与定量研究。

18. 分子生物学　从分子水平研究大分子的结构从而阐明生命现象本质的科学。其主要研究领域包括蛋白质体系、蛋白质-核酸体系(中心是分子遗传学)和蛋白质脂质体系(即生物膜)及部分多糖及其复合体系。分子生物学研究方法常用的有三类:DNA分子克隆技术(基因克隆技术);PCR技术(聚合酶链反应技术);基因转染技术(转基因技术)。

思 考 题

1. 组织学与解剖学、细胞生物学、胚胎学之间有什么关联?
2. 举例说明免疫组化方法的原理、材料和试剂、操作步骤、结果分析以及注意事项等。

网 上 更 多

🎬 教学视频　　📥 教学课件　　📝 在线自测　　🖼 彩图动画

第一章
细胞和基本组织

· 本章提要 ·

本章包括细胞、上皮组织、结缔组织、肌组织和神经组织五节。细胞是生物体形态结构和生命活动的基本单位。细胞及其间质构成组织,是动物器官的基本成分。通过对细胞和四大基本组织的形态、构成及功能的了解,为后续器官组织的学习打下基础。

· 学习目标 ·

1. 掌握细胞膜的结构和主要功能。
2. 掌握各种细胞器的结构和主要功能。
3. 掌握各种被覆上皮的结构特点、分布与功能意义。
4. 掌握疏松结缔组织各种成分的结构和功能。
5. 掌握透明软骨的结构和功能。
6. 掌握骨组织的结构。
7. 掌握骨骼肌超微结构特点,了解肌肉收缩的机制。
8. 掌握神经元的形态、类型、光镜结构和超微结构特点。
9. 了解神经胶质细胞的分类及形态与功能。

世界上所有的生物,除病毒以外都是由细胞组成的,构成生物体的基本单位是细胞。在地球上现存的单细胞真核生物中,酵母是最简单的一种。如酿酒酵母是一种真菌,它有细胞壁、线粒体,几乎像细菌那样快速繁殖。由于酵母核所含的 DNA 仅为大肠埃希菌的 2.5 倍,其细胞分裂过程与哺乳动物相似,目前它已成为研究真核细胞周期调控的模式生物。有些单细胞生物并不像酵母那样微小,如原生生物。原生生物的细胞结构复杂多变,可以含叶绿体,可以是动物性营养的,可以是运动的,也可以是固着的。

尽管单细胞生物能成功地适应不同的生活环境,而多细胞生物更有优势。单细胞生物向多细胞生物进化可能是:首先形成群体,然后再演变为具有不同特化细胞的多细胞生物。前者如土壤中的黏菌;后者如团藻,团藻细胞之间出现了分工,如少数细胞专司生殖,细胞之间互相依存,不能独立生活。

动物和植物占多细胞生物物种的大部分。动物和植物约在 15 亿年前与单细胞真菌分开,其中鱼和哺乳动物仅在 4 亿年前分开。畜禽和水产动物都是多细胞生物。其中细胞和周围的细胞间质,共同组成了各种组织,进而由不同组织构成器官,由几种不同器官联合起来共同完成某一方面的生理功能,这种体系称为系统,各系统整合在一起就是一个完整的个体。因此,可以说细胞和基本组织是组成个体的基本成分。

第一节 细 胞

动物是由真核细胞构成的多细胞生物,各种细胞尽管千差万别,但仍有共同的基本结构。光镜下,均可分为细胞膜、细胞质和细胞核三部分;细胞是一个有机统一的整体,各个组成部分在结构上既彼此独立,又互相联系;在功能上既分工细致,又高度合作,有条不紊地进行各种代谢过程,共同完成细胞的生命活动(图 1-1)。

一、细胞膜

细胞膜又称为质膜,是包在细胞表面的界膜。细胞膜的厚度为 7.5~10 nm。高倍电镜观察,细胞膜呈三层:内外两层电子密度高,各厚 2.0~3.0 nm;中间层电子密度低,厚 3.5~4 nm。具有这样三层结构图像的膜又称为单位膜。

(一)细胞膜的结构

1. 细胞膜的化学组成　细胞膜的化学成分主要是脂类和蛋白质。此外,还有少量的糖类、微量的水、无机盐和金属离子等。

2. 细胞膜的分子结构　目前公认的是 Singer 等提出的液态镶嵌模型(图 1-2)。该模型认为,细胞膜是以脂类双分子层为基础,其中镶嵌着球状蛋白。该模型强调膜的流动性和不对称性,认为脂类分子处于液态,可以流动,蛋白质分子也可横向移动;不同细胞甚至同一细胞的不同部位的细胞膜,其脂类、蛋白质和糖类的种类和数量可以不同,而糖类仅分布于细胞膜的外表面。

(二)细胞膜的主要功能

1. 构成细胞内外边界　为细胞的生命活动提供相对稳定的内环境。

2. 物质跨膜运输　活细胞要从其周围环境中不断获取所需的物质,而其自身的代谢产物则要不断地排出细胞外,这些川流不息的物质流动都要经过细胞膜。细胞膜的物质运输方式有被动运输、主动运输、胞吞作用、胞吐作用等。

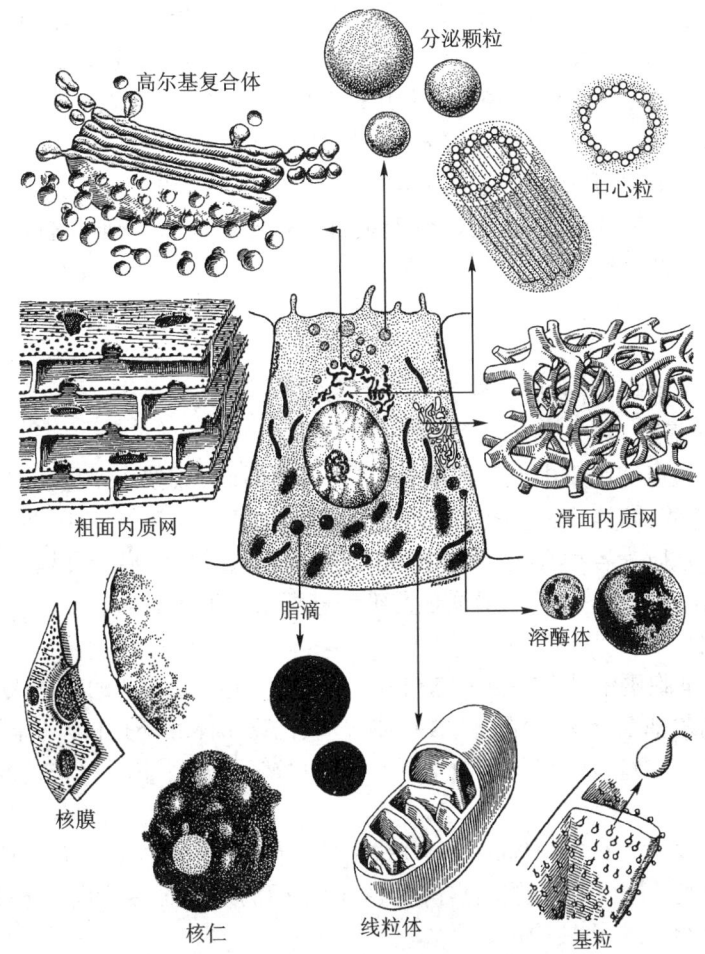

图 1-1　细胞超微结构模式图

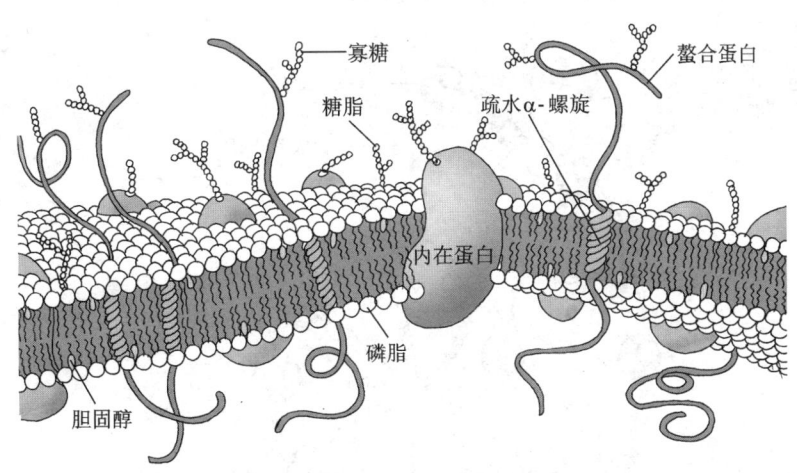

图 1-2　细胞膜的液态镶嵌模型

3. 参与信息传递　细胞膜上含有激素、药物和神经递质等的受体。这些物质对细胞的作用，多数并不进入细胞内，而只作用于靶细胞膜上相应的受体，通过受体引起细胞内部一系列的变化。信息传递规律是外源性刺激直接传给膜上受体,经酶的调控产生信号,再激发另一酶的活性显示出生物学效应。此种反应可分为几条途径:腺苷环磷酸信使途径、磷脂酰肌醇信使途径和 Ras 蛋白信使途径。以上几条途径详细过程见细胞生物学。

4. 参与细胞识别　细胞识别是指细胞对同种和异种细胞的认识,对自己和异己物质的鉴定。通过细胞的识别作用,在细胞之间建立起正确的关系。细胞识别也与膜受体密切相关。

5. 参与免疫反应　细胞膜上的部分糖蛋白可以充当抗原,如血型抗原、组织相容性抗原等。它们参与移植排斥反应等免疫反应。

二、细胞质

细胞质又称为胞浆,由细胞质基质、细胞器和内含物组成。

(一) 细胞质基质

细胞质基质是指细胞质中的液体部分,呈均匀透明而无定形的胶状,内含水、无机盐等小分子物质,氨基酸、糖类、脂类、核苷酸等中分子物质,以及可溶性酶类、蛋白质、多糖、RNA 等大分子物质。基质为各种细胞器维持其正常结构提供所需的离子环境,为细胞器完成其功能提供所需的一切底物。此外,基质还是细胞进行某些生化活动的场所。

(二) 细胞器

细胞器是指细胞质中具有特定形态结构,并执行一定生理功能的有形成分,包括膜性细胞器(内质网、高尔基复合体、溶酶体、线粒体、过氧化物酶体和环孔板)和非膜性细胞器(中心体、核糖体、微管、微丝、中间丝和微梁网)。其中微管、微丝、中间丝和微梁网共同构成细胞骨架。

1. 核糖体　又称为核蛋白体,呈颗粒状,由核糖体 RNA(rRNA)和蛋白质组成的球形小体,由大、小两个亚基构成。有的核糖体附着在内质网的外表面,称为附着核糖体;有的游离于细胞质基质中,称为游离核糖体。

核糖体的功能是合成蛋白质。此时,多个核糖体由一个 mRNA(信使核糖核酸)分子串联起来,形成念珠状的多聚核糖体,并接受 mRNA 的指令合成蛋白质(图 1-3)。

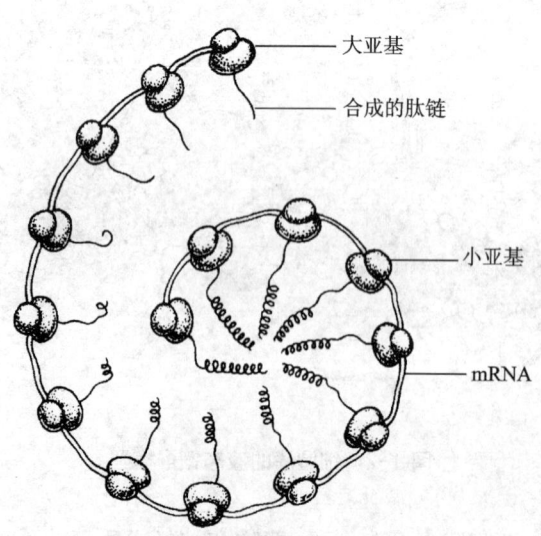

图 1-3　多聚核糖体示意图

2. 内质网　扁平囊状或管泡状膜性结构，它们以分支互相吻合成网络，甚至与细胞膜和核膜相连，形成连续的网状膜系统。根据其形态结构与功能，分为粗面内质网和滑面内质网两种。粗面内质网膜上附着有核糖体，多呈扁平囊状。其功能主要是合成分泌蛋白和多种膜蛋白。滑面内质网膜上没有核糖体附着，多呈分支小管状或小泡状，是脂质合成的重要场所。各种细胞的滑面内质网形态相似，但所含的酶不同，因而具有不同的功能。例如，肾上腺皮质细胞、睾丸间质细胞和卵巢黄体细胞的滑面内质网含有合成胆固醇所需的全部酶系，故与类固醇激素的合成有关；肝细胞的滑面内质网含有氧化酶系统等许多酶系。

3. 高尔基复合体　位于细胞核附近，电镜下，由扁平囊、小泡和大泡三部分组成。具有脂类为主的基本化学组分和标志性的糖基转移酶。在不同的组织细胞中具有不同的分布状态。主要功能是将内质网合成的蛋白质进行加工、分选或分泌到细胞外等参与细胞的分泌活动。

4. 溶酶体　单位膜包裹圆形或卵圆形小泡，内含60多种酶，可分为磷酸酶、核酸酶、核苷酸酶、蛋白酶、脂肪酶、糖苷酶和硫酸酯酶等，其中绝大多数为酸性水解酶。具有吞噬作用的细胞如巨噬细胞等，其溶酶体体积大、数量多。根据溶酶体内是否含有作用底物，将其分为初级溶酶体和次级溶酶体(自溶酶体和异溶酶体)两类(图1-4)。溶酶体的主要功能是参与细胞内的消化作用。基于物质的消化分解作用：营养细胞；细胞免疫和防御保护；清除更新细胞内残损结构。在无尾两栖类动物个体的变态发育过程中，其幼体尾巴的退化吸收；脊椎动物生长发育过程中骨组织的发生及骨质的更新；哺乳动物子宫内膜的周期性萎缩、断乳后乳腺的退行性变化；衰老细胞的清除以及某些特定的编程性死亡等，都离不开溶酶体的作用。

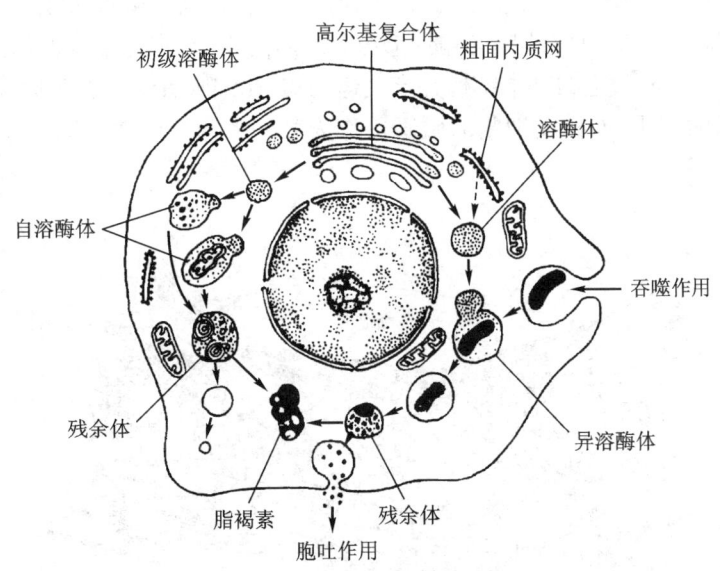

图1-4　溶酶体变化过程示意图

5. 线粒体　常为杆状、圆形或椭圆形小体，长2.0～6.0 μm，宽0.5～1.0 μm。电镜下，它由两层单位膜叠套而成。外膜表面光滑，内膜向内折叠形成线粒体嵴，这是线粒体的特征性结构。线粒体的外膜、膜间隙、内膜及基质中含有120多种酶，如催化三羧酸循环、脂肪酸氧化、氨基酸分解以及氧化磷酸化的酶系等。动物细胞摄取的糖、脂肪、蛋白质等营养物质，最终都在线粒体内经这些酶的作用，彻底氧化分解成水和二氧化碳等，释放出来的能量以ATP

的形式储存起来,供细胞利用。线粒体为细胞提供80%以上的能量,故有细胞内"供能站"之称。线粒体还含一条环状的DNA分子,有自己的遗传系统和蛋白质翻译系统。线粒体的形态、数量及分布与细胞的种类和功能状态有关。

6. **过氧化物酶体** 又称为微体,为单位膜包裹的圆形或卵圆形小泡,直径 0.2~0.4 μm,多见于肝细胞与肾小管上皮细胞。过氧化物酶体含有40多种酶,包括过氧化氢酶和氧化酶,其中过氧化氢酶是其标志酶。其氧化酶能氧化多种底物,并使氧还原为过氧化氢,而过氧化氢酶能使过氧化氢还原为水,以防细胞因过氧化氢浓度过高而中毒。此外,过氧化物酶体还参与脂肪代谢、糖原异生等。

7. **中心体** 位于细胞中央或细胞核附近,由一对互相垂直的中心粒构成。在中心粒的周围常有特化的致密基质,称为中心球。在中心粒外侧有时可见9个直径约70 nm的球形结构,称为随体或中心粒卫星。中心粒参与细胞的有丝分裂过程。在细胞分裂开始之前,中心粒进行复制;到细胞分裂时,两组新旧中心粒分开,各自移到细胞的两极,成为纺锤体微管的结构中心。在有鞭毛或纤毛的细胞,中心粒参与鞭毛和纤毛的形成。

8. **细胞骨架** 细胞骨架是指真核细胞中的蛋白纤维网架体系。最初,人们认为细胞质中的基质是均质无结构的,但细胞如何维持形态结构和细胞运动难以解释。1928年,Klotzoff提出了细胞骨架的原始概念。在真核细胞中,细胞骨架主要以微管、微丝和中间丝构成。微管存在于所有真核细胞中,是细而长的中空管状结构,直径约25 nm,长数微米(多数细胞)至数厘米(某些运动神经元),由13条原丝环列而成(图1-5)。微管以三种形式存在:单微管,为单条的微管,如纺锤体微管、神经元突起内的微管等;二联微管,由A、B两个微管构成,二联微管见于纤毛和鞭毛;三联微管,由A、B、C三个微管组成,三联微管见于中心粒和纤毛的基粒。微管具有以下功能:①构成细胞的支架,维持细胞的形态;②参与细胞的运动,如构成纤毛和鞭毛的基本结构并产生运动;③在细胞有丝分裂时形成纺锤体并使染色体移动;④运输作用,如神经细胞的微管可作为某些大分子或颗粒物质在细胞内移动的"轨道"。

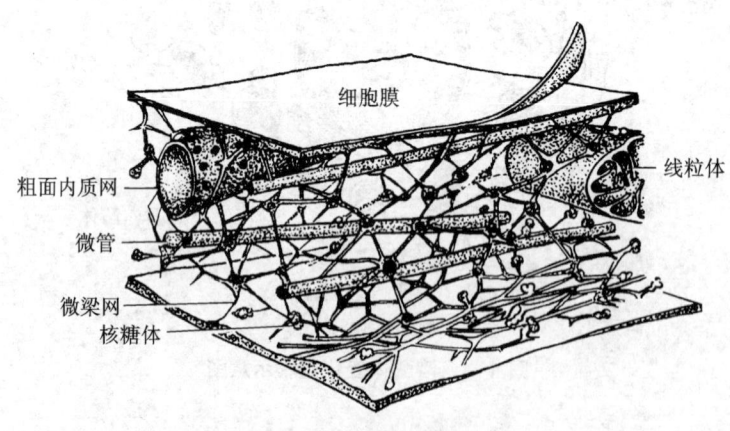

图 1-5 细胞质骨架模式图

(1) 微丝:广泛存在于多种细胞,其中肌细胞的微丝特别发达,形成稳定的结构。微丝直径为5~7 nm,其主要成分是肌动蛋白,故又称为肌动蛋白丝。微丝除与其他骨架成分一起构成细胞的支架外,还与胞吞和胞吐作用、微绒毛收缩、伪足伸缩、分泌颗粒移动和排出、细胞器移位、细胞质分裂等有关。

（2）中间丝：又称中间纤维,是一类形态上与微丝十分相似,而化学组成有明显差异的蛋白质纤维,直径 8～10 nm,介于微丝和微管之间,因而得名。中间丝具有以下功能：①构成细胞骨架。中间丝向外可与细胞膜联系,向内可与细胞核联系,在中间则与微管、微丝及其他细胞器联系,因而在细胞质内形成一个完整的支架系统。②传递信息。近年来发现,中间丝蛋白本身是一种信号分子或信号分子的前体,它可能与 DNA 的复制和转录有关,胞质 mRNA 锚定于中间丝可能对其在细胞内的定位及是否翻译起决定作用。

（3）微梁网：20 世纪 70 年代,有人在超高压电镜下观察到一种直径仅 3～6 nm 的细纤维,它们交织成三维网络状结构,遍布于整个细胞质内,称之为微梁网。这种三维网络不仅以许多固着点与细胞膜及细胞器相连接,使各种细胞器固定在一定位置上进行各自的功能活动,而且还与其他骨架成分相连接,共同构成细胞内复杂的支架系统。但目前对微梁网是否真实存在仍有争议。

（三）内含物

内含物是指细胞质中具有一定形态的营养物质或代谢产物的总称,如脂滴、糖原、蛋白颗粒、分泌颗粒和色素颗粒等。

三、细胞核

细胞核是细胞遗传和代谢活动的控制中心,在细胞的生命活动中起关键作用。每个细胞通常有一个核,只有少数细胞无核(如哺乳动物的成熟红细胞)或有多个核(如骨骼肌细胞)。细胞核的形态一般与细胞的形态相关。例如,球形细胞的核为球形,柱状细胞的核为长椭圆形,扁平细胞的核为扁平形。细胞核的大小为细胞体积的 1/4～1/3,幼稚细胞的核较大,成熟细胞的核较小。细胞核一般位于细胞的中央,但也有不在中央的(如骨骼肌细胞的核位于细胞膜下)。细胞核由核被膜、核仁、染色质、核基质和核内骨架构成(图 1-6)。

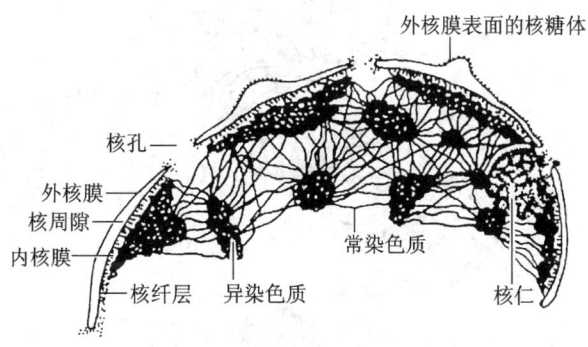

图 1-6 细胞核的模式图

（一）核被膜

核被膜包裹在核表面,由基本平行的内、外两层膜构成。两层膜的间隙宽 10～15 nm,称为核周隙。核被膜上有核孔穿通。外核膜表面有核糖体附着,并与粗面内质网相连续；核周隙亦与内质网腔相通,因此,核被膜也参与蛋白质合成。内核膜的核质面有厚的核纤层,是一层由细丝交织形成的致密网状结构。核纤层不仅对核膜有支持、稳定作用,也是染色质纤维两端的附着部位。在内外核膜的融合处形成环状开口,称为核孔。开口处由多种核孔蛋白以特定形式形成核孔复合体。不活跃的细胞中核孔数较少,如淋巴细胞为 1~3 个 $/\mu m^2$;反之较多,如肝细胞为 12~20 个 $/\mu m^2$。核被膜作为细胞核与胞质间的分界,在稳定核的形态和成分,参与生物大分子的合成,控制核质之间的物质交换等方面有重要作用。

(二) 染色质

染色质是遗传物质 DNA 和组蛋白在细胞间期的形态表现。在 HE 染色的切片上,染色质有的部分着色浅淡,称为常染色质,是核中进行 RNA 转录的部位;有的部分呈强嗜碱性,称为异染色质,是功能静止的部分,故根据核的染色状态可推测其功能活跃程度。现已证明,染色质的基本结构为串珠状的染色质丝,是由 DNA 双股螺旋链规则重复的盘绕,形成大量核小体。核小体为直径约 10 nm 的扁圆球形,核心由五种组蛋白(H1、H2A、H2B、H3、H4)各二分子组成;DNA 盘绕核心 1.75 周,含 140 个碱基对。DNA 链于相邻核小体间走行的部分称为连接段,含 10~70 个碱基对,并有组蛋白 H1 附着。这种直径约 10 nm 的染色质丝在其进行 RNA 转录的部位呈舒展状态,即表现为常染色质;而未执行功能的部位则螺旋化,形成直径约 30 nm 的染色质纤维,即异染色质(图 1-7)。

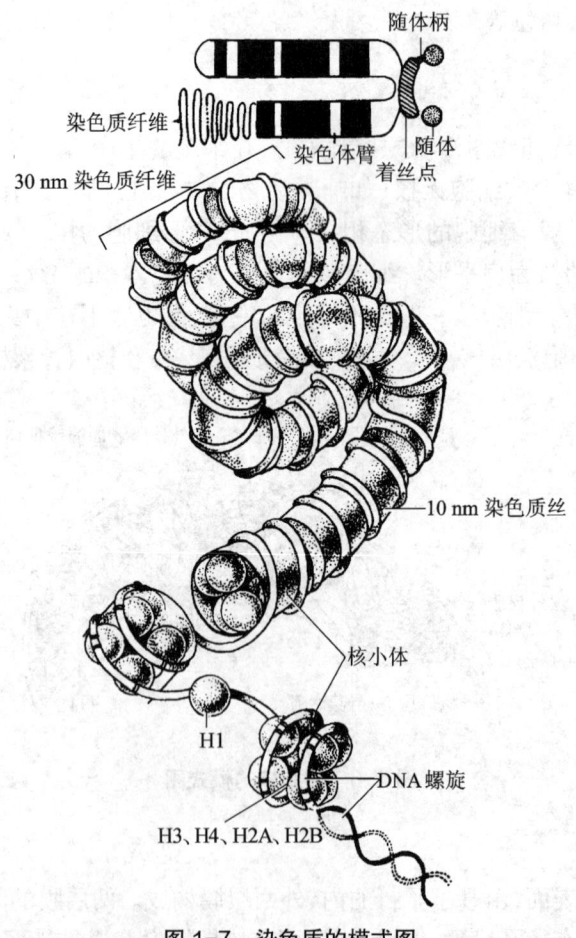

图 1-7 染色质的模式图

(三) 核仁

核仁呈球形,多为 1~2 个,也有 3~5 个的,个别细胞无核仁。核仁位置不定,数量和大小常随细胞种类及功能状态而改变。蛋白质合成活跃的细胞,核仁大而明显,如胰腺泡细胞;反之,核仁不明显、小或无,如精子细胞。核仁的化学成分主要是蛋白质、RNA 和 DNA。光镜下,核仁为均质性结构,染色深。电镜下,为无膜包裹的海绵状结构。核仁的功能是转录 rRNA 和组装核糖体大、小亚基的前体。

(四) 核基质与核内骨架

核基质的传统概念是指细胞核内除核仁和染色质外的无定形液体成分,内含水、无机盐、酶类等,故又名核液或核质。但近年来发现,核基质内还有直径为 3~30 nm 的蛋白质纤维,它们组成三维网络状结构,充满整个核内空间,因其形态与细胞质骨架相似,故称为核内骨架。核内骨架与核纤层、核孔复合体相连,一起构成核骨架。核骨架可能参与 DNA 复制、RNA 转录、染色质的有序空间排列以及染色体的构建等。

四、细胞的增殖与分化

(一) 细胞增殖

细胞增殖是通过细胞分裂来实现的。细胞分裂从上一次分裂结束到下一次分裂结束所经历的时间称为细胞增殖周期,简称细胞周期。细胞周期分为分裂期和分裂间期两个阶段。一个细胞周期时间为 16 h 的哺乳类细胞,跨越前 15 h 的 3 个时期,即 G_1 期(第一个间隙),S 期(DNA 合成期)和 G_2 期(第二个间隙)为间期,此时期有 DNA 和其他细胞大分子的合成。其余时间为 M 期,在此期细胞进行分裂(图 1-8)。

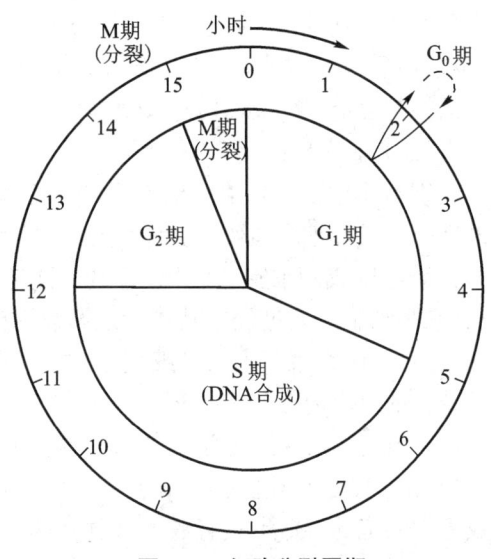

图 1-8 细胞分裂周期

1. **间期** 间期又分为三期,即 DNA 合成前期(G_1 期)、DNA 合成期(S 期)与 DNA 合成后期(G_2 期)。

2. **分裂期** 细胞分裂的方式有三种,即有丝分裂、减数分裂和无丝分裂。

(1) 有丝分裂:需经前、中、后、末期,是一个连续变化的过程,由一个母细胞分裂成为两个子细胞。一般需 1~2 h。

(2) 减数分裂:又称为成熟分裂,它是一种特殊类型的有丝分裂,这种分裂方式只存在于生殖细胞的成熟过程中。它的特点是:在细胞内 DNA 于间期中进行复制一次后,要连续进行两次细胞分裂,结果子细胞中染色体的数目比亲代细胞减少了一半,故称为减数分裂。

(3) 无丝分裂:在高等动物主要发生于某些高度分化的细胞,如肝细胞、肾小管上皮细胞、肾上腺皮质细胞。进行分裂时,首先是细胞伸长,细胞核也拉长,中央凹陷,细胞核与细胞质均一分为二,形成了两个子细胞;如细胞质不分开,将形成双核。

(二) 细胞分化

细胞分化是指多细胞生物在个体发育过程中,细胞在分裂的基础上,彼此之间在形态结构、生理功能等方面产生稳定性差异的过程。细胞分化存在于动物体的整个生命过程中,但在胚胎期表现最为明显。在胚胎发育过程中,一个受精卵通过分裂和分化,逐渐形成许许多多形态结构和生理功能不同的细胞,它们分别构成组织、器官乃至系统,最后成为一个完整的有生命的个体。

细胞分裂和细胞分化是两个既有密切联系,又有本质区别的概念。通过细胞分裂增加细胞的数量,通过细胞分化增加细胞的种类;正常情况下,细胞的不断分裂,通常伴随着细胞的逐步分化;而在细胞分化的不同阶段,细胞分裂的速度和能力是不同的。其一般规律是,细胞分化程度愈低,分裂速度愈快,分裂能力愈大;细胞分化程度愈高,分裂速度愈慢,分裂能力愈小。

五、细胞的衰老与死亡

细胞的衰老与死亡在生物体内不断地发生着,是细胞正常的发育过程,也是机体发育的必然规律。

(一)细胞衰老

细胞衰老是指细胞适应环境变化和维持细胞内环境稳定的能力降低,并以形态结构和生化改变为基础。细胞衰老时,其结构变化主要表现为核固缩,结构不清,染色加深,核质比减小,内质网、线粒体等细胞器减少,色素、脂褐素等沉积于细胞内;其生化改变主要表现为酶活性与含量下降,水分减少,氨基酸和蛋白质合成速率下降等。

(二)细胞死亡

细胞死亡是细胞生命现象不可逆的终止。细胞死亡有两种不同的形式:一种是细胞意外性死亡或称细胞坏死,它是由于某些外界因素如局部贫血、高热、物理性或化学性损伤、生物侵袭等造成的细胞急速死亡;另一种是细胞自然死亡或称细胞凋亡,也称程序性细胞死亡,它是细胞衰老过程中其功能逐渐衰退的结果,就像秋天树叶凋谢一样,遵循自身的程序和规律,自己结束其生命。细胞凋亡受基因的调控。细胞凋亡是多细胞动物生命活动中不可缺少的组成内容,为保证个体发育成熟所必需,为清除不再需要的细胞提供了一个有效的机制。细胞凋亡规律一旦失常,个体即不能正常发育,或发生畸形,或不能存活。例如,在T、B细胞的分化成熟过程中,由于免疫系统的选择性作用,95%的前T、前B细胞均要死亡,而成熟白细胞的寿命也只有数天,死亡一批,再生一批,互相交替,非常严格有序。若细胞凋亡发生障碍,就会引起多种疾病,如白血病、自身免疫病等。

六、细胞的分子基础

细胞生物学已有300多年的发展历史,主要经历了细胞的发现、细胞学的创立、细胞生物学的形成和分子细胞生物学的兴起等阶段。随着科学的发展,对细胞的研究重点也在不断地发生变化。当下的细胞生物学在分子和整体之间,在形态和功能之间架起了桥梁,并且强有力地渗透进其他生命学科,促进着这些学科的发展。因此,了解细胞分子的基础知识很有必要。

组成细胞的物质称为原生质,不同细胞的原生质在化学成分上虽有差异,但其化学元素基本相同。原生质的化学元素有50多种,其中主要的是C、H、O、N四种元素,其次为S、P、Cl、K、Na、Ca、Mg、Fe等元素,这12种元素约占细胞总量的99.9%以上(前四种约占90%)。此外,在细胞中还含有数量极少的微量元素,如Cu、Zn、Mn、Mo、Co、Cr、Si、F、Br、I、Li、Ba等。这些元素通常以化合物的形式存在细胞中。有机化合物是组成细胞的基本成分,包括有机小分子和生物大分子。

(一)生物小分子是细胞的构建单位

1. **水和无机盐** 水和无机盐是细胞内的无机化合物。水是细胞中含量最多的分子,细胞内各种代谢反应都是在水溶液中进行的。无机盐在细胞中均以离子状态存在,这些离子游离于水中,维持细胞内、外液的渗透压和pH;有的直接与生物大分子结合组成具有一定功能的结合蛋白(如:血红蛋白)或类脂(如:磷脂);在细胞外则有以骨盐形式呈现的细胞间质。

2. **有机小分子** 有机小分子的相对分子质量在100～1 000,细胞中的有机小分子主要是糖、脂肪酸、氨基酸及核苷酸,它们构成了生物大分子的亚单位。

(二)生物大分子执行细胞的特定功能

细胞的大部分物质是大分子,大约有3 000种,相对分子质量从10 000～1 000 000。细胞内主要的大分子有核酸和多糖、蛋白质、脂类。其分子结构复杂,在细胞内各自执行特定的功能。

1. **核酸和多糖** 细胞内的核酸分DNA和RNA两大类。其中DNA携带控制细胞生命活动的全部信息,RNA则与信息的表达有关。

细胞的多糖常与蛋白质或脂质连接,存在于细胞膜表面和细胞间质中。存在于细胞膜表面的穿膜糖蛋白的黏附分子,目前已知有百余种,介导细胞识别和黏附。多糖纤维是细胞外空间的细胞间质的主要成分。

2. **蛋白质** 蛋白质是由氨基酸通过肽键依次缩合而成的多聚体,是遗传信息的表现形式,是细胞内重要的生物活性物质,构成了细胞生命活动的分子基础。

3. **脂类** 脂类是构成生物膜的重要物质。脂类物质主是油脂,是机体代谢所需燃料的储存形式和运输形式。脂类可分为简单脂类(不含结合脂肪酸)如固醇类和前列腺素类;复合脂类(与脂肪酸结合的脂类),如甘油和磷酸甘油。

第二节 上皮组织

上皮组织简称上皮,是由大量紧密排列的细胞和少量的细胞间质构成的。上皮组织有被覆上皮、腺上皮、感觉上皮、生殖上皮和肌上皮数种,前两种上皮在动物体内分布非常广泛,功能也很多样;感觉上皮分布在能感受特定刺激的部位和一些感觉器官内,如味蕾、嗅上皮、听觉感受器及视网膜的感光细胞等;生殖上皮见于睾丸曲细精管的生精上皮和卵巢表面的上皮;肌上皮指的是一些位于腺泡基部的具有收缩功能的细胞。本节重点叙述被覆上皮和腺上皮。

一、被覆上皮

(一)被覆上皮的分类

被覆上皮分布广泛,覆盖于身体的表面和衬于体内各种有腔器官的腔面。被覆上皮具有以下共同特点:①细胞成分多,紧密排列成层或薄膜状,间质成分少,主要起黏合作用。②细胞具有明显的极性,朝向管腔或体表的一端称为游离面,相对的另一端称为基底面,基底面依靠一层薄的基膜与结缔组织相连。在细胞各个面上可派生出许多特殊的结构。③上皮内部无血管,其营养依靠结缔组织内的组织液经基膜渗透而来。④上皮细胞间有神经末梢分布,因此,许多部位的上皮感觉敏锐。⑤上皮具有保护、吸收、分泌、排泄和感觉等多种功能,但不同部位的上皮常以某一种功能为主,可兼有其他的一些功能,如皮肤的上皮主要是保护功能,尚有分泌和感觉功能。

根据上皮细胞的排列层次,可将被覆上皮分为单层上皮和复层上皮。显微镜下观察单层上皮细胞或复层上皮浅层细胞的侧面,有扁平、立方和柱状之分(图1-9)。

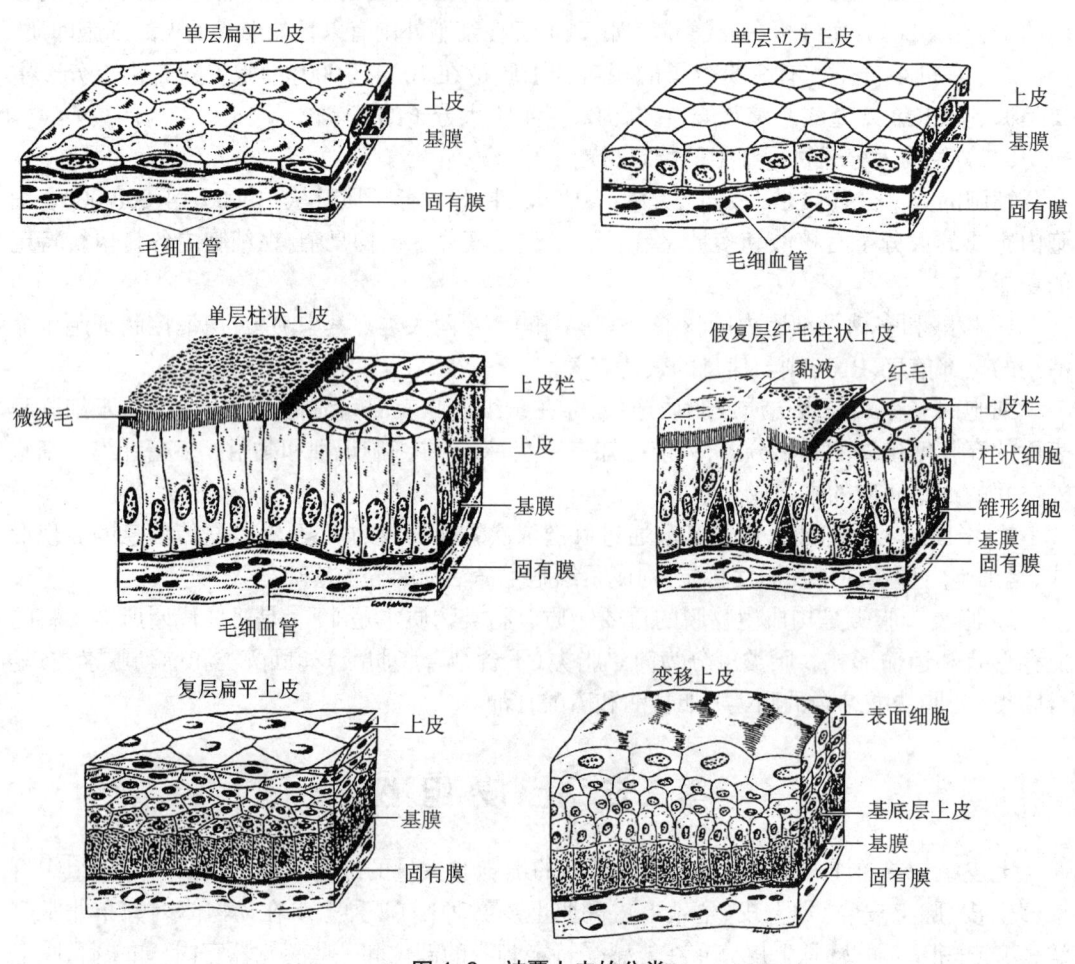

图1-9 被覆上皮的分类

被覆上皮的分类及其在机体内的分布如下:

单层上皮 {
 单层扁平上皮 {
  内皮:心脏、血管及淋巴管的内表面
  间皮:胸膜、腹膜及心包膜的腔面
  其他:肺泡上皮、肾小囊壁层、肾小管细段等上皮
 }
 单层立方上皮:肾小管、甲状腺滤泡、小叶间胆管等
 单层柱状上皮:胃、肠、子宫、胆囊等腔面
 假复层纤毛柱状上皮:呼吸道的内表面
}

复层上皮 {
 复层扁平上皮 {
  角化的:皮肤的表皮
  非角化的:口腔、食管和阴道的腔面
 }
 复层柱状上皮:眼睑结膜
 变移上皮:肾盂、输尿管及膀胱的腔面
}

(二)上皮组织的特殊结构及功能

上皮细胞与其功能相适应,在它的游离面、侧面和基底面常分化出一些特殊的结构(图1-10)。

1. 上皮细胞游离面的特殊结构

(1)细胞衣:又称糖衣,是附着于细胞游离面的一薄层绒状结构,成分是由糖蛋白和糖脂组成的低聚寡糖链。在细胞的基底面和侧面也有糖衣,但不如游离面明显。细胞衣具有黏着、保护、识别、物质交换等功能。

(2)微绒毛:是细胞游离面向上伸出的许多细小的指状突起。在电镜下才能辨认。直径仅 0.1 μm,长 0.5~1.4 μm。在光镜下,可分别显示为纹状缘和刷状缘。微绒毛可极大地扩展细胞的表面积,具有活跃的分泌和吸收功能。除上皮细胞外,其他组织的一些细胞如白细胞、巨噬细胞、肝细胞等表面亦有数量不等的微绒毛。

(3)纤毛、静纤毛与鞭毛:是细胞游离面伸出的能摆动的突起,比微绒毛粗大,直径 0.2~0.5 μm,长 5~10 μm。位于呼吸道黏膜的柱状细胞纤毛最为典型,在光镜下呈细毛状。电镜下纤毛的中央有两根微管,周围有九组双微管围绕,构成纤毛的主体。每根纤毛的基部致密,称基粒,基粒位于细胞膜的下方,由中心粒派生而来,结构与中心粒相同,是纤毛生长的基础,能控制和调节纤毛的活动。在基粒的下方,各微管互相靠拢变细,消失在细胞质里。

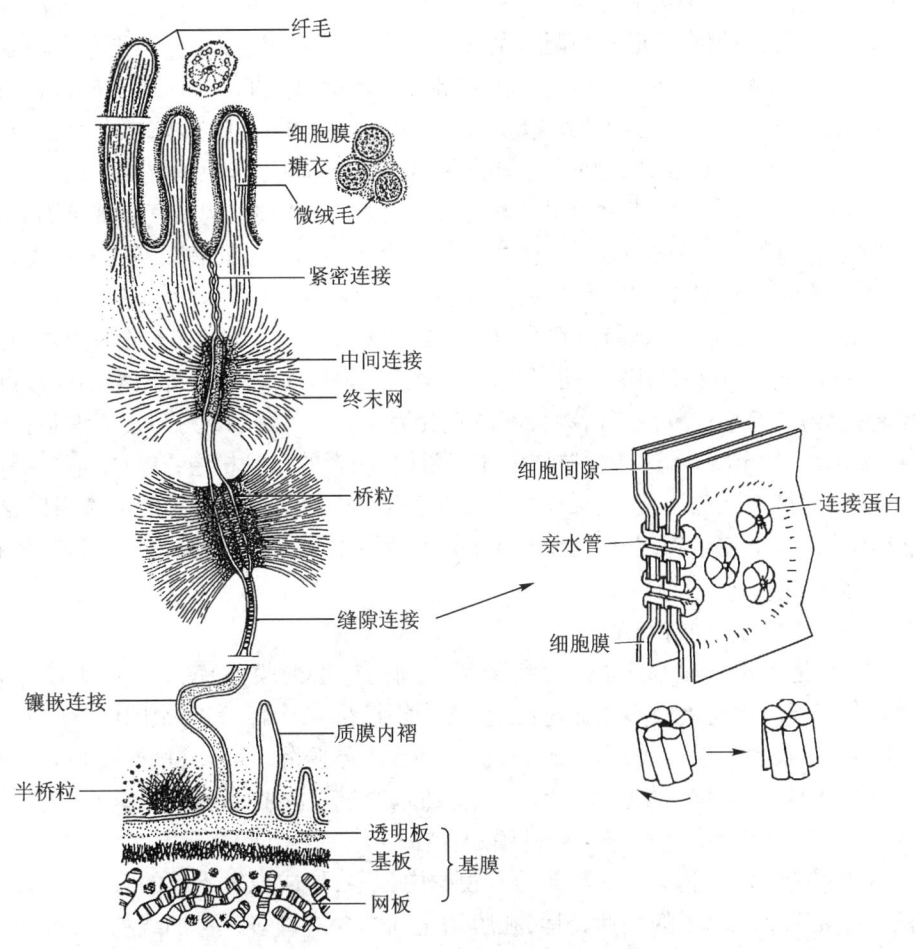

图 1-10 上皮细胞特殊结构模式图

微管由多种蛋白组成,其中的动力蛋白可使微管相互滑动,结果使纤毛呈节律性的拍击运动,许多纤毛的协调摆动可形成传动波,把黏附在表面的分泌物或颗粒向前推送,纤毛这种有节律的定向运动,可清除吸入的细菌或尘埃,起保护和清洁作用。

附睾管等处的上皮细胞游离面有类似纤毛的细长突起,内部无微管,仅有游丝存在,不能摆动,称为静纤毛。

鞭毛的结构与纤毛基本相同,更粗壮些,每个细胞仅有 1~2 条,可作波浪形摆动。哺乳动物精子的尾部就是典型的鞭毛。

2. 上皮细胞侧面的特殊结构　上皮细胞相邻面之间有些呈点状、斑状或带状的连接结构,利于细胞之间的黏着,在电镜下方能观察清楚。这些结构不仅存在于上皮细胞之间,也可存在于其他细胞之间,如肌细胞和神经细胞。

(1) 紧密连接:又称闭锁小带,呈箍状环绕于单层立方细胞或柱状细胞上端的连接面,在相邻细胞膜的平面上有不规则网格状的封闭索,是两细胞膜上镶嵌蛋白的融合,此处无间隙,而无索的部分则有小的间隙,从侧面观察,则呈点状连接。紧密连接可封闭细胞顶部的间隙,阻止细胞外的异物进入组织内,具有屏障和连接作用。

(2) 中间连接:又称黏合小带,位于紧密连接的下方,呈带状分布于相邻细胞间,在电镜下可见在细胞之间有 15~20 nm 的间隙,间隙中有絮状物相连,在两侧的胞质面上附有细丝,细丝的另一端游离交错构成终末网,终末网又与微绒毛的细丝相交连。中间连接除有黏着的作用外,还可保持细胞的形状和调节微绒毛的活动。这种连接还存在于心肌闰盘内。

(3) 桥粒:又称黏着斑,是一种圆形或椭圆形的扣状连接,直径为 0.2~0.5 μm,散在分布于中间连接的下方。在连接区的两细胞膜间有 20~30 nm 的间隙,间隙内有丝状物与两侧细胞膜相连,中央有一条致密的中间线;间隙两侧的胞质面有椭圆形附着板,板上有一些带钩的细丝,许多含角蛋白的张力微丝呈袢状与细丝相勾连,此种结构具有非常牢固的连接作用,应用机械的力量很难将它们分开。张力细丝形成的结构网又具有极强的牵张力,可防止细胞的变形和损伤。桥粒分布广泛,多见于复层扁平上皮及心肌闰盘等处。

(4) 缝隙连接:又称缝管连接。在高倍的电镜下观察为很小的圆斑,斑内的两细胞间只有 2~3 nm 的间隙。冷冻蚀刻法证明,相邻两个细胞膜间有许多对应等距离的连接点,连接点是由细胞膜内的 6 个亚单位蛋白颗粒围成直径为 1.5 nm 的亲水管,与相邻细胞膜同样的蛋白颗粒端相接,甚至融合,这些颗粒称为连接蛋白,两者的小管相通,在一定情况下可开放或闭合。缝隙连接有强化连接、物质交换、直接通讯的作用。缝隙连接的分布很广泛,常位于吸收性或分泌性上皮组织之间。此外相邻的平滑肌细胞、心肌细胞、神经细胞、胚胎细胞之间等也有很多的缝隙连接存在。

3. 上皮细胞基底面的特殊结构

(1) 基膜:是位于上皮基底面和结缔组织之间的一层薄膜,光镜下一般不能见到。用 PAS 染色,因基膜内含有蛋白多糖而呈红色;若为银浸标本,因含有嗜银的网状纤维而呈黑色。电镜下的基膜由三层构成:透明板、基板和网板。基膜除了起支持、连接和固定上皮细胞的作用外,还具有选择性的通透作用。上皮细胞通过基膜的渗透从组织液中获得营养。上皮细胞的位移、分化和再生也离不开基膜的存在。

(2) 质膜内褶:某些上皮细胞基部的质膜向内深陷,形成长短不等的膜褶,扩大了细胞的底面积,有利于水和离子的快速转运,在膜褶之间常含有许多纵排的线粒体,形成光镜下的基底纹,如肾近曲小管的基底纹、唾液腺的纹管等。

(3) 半桥粒:位于上皮基底面朝向细胞质的一侧,是桥粒结构的一半,半桥粒有强化上皮细胞固着力作用。

二、腺上皮和腺

上皮中有些细胞在胞质内合成具有特殊作用的产物并将其分泌到细胞外,这种具有分泌功能的上皮称为腺上皮,以腺上皮为主构成的器官称为腺。但是,还有许多非上皮的细胞也有合成和分泌的功能,如某些神经细胞能分泌激素,浆细胞能分泌抗体等。因此,腺的概念和内容似应扩展,但目前仍以传统概念为主。

(一) 腺的发生

腺上皮起源于胚胎时期,原始上皮细胞分裂增生,向深部结缔组织内生长,逐渐具有分泌功能并分化成腺。腺原来都有分泌部和导管部,但发育过程中一些腺的导管慢慢消失而变成无管腺。有管腺的分泌物经由导管排至体外或某些器官的腔内,称为外分泌腺,如各种消化腺、乳腺等,无管腺的分泌物渗入血液和淋巴,通过循环系统输送并作用于特定的组织和器官,故又称为内分泌腺。

(二) 外分泌腺的类型与结构

外分泌腺的种类繁多,没有一种分类方法能把所有外分泌腺包括进去,只能应用不同的标准进行分类,对具体的某个腺体而言,可分属于不同的类型。如根据腺细胞多少可分为单细胞腺(如杯状细胞)和多细胞腺,根据分布可分为壁内腺(肠腺、子宫腺)和壁外腺(肝、胰)。此外,还有以下的一些分类方法:

1. 按腺的形态分类　此类腺体由分泌部和导管部组成,分泌部由一层腺上皮细胞围成管状、泡状和管泡状三种类型,而导管部又有不分支、分支和反复分支三种,腺泡和导管的结合可有多种形态(图1-11)。

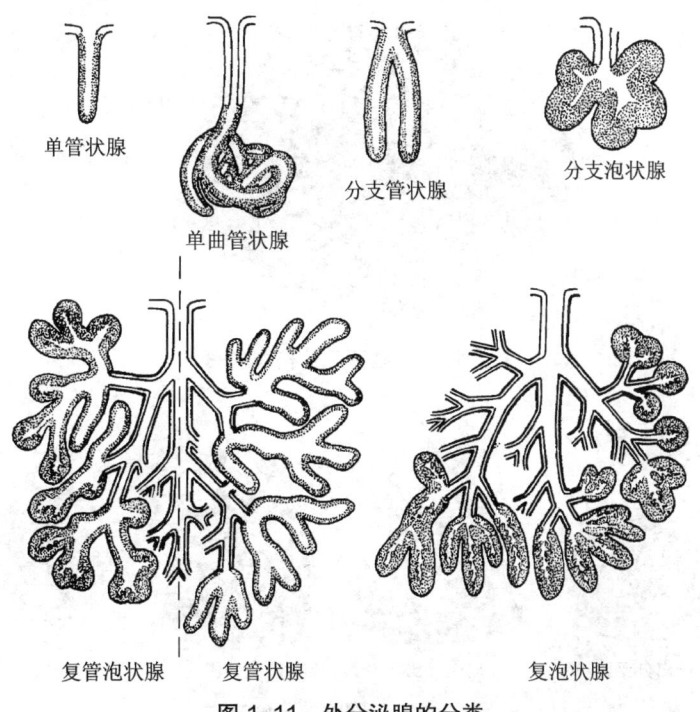

图1-11　外分泌腺的分类

2. 外分泌腺的结构(图 1-12)

(1) 浆液腺:分泌物为较稀薄而清亮的液体,内含各种消化酶和少量黏液。腺细胞成锥形,围成圆形腺泡,细胞界限不清晰,细胞核圆,核仁可见,核位于细胞中央或近基部,胞质顶端有许多嗜酸性的分泌颗粒,呈红色。细胞基部有发达的细胞器,胞质嗜碱性,呈淡蓝色,基底部着色更深,腮腺和胰腺等腺泡属于此类。

(2) 黏液腺:分泌物为黏稠的液体,主要成分为糖蛋白,也称黏蛋白,PAS 染色阳性。但不同的黏液腺分泌物成分有一定的差异。黏液腺除杯状细胞呈单个分布外,大部分腺细胞亦围成大小不等的腺泡。制片时,由于分泌颗粒多被溶解,故细胞色浅,细胞界限不清,胞质呈泡沫状,细胞核扁平,位于细胞基底部,色深,核仁不易见到,如舌下腺、十二指肠腺等。

(3) 混合腺:这种腺含有浆液性腺泡和黏液性腺泡,并常可见到两种腺细胞同时围成的混合性腺泡。混合性腺泡多以黏液性细胞为主,有几个浆液性细胞位于黏液性细胞之间或环绕在黏液性细胞的一侧,染色时可明显见到浆液性细胞呈半月形,称为浆半月,浆半月的细胞通过细胞间分泌小管将分泌物排入腔内,如颌下腺。

在以上各种腺泡的基部,还可见到一种肌上皮细胞,位于腺细胞和基膜之间,细胞有突起将腺泡包围。肌上皮细胞内含有肌动蛋白,有收缩功能,可帮助腺细胞的分泌物排入导管。此外,在汗腺、乳腺和曲细精管的基部,也有肌上皮细胞的分布。

3. 腺细胞的分泌方式(图 1-13)

(1) 透出分泌:分泌物以分子的形式从细胞膜渗出的方式称为透出分泌,如肾上腺皮质细胞,胃腺壁细胞等属于此类。

(2) 局浆分泌:分泌物在腺细胞内先形成有单位膜包裹的分泌颗粒,当颗粒达细胞顶端时颗粒膜与细胞膜融合,将分泌物排出,这种以胞吐方式分泌的腺细胞不受损伤,又称开口

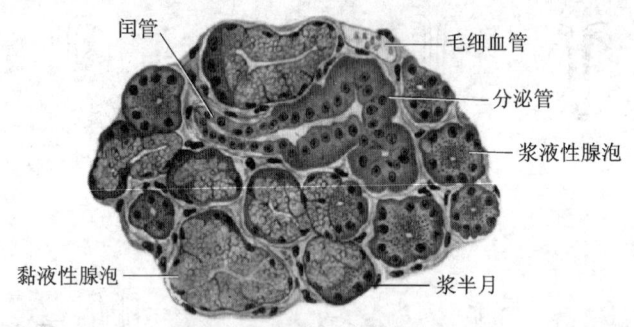

图 1-12 唾液腺结构模式图

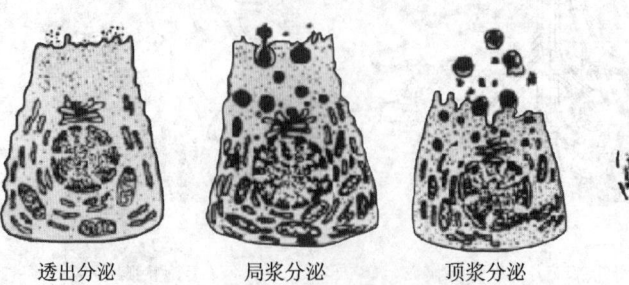

图 1-13 腺细胞的分泌方式

分泌,如胰腺细胞、腮腺、垂体前叶细胞等的分泌。

(3)顶浆分泌:腺细胞内的分泌颗粒移到细胞顶部后,连同部分胞质由单位膜包裹后与细胞断离的这种分泌方式,细胞会受到部分损伤,但很快即可修复。根据丢失胞质的多少又分为微顶浆分泌,如胆汁的分泌和巨顶浆分泌,如乳腺、汗腺等的分泌。

(4)全浆分泌:此种分泌方式多为脂类分泌物的分泌,当分泌物不断形成并充满整个细胞时,核固缩,细胞器消失,细胞崩溃与分泌物一同排除,再以腺内部未分化的细胞分裂增殖而予以补充,如皮脂腺和禽尾脂腺的分泌。

(三)内分泌腺的类型和结构

详见第十章"神经系统和内分泌腺"。

三、上皮组织的更新和再生

上皮细胞在正常状态下可不断地衰老、死亡和脱落,也不断有细胞再生而更新。各种上皮的更新速度可随动物的种属、年龄、损伤程度及营养条件而有很大差异。胃肠道上皮2~4 d就可更新一次,表皮细胞1~2个月更新一次。上皮细胞死亡之后,由干细胞分裂增生而得到补充,这是正常的生理性更新。如果局部发生炎症或遭受损伤,由周围未受损的上皮细胞增生而得到修复,形成新的上皮,这是病理性再生。若损伤严重,面积较大,上皮虽有较强的再生能力,也难以弥补缺损,常由结缔组织填充而形成瘢痕。

第三节 结 缔 组 织

结缔组织由细胞和大量细胞间质构成。细胞间质主要由基质和包埋于其中的纤维组成。基质为均质的无定形结构,可呈液态、胶态或固态。根据组织形态不同,可分为以下几种:

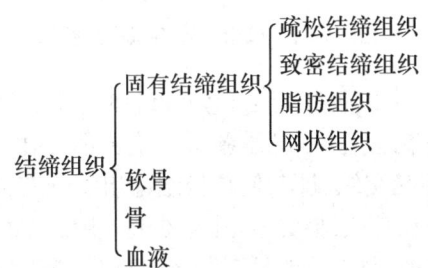

结缔组织与上皮组织比较,有以下特点:①细胞间质成分多,细胞数量少,种类多,散在于细胞间质中,细胞无极性;②不直接与外界环境接触,因而亦称内环境组织;③在动物体内分布极为广泛,具有连接、支持、营养、保护、防御和修复等功能。

一、固有结缔组织

固有结缔组织,按其结构和功能不同分为疏松结缔组织、致密结缔组织、网状组织和脂肪组织。

(一)疏松结缔组织

疏松结缔组织广泛分布于器官、组织和细胞之间,结构疏松,形似蜂窝,故又称蜂窝组织。其结构特点是细胞种类多而分散(图1-14)。疏松结缔组织具有连接、保护、防御和创伤修复等功能,其组成如下:

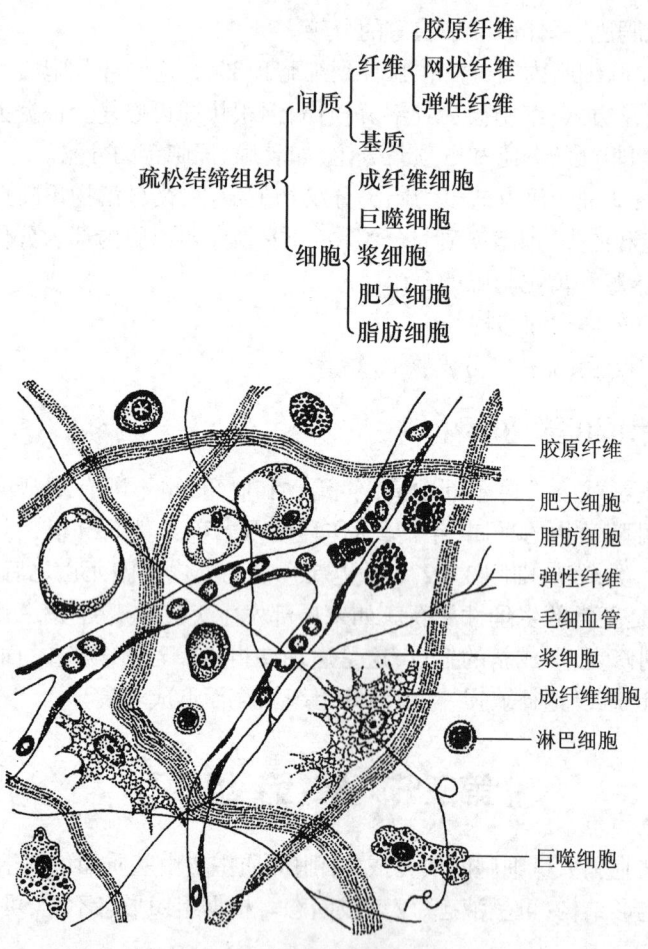

图 1-14 疏松结缔组织模式图

1. **纤维** 疏松结缔组织中以胶原纤维和弹性纤维为主要纤维成分。胶原纤维新鲜时呈白色,故又称白纤维,具有韧性;弹性纤维新鲜时呈黄色,因而亦称黄纤维,具有很强的弹性。胶原纤维和弹性纤维相互交织成网,使疏松结缔组织既有韧性,又有弹性,以保持器官的形态和可塑性。网状纤维在疏松结缔组织中较少见,主要分布于基膜的网板、毛细血管和肾小管的周围及造血器官等处,具有嗜银性,故又称嗜银纤维(表 1-1)。

2. **基质** 基质是一种无色、透明的胶状物质,充满于纤维和细胞之间。细胞外基质既是细胞生命活动的产物,也构成了细胞、组织生存和功能活动的微环境。化学成分主要是蛋白多糖、糖蛋白和水。蛋白多糖是基质的主要成分,共同构成具有很多微小孔隙的结构,称分子筛(图 1-15)。分子筛具有屏障作用,小于其孔径的物质如 O_2、CO_2、无机盐、激素及某些营养物质等可自由通过;而大于其孔径的物质如细菌、异物等则不能通过。

在基质中还有从毛细血管渗出的不含大分子物质的黏性液体成分,称为组织液,内含氧气和营养物质,与组织、细胞进行物质交换后,被毛细血管的静脉端或毛细淋巴管吸收,回流入血液循环,同时带走二氧化碳和代谢产物。组织液的不断循环更新,为组织、细胞提供了动态的良好生存环境。

3. **细胞**

(1)成纤维细胞:疏松结缔组织的主要细胞成分,常紧贴胶原纤维分布。胞体较大,呈

表 1-1 疏松结缔组织中三种纤维的结构及特性

特点	胶原纤维	弹性纤维	网状纤维
数量与颜色	最多,新鲜时色白	次之、色黄	最少
形态特点	集合成束,粗细不等	波浪状细长有分支,断端常卷曲	分支交织成网
纤维直径	1～20 μm	0.2～1.0 μm	0.2～1.0 μm
化学成分	Ⅰ、Ⅱ型胶原蛋白	弹性蛋白	Ⅲ型胶原蛋白
物理特性	韧性大,抗拉力强	弹性强,韧性差	弹性和韧性均弱
电镜结构	原纤维有横纹	无横纹	原纤维有横纹
HE 染色	呈粉红色	着色极浅	不着色
其他染色	PAS 阳性,复红染成红色	PAS 阴性,醛复红染成蓝紫色	PAS 阳性,镀银呈黑色

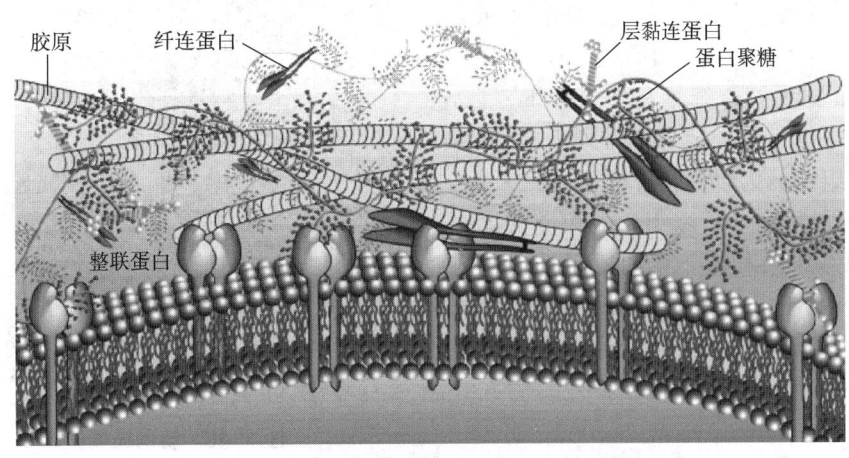

图 1-15 细胞膜和细胞外基质结构的关系

长扁平形,有许多突起;胞质丰富,呈弱嗜碱性;胞核大,呈卵圆形,着色浅,核仁明显。成纤维细胞具有形成胶原纤维、弹性纤维、网状纤维和基质的功能。其自身可进行分裂增殖,在创伤修复期间表现尤为活跃。功能处于不活跃状态时称为纤维细胞。两者在一定条件下可相互转换。

（2）脂肪细胞:单个或成群出现。胞体最大,呈球形,因胞质内充满脂滴,将胞核连同少量胞质挤至细胞的一侧,呈新月形。在 HE 染色标本上,因脂滴被溶解,细胞呈空泡状,胞核着色深,整个细胞形如戒指。脂肪细胞具有合成与储存脂肪,参与脂质代谢的功能。

（3）巨噬细胞:又称组织细胞。胞体形态多样,呈圆形、椭圆形或不规则形,细胞表面有短而钝的突起,称为伪足;胞质丰富,呈嗜酸性,内常有空泡和异物颗粒;胞核小,着色深,核仁不明显。若给动物活体注射台盼蓝或墨汁,在巨噬细胞的胞质内可出现许多吞噬颗粒而易于辨认。巨噬细胞由血液内的单核细胞穿出血管后分化而来。巨噬细胞具有吞噬作用、抗原呈递和分泌细胞因子的功能。

（4）浆细胞:在结缔组织内数量不定,常见于病原微生物易于侵入的部位,如消化管和呼吸道固有层的结缔组织内。浆细胞体积较小,多呈卵圆形;胞质嗜碱性,近核处有一淡染区,是高尔基复合体和中心粒所在部位;胞核圆形,多偏于细胞一侧,染色质致密呈块状,沿核膜内侧作辐射状排列。电镜下,胞质内有大量粗面内质网、丰富的游离核糖体和发达的高尔基复合体。浆细胞来源于B淋巴细胞,具有合成与分泌抗体,即免疫球蛋白的功能,参与体液免疫。

(5) 肥大细胞:数量较多,常沿小血管或淋巴管分布。胞体较大,呈圆形或椭圆形;胞核小而圆;胞质内充满嗜碱性颗粒,具有异染性,当用碱性染料如甲苯胺蓝染色时,颗粒呈紫红色而非蓝色。颗粒中含组胺、白三烯、嗜酸粒细胞趋化因子和肝素等生物活性物质。肥大细胞参与机体的过敏反应。

疏松结缔组织中除上述细胞外,尚有少量的间充质细胞,其胞体较小,形态与成纤维细胞相似。在一定条件下,该细胞可增殖分化为成纤维细胞、脂肪细胞、血管内皮和平滑肌等。另外,在疏松结缔组织中常见从血液中游出的白细胞,如淋巴细胞、嗜酸粒细胞和中性粒细胞等。

(二) 致密结缔组织

致密结缔组织的结构特点是细胞和基质成分少,纤维成分多。细胞主要是成纤维细胞,纤维则为胶原纤维和弹性纤维,且排列致密。根据纤维的成分和排列不同,可将致密结缔组织分为以下三种类型:

1. **规则致密结缔组织** 由大量密集排列的胶原纤维束和位于束间成行排列的成纤维细胞构成,主要构成肌腱和腱膜。成纤维细胞又称腱细胞,因受胶原纤维束的挤压,胞体上伸出多个薄翼状的突起,插入纤维束之间(图1-16)。

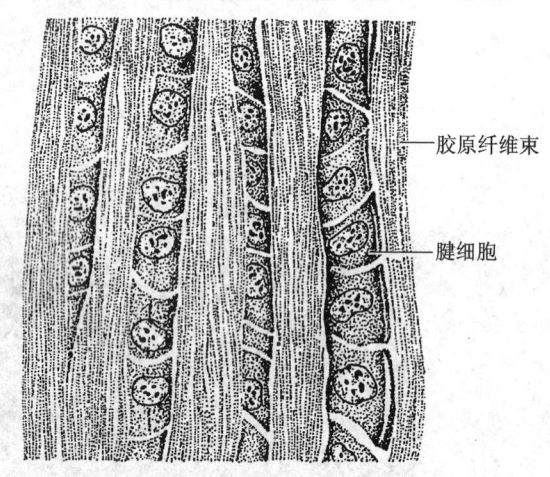

图1-16 腱的结构模式图

2. **不规则致密结缔组织** 见于真皮、硬脑膜、器官的被膜等处。其特点是由粗大的胶原纤维束相互交织成致密的网或层,其间夹有少量成纤维细胞、小血管及神经等(图1-17)。

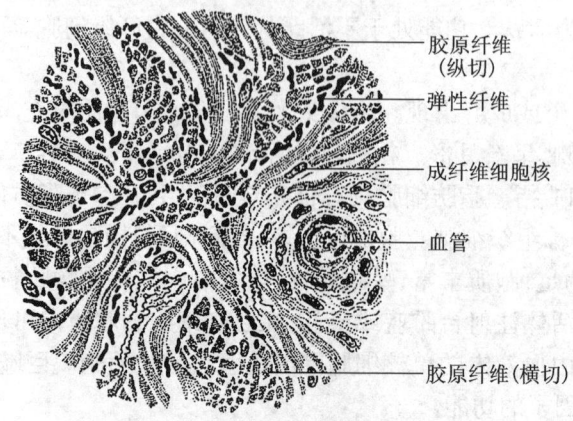

图1-17 不规则致密结缔组织模式图

3. 弹性组织 见于项韧带、声带、大动脉等处。其结构特点是在粗大平行排列的弹性纤维束之间,有胶原纤维和成纤维细胞分布。

体内有些部位的结缔组织,其结构介于疏松与致密结缔组织之间的过渡状态,纤维细密,交织成网,其中含有较多的细胞成分、小血管和神经等,称为细密结缔组织。如消化管和呼吸道固有层的结缔组织。

(三) 网状组织

网状组织由网状细胞、网状纤维和基质构成(图 1-18)。网状细胞多突起,呈星状,突起彼此连接成网,胞质丰富,核大色浅,核仁明显。网状纤维由网状细胞产生,纤维细且分支多,沿网状细胞的胞体和突起缠绕,成为网状细胞的支架。体内没有单独存在的网状组织,它是构成淋巴组织和骨髓组织的基本成分,在其网眼中分布许多其他细胞,如淋巴细胞、巨噬细胞等。

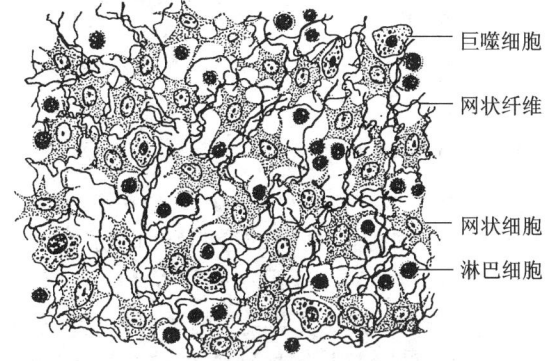

图 1-18 网状组织模式图

(四) 脂肪组织

脂肪组织主要由大量的脂肪细胞聚集而成。在成群的脂肪细胞间,由富含血管的疏松结缔组织将其分隔成许多脂肪小叶。根据脂肪细胞的结构和功能不同,将脂肪组织分成两种类型。

1. 黄(白)色脂肪组织 新鲜时呈黄色或白色。脂肪细胞的结构同疏松结缔组织中所述,其结构特点是胞质被一个大的脂滴充满(图 1-19),此种脂肪细胞也称单泡脂肪细胞。成年动物体内的脂肪组织多属此类,主要分布于皮下、系膜、网膜、肾脂囊和黄骨髓等处,具有支持、缓冲、维持体温和储存能量等作用。

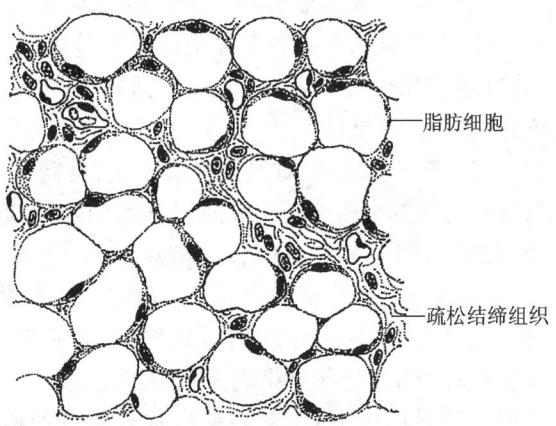

图 1-19 白色脂肪组织

2. 棕色脂肪组织 新鲜时呈棕色。脂肪细胞的胞质内含许多较小的脂滴和密集的线粒体,胞核圆形,位于细胞中央,此种脂肪细胞称为多泡脂肪细胞。棕色脂肪组织主要存在于幼龄动物和冬眠动物体内,可快速氧化而产生大量热能,以维持冬眠动物的体温和新生动物的抗寒需要。

二、软骨

软骨主要由软骨组织和周围的软骨膜构成。软骨组织构成软骨的主体,根据软骨组织中细胞间质中纤维成分的不同,可将软骨分为透明软骨、纤维软骨和弹性软骨三种(图 1-20)。

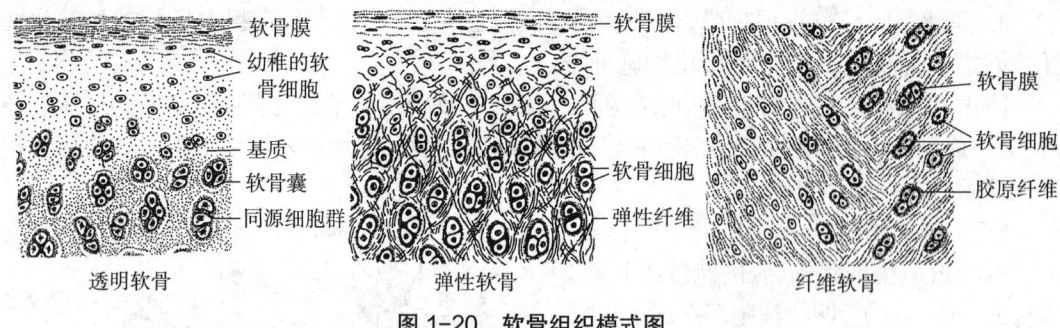

图 1-20　软骨组织模式图

（一）透明软骨

透明软骨分布较广,位于各关节面,并形成鼻、喉、气管及支气管的支架和肋软骨、关节软骨等。肉眼观察新鲜的透明软骨呈瓷白色半透明固体,故名透明软骨。细胞间质中含胶原纤维,基质丰富。透明软骨骨质较脆,耐磨。

1. 软骨组织　软骨组织由软骨细胞和软骨基质构成。

（1）软骨细胞:软骨细胞位于软骨基质内的小腔——软骨陷窝中。陷窝周围有一层含硫酸软骨素较多的基质称为软骨囊,染色时呈强嗜碱性。活软骨中的软骨细胞充满软骨陷窝。在标本中,软骨细胞收缩,细胞和软骨囊之间有空隙。软骨细胞在软骨内的分布有一定的规律,靠近软骨膜的软骨细胞较幼稚,体积小,呈扁圆形,单个分布。位于软骨中部的软骨细胞接近圆形,成群分布,每个软骨陷窝中常见 2～8 个细胞,它们是由一个细胞分裂增生而成,故称为同源细胞群。

（2）软骨基质:软骨基质呈凝胶状,具韧性。软骨基质中的有机成分主要为软骨黏蛋白。软骨囊之间的细胞间质中胶原原纤维较多,接近软骨膜的基质对酸性染料有亲和力,位于软骨深部的基质对碱性染料有亲和力。

2. 软骨膜　除关节面的关节软骨外,软骨的表面均覆有较致密的结缔组织,即软骨膜。软骨膜分内、外两层,外层纤维多、细胞少,主要起保护作用;内层纤维少,细胞较多,其中有些梭形细胞,有分化成为软骨细胞的潜在能力,内层软骨膜与软骨组织之间无明显的分界。软骨内无血管,营养来自软骨周围的血管,通过软骨膜渗透至软骨内部,供应软骨细胞。

（二）纤维软骨

纤维软骨分布于椎间盘、关节盘及耻骨联合等处,肉眼观察呈白色。结构特点是细胞间质内含有大量呈平行或交错排列的胶原纤维束,软骨细胞常成行分布于纤维束之间的软骨囊中。纤维软骨韧性强。HE 染色切片中,胶原纤维为嗜酸性染成红色,纤维束之间基质很少,呈弱嗜碱性。软骨囊强嗜碱性。

（三）弹性软骨

弹性软骨分布于耳郭、外耳道、咽鼓管、会厌和喉软骨等处,肉眼观察呈黄色。其细胞间质内含有大量交织分布的弹性纤维,软骨中央的纤维尤为密集,弹性软骨具有很强的弹性。

三、骨

骨由骨膜、骨质、骨髓及血管、神经所构成。骨质即骨组织,是一种密实的结缔组织。

(一)骨组织

骨组织是构成骨的主要成分,由大量钙化的细胞间质和几种细胞组成。钙化的细胞间质称骨基质。细胞有骨原细胞、成骨细胞、骨细胞及破骨细胞四种。骨细胞最多,位于骨基质内,其余三种细胞均位于骨组织的边缘(图1-21)。骨组织的细胞间质内有大量钙盐沉淀,是坚硬而有一定韧性的结缔组织。在动物的一生中,骨组织不断更新和改建,从而适应幼年时机体的生长发育和成年后机体支持功能的需求变化。动物体99%以上的钙和85%的磷以羟基磷灰石的形式贮于骨组织中,因而骨又是动物体钙、磷储存库。

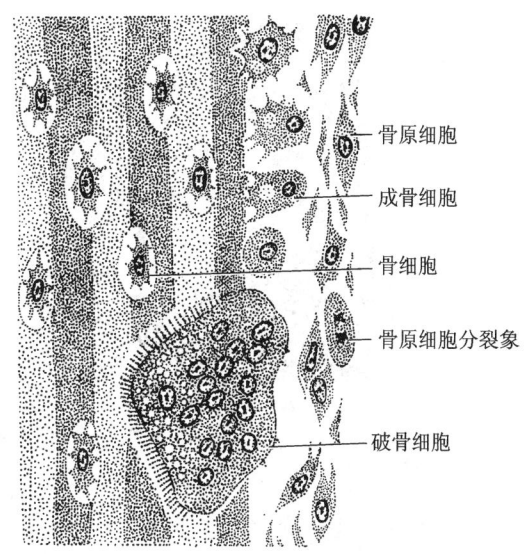

图1-21 骨组织的各种细胞模式图

1. 骨基质 骨基质为固体,由有机成分和无机成分组成。有机成分占成体骨重的35%,无机成分占65%。有机成分由成骨细胞分泌形成,包括大量的骨胶纤维及少量无定形基质。骨胶纤维与胶原纤维相似,但直径较大。无定形基质呈凝胶状,仅占有机成分的5%,化学成分为糖胺多糖和蛋白质的复合物,起黏合作用。无机成分又称为骨盐,主要为羟磷灰石结晶,化学分子式为:$Ca_{10}(PO_4)_6(OH)_2$。电镜下骨盐呈细针状,长10~20 nm,宽3~6 nm,沿骨胶纤维长轴规则排列。有机成分与无机成分的紧密结合使骨十分坚硬。骨基质结构呈板层状,称为骨板。同一骨板内的骨胶纤维相互平行,相邻骨板的骨胶纤维则相互垂直或成一定夹角。骨板的结构使骨具有很强的支撑能力。

2. 骨组织的细胞 骨组织的细胞分两类。一类与骨基质的生成有关,在分化的不同阶段分别称为骨原细胞、成骨细胞和骨细胞。另一类与骨基质的溶解吸收有关,称为破骨细胞。

(1)骨原细胞:是骨组织中的干细胞,位于骨外膜及骨内膜贴近骨组织处。细胞较小,呈梭形,核椭圆形,细胞质少,弱嗜碱性。当骨组织生长或改建时,骨原细胞分裂分化为成骨细胞。

(2)成骨细胞:分布在骨组织表面,幼年动物较多,常排成一层,成年后较少。成骨细胞是具有细小突起的细胞,胞体呈矮柱状或椭圆形,其突起常伸入骨组织表层的骨小管内,与表层骨细胞的突起形成连接。成骨细胞核圆形,多位于细胞的游离端。胞质嗜碱性,电镜下可见大量粗面内质网和发达的高尔基复合体。成骨时,成骨细胞分泌骨基质的有机成分,称为类骨质,同时以膜芽方式释放一些基质小泡。一般认为,类骨质中基质小泡是形成羟磷灰石结晶的部位。当成骨细胞被类骨质包埋后,便成为骨细胞。

(3)骨细胞:数量最多,单个分散于骨板内或骨板间。骨细胞有许多细长突起,胞体呈扁椭圆形。胞体所在空隙称为骨陷窝,突起所在的空隙称为骨小管(图1-22)。相邻骨陷窝以骨小管彼此连通,骨细胞的细胞突起之间有缝隙连接。在骨陷窝和骨小管内含有组织液,可营养骨细胞和输送代谢产物,组织液和血液中Ca^{2+}在此处转运,在维持血钙的恒定中发挥作用。

(4)破骨细胞:破骨细胞是一种多核的大细胞,直径约100 μm,常含有6~50个核。胞

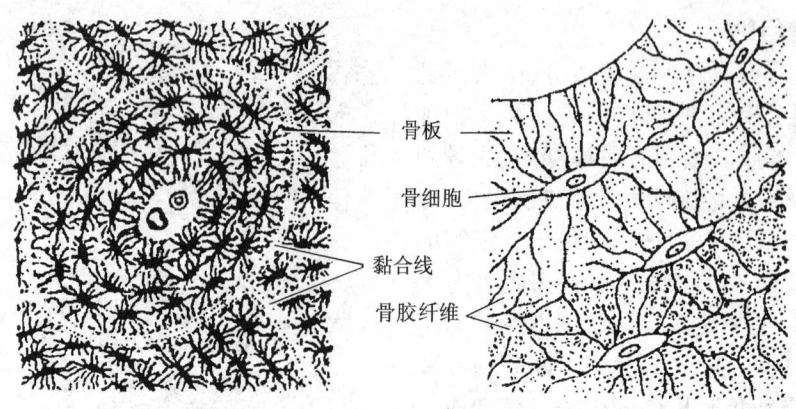

图1-22 骨组织的结构模式图

质嗜酸性强。其数量远比成骨细胞少。多位于骨组织被吸收部位所形成的陷窝内。破骨细胞向外释放溶酶体酶及 H^+、乳酸、柠檬酸等。在酶和酸的作用下溶解骨质,通过内吞重吸收骨基质。

(二) 骨的结构

1. 长骨的结构　长骨由骨松质、骨密质、骨膜、关节软骨及血管、神经等构成。

(1) 骨松质:分布于长骨的骨骺和骨干的内侧面,由大量针状或片状骨小梁相互连接成多孔的网架结构,孔内充满骨髓。

(2) 骨密质:构成长骨骨干的绝大部分和骨骺的表层。根据骨板排列形式不同,可分为环骨板、骨单位和间骨板。

(3) 骨膜:骨膜是由致密结缔组织组成。分布在骨表面的较厚层结缔组织称为骨外膜,衬被于骨内表面的薄层结缔组织称为骨内膜。骨外膜外层较厚,纤维密集而粗大,内层较薄,结缔组织疏松,含骨原细胞和成骨细胞及小血管和神经。骨膜不仅营养、保护骨组织,在骨的生长、改建和修复中也有重要作用。骨内膜被覆于骨髓腔面,骨小梁的表面,中央管及穿通管的内表面。骨内膜的纤维细而少,主要由一层扁平细胞组成,能分裂分化成骨细胞。由于这层细胞分隔骨细胞周围和骨髓腔内的两种含钙磷浓度不同的组织液,故可能具有离子屏障功能,使骨细胞周围组织液维持一定的钙磷浓度,有利于骨盐结晶的形成。

2. 扁骨的结构　扁骨也有骨密质和骨松质。以颅骨为例,其内、外两层都是骨密质,分别称为内板和外板。外板厚而坚韧,耐受张力,内板薄而松脆,易受折损。内板和外板之间夹一层厚度不一的骨松质,称为板障,有迂曲的板障管穿行,是板障静脉通行的管道。若中间的骨松质缺失,则两层骨密质融合。扁骨的表面覆有骨外膜。

(三) 骨的发生

骨由胚胎早期的间充质分化而来,有膜内成骨与软骨内成骨两种方式。

1. 膜内成骨　扁骨大多按这种方式发生。在将要形成扁骨的部位,间充质细胞增殖、密集,形成血管丰富的原始结缔组织膜。膜内部分间充质细胞分化为骨原细胞,再发育成为成骨细胞,成骨细胞分泌类骨质,并被包埋其中,成为骨细胞。继而类骨质钙化成骨基质,形成最初的骨组织,称为骨化中心。从骨化中心向四周成骨,逐渐形成初级骨小梁,构成初级骨松质。随后,初级骨松质周围的间充质分化为骨膜,骨膜内的成骨细胞在骨松质的表面形成骨密质(图1-23)。

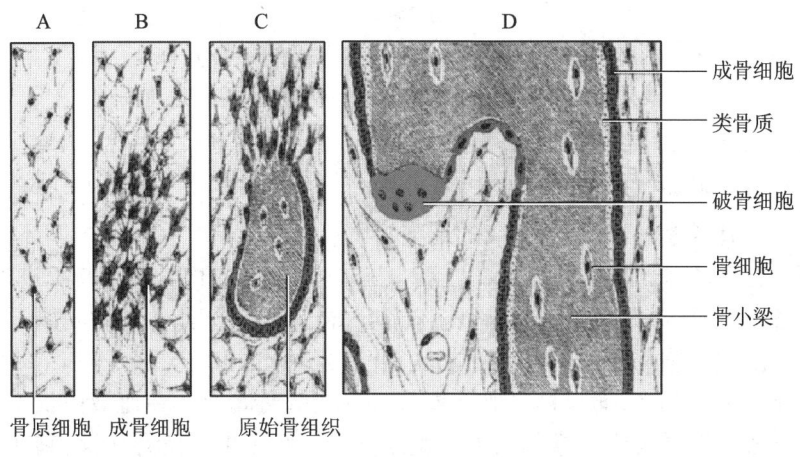

图 1-23　膜内成骨过程示意图
顺序：A→D

2. 软骨内成骨　大多数骨主要以软骨内成骨的方式发生。胚胎时期在将要形成骨的部位，先由间充质分化成透明软骨组织，软骨组织周围的间充质分化为软骨膜。软骨的外形与将要形成的骨相似，称为软骨雏形。在软骨的基础上再形成骨质。成骨的方式包括软骨周成骨和软骨内成骨两种方式。

（1）软骨周成骨：此过程与膜内成骨相似。软骨雏形形成后不久，在软骨中段（相当于未来的骨干部），软骨膜内层的骨原细胞分化为成骨细胞，在软骨表面形成一圈骨组织犹如领圈，故名骨领。骨领表面的软骨膜从此改称为骨外膜。骨领不断增厚并加长，形成骨干。

（2）软骨内成骨：是软骨雏形的增长并被骨组织所替代的过程。变化过程复杂，经历了初级骨化中心形成、骨髓腔的形成、次级骨化中心出现与骺板形成、骨单位形成及改建等变化（图 1-24）。

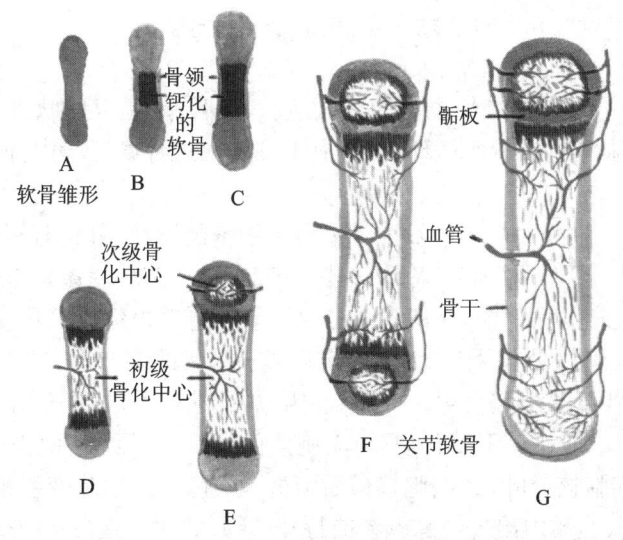

图 1-24　长骨发生示意图
顺序：A→G

四、血液及血细胞发生

(一) 血液

血液是一种循环流动的液态结缔组织,在心血管系统中流动,形成血液循环。血液由红细胞、白细胞、血小板、血浆构成。习惯上将红细胞与白细胞合称为血细胞,将血细胞与血小板合称为血液的有形成分,血浆是血液的细胞间质。红细胞始终在血液内循环流动,直至细胞死亡,是自始至终的血细胞。白细胞在血液中只是"过客",它由骨髓或胸腺进入血液循环,分布到全身各处,而后离开血液进入组织,除部分淋巴细胞外,其他白细胞离开血液后都不再返回。所有的白细胞都在血管外进行功能活动,直到死亡。全身骨髓和结缔组织中的白细胞总数远比血液中的多,而且白细胞在血管外存在的时间也比在血液内长得多。但是血液中的白细胞容易取样观察通常作为血细胞来学习。血小板不离开血液,它在血管壁受损伤时发挥凝血作用。

(二) 血细胞的发生

各种血细胞都有一定的寿命,血细胞不断的衰老和死亡,由新生的血细胞不断补充,血细胞的生成过程称为血细胞发生。

1. 血细胞的起源和造血器官的演变　血细胞最初起源于胚外卵黄囊血岛,以后血细胞的形成器官迁移到肝、脾和骨髓,哺乳动物出生后,骨髓是主要的造血器官(图1-25),而且迁变继续进行,成年动物的血细胞发生仅限于躯干骨,四肢骨已无造血能力。

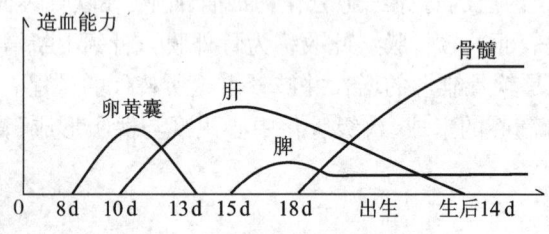

图 1-25　小鼠造血器官演变示意图

2. 骨髓的结构　红骨髓是最主要的造血组织。其特点是以网状细胞构成支架及血窦内皮细胞和巨噬细胞等组成造血微环境,造血干细胞在这种微环境内分化形成各种血细胞和血小板。

3. 血细胞的发生过程　血细胞发生是造血干细胞经增殖、分化直至成为各种成熟血细胞的过程(图1-26)。造血干细胞又称为多能干细胞,在一定环境条件下分化形成各系造血祖细胞,造血干细胞能自我更新,保持终身分化潜能。造血祖细胞又称为定向干细胞,是一种已失去多向分化能力的原始干细胞,在一定环境及因素的调节下,只能向一个方向分化成某一系的血细胞。各系血细胞发生,一般都经历原始、幼稚及成熟三个阶段,各系血细胞发生过程比较复杂,但一般有如下变化规律:①胞体由大变小(巨核细胞则由小变大);②胞核由大变小(有粒白细胞核分叶,红细胞核最后消失),染色质由细疏变粗密;③细胞质由少变多,嗜碱性由强变弱,胞质内出现特殊颗粒或特殊产物,如血红蛋白;④细胞分裂能力由活跃到丧失。

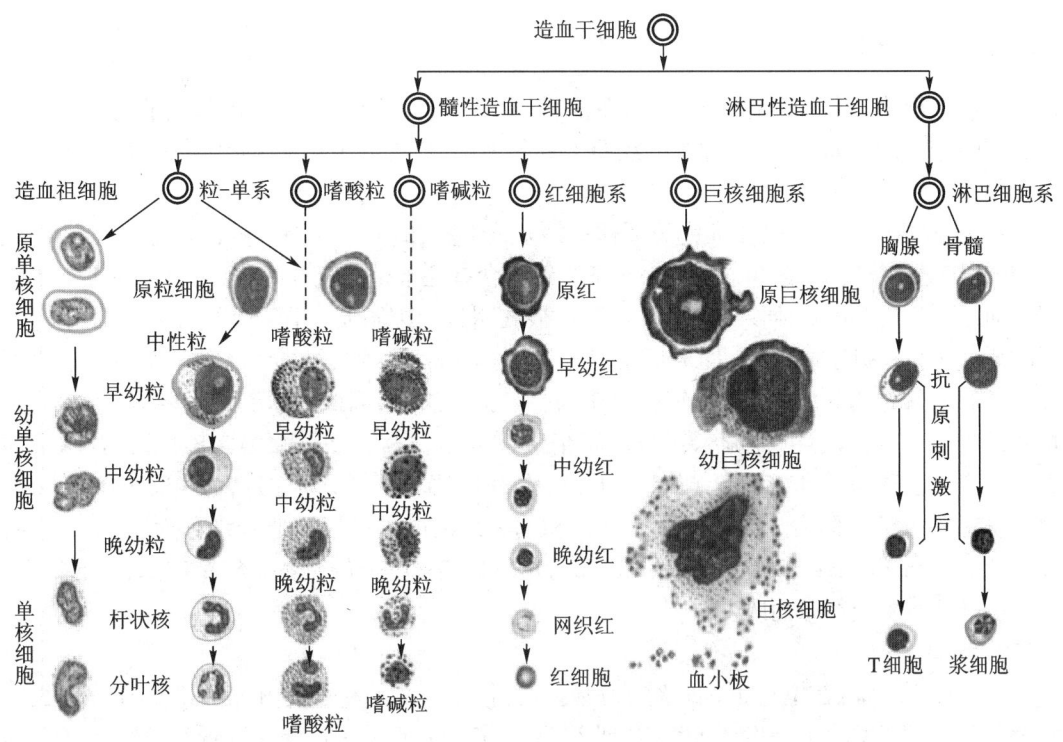

图 1-26 血细胞发生示意图

第四节 肌 组 织

肌组织主要由肌细胞组成,肌细胞之间有少量的结缔组织以及血管和神经。肌细胞细而长,又称为肌纤维,其细胞膜称为肌膜,细胞质称为肌浆,胞质内的滑面内质网称为肌浆网。肌细胞内有大量肌丝,为肌纤维收缩和舒张的物质基础。根据结构和功能特点,将肌组织分为三类:骨骼肌、心肌、平滑肌(图1-27)。骨骼肌和心肌都有明显的横纹,均属横纹肌。

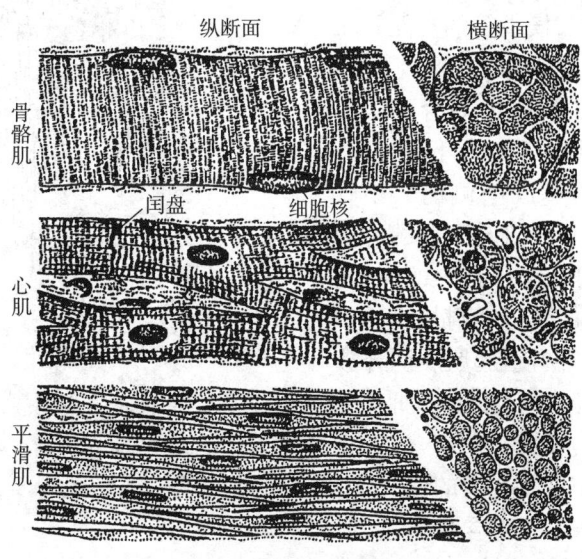

图 1-27 三种肌组织

一、骨骼肌

骨骼肌因大多借肌腱附着于骨骼而得名,由骨骼肌纤维组成。在显微镜下可见其肌纤维有明暗相间的横向条纹,故称为横纹肌。其收缩有力,受意识支配,又称随意肌。

(一)肌纤维

1. 显微结构　骨骼肌纤维为长圆柱形的多核细胞,横径 10~100 μm,长短不一,一般在 1~40 mm 之间,长的可超过 10 cm。一条肌纤维含有几十个甚至几百个细胞核,位于细胞周围近肌膜处,核呈扁椭圆形,异染色质较少,核仁明显。细胞质内含许多与细胞长轴平行排列的肌丝束,称为肌原纤维。肌原纤维直径为 1~2 μm,每条肌纤维含有数百至数千条肌原纤维。肌原纤维由粗、细两种肌丝有规律的平行排列组成,因此,纵切的肌纤维呈现出明暗相间的横纹。横纹由明带和暗带组成,暗带又称 A 带,宽约 1.5 μm,为深染色区,在暗带中央有一浅色区称为 H 带,H 带中央有一暗线,称为 M 线。明带又称 I 带,为浅染色区,在 I 带中央可见一条暗线称为 Z 线或间线。两条相邻 Z 线之间的一段肌原纤维称为肌节,每个肌节包括 1/2 I 带 + A 带 + 1/2 I 带,长 2~2.5 μm,它是骨骼肌收缩的基本结构单位。肌节的长度,随肌纤维的收缩或舒张而改变。

2. 超微结构

(1) 肌原纤维:在电镜下,肌丝分为两种,直径 15 nm 的粗肌丝和直径 8 nm 的细肌丝。两种肌丝在肌节内各居一定位置。细肌丝位于明带(I 带),暗带(A 带)既有粗肌丝又有细肌丝,其中的 H 带只有粗肌丝。骨骼肌纤维收缩的机制目前公认的是肌丝滑动学说:当肌纤维收缩时,粗肌丝与细肌丝的长度不变,而是细肌丝在粗肌丝之间向 M 线方向滑动。由于细肌丝滑入 A 带内,导致 H 带和 I 带变窄,甚至消失,A 带宽度不变,Z 线靠近,肌节缩短,即肌纤维收缩。

(2) 横小管:又称 T 小管,为肌膜向肌纤维内部凹陷而成的小管,与肌纤维的长轴垂直,横小管位于 A 带和 I 带交界处。在同一平面上,横小管分支吻合成网,环绕在每条肌原纤维周围。横小管的功能是将肌膜的兴奋传到每个肌节(图 1-28)。

(3) 肌质网:即肌纤维内的滑面内质网,位于肌原纤维周围。两条横小管之间,又称 L 小管。横小管基膜两侧的 L 小管膨大汇合,称为终池,横小管与两侧的终池合称三联体。肌质网有储存 Ca^{2+} 的能力,肌质网膜上有丰富的钙泵,可调节肌质中 Ca^{2+} 的浓度。横小管兴奋引起肌质网释放 Ca^{2+},肌质中 Ca^{2+} 浓度升高,启动了肌丝的滑动,引起了肌纤维的收缩。

畜禽的肌肉含有两种类型的肌纤维,肌质中肌红蛋白和细胞色素含量丰富,肌原纤维较少,收缩反应慢而持久的称为红

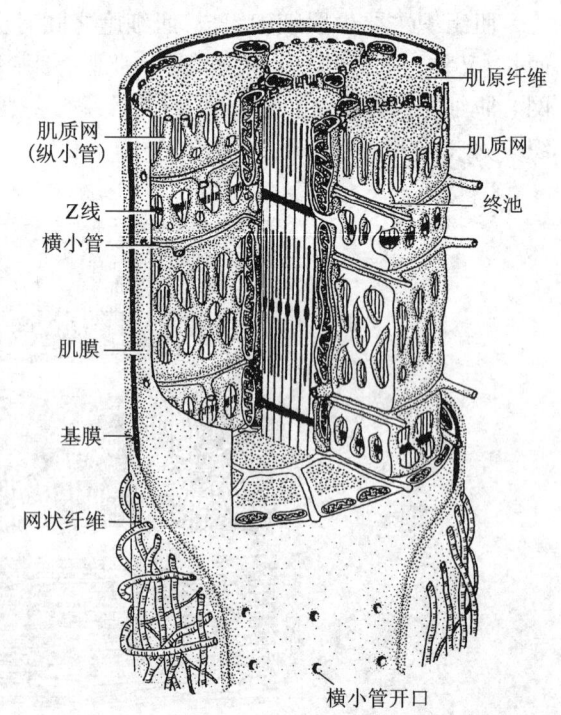

图 1-28　骨骼肌纤维的超微结构立体模式图

肌纤维;肌质中肌红蛋白和细胞色素含量较少,肌原纤维较多和收缩反应快的称为白肌纤维。通常在一块肌肉内,两种肌纤维均有,但其比例随不同肌肉而异。四肢肌肉内红肌纤维较多,适合于持续的保持姿势,糖代谢以有氧氧化为主。从事快速而灵敏运动的肌肉以白肌纤维为主,如鸟的飞翔肌,糖代谢为无氧酵解。

(二)骨骼肌的结构

许多骨骼肌纤维平行排列,由结缔组织包绕便构成骨骼肌。骨骼肌外包着较厚的结缔组织,称为肌外膜。每个肌束外包的结缔组织,称为肌束膜。每条肌纤维外包少量结缔组织,称为肌内膜。骨骼肌借肌腱附着于骨骼,肌腱的胶原纤维深入肌肉中,附着在肌纤维表面的基膜上,深入骨膜中与骨外膜中的胶原纤维交织成网。

二、心肌

心肌由心肌纤维组成,分布于心壁,心肌纤维有明暗相间的横纹,也属横纹肌。其收缩力强而有节律,不受意识支配,是不随意肌。

(一)心肌纤维

心肌纤维呈短柱状,有分支,互相吻合成网。横径 10~20 μm,长 50~100 μm。每条肌纤维一个核,细胞核椭圆形位于中央,偶见双核。核周肌质较丰富。心肌纤维彼此端口相连,相连处称为闰盘。在 HE 染色标本中,闰盘为深染的粗线,与肌纤维长轴垂直或呈阶梯形。心肌纤维的超微结构与骨骼肌相似,但有其特点:①粗肌丝和细肌丝在肌节内排列与骨骼肌纤维相似,但因肌质丰富,肌丝束被肌质网、线粒体及横小管分隔成大小不等的肌丝区,不形成明显的肌原纤维。②横小管较粗,于 Z 线水平处进入细胞内后形成轴管,横小管和轴管合称为横轴管系统(图 1-29)。③肌质网稀疏,不如骨骼肌发达,贮 Ca^{2+} 能力较低。④闰盘位于 Z 线水

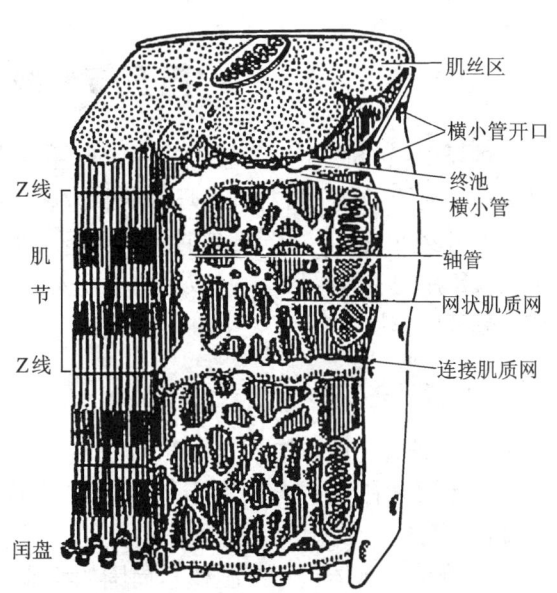

图 1-29 心肌纤维超微结构模式图

平,相邻心肌纤维的肌膜相互嵌合,在横向的接触面上,以黏合小带和桥粒连接,有利于相邻细胞的牢固结合,在纵向的接触面上有缝隙连接,有利于化学信息和电冲动交流。闰盘使心肌纤维同步舒缩成为一功能整体。

(二)心肌组织

心肌组织由心肌纤维和心肌纤维周围的结缔组织构成,结缔组织中含丰富的血窦、淋巴管和神经。

三、平滑肌

平滑肌由成束或成层的平滑肌细胞构成,排列整齐。主要分布在胃肠道、呼吸道、泌尿生殖道以及血管和淋巴管的管壁,又称内脏肌。平滑肌纤维无横纹,其收缩启动缓慢,不受

意识支配,属不随意肌。

平滑肌纤维呈长梭形,平均直径约 10 μm,长约 100 μm。妊娠子宫壁平滑肌可长达 500 μm。血管平滑肌较细长,宽 2~5 μm,长 40~60 μm。平滑肌纤维只有一个核,呈棒状或椭圆形,位于细胞中央。肌纤维收缩时,核可扭曲成螺旋状。

在电镜下观察,肌膜内陷形成一些小凹,可能相当于骨骼肌的横小管。肌膜内面有许多电子密度高的区域,称为密区,肌质内散布一些电子密度高的小体,称为密体。密区和密体均可附着细肌丝,它们相当于横纹肌的 Z 线。肌质内分布着大量肌丝,有粗肌丝和细肌丝,但不形成肌节和横纹。细肌丝从密区起始,沿肌纤维长轴伸向细胞中央,有的止于密体,有的止于肌质中,粗肌丝稀少。此外,尚有中间丝,附于密区和密体之间,构成平滑肌纤维的细胞骨架。平滑肌细胞的收缩也是通过肌丝滑动而实现的。在相差显微镜下,可见活细胞的收缩是从细胞的两端开始,在 0.75 s 内细胞末端变成螺旋状。继续收缩时螺旋变紧,且末端发生旋转,细胞呈拔塞钻头样。平滑肌细胞除具有与收缩功能有关的结构外,核两端肌质含丰富线粒体、高尔基复合体、粗面内质网和游离核糖体,子宫和血管平滑肌还可产生胶原纤维和弹性纤维。

第五节 神 经 组 织

神经组织构成神经系统的主要成分,主要由神经细胞和神经胶质细胞组成。神经细胞又称神经元,它能感受体内、外环境的刺激和传导兴奋,是神经系统结构和功能的基本单位,有一些神经元尚具有内分泌功能。神经元之间以突触彼此联系,形成复杂的神经网络。神经胶质细胞也称神经胶质,其数量比神经元多,无传导功能,对神经元起支持、营养、保护、隔离和修复的作用。

一、神经元

(一)神经元的结构

神经元具有多种形态,大小不一,但一般都由胞体和突起两部分构成(图 1-30)。

1. 胞体　胞体包括细胞核和周围的胞质,称为核周体。胞体是整个神经细胞的代谢、营养中心。

(1)胞核:大而圆,位于胞体中央,染色质细小而分散,着色浅,核仁明显。

(2)核周体:除与一般细胞的细胞质相同外,尚有以下特点:①含嗜染质称为尼氏体,光镜下呈嗜碱性颗粒或小块状,运动神经元的嗜染质形如虎皮花纹,称为虎斑。电镜下,嗜染质由密集排列的粗面内质网和分布其间的游离核糖体组成,表明核周体具有活跃的合成蛋白质的功能。②特有的神经原纤维,在银染标本上可见神经元中有极细的棕黑色细丝在胞体内交织成网,在突起内平行成束。电镜下观察,神经原纤维由一种中间丝(神经丝)和微管组成,作为细胞骨架起支持作用,并参与神经元内的物质运输(图 1-31)。

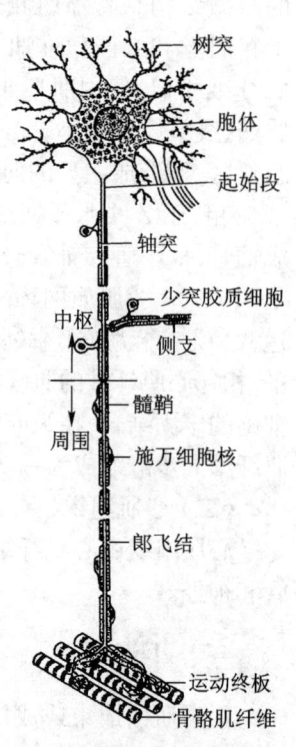

图 1-30　神经元模式图

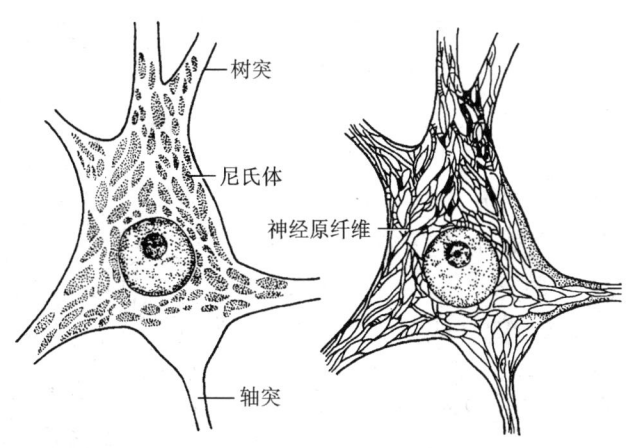

图1-31 神经元结构模式图

2. 突起 突起分树突和轴突。树突有多个,比较短,呈树枝状分支,因而得名。其内部结构与核周体相似,有嗜染质和神经原纤维。树突表面常有许多棘状或小芽状突起,称为树突棘。树突棘是形成突触的主要部位。树突的细胞膜上有许多受体,具有接受刺激的功能。神经冲动沿树突传入胞体。每个神经元只有一根轴突。轴突细长,直径均匀,可有呈直角分出的侧枝,末端分支较多,称为轴突终末。胞体发出轴突的部位呈圆锥形隆起称为轴丘,轴丘和轴突的结构相似,无嗜染质,有神经原纤维。神经冲动经轴突传至其他神经元或效应器。

(二)神经元的分类

1. 根据神经元突起的数目分类。

(1)多极神经元:有一个轴突和多个树突。

(2)双极神经元:有一个轴突和一个树突。

(3)假单极神经元:从胞体发出的两个突起在起始部紧贴在一起并互相缠绕,离胞体不远处再分为两支,一支进入中枢神经系统,称为中枢突;另一支分布到其他器官组织,称为周围突。

2. 根据神经元在反射弧中的功能分类。

(1)感觉神经元:又称传入神经元,多为假单极神经元,胞体位于脑、脊神经节内,其周围突分布到各器官和组织中,末端分支形成感觉神经末梢,可接受内、外环境的刺激,并经中枢突将神经冲动传向中枢。

(2)运动神经元:又称传出神经元,多为多极神经元,胞体位于脑、脊髓和自主神经节内,其长轴突进入各器官或组织中,末端分支形成运动神经末梢,将神经冲动传给肌细胞或腺细胞以产生效应。

(3)联络神经元:大部分为多极神经元,又称中间神经元,此类神经元数量最多,多位于脑和脊髓,在感觉和运动神经元之间起联络作用。

3. 根据神经元所释放的神经递质不同分类 可将神经元分为胆碱能神经元、肾上腺素能神经元和肽能神经元等。

(三)神经元之间的联系——突触

突触是神经元与神经元之间,或神经元与非神经元(肌细胞,腺细胞等)之间一种特化的细胞连接。通过突触,神经元间、神经元与支配细胞间形成复杂的神经网络,完成各种神经活动。多数突触利用神经递质(化学物质)作为传递信息的介质,称为化学性突触。有的突触是通过缝隙连接直接传递电信息,称为电突触。一般所讲的突触泛指化学性突触。神经元彼此相邻的任何部位几乎都能组成突触。最常见的突触形式是一个神经元的轴突终末呈球状或环状膨大,附在另一个神经元的树突、树突棘或胞体表面,分别构成轴-树、轴-棘和轴-体突触。电镜下,突触的结构基本上由突触前成分、突触间隙和突触后膜组成(图1-32)。电突触在脊椎动物中分布广泛,尽管化学性突触传递足以使神经元的活动同步化,但在电突触存在的情况下,这种同步化的精度和效能增强。

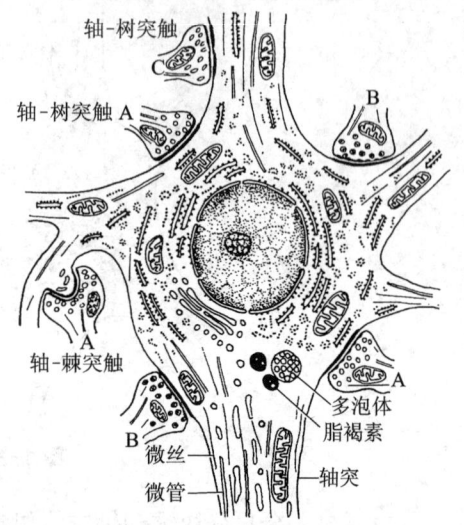

图1-32 突触的结构
A. 球形清亮小泡内含乙酰胆碱 B. 颗粒形小泡内含单胺类 C. 扁平小泡内含γ-氨基丁酸类

1. 突触前成分　即轴突终末的膨大部分,主要由突触前膜和突触小泡组成。突触前膜是轴突终末与另一个神经元相接触处,轴突终末胞膜特化增厚的部分。突触小泡位于突触前膜内侧,一般呈圆形或椭圆形,其内含乙酰胆碱、去甲肾上腺素或肽类等神经递质。

2. 突触间隙　突触前膜和后膜之间狭小的间隙,宽20~30 nm,含有糖蛋白和一些细丝状物质。

3. 突触后膜　与突触前膜相对应的神经元或效应细胞的局部细胞膜。突触后膜含有能与神经递质特异性结合的受体。

当神经冲动抵达轴突终末时,突触小泡贴附到突触前膜上,通过胞吐将神经递质释放到突触间隙。递质与突触后膜上的特异性受体结合,改变了突触后膜的离子通透性,从而使突触后神经元发生兴奋或抑制,随后神经递质被相应的酶水解而失活,以保证突触传递神经冲动的正常功能。化学突触释放递质是单向的,突触后膜上受体的特异性和一次神经冲动引发一次释放递质的特性使神经传导十分灵巧。

二、神经胶质细胞

神经胶质细胞是神经组织的另一类细胞,体积一般比神经元小,胞质中缺乏嗜染质和神经原纤维,不能传导冲动。其数量远比神经元多,胶质细胞与神经元数目之比为10∶1~50∶1。广泛分布于中枢和周围神经系统,对神经元有支持、营养、隔离和保护功能。HE染色只能显示其细胞核,应用银染或免疫细胞化学方法显示形态用于分类。神经胶质细胞有多种(图1-33),分述如下:

(一)中枢神经系统的神经胶质细胞

1. 星形胶质细胞　中枢神经胶质细胞中体积最大、数量最多的一种。胞体呈星形,核大,呈圆形或卵圆形,染色较浅。胞体伸出许多放射状突起,末端膨大形成脚板,附于毛细血管壁上或附着在脑和脊髓表面,形成胶质界膜。根据星形胶质细胞中胶质丝的多少和突起的形状,可将其分为两型。纤维性星形胶质细胞,胞质内含较多胶质丝,突起细长,分支少,表面光滑,多分布于脑和脊髓的白质内。原浆性星形胶质细胞突起粗短,分支多,表面粗糙,胞质内胶质丝少,多分布在脑和脊髓的灰质内。

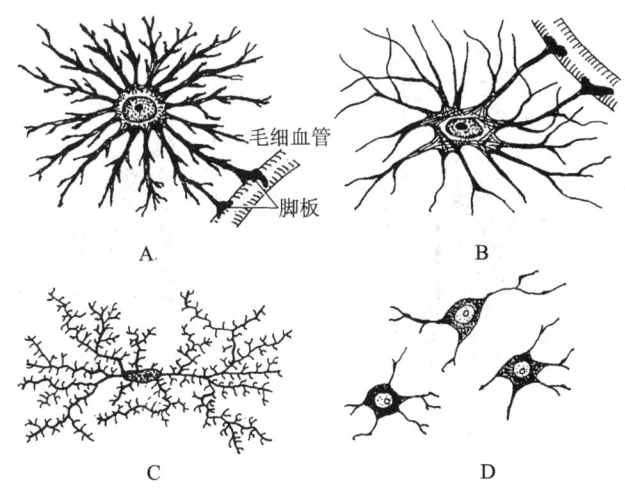

图 1-33 神经胶质细胞分类
A. 原浆性星形胶质细胞　B. 纤维性星形胶质细胞　C. 小胶质细胞　D. 少突胶质细胞

2. 少突胶质细胞　胞体较小,突起小,突起末端扩展为宽叶状,包绕神经元的轴突或树突,形成中枢神经系统有髓神经纤维的髓鞘。

3. 小胶质细胞　最小的胶质细胞,胞体细长,核小、染色深,有较强的吞噬能力。它们来源于单核细胞,在中枢神经系统损伤时转变为巨噬细胞。

4. 室管膜细胞　一层立方或柱状上皮样细胞,分布在脑室和脊髓中央管内表面,形成室管膜,细胞游离面有许多微绒毛,参与脑脊液形成。胚胎时期哺乳动物的室管膜细胞游离面还有纤毛,细胞基部有一个或多个放射状突起伸至脑和脊髓的深层,称为伸长细胞,对发育中的中枢神经系统起支持作用。

5. 脉络丛上皮细胞　脑室壁形成脉络丛处特化的室管膜细胞。脉络丛上皮能分泌脑脊液,相邻细胞近顶端有紧密连接和黏合小带,构成血 - 脑脊液屏障。

（二）周围神经系统的神经胶质细胞

1. 神经膜细胞　又称施万细胞或鞘细胞,形成周围神经纤维的髓鞘。神经膜细胞外表面有一层基膜,在神经纤维的再生中起诱导作用。

2. 被囊细胞　又称卫星细胞,是神经节内神经元胞体周围的一层扁平细胞,有营养和保护神经元的作用。

三、神经纤维

神经纤维由神经元的长突起和包在它外表的神经胶质细胞构成。根据神经纤维有无髓鞘,可把神经纤维分为有髓和无髓神经纤维两种(图 1-34)。

（一）有髓神经纤维

有髓神经纤维数量较多,周围神经系统的神经和中枢神经系统白质中的神经纤维多数是有髓神经纤维。光镜下,有髓神经纤维的中心为神经元的轴突或长树突,统为称轴索,外包髓鞘。髓鞘的主要成分是髓磷脂,在 HE 染色片上呈空泡细丝状。周围神经系统有髓神经纤维的髓鞘由神经膜细胞节段性包绕轴索而成。每一节有一个神经膜细胞,相邻节段间有一无髓鞘的狭窄处,称为神经纤维结,或郎飞结,两个纤维结之间的一段纤维称为结间段。神经冲动的传导是从一个郎飞结跳到相邻郎飞结的跳跃式传导,传导速度快。

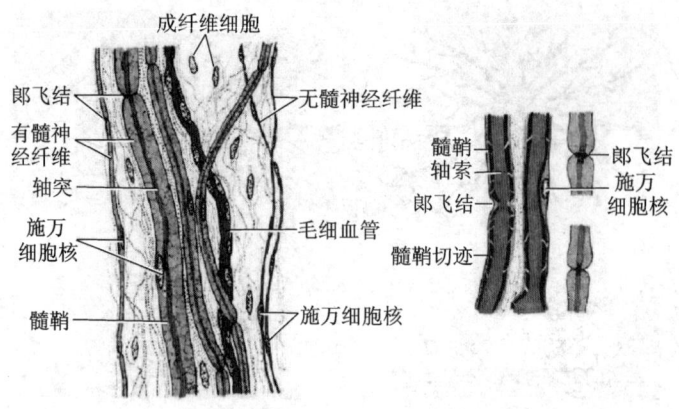

图 1-34 神经纤维结构模式图

（二）无髓神经纤维

无髓神经纤维由较细的轴突及神经膜细胞构成，无髓鞘、无郎飞结。电镜下可见一个神经膜细胞深浅不同的包裹 5～15 条粗细不等的轴突。无髓神经纤维的神经冲动传导是沿着轴突进行连续性的传导，其传导速度比有髓神经纤维慢得多。自主神经纤维和部分感觉神经纤维属于无髓神经纤维。

四、神经末梢

周围神经纤维的终末部分，终止于其他组织所形成的特有结构，称为神经末梢。感觉神经末梢与其附属结构共同构成感受器，运动神经末梢与肌纤维或腺细胞之间的突触性连接称为效应器。

（一）感觉神经末梢

感觉神经元周围突的终末部分与其他组织结构共同形成的特定结构，称为感受器，生物进化过程中，机体适应外界不同性质的各种刺激，并转化为神经冲动，传向中枢（图 1-35）。

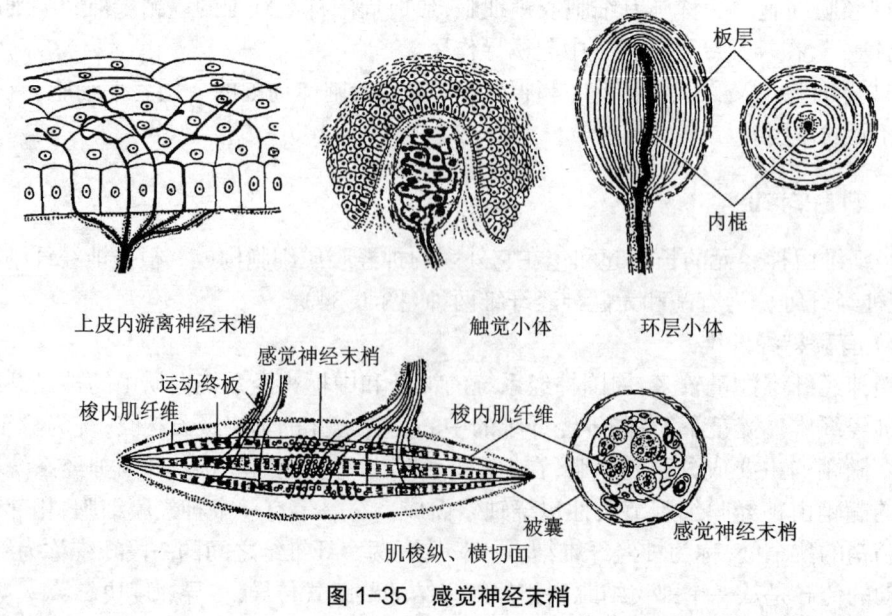

图 1-35 感觉神经末梢

1. 游离神经末梢　感觉神经元周围突末端失去髓鞘,分成细支分布到上皮组织、结缔组织和肌组织内形成游离神经末梢,感受冷、热和痛的刺激。

2. 有被囊神经末梢　均包以结缔组织成分的被囊,形式很多,大小不一。常见的有触觉小体、环层小体和肌梭等。触觉小体分布在真皮乳头内,椭圆形,囊内有许多横列的扁平细胞,神经终末分成细支盘绕在扁平细胞之间,主要功能是触觉。环层小体多见于真皮深层,皮下组织等结缔组织内,体积较大,球形或椭圆形被囊由数十层同心圆排列的扁平细胞构成,神经终末失去髓鞘,伸及小体中央的圆柱体内,主要功能是感受压力、振动、张力觉。肌梭位于骨骼肌内,是由结缔组织包裹小束细肌纤维组成的梭形结构,这些特殊分化的细肌纤维称为梭内肌纤维。这些纤维的细胞核有的集中于肌纤维中央而使中段膨大,有的则沿肌纤维的纵轴排成一行。呈花枝一样止于梭内肌纤维,主要感受肌纤维的伸缩和肢体位置变化的本体感受器。肌腱中的腱梭与肌梭结构相似。

(二) 运动神经末梢

运动神经末梢是运动神经元传出神经纤维的终末,终止于骨骼肌、心肌、平滑肌及腺体等处形成的效应器(图1-36)。

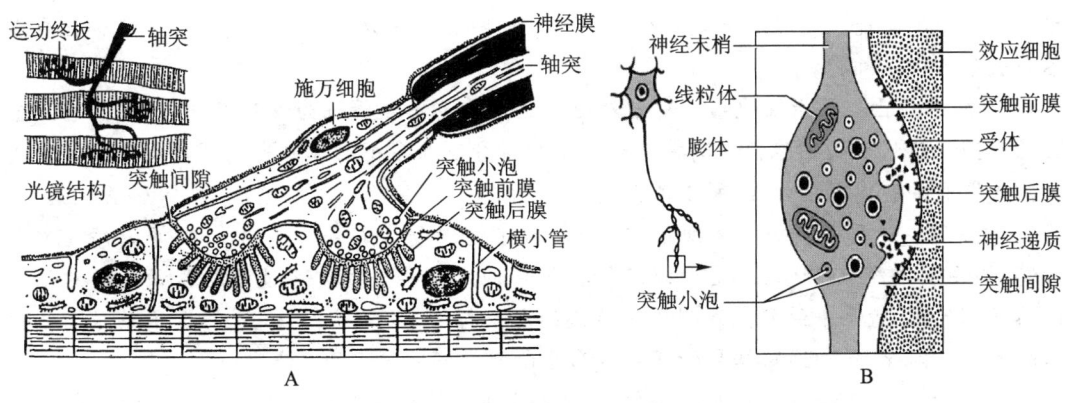

图1-36　运动神经末梢

A. 运动终板模式图　B. 内脏运动神经末梢和膨体结构示意图

1. 躯体运动神经末梢　有的运动神经元神经纤维抵达骨骼肌纤维处失去髓鞘并反复分支,一个神经元可支配多条肌纤维,每个分支终末呈斑块膨大,与一条骨骼肌纤维构成神经肌突触,也称运动终板。电镜下,运动终板处的肌纤维内含有较大的细胞核和线粒体,肌纤维向内凹陷形成浅槽,轴突终末嵌入浅槽内。轴突终末的细胞膜形成突触前膜,槽底肌膜即为突触后膜,下陷形成许多深沟和皱褶。突触前、后膜之间为突触间隙。

2. 内脏运动神经末梢　自主神经节后纤维的末梢。这类神经纤维较细,直径约 1 μm,大多无髓鞘。神经末梢终末常呈串珠样膨体附于内脏和血管平滑肌或腺细胞上。膨体内含递质小泡,膨体与效应细胞之间间距较大,可超过 100 nm,膨体释放递质,通过弥散方式作用于效应细胞。

• 名 词 解 释 •

1. 原核细胞 结构简单,仅由细胞膜包绕细胞质,细胞质内含核糖体,其中含裸露DNA链的胞质区称为拟核。细胞膜外蛋白多糖和糖脂丰富,形成细胞壁。常见的原核细胞有支原体、细菌、放线菌和蓝绿藻。

2. 古细菌 一类生活在极端环境中的特殊细菌,迄今已发现100多种。在海洋深处高温热水口处发现的嗜热菌,使人们可以设想地球早期的生命环境。真核生物可能起源于古细菌。

3. 病毒 最小、结构最简单的生命存在形式。主要是由核酸分子(DNA或RNA)与蛋白质组成的核酸－蛋白质复合体,含有DNA的病毒称为DNA病毒,含有RNA的病毒称为RNA病毒。有的病毒结构更简单,如仅由RNA组成的类病毒和仅由蛋白质组成的朊病毒。根据病毒的宿主又可将其分为动物病毒、植物病毒和细菌病毒(细菌病毒又称为噬菌体)。

4. 细胞周期 又称细胞增殖周期,是指从这次细胞分裂后的新生细胞开始,到下一次细胞分裂结束为止这段期限。它可分为两个时期,即分裂期和分裂间期。

5. 干细胞 动物体内具有自我更新和多向分化潜能的未分化或低分化的细胞。自我更新是指干细胞能产生与母细胞完全相同的子细胞。多向分化潜能是指干细胞能分化生成不同表型的成熟细胞。

6. 细胞凋亡 是指细胞的一种自然死亡。主要形态学特征为细胞变圆,与相邻的细胞脱离,胞质浓缩,进而细胞膜内陷将凋亡细胞自行分割为多个有膜包裹的凋亡小体。这种死亡方式没有细胞内容物外泄,所以不引发炎症反应。

7. 细胞信号转导蛋白 是细胞质中介导细胞信号转导的蛋白质的简称,主要涉及蛋白激酶、蛋白磷酸酶、GTP结合蛋白以及衔接体蛋白。这些蛋白质通过参与各种各样的信号通路发挥作用,近年来的研究表明许多疾病的发生与信号转导异常有关,信号通路是药物作用的靶点。因此,信号通路转导的研究成为生命科学领域研究的热点之一。

8. 微绒毛 是细胞游离面向上伸出的许多细小的指状突起。在吸收功能强的小肠和肾近曲小管上皮细胞的顶端有大量等长而密集排列的微绒毛,在光镜下,可分别显示为纹状缘和刷状缘。微绒毛可极大地扩展细胞的表面积,具有活跃的分泌和吸收功能。

9. 桥粒 多呈长圆盘形,连接区细胞间隙为20～30 nm,内含低密度丝状物,间隙中央有丝状物交织而成的中线;细胞膜胞质面有致密物质构成的附着板,有张力丝附着于其上,这种连接具有牢固的连接作用。

10. 缝隙连接 又称通讯连接,呈斑状,连接区细胞间隙很窄,仅2 nm,相邻细胞膜间有小管相连,成为细胞之间直接相通的管道。这种连接能够传递化学信息,调节细胞的功能。

11. 基膜 是位于上皮基底面与结缔组织之间的膜状结构,不同类型上皮中厚薄不一。电镜下基膜近上皮处为基板,下方为网板,两者分别由上皮细胞和结缔组织中的成纤维细胞产生,基膜具有支持连接作用,同时也是物质通透的半透膜。

12. 纤毛柱状上皮 单层柱状上皮细胞的游离面具有纤毛,如一些鱼类的胆管、胰管、肾小管、双壳软体动物的消化管和外套膜上皮。

13. 顶浆分泌 指腺细胞的分泌颗粒移到细胞顶部后,连同部分细胞质由单位膜包裹后与细胞脱离的分泌方式。这种分泌方式伴有部分胞质的丢失,如乳腺的分泌。

14. 组织液 指在组织的细胞间质内不断流动的液体。它从毛细血管的动脉端渗出,在毛细血管静脉端和毛细淋巴管处回流入血和淋巴内,在不断更新中与细胞进行物质交换。组织液内除含有细胞所需的各类营养物质外,还含有各种激素和因子,调节和影响细胞的生长、代谢和功能。因此组织液是构成细胞生存微环境的重要成分。

15. 内皮　分布于心脏、血管、淋巴管腔面的单层扁平上皮。

16. 疏松结缔组织　广泛分布于器官、组织和细胞之间,结构疏松,形似蜂窝,故又称蜂窝组织。其结构特点是细胞种类多而分散。疏松结缔组织具有连接、保护、防御和创伤修复等功能。由纤维(胶原纤维、网状纤维、弹性纤维)、基质和细胞(成纤维细胞、巨噬细胞、浆细胞、肥大细胞、脂肪细胞)构成。

17. 巨噬细胞　形态多样,一般为圆形或椭圆形,功能活跃时,可呈多突形。细胞核圆形或卵圆形,染色较深。细胞质较丰富,功能活跃时内有许多颗粒或空泡。具有变形运动和吞噬能力。属于单核-吞噬细胞系统。

18. 软骨陷窝　软骨细胞被包埋在软骨基质内,其所在部位的基质形成的空腔叫软骨陷窝。

19. 关节软骨　被覆于骨关节面的软骨,绝大多数为透明软骨。关节软骨表面光滑,厚2~7 mm,具有弹性,能承受负荷和吸收震荡。关节软骨间的摩擦系数小于0.002,是两个冰面之间摩擦系数的1/4,为关节活动提供了一个极低阻力的滑润面。关节软骨与其下方的软骨下骨紧密相连,其中有纤维成分从软骨下骨穿入关节软骨,加强了关节软骨的稳定性,也可使关节软骨所承受的应力更易于向骨转移。

20. 骨单位　由骨单位骨板与中央管共同组成。主要分布于长骨骨干的骨密质,位于内、外环骨板之间,是由10~20层同心圆排列的骨板和骨细胞组成的圆筒状结构。骨单位中轴的中央管内含有骨膜、小血管和神经。骨单位沿骨的长轴排列,是长骨起主要支持作用的结构单位。

21. 无骨细胞骨　某些鱼类的骨质在硬化过程中,包埋在其中的骨细胞解体消失,骨质将原来的骨陷窝填充。

22. 类骨组织(或骨样组织)　介于透明软骨和骨细胞之间的一种过渡性组织,如鱼类的鳍条。由类骨基质、胶原纤维、成骨细胞和骨细胞组成。类骨基质含有黏多糖和蛋白质,嗜酸性,无骨盐沉淀。胶原纤维被包埋在类骨基质中。成骨细胞分布于类骨质的边缘,有继续形成类骨质的功能。成骨细胞被类骨质包埋后成为骨细胞,位于骨陷窝内。

23. 造血干细胞　能增殖、分化为各种血细胞的最原始的造血细胞。它具有很强的分裂能力、分化成多种血细胞的潜在能力以及自我复制的更新力。

24. 幼红细胞岛　造血组织中,发育中的各种血细胞的分布有一定规律,幼稚红细胞常位于血窦附近,成群嵌附在巨噬细胞表面,称为幼红细胞岛。随着细胞的发育成熟而贴近血窦内皮。

25. 肌原纤维　骨骼肌纤维肌质内含有的一种与肌纤维收缩有关的结构,呈细长丝状,与肌纤维长轴平行排列。电镜下可见肌原纤维是由许多粗、细两种肌丝有规律地平行排列而成,每条肌原纤维上具有明暗相间的横纹。

26. 肌节　两条相邻Z线间的一段肌原纤维,每个肌节包括1/2 I带+A带+1/2 I带,是肌纤维收缩的结构与功能单位。

27. 肌卫星细胞　是骨骼肌组织中的肌干细胞,与骨骼肌的再生有关。肌纤维损伤时,肌卫星细胞可分化形成新的肌纤维。该细胞位于骨骼肌的细胞膜与基膜之间,细胞多突,核呈扁圆形,核仁明显。在生长的肌组织中数量较多,成年时减少,数量相对稳定。

28. 闰盘　心肌纤维相互连接的部位,光镜下为深染的粗线,与肌纤维长轴垂直或呈阶梯形;电镜下闰盘位于Z线水平,为相邻心肌纤维的肌膜相互嵌合,在横向的接触面上,有中间连接和桥粒,在纵向接触面上有缝隙连接,此结构利于化学信息和电冲动交流,使心肌纤维同步舒缩成为一功能整体。

29. **三联体**　在哺乳动物骨骼肌纤维的A带和I带交界处,肌膜向细胞内凹陷形成横小管,肌质网在相邻两条横小管之间大致呈纵向排列,形成纵小管,纵小管在靠近横小管处膨大、汇合,称为终池。横小管和它两侧的终池共同构成的结构称为三联体。

30. **肌质网**　骨骼肌纤维内特化的滑面内质网,形成中央部的纵小管和两端膨大的终池。肌质网在相邻横小管之间纵行环绕在肌原纤维周围,其两端膨大的终池与横小管组成三联体结构。肌质网在膜上有钙泵(一种ATP酶),其功能活跃时可将大量钙离子转运到肌质中,引起肌丝滑动,肌纤维收缩。在肌纤维舒张时,钙泵又将钙离子泵回肌质网内。故肌质网有储存钙离子和调节肌质内钙离子浓度的作用。

31. **终池**　骨骼肌纤维和心肌纤维中位于横小管两侧呈环行扁囊形肌质网。在骨骼肌纤维中,每条横小管与两侧的终池共同组成骨骼肌三联体;在心肌纤维中往往只在横小管一侧存在终池,故形成二联体结构。这些结构可将肌膜的兴奋传递到肌质网膜。

32. **横小管**　简称T小管,是骨骼肌和心肌纤维的肌膜向肌浆内凹陷形成的小管网,环绕在每条肌纤维的表面。横小管可将肌膜的兴奋迅速传到每个肌节。在每条肌纤维内,同一平面上的横小管相互通连,并在肌膜表面有许多开口。人与哺乳动物的横小管位于骨骼肌肌原纤维的明、暗带交界处,在心肌纤维则位于Z线水平。

33. **尼氏体**　光镜下,可见神经元胞质内含许多嗜碱性块状或颗粒状的物质,电镜下为丰富的粗面内质网和核糖体。

34. **神经原纤维**　在银染标本上可见神经元胞质内含许多交织成网状的结构,电镜下其由微丝或微管集合成束而成,散在分布于细胞质中。

35. **轴丘**　是神经元的轴突在细胞体发出处呈圆锥形的结构。轴丘处因无尼氏体而染色浅,此处也无高尔基复合体。

36. **施万细胞**　又称神经膜细胞,是周围神经系统的髓鞘形成细胞,它们成串排列,包裹在轴突周围,形成髓鞘。

37. **小胶质细胞**　是最小的胶质细胞,细胞体细长,细胞核染色较深,突起细长有分支,表面有许多小棘突。小胶质细胞来源于血液中的单核细胞,具有吞噬能力。当中枢神经系统损伤时,小胶质细胞可转变为巨噬细胞,吞噬细胞碎屑及退化变性的髓鞘。

38. **郎飞结**　有髓神经纤维的髓鞘是呈节段状的,相邻两个节段之间无髓鞘的狭窄部称为神经纤维结,或郎飞结。郎飞结处的轴突则暴露于细胞外基质。由于髓鞘的电阻比轴膜高得多,而电容却很低,通过轴突的电流只能使郎飞结处的轴膜去极化而产生兴奋。

39. **突触**　神经元与神经元之间或神经元与非神经元之间一种特化的细胞连接。分类:化学性突触和电突触。电突触见于低等动物,如鱼,实际是一种缝隙连接。化学性突触即通常所说的突触。光镜下,可见上一级神经元的末端膨大,呈扣状或球状,形成与下一级神经元的树突、树突棘或细胞体的接触点。电镜下,可分为突触前成分、突触间隙和突触后成分。①突触前成分为神经元终末膨大,包括突触前膜、突触小泡等。②突触间隙 15~30 nm宽,含糖蛋白和一些微丝。③突触后成分主要为突触后膜,其膜上有特定受体。

40. **有髓神经纤维**　有髓神经纤维的中心为神经元的轴突或长树突,统称为轴索,外包髓鞘。周围神经系统的神经和中枢神经系统白质中的神经纤维多数是有髓神经纤维,神经冲动传导速度快。

自 测 题

一、填空题

1. 细胞中合成蛋白质的细胞器为_____。
2. "液态镶嵌模型学说"认为细胞膜是由_____分子和其中镶嵌有_____分子构成。
3. 参与分泌性蛋白质合成的细胞器包括_____、_____、_____。
4. 覆于心血管和淋巴管腔面的单层扁平上皮称为_____,覆于胸膜腔、腹膜腔和心包腔面的上皮称为_____。
5. 吸收功能旺盛的上皮细胞表面有排列整齐而密集的_____,光镜下所见的该结构称为_____或_____。
6. 上皮细胞之间有紧挨在一起的两个或两个以上连接结构,合称为_____。
7. 蛋白质分泌细胞的结构特点是顶部胞质内聚集许多_____,胞质内富含_____和_____,其染色特性呈。
8. 外分泌腺由_____和_____两部分组成,根据腺的结构和分泌物的不同分为_____、_____和_____三种类型。
9. 结缔组织中数量最多、分布最广的细胞是_____,常沿小血管分布的细胞是_____和_____。
10. 组织受损伤后,结缔组织中的_____分裂增殖最快,起修补作用;慢性炎症部位较多见的细胞是_____、_____和_____。
11. 肥大细胞释放的_____、_____可使细支气管平滑肌收缩及毛细血管扩张,_____具有抗凝血作用。
12. 肌腱是由大量平行排列的_____组成,腱细胞是一种特殊的_____。
13. 软骨陷窝内有_____,软骨囊内基质含_____较多,故染色呈_____。
14. 骨细胞胞体所在腔隙称为_____,细胞突起所在的腔隙称_____,这些腔隙内还含有_____。
15. 三种软骨中_____较多见,耳郭内的软骨是_____,椎间盘的软骨是_____。
16. 骨基质中的有机成分中含大量_____,无机成分的化学组成称为_____。
17. 肌细胞又称_____,肌细胞膜又称_____,肌细胞质又称_____。
18. 神经组织是由_____和_____组成,它们的形态特点是均有_____。
19. 无髓神经纤维无_____,也无_____,故其传导速度比有髓神经纤维慢得多。
20. 畜体的四大类基本组织是_____、_____、_____和_____。

二、单项选择题

1. 下列哪一种结构不属于细胞器( )
   A. 线粒体　　B. 核小体　　C. 溶酶体　　D. 内质网　　E. 核糖体
2. 下列哪一种结构与维持细胞的形态无关?( )
   A. 微体　　B. 微丝　　C. 中间丝　　D. 微管　　E. 以上都有关
3. 假复层纤毛柱状上皮分布于( )

A. 外耳道　　B. 输精管　　C. 输卵管　　D. 气管　　E. 胆囊
4. 杯状细胞见于下列哪些上皮内(　　)
　　A. 单层柱状上皮和复层扁平上皮　　　　B. 复层柱状上皮和单层立方上皮
　　C. 单层立方上皮和假复层纤毛柱状上皮　　D. 假复层纤毛柱状上皮和复层扁平上皮
　　E. 单层柱状上皮和假复层纤毛柱状上皮
5. 单层柱状上皮细胞间连接结构由浅至深一般依次是(　　)
　　A. 桥粒、紧密连接、中间连接　　　　B. 紧密连接、中间连接、桥粒
　　C. 中间连接、桥粒、紧密连接　　　　D. 紧密连接、桥粒、中间连接
　　E. 桥粒、中间连接、紧密连接
6. 巨噬细胞的前身是(　　)
　　A. 间充质细胞　B. 网状细胞　C. 内皮细胞　D. 单核细胞　E. 中性粒细胞
7. 以下哪两种细胞不参与机体免疫反应(　　)
　　A. 成纤维细胞和脂肪细胞　　　　B. 脂肪细胞和浆细胞
　　C. 浆细胞和肥大细胞　　　　　　D. 肥大细胞和巨噬细胞
　　E. 巨噬细胞和成纤维细胞
8. 合成和分泌免疫球蛋白的细胞是(　　)
　　A. 肥大细胞　B. 浆细胞　C. 巨噬细胞　D. 嗜酸粒细胞　E. 成纤维细胞
9. 血液中数量最多和最少的血细胞分别是(　　)
　　A. 中性粒细胞和单核细胞　　　　B. 淋巴细胞和嗜碱粒细胞
　　C. 中性粒细胞和嗜酸粒细胞　　　　D. 红细胞和嗜碱粒细胞
　　E. 淋巴细胞和单核细胞
10. 弹性软骨与透明软骨结构的主要区别是(　　)
　　A. 纤维类型不同　　　　B. 纤维数量和排列不同
　　C. 基质成分不同　　　　D. 软骨细胞分布不同
　　E. 软骨膜不同
11. 骨板的组成是(　　)
　　A. 平行排列的细胞　　　　B. 平行排列的细胞和骨盐
　　C. 交叉排列的胶原纤维和骨盐　　　　D. 平行排列的胶原纤维和骨盐
　　E. 交叉排列的胶原纤维和细胞
12. 骨骼肌纤维的肌膜向内凹陷形成(　　)
　　A. 小凹　B. 肌质网　C. 横小管　D. 纵小管　E. 终池
13. 电镜观察骨骼肌纤维,只有粗肌丝而无细肌丝的是(　　)
　　A. I 带　B. H 带　C. A 带　D. A 带和 H 带　E. 以上都不对
14. 心肌细胞彼此相连形成功能整体是靠(　　)
　　A. T 小管　B. 肌质网　C. 闰盘　D. 肌丝　E. 二联体
15. 神经元尼氏体分布在(　　)
　　A. 树突和胞体内　　　　B. 轴突和胞体内　　　　C. 轴突和树突内
　　D. 胞体　　　　E. 整个神经元内
16. 形成周围神经系统有髓神经纤维髓鞘的细胞是(　　)
　　A. 星形胶质细胞　　　　B. 小胶质细胞　　　　C. 少突胶质细胞

D. 神经膜细胞　　　　　E. 卫星细胞

参考答案

一、填空题

1. 核糖体
2. 脂质　蛋白质
3. 核糖体　内质网　高尔基复合体
4. 内皮　间皮
5. 微绒毛　纹状缘　刷状缘
6. 连接复合体
7. 分泌颗粒　粗面内质网　线粒体　嗜碱性
8. 分泌部　导管　浆液腺　黏液腺　混合腺
9. 成纤维细胞　肥大细胞　未分化的间充质细胞
10. 成纤维细胞　浆细胞　巨噬细胞　淋巴细胞
11. 组胺　白三烯　肝素
12. 胶原纤维　成纤维细胞
13. 软骨细胞　硫酸软骨素　强嗜碱性
14. 骨陷窝　骨小管　组织液
15. 透明软骨　弹性软骨　纤维软骨
16. 胶原纤维　羟磷灰石结晶
17. 肌纤维　肌膜　肌质
18. 神经细胞　神经胶质细胞　突起
19. 髓鞘　郎飞结
20. 上皮组织　结缔组织　肌组织　神经组织

二、单项选择题

1. B　题解：核小体是染色质丝的结构成分。
2. A　题解：微体又称过氧化物酶体，内含过氧化氢酶和氧化酶等40多种酶，与细胞的生化代谢有关，而与维持细胞形态无关。
3. D　题解：A. 外耳道为复层扁平上皮；B. 输精管的上皮由假复层柱状上皮逐渐过渡到单层柱状上皮；C. 输卵管为单层柱状上皮，猪及反刍动物有的部分是假复层柱状上皮；E. 胆囊为单层柱状上皮。
4. E　题解：复层扁平上皮、复层柱状上皮、单层立方上皮内无杯状细胞。
5. B
6. D
7. A　题解：浆细胞、肥大细胞和巨噬细胞参与机体免疫反应，成纤维细胞和脂肪细胞不参与机体免疫反应。
8. B
9. D
10. A　题解：弹性软骨细胞间质中含较多弹性纤维，而透明软骨细胞间质中含较多胶原原纤维。
11. D

第一章 细胞和基本组织

12. C 题解:B.肌质网是肌纤维内的滑面内质网;D.纵小管是指两条横小管之间呈大致纵行排列的肌质网;E.终池是指横小管两侧的纵小管膨大汇合处。

13. B 题解:I带只有细肌丝,H带只有粗肌丝,A带既有细肌丝又有粗肌丝。

14. C 题解:闰盘是心肌细胞之间的细胞连接,可使心肌细胞同步舒缩成为一功能整体。

15. A 题解:神经元的轴突内无尼氏体。

16. D 题解:星形胶质细胞、小胶质细胞和少突胶质细胞都是中枢神经系统中的神经胶质细胞,卫星细胞位于外周神经系统神经节内神经元胞体周围。

• 思 考 题 •

1. 巨噬细胞有哪些功能?
2. 哪些细胞是组织干细胞?

• 网上更多 •

▶ 教学视频　　　⬇ 教学课件　　　✎ 在线自测　　　🖼 彩图动画

第二章
被皮系统

- **本章提要**

　　本章包括皮肤和皮肤衍生物两部分内容。皮肤被覆在家畜的体表,由表皮和真皮组成。家畜的毛、汗腺、皮脂腺、蹄等是皮肤衍生的特殊器官。乳腺是一种特殊的皮肤腺,构成乳房的实质,具有泌乳作用。

- **学习目标**

　　1. 掌握皮肤的组成。
　　2. 掌握皮肤衍生物的种类。

第二章 被皮系统

被皮系统被覆动物体表,具有保护、感觉、分泌、排泄、呼吸等功能,由皮肤及其衍生物构成。无脊椎动物皮肤:蛔虫仅有表皮,来源于外胚层的单层上皮;涡虫为皮肤肌肉囊;软体动物有外套膜和贝壳;节肢动物有角质层;棘皮动物有表皮和内骨骼。节肢动物的皮肤有表皮和真皮,皮肤衍生物多种多样。脊椎动物的皮肤也有表皮、真皮和皮肤衍生物。

第一节 皮 肤

哺乳动物的皮肤由表皮、真皮和皮下组织三层构成(图2-1)。表皮为复层扁平上皮(图2-2),真皮为致密结缔组织,皮下组织为疏松结缔组织。猪皮的厚薄因品种、性别、身体的不同部位而异(图2-3)。公猪的皮肤比母猪的厚,同一个体背部的皮肤比腹部的厚。

皮肤包被身体,既能保护深层组织,防止体内水分蒸发,又能防止有害因素伤害身体,是

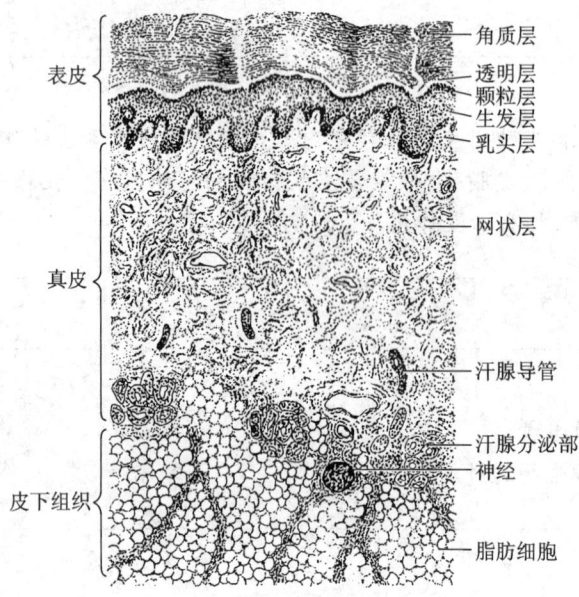

图2-1 皮肤结构模式图

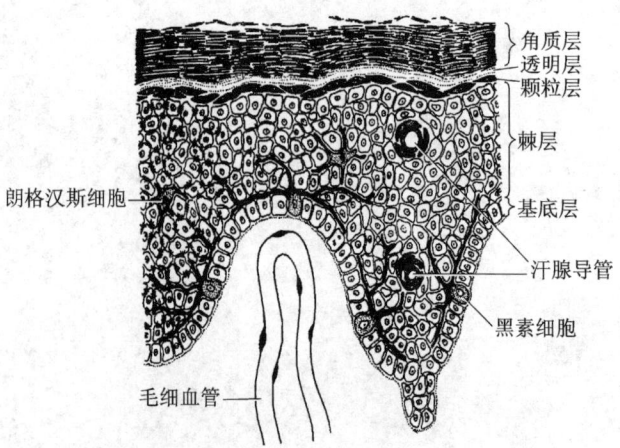

图2-2 表皮的分层和细胞构成模式图

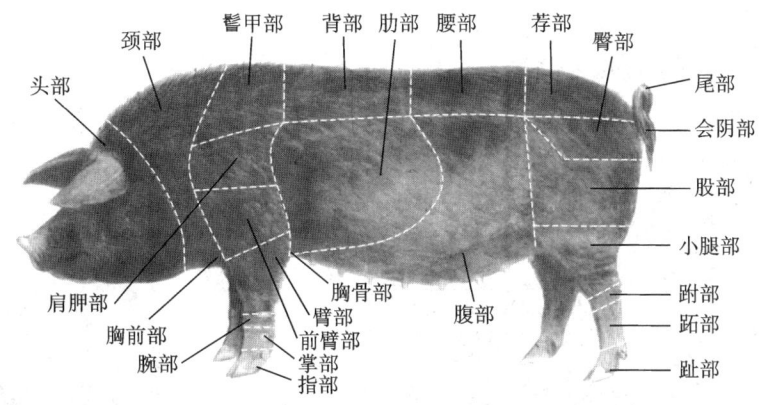

图 2-3 母猪躯体分区

机体和周围环境的屏障。皮肤里分布着各种感受器,经常直接感受外界的各种刺激,使机体产生复杂的反射性反应。

第二节 皮肤衍生物

哺乳动物的皮肤衍生物是由皮肤演变而来的一些特殊器官,如毛、汗腺、皮脂腺、乳腺和蹄等。

一、毛

猪毛较少,在长毛之间有细的绒毛。猪颈背部的毛长而硬,称为猪鬃。猪毛常三根集合成一组,其中最长的一根称主毛。毛有保温和保护皮肤的作用。毛有一定的寿命,生长到一定时期,就会衰老脱落,为新毛所代替,这个过程称为换毛(图2-4)。

二、汗腺和皮脂腺

汗腺和皮脂腺位于真皮层内,汗腺分泌汗液,有排泄废物和调节体温的作用。皮脂腺开口于毛囊,分泌物润滑表皮和被毛,有防止皮肤干裂的作用(图2-5),猪的皮脂腺稀少。猪的汗腺不发达,仅在颏部、枕部、蹄间、包皮憩室出口处及乳房处有较多的汗腺。

三、乳腺

猪的乳房位于胸部和正中部的两侧,乳房数目因品种而异有 4~10 对,一般 5~8 对(图2-6)。每个乳房一个乳头,每个乳头有 2~3 个输乳管,每个输乳管都连通着一团乳腺。乳腺属于皮肤腺,是乳房的实质性组织,具有分泌乳汁的作用(图2-7)。乳腺组织以腺

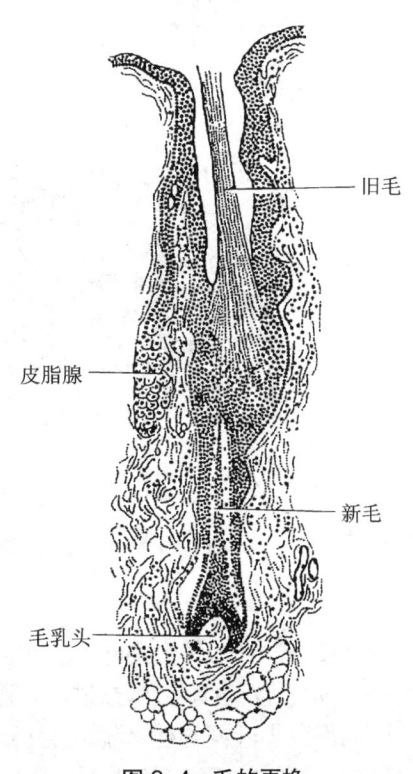

图 2-4 毛的更换

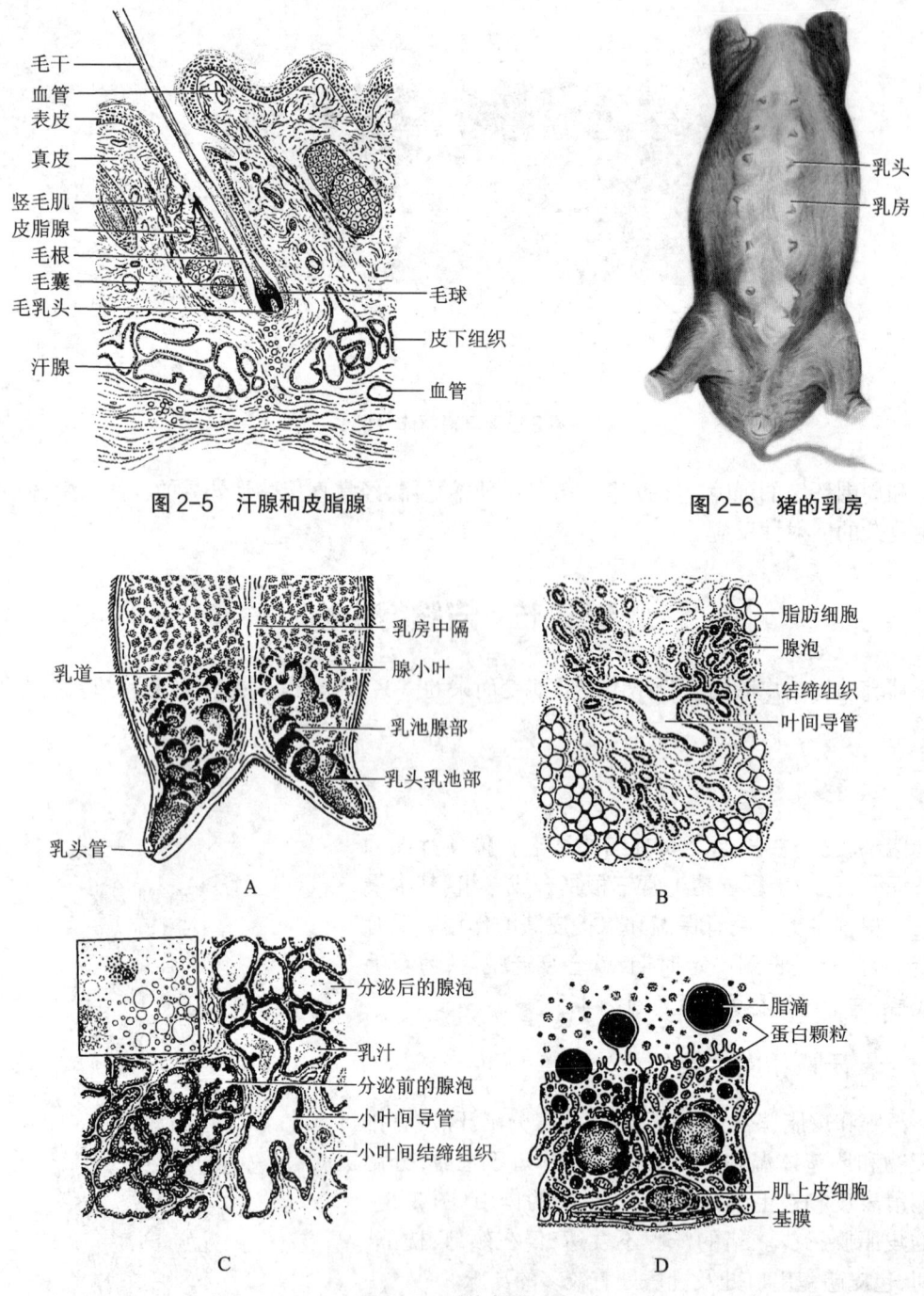

图 2-5 汗腺和皮脂腺

图 2-6 猪的乳房

图 2-7 乳房与乳腺
A. 牛乳房的结构　B. 静止期乳腺　C. 活动期乳腺　D. 乳腺腺细胞的分泌

小叶的形式构成,每个小叶为一个复管泡状腺,小叶间结缔组织中含有大量的脂肪细胞。乳腺的腺泡上皮为单层立方或柱状,腺腔很少,腺上皮和基膜之间有肌上皮细胞。导管包括小叶内导管、小叶间导管和输乳管、乳池、乳头管,开口于乳头。母猪乳腺排乳先后不一,排乳量也不一样,前面乳头先排乳,顺序扩展到后面乳头,前部和中部乳头泌乳量大,中部乳头还便于小猪吸吮。

四、蹄

猪每肢有两个主蹄和两个悬蹄。一般前肢的蹄比后肢的短、宽。无论前后肢,内侧的蹄比外侧的蹄短小(图2-8)。蹄由蹄匣和肉蹄构成。蹄匣由表皮衍生,肉蹄由真皮衍生。

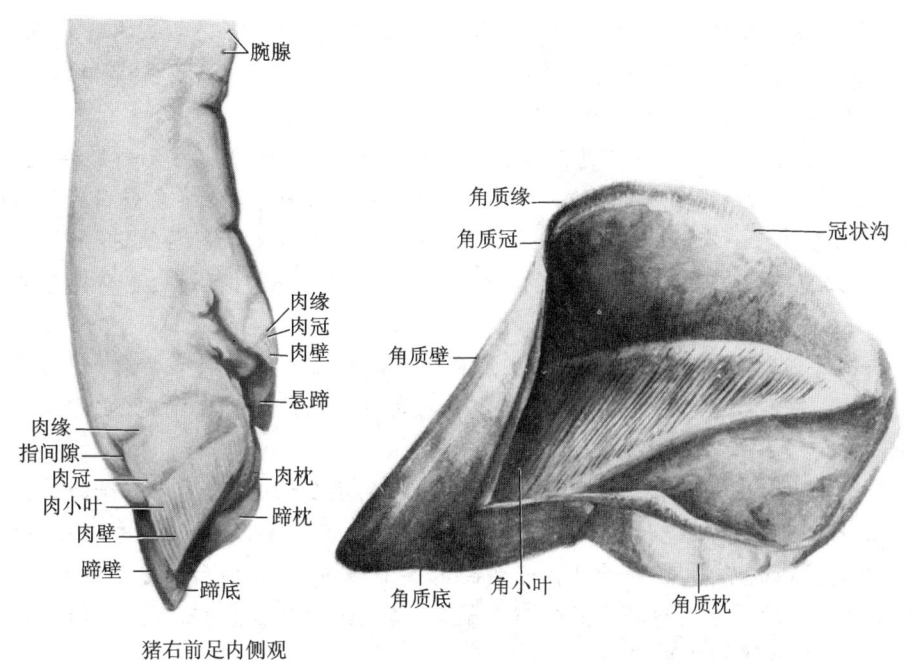

图2-8 猪蹄的解剖

名词解释

1. **皮肤衍生物** 皮肤进化演变形成的特殊器官,具有一定的形态构造和功能。包括毛、皮肤腺、蹄、枕、角,禽类有冠髯、羽毛、喙、距、鳞片、爪。皮肤腺包括汗腺、皮脂腺、乳腺。

2. **毛色** 指毛的颜色。毛的皮质细胞含有色素颗粒,决定了毛的颜色。

3. **换毛** 毛长到一定时期,老毛就逐渐脱落,为新毛所代替,这个过程叫换毛。换毛有经常性、年龄性和季节性三类。

4. **毛囊** 毛囊包裹毛根,是毛发的生长原基,它包括上皮根鞘和结缔组织鞘两部分。上皮根鞘在内,紧贴毛根,又可分为内、外两层,上皮根鞘的外面是结缔组织鞘。结缔组织鞘按结构特点又分为三层:最外层是纵向走行的纤维膜,中间为环行走向的细纤维膜,内层为均质样的玻璃膜。毛根和上皮根鞘与毛球相连,毛球由幼稚的毛母质细胞组成。毛发的生长是毛球的母质细胞分裂增殖的结果。毛母质细胞也属于角蛋白形成细胞,类似表皮的基底层细胞,毛发就是这种细胞逐渐角质化的产物。毛的颜色与毛母质细胞间的黑素细胞分泌的黑色素量有关。毛的生长具有周期性,其生长周期为2~4年。

5. **竖毛肌** 位于皮肤内的毛和毛囊与皮肤表面呈钝角的一侧,连于毛囊和真皮乳头层之间的一束平滑肌,收缩时能使毛竖立。

6. **乳房** 家畜雌雄都有乳腺,只有雌畜在有关激素的作用下才完全发育。乳房位于腹股沟部,分左右侧乳房,由基部、体部和乳头构成。乳房皮肤很薄,皮下血管丰富。皮下筋膜包裹乳房,在乳房正中矢状面汇合成乳房中隔,延伸到腹膜结合成乳房悬韧带(固定乳房位置)。筋膜伸延到腺体内成为小梁,将乳腺分成许多乳腺小叶。小叶中分布大量腺泡。腺泡分泌乳汁,经各级输乳导管汇集到乳池(尚有分泌乳汁功能),乳汁经乳池通过乳头孔而达体外。

7. **真皮乳头** 为突入表皮凹凸不平呈乳头状隆起的结缔组织,乳头内纤维成分细密,细胞较多,毛细血管丰富,有些乳头内还含触觉小体。真皮乳头与表皮基部相接触,扩大了两者之间的接触面积,加强了两层结构的连接。

8. **表皮基底层细胞** 附着于基膜上;光镜下由一层矮柱状或立方形细胞组成,细胞核为卵圆形,胞质嗜碱性;电镜下,胞质内游离核糖体丰富,含有张力丝(角蛋白丝),形成光镜下所见的张力原纤维。有活跃的分裂分化能力,可分化为表皮其余各层细胞。

9. **黑素细胞** 散在于基底细胞之间;细胞有许多细长突起,核圆形,胞质内含特有的黑素体,可合成黑色素,形成黑素颗粒。

10. **朗格汉斯细胞** 分散存在于棘层角质形成细胞之间的一种多突起细胞,胞质染色浅,核不规则。属于单核吞噬细胞系统,是皮肤担负免疫功能的重要细胞,它能识别、结合、处理和传递进入皮肤的抗原物质。

11. **角质形成细胞** 构成皮肤表皮、毛发和指甲的主要细胞,来源于胚胎的外胚层。细胞形态可随存在部位和功能的变化而改变。如在表皮可以为砥柱状、多边形或扁平梭形。细胞有合成角蛋白的功能,随着胞质内角蛋白的逐渐增多,细胞核和细胞器消失,细胞完全角化,表皮浅层角质形成细胞的细胞连接会解体,角化细胞可脱落;而毛发和指甲的角质细胞连接不消失,不发生细胞脱落。

12. **微皱襞** 扁平上皮细胞游离面的细胞膜和细胞质轻微突起形成指纹状的结构。如在真骨鱼类头部无鳞片皮肤的表面、口腔和食管腔面的扁平上皮。这些微皱襞在表面形成粗糙面,对大量分泌的黏液起到支持固定的作用,从而形成一层黏液外衣层,使表面滑润。

13. **色素细胞** 多见于低等脊椎动物的真皮层中。细胞形态扁平,具有多个不规则的胞突,细胞核椭圆形。细胞内含有各种颜色的色素颗粒。色素颗粒有时散布于整个细胞中,有时集中在细胞的某一处。鱼类皮肤和鳞片上的色素细胞因含有的色素不同可以分为四种类型:黑色素细胞、红色素细胞、黄色素细胞以及含有鸟粪素结晶的白色素细胞。体色的表现与色素细胞的种类、数量、分布及色素颗粒的集散状况有关。甲壳类的色素细胞位于表皮下面结缔组织,呈星芒状,有分支的放射状突起,但突起不能伸缩。胞质中含有大量的色素颗粒,呈红、黄、蓝、褐、黑五种颜色。色素颗粒在色素细胞中的移动受眼柄中分泌激素的控制。

14. **无脊椎动物的皮层、体壁和体腔** 多细胞动物出现了二胚层,如水螅,就有了胚层的分化,内胚层是原始消化腔,外层是皮层。中胚层的出现,有了体壁-皮肤肌肉囊,如涡虫。原体腔动物如蛔虫的体壁从外到内由角质膜、表皮层和纵肌层三层构成。在其体壁中胚层和仅有内胚层形成的消化道之间有空腔,称原体腔。环节动物如蚯蚓在它们体壁和消化管之间出现了次生体腔。次生体腔的出现也就为消化系统、循环系统、排泄系统、生殖系统等的复杂化提供了必要条件。

15. **脊椎动物的皮肤** 脊索动物,如文昌鱼,皮肤有表皮和真皮的分化。表皮仅由单层柱状上皮细胞组成，其间有感觉细胞，表皮外覆有角质层，幼体有纤毛；真皮是一薄层胶冻状组织。腹面前部两侧有由皮肤下垂形成的成对的腹褶。圆口纲动物，如七鳃鳗，皮肤裸露无鳞片，表皮由多层细胞构成，内有发达的单细胞腺，分泌黏液。身体两侧各有一行纵行的浅沟称侧线。真皮为规则排列的结缔组织。鱼类的皮肤由表皮和真皮组成，皮肤衍生物有鳞片（盾鳞、硬鳞、骨质鳞）、色素细胞、毒腺、发光器。两栖类的皮肤由表皮和真皮组成，柔软、光滑和湿润。表皮轻微角质化，易透水透气。真皮较厚，有皮下结缔组织。真皮浅层为疏松结缔组织，其间分布有黏液腺、神经末梢和毛细血管网；内层为致密结缔组织。皮肤衍生物有黏液腺、毒腺、色素细胞。爬行类，如蛇的皮肤：表皮角化程度深，外被角质鳞，皮肤干燥，缺少腺体。龟类具有表皮形成的角质片和来源于真皮的骨板，合称龟甲；鳖类只有骨板外被皮肤；鳄类是角质鳞加骨板。鸟类的皮肤薄、软、干燥，疏松。表皮松软，角质层薄，足无羽区的表皮角质层加厚形成鳞片。真皮薄，分布有血管、神经末梢，深层有连接羽毛的皮肌，可运动羽毛。鸟类除皮脂腺外，无其他皮肤腺。哺乳动物的皮肤结构复杂，具有许多衍生物：毛、皮肤腺、爪、甲和蹄、角。

16. 感觉芽　分散在表皮细胞之间，具有触觉和感受水流的机能。与感觉细胞联系的神经纤维来自第Ⅶ对、第Ⅸ对和第Ⅹ对脑神经。

17. 侧线感觉器官　位于板鳃鱼类、真骨鱼类身体和头部两侧，具有一条或数条，呈管状或沟状，管内充满黏液，感受器浸润在黏液里。侧线感觉器官呈结节状称为陷器，由感觉细胞和支持细胞构成，因感觉细胞低于周围的支持细胞而形成了中央凹陷的小丘状构造。分布于侧线感受器的神经来自延脑的侧听神经区。侧线系统具有测定水流、水的波动、压力（包括声波）和定方位的功能。

18. 羽毛　羽毛的类型分正羽、绒羽和纤羽。正羽分布于体表为廓羽，正羽由羽轴和羽片构成。羽轴下部为羽根，中空，埋入皮肤；羽轴上部为羽茎，两侧由羽枝构成羽片。绒羽羽根短，羽轴顶部蔟生丝状羽枝。分布在正羽的下面，构成隔热层。纤羽毛发状，仅羽轴顶部有几根短羽枝。分布在羽毛之间有触觉功能。

19. 鹿茸　雄鹿还没有长成硬骨的带茸毛含血液的嫩角。鹿茸由含茸毛的皮肤、软骨、富含血管的多细胞性结缔组织构成。鹿角的再生能力极强，是高等动物中唯一可以再生的器官。

自 测 题

一、填空题

1. 皮肤覆盖身体表面，由_____和_____组成，借皮下组织与深部组织相连。
2. 真皮的乳头层内具有的神经感受器是_____，而网状层具有的神经感受器是_____。
3. 皮脂腺是一种_____腺，位于_____和_____之间；其导管上皮为_____，开口于_____，分泌皮脂的方式为_____。
4. 汗腺是弯曲的_____腺，开口于_____。其组织结构可分为_____和_____。在腺细胞与基膜之间，有_____，其收缩有助于汗液的排出。

二、单项选择题

1. 毛的生长点是（　　）

　　A. 毛囊　　　B. 毛根　　　C. 毛乳头　　　D. 毛球　　　E. 毛干

2. 家畜乳房的乳池的主要功能是（　　）

　　A. 产生乳汁　　B. 储存乳汁　　C. 分泌泌乳激素　D. 供给乳房营养　　E. 腺泡、腺管的腔

3. 组成表皮的两类细胞是（　　）

　　A. 朗格汉斯细胞和黑素细胞

　　B. 角质形成细胞和黑素细胞

　　C. 角质形成细胞和非角质形成细胞

　　D. 朗格汉斯细胞和非角质形成细胞

　　E. 角质形成细胞和朗格汉斯细胞

4. 以下关于皮脂腺结构的描述中，哪一项是错误的？（　　）

　　A. 皮脂腺是一种分支泡状腺

　　B. 皮脂腺有导管，但很短，开口于毛囊

　　C. 分泌皮脂时，细胞解体连同其内的脂滴一起排出，称为全浆分泌

　　D. 皮脂腺中央的细胞幼稚，有分裂能力；周围的细胞较成熟

　　E. 皮脂腺中央的细胞较成熟，无分裂能力；周围的细胞幼稚，有分裂能力

5. 皮脂腺细胞的分泌方式属于（　　）

　　A. 全浆分泌　　B. 顶浆分泌　　C. 局浆分泌　　D. 透出分泌　　E. 内分泌

6. 初乳不同于常乳的是含（　　）

　　A. 糖　　　　　B. 脂滴　　　　C. 蛋白质　　　D. 维生素　　　E. 抗体

参考答案

一、填空题

1. 表皮　真皮
2. 触觉小体　环层小体
3. 分支泡状　竖毛肌　毛囊　复层扁平上皮　毛囊　全浆分泌
4. 单管状　表皮　分泌部　导管部　肌上皮细胞

二、单项选择题

1. D　题解：毛球处的毛母细胞分裂旺盛，能分化和发生毛及上皮根鞘，是毛的生长点。
2. B
3. C　题解：A、D 都是非角质形成细胞，B、E 非角质细胞的概念不完整。
4. D　题解：皮脂腺中央的细胞无分裂能力。
5. A　题解：皮脂腺细胞分泌皮脂时，细胞解体，连同细胞内的脂滴一起排出，为全浆分泌。
6. E　题解：初乳中含有抗体，为初生动物提供了被动免疫。

思考题

1. 何为组织工程皮肤？
2. 运动员的游泳衣应用了哪些仿生学的研究成果？

网上更多

- 教学视频
- 教学课件
- 在线自测
- 彩图动画

第三章
运动系统

• 本章提要 •

本章主要介绍了骨、骨连接、肌肉和体腔四部分内容。躯体各骨和软骨通过骨连接构成骨骼。骨骼肌收缩牵引骨骼,使躯体以关节为轴产生运动。骨骼和骨骼肌构成畜体的支架和基本轮廓。

• 学习目标 •

1. 掌握家畜全身骨按不同部位的分类以及骨组织的基本结构。
2. 掌握关节的基本构造。
3. 掌握胸腔、腹腔和骨盆腔的位置。

第一节 骨

运动是动物区别于植物的基本特征之一。高等动物的运动系统由骨、骨连接和肌肉三部分组成。

第一节 骨

脊椎动物动物体的支撑结构是由连在一起的骨头构成的框架,称之为骨骼,它包括躯体的所有骨骼及其相关的软骨,并与肌肉系统密切相关,使动物在环境中完成诸如奔跑、跳跃等动作,以及协助呼吸等重要的生理活动。哺乳动物的骨骼高度发达,构成动物体的基本轮廓,具有支持身体,保护体内柔软器官的功能。骨腔内具有骨髓,骨重而结实,红骨髓有造血功能。猪的全身有骨281~288块,按部位分为躯干骨、头骨和四肢骨(图3-1)。躯干骨由脊柱、肋骨和胸骨组成。脊柱包括颈椎、胸椎、腰椎、荐骨和尾椎。头骨分为颅骨和面骨。前肢骨包括肩胛骨、肱骨、前臂骨(桡骨和尺骨)、腕骨、掌骨、指骨及籽骨。后肢骨包括髋骨、股骨、髌骨、小腿骨(胫骨和腓骨)、跗骨、跖骨、趾骨和籽骨。

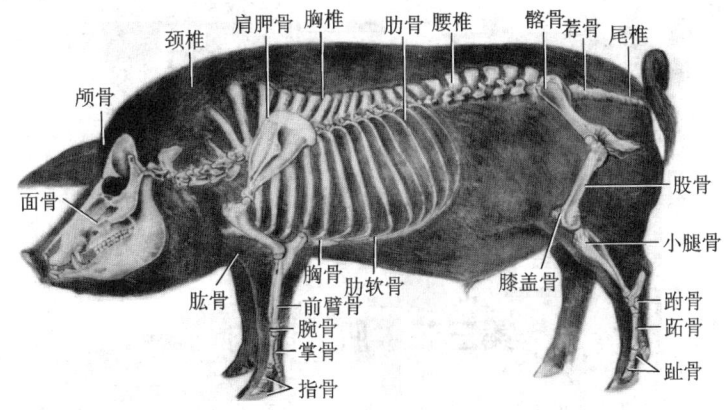

图3-1 公猪全身骨骼

骨的组织结构包括骨膜、骨质、骨髓及血管、神经。骨质是构成骨的主要部分,由大量钙化的细胞间质和几种细胞组成(图3-2)。骨不仅支撑身体而且是身体内钙、磷的储存库。骨髓分红骨髓和黄骨髓,红骨髓有造血作用,可产生血液中的大部分细胞,黄骨髓主要含脂肪组织,在猪多呈白色。骨膜不仅营养保护骨组织,在骨的生长,改建和修复中也有重要作用。

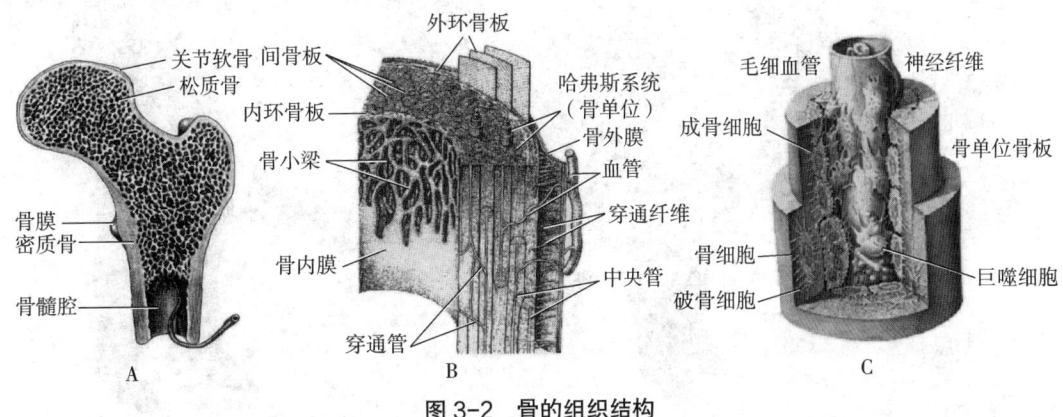

图3-2 骨的组织结构

A. 长骨的结构 B. 长骨骨干的结构 C. 骨单位结构模式图

第二节 骨连接(关节)

全身的骨与骨连接的方式可分为直接连接和关节两种。直接连接形成骨缝,老龄时常骨化,愈合为一体。关节的基本构造包括关节面、关节囊和关节腔三部分及韧带,滑膜等辅助结构(图3-3)。

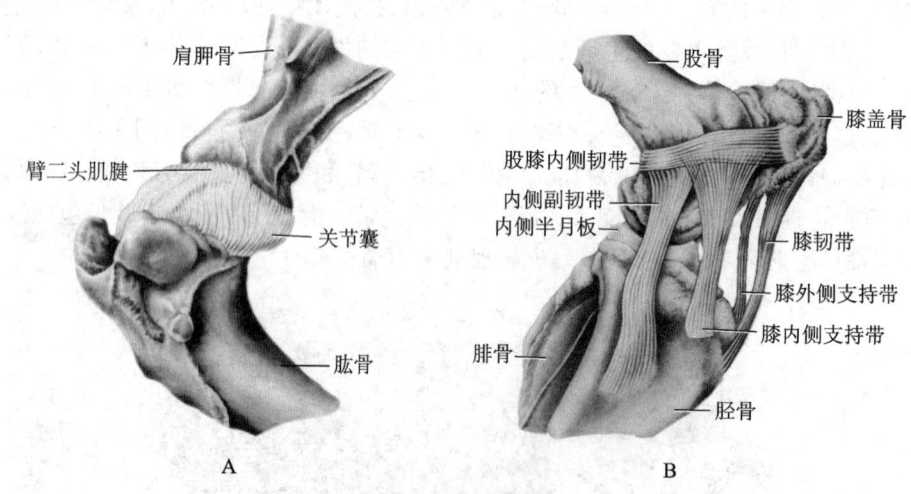

图3-3 关节的基本构造
A. 猪左肩关节(外侧观) B. 猪左膝关节(内侧观)

第三节 肌 肉

肌肉附着在骨骼,在运动系统内成为运动的动力部分(图3-4)。每一块肌肉可分为肌腹和肌腱两部分(图3-5)。肌腹主要由骨骼肌构成,有收缩能力。肌腱为致密结缔组织,其

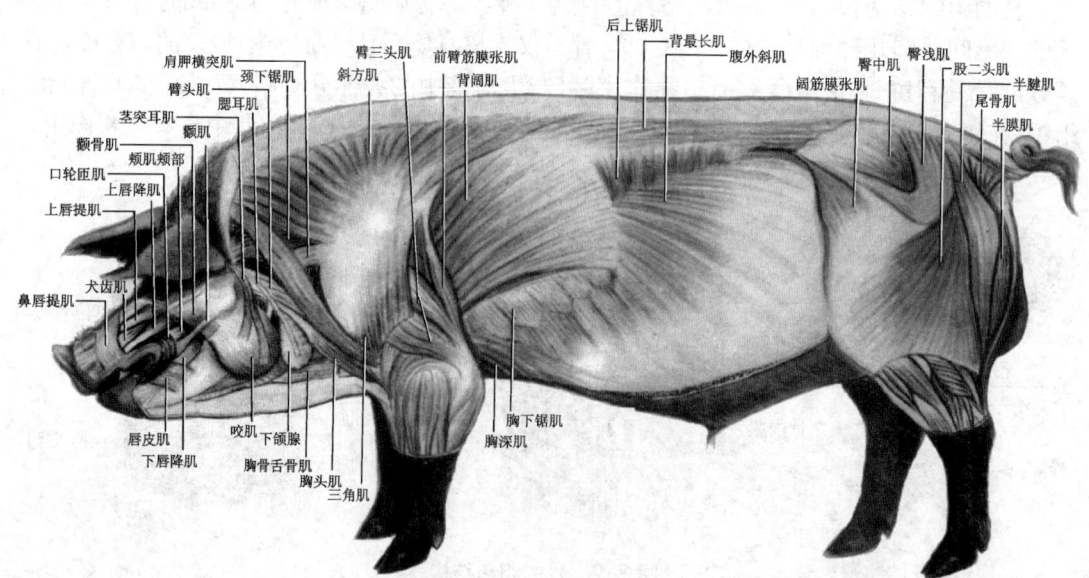

图3-4 猪全身浅层肌肉

中的纤维伸入到骨膜和骨质中,使肌肉牢固地附着于骨上。以上所述为躯体运动。内脏的运动由心肌或平滑肌提供动力。

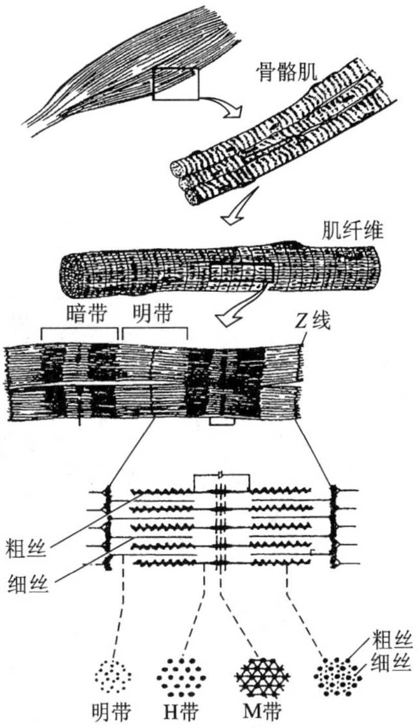

第四节　胸腔、腹腔和骨盆腔

运动系统构成了家畜的基本体型。躯干骨还可以作为胸腔、腹腔和骨盆腔的支架,容纳并保护内部器官(图3-6,彩图1-2)。

一、胸腔

胸腔壁由胸廓的骨骼、肌肉和皮肤围成,内部为一层光滑的浆膜分别覆盖在肺的表面和衬贴于胸腔壁的内面。纵隔将胸腔分隔成左、右两个密闭的胸膜腔(图3-7)。参与构成纵隔的器官有心脏和心包、胸腺、食管、气管、出入心脏的大血管、神经、胸导管以及淋巴结等,它们彼此借结缔组织相连。

二、腹腔和骨盆腔

图3-5　肌肉的组织结构

腹腔是体内最大的体腔,位于胸腔之后,由膈与胸腔分隔开,后端与骨盆腔相通(图3-8)。腹腔容纳胃、肠、肝、胰等大部分消化器官以及脾、肾、输尿管、卵巢、输卵管、子宫和大血管等。腹壁由腰椎、腹肌、肋骨、膈等组成。骨盆腔内有直肠、输尿管、膀胱、阴道、输精管、尿生殖道和副性腺等。骨盆壁背侧为荐椎和前3~4个尾椎,侧壁为髂骨和荐结节阔韧带,

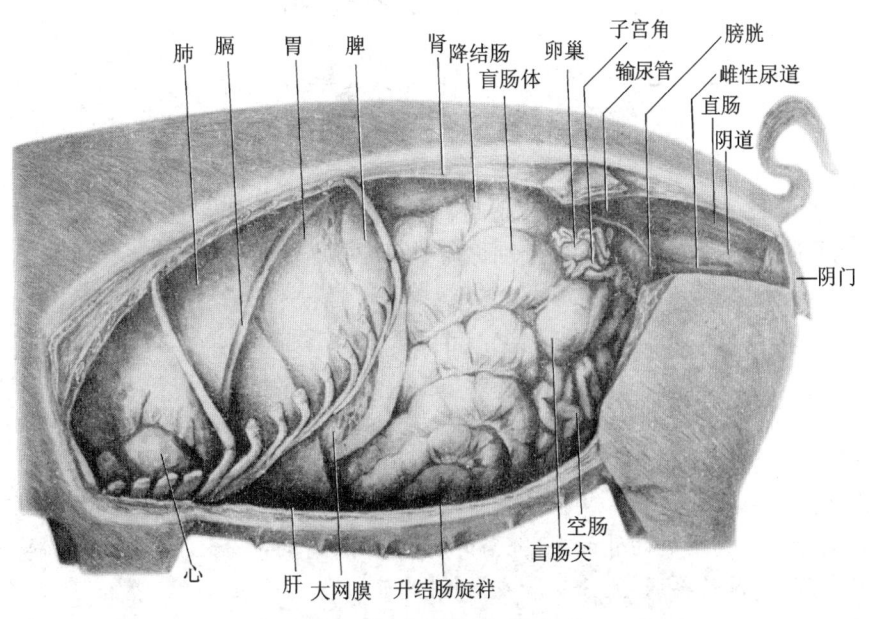

图3-6　母猪内脏位置左侧观

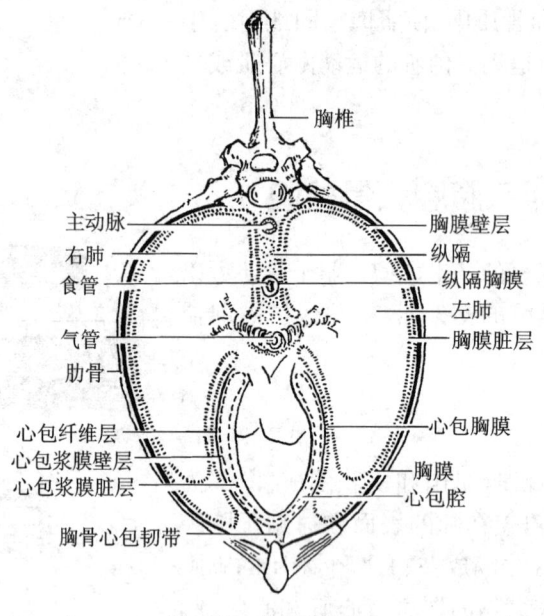

图 3-7 胸腔横断面

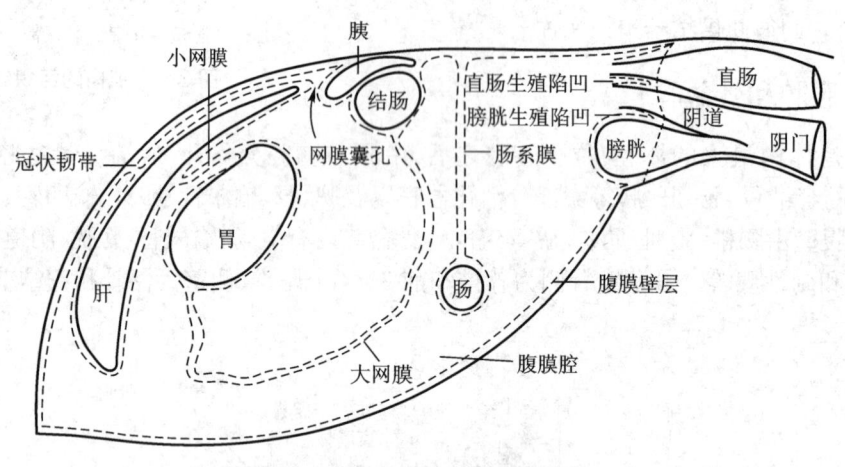

图 3-8 腹膜和腹膜腔模式图(母马)

底壁为耻骨和坐骨。腹膜从腹腔、骨盆腔壁移行到脏器,或从某一脏器移行到另一脏器,这些移行部的腹膜形成了各种腹膜褶,分别称为系膜、网膜、韧带和皱褶。

名词解释

1. **脊柱** 椎骨在躯干背侧正中连成一串,从头端到尾端形成躯体的主轴,称为脊柱。
2. **椎管** 一系列椎骨的椎孔相连,形成椎管,以容纳脊髓。
3. **关节囊** 为膜性囊状结构,分内、外两层。外层为纤维层,由致密结缔组织构成,厚而坚韧,附着于关节面附近的骨面上,并与骨膜相延续,有的部分还可增厚成韧带,加强稳固性;内层为滑膜层,薄而柔弱,能分泌滑液,润滑关节。
4. **项韧带** 马、牛棘上韧带的颈部特别强大,色黄而有弹性,特称项韧带,具有协助头颈的伸肌,支持头颈的作用。

5. 骨盆　由两侧的髋骨、背侧的荐骨和前4枚尾椎以及两侧的荐结节阔韧带共同围成,呈前宽后窄的圆锥形结构。

6. 肌外膜　骨骼肌外包裹的致密结缔组织,并深入肌肉中形成肌束膜。肌外膜和肌束膜属于深筋膜。

7. 纵隔　位于左右胸膜腔之间,由两侧纵隔胸膜以及位于其中的器官(心、心包、食管、气管胸腺)和血管、胸导管、神经及结缔组织共同构成。

8. 腹膜腔　由腹膜壁层和脏层围成的腔隙。

9. 肌丝滑动学说　目前公认的骨骼肌纤维收缩原理是"肌丝滑动学说"。当肌纤维收缩时,粗肌丝与细肌丝的长度不变,而是细肌丝在粗肌丝之间向M线方向滑动。由于是细肌丝滑入A带内,导致H带和I带变窄,甚至消失,A带宽度不变,Z线靠近,肌节缩短,即肌纤维收缩。其收缩过程为:当神经冲动传到肌纤维时,兴奋经横小管传至三联体,引起肌质网释放Ca^{2+}进入肌质,肌原蛋白与Ca^{2+}结合后引起构型变化,使原肌球蛋白陷入肌动蛋白的螺旋沟内,肌动蛋白的位点暴露,粗肌丝上横桥与肌动蛋白位点接触,ATP酶被激活,分解ATP而释放能量,使横桥向M线方向转动,并将细肌丝拉向M线,肌节缩短,肌纤维收缩。收缩完成后,Ca^{2+}被肌质网膜上钙泵从肌质汲回肌质网,细肌丝与粗肌丝分离,并退回原位,肌节复原,肌纤维舒张。

10. 无脊椎动物的骨　节肢动物的体壁由单层柱状上皮和角质层构成。角质层由上皮细胞分泌形成,厚而坚韧,具有保护和支持作用。角质层的内表面可供成束的肌肉附着,从而通过杠杆作用完成运动,故称为外骨骼。棘皮动物石灰质的骨骼是中胚层形成的,不同于一般无脊椎动物由外胚层发育而来的外骨骼,因此是内骨骼。棘皮动物的内骨骼是由初级间质细胞形成的,因此和脊椎动物由次级间质细胞形成的内骨骼不同。软体动物乌贼的内骨骼由内壳及软骨组成。内壳位于身体背侧皮肤下方壳囊内,呈长椭圆形。内壳背侧硬,腹侧疏松,空隙多。软骨与脊椎动物的软骨相似,只是软骨细胞有较长的分支。

11. 鱼类的骨骼　具有发达的内骨骼,具有支持身体,保护体内柔软器官的功能,并与肌肉一起完成各种运动。鱼类分软骨鱼类和硬骨鱼类。软骨鱼类终生保持软骨,硬骨鱼类的骨骼主要为硬骨。鱼类的骨骼按照位置和功能可分为中轴骨骼和附肢骨骼。前者包括头骨和脊柱,后者包括偶鳍骨骼和奇鳍骨骼。

12. 鳍　鱼和其他水生脊椎动物适应水中生活的运动器官。鱼鳍一般由皮肤、柔软的鳍条和坚硬不分节的鳍棘构成。由于着生部位不同,有背鳍、臀鳍、尾鳍、胸鳍和腹鳍之分,背鳍、臀鳍、尾鳍不成对,称为"奇鳍",胸鳍和腹鳍是成对的,称为"偶鳍"。有维持身体平衡和游泳时推进与调整方向的功能。

13. 两栖类的骨骼　由于上陆后的重力作用和陆地运动,其骨骼系统发生了巨变。蛙类的骨骼可分为头骨、脊柱、带骨和肢骨。

14. 爬行类的骨骼　由于身体局部活动的增强,脊柱加固,还具有很大的灵活性,分化程度更高。首次出现胸廓,除保护内脏外,加强了肺呼吸。头骨具单一的枕髁,并有颞窝出现。

15. 鸟类的骨骼　由于适应飞翔生活减轻体重和有利于产大型硬壳卵的繁殖生活习性,鸟类的骨骼轻而坚固,气质骨薄、愈合、中空,肢骨变形较大。骨重约占体重的4.4%,而大鼠的骨重约占体重的5.6%。

第三章 运动系统

• 自 测 题 •

一、填空题

1. 运动系统由_____、_____和_____三部分组成。
2. 骨是坚硬器官,由_____、_____、_____和_____构成。骨膜是_____膜。骨质分_____和_____。骨髓存在于_____和_____。
3. 胸廓由_____、_____和_____围成。前口由_____、_____和_____围成。后口由_____、_____和_____围成。
4. 畜体骨因功能不同,一般分为长骨、短骨、扁骨和_____四种类型。
5. 在长骨骨干中,有四种骨板,即:_____、_____、_____和_____。
6. 骨细胞位于骨板之间或骨板内的_____内,相邻骨细胞的_____通过骨板内的_____相连接。同一骨板内的纤维相互_____,而相邻骨板内的纤维则相互_____。
7. 在骨组织中,骨原细胞是骨组织的_____,成骨细胞具有分泌_____的功能,破骨细胞具有很强的_____的能力。
8. 骨组织的细胞间质又称为_____,由_____及_____组成。前者是由_____产生的大量_____和少量_____所构成。
9. 骨连接的方式可分为_____和_____两种。
10. 前肢关节有_____、_____、_____、_____、_____、_____。后肢关节有_____、_____、_____、_____、_____、_____。
11. 骨的表面被覆骨膜,但关节面上被覆_____无血管分布。
12. 关节液由关节囊的_____层分泌。
13. 软骨可分为三种,即:_____、_____和_____。前者分布较广,其细胞间质中仅含少量_____,而基质十分丰富。此类软骨内没有_____和_____。
14. 一块肌肉可分为_____和_____两部分。
15. 根据肌腹内腱质的多少,可将肌肉分为_____、_____和_____。
16. 猪的背腰最长肌,通常称为_____肌。
17. 肌肉的辅助器官有_____、_____和_____,是_____结构,起_____和_____的作用。
18. 在骨骼肌纤维中,相邻两Z线之间的一段_____称为肌节。每个肌节包括_____,它是肌原纤维结构和功能的基本单位。
19. 当肌纤维收缩时,粗肌丝与细肌丝的长度_____,而是细肌丝在粗肌丝之间向_____方向滑动,导致H带和I带变_____,甚至_____,A带宽度_____,而Z线靠近,_____缩短,即肌纤维收缩。
20. 体腔是容纳大部分内脏器官的腔隙,可分为_____、_____和_____。
21. 胸腔是位于_____内的腔洞。由_____、_____和_____共同围成。
22. 腹腔是位于_____的腔洞。由_____和_____共同围成。
23. 骨盆腔是_____的延续部分。_____作为腹腔和盆腔的分界。骨盆腔由_____、_____、_____和_____围成。

二、单项选择题

1. 家畜的股骨属于（　　）
   A. 长骨　　　B. 扁骨　　　C. 短骨　　　D. 不规则骨　　　E. 密质骨

2. 下列关于骨的构造叙述正确的是（　　）
   A. 长骨的骨干和骨骺主要由骨松质构成　　　B. 骨膜内层有成骨细胞
   C. 关节软骨位于骨干和骨骺之间　　　D. 骨膜有丰富的血管而无神经分布
   E. 关节软骨是弹性软骨

3. 完成骨生长和修补作用的是（　　）
   A. 骨血管和神经　B. 骨质　　　C. 骨膜　　　D. 骨骺　　　E. 骨髓

4. 骨为造血器官，其具有造血功能的部位是（　　）
   A. 骨内毛细血管　B. 红骨髓　　　C. 骨内膜　　　D. 骨松质　　　E. 黄骨髓

5. 骨质内含量最多的无机盐是（　　）
   A. 碳酸钙　　　B. 磷酸钙　　　C. 磷酸镁　　　D. 碳酸钠　　　E. 磷酸钠

6. 对骨板的描述，哪一项是错误的？（　　）
   A. 由胶原纤维有规律成分层排列与基质共同构成
   B. 骨细胞位于骨板之间或骨板内的骨陷窝内
   C. 相邻骨细胞突起通过骨板内的骨小管相连接
   D. 同一骨板内的纤维相互平行与相互垂直交叉排列
   E. 同一骨板内的纤维相互平行，相邻骨板内的纤维则相互垂直

7. 对于骨细胞，哪一项是错误的？（　　）
   A. 是多突形细胞
   B. 突起多而细长，相邻细胞突起借紧密连接相互连接
   C. 胞体呈扁平椭圆形，居于细胞间质中，其所占据的空间称为骨陷窝
   D. 细胞突起所占据的空间称为骨小管，各骨陷窝借骨小管彼此相沟通
   E. 细胞核呈卵圆形，胞质内含少量的线粒体、高尔基复合体和散在粗面内质网等

8. 关于骨组织的细胞间质，哪一项是错误的？（　　）
   A. 骨组织的细胞间质又称为骨质，由有机成分及无机成分组成
   B. 有机成分是大量胶原纤维和大量基质所构成
   C. 基质呈无定形凝胶状，具有黏合胶原纤维的作用
   D. 无机成分中主要为骨盐，即羟基磷灰石
   E. 有机成分使骨质具有韧性，无机成分使骨质坚硬

9. 关于骨骼肌纤维细胞核的描述中，哪一项是正确的？（　　）
   A. 一个细胞核，位于细胞中央　　　B. 多个细胞核，位于细胞中央
   C. 一个细胞核，位于肌膜下　　　D. 多个细胞核，位于肌膜下
   E. 以上都不对

10. 肌节是由（　　）
    A. 1/2A 带组成　　　B. A 带 +I 带组成　　　C. A 带 +H 带组成
    D. 1/2I 带组成　　　E. 1/2I 带 +A 带 +1/2I 带组成

11. 骨骼肌纤维收缩时，其肌节的变化是（　　）
    A. 仅 I 带缩短　　　B. 仅 A 带缩短　　　C. I 带、A 带均缩短

D. 仅 H 带缩短　　　　　　　　E. I 带、H 带均缩短

12. 骨骼肌收缩的结构基础是(　　)

    A. 肌质网　　B. 肌原纤维　　C. 横小管　　D. 线粒体　　E. 粗面内质网

13. 关节的结构比较复杂,限制关节活动方向的结构是(　　)

    A. 关节面　　B. 关节囊　　C. 关节腔　　D. 关节韧带　　E. 关节软骨

14. 可动关节的关节液来源于(　　)

    A. 关节囊的纤维层　　　　　B. 关节囊的滑膜层　　　　　C. 关节面软骨层

    D. 关节面滋养孔血管　　　　E. 关节韧带

15. 下列关于关节的叙述正确的是(　　)

    A. 关节的辅助结构有韧带、关节软骨和关节唇

    B. 关节软骨无血管、淋巴管分布,而神经分布丰富

    C. 关节腔内有少量滑液,并呈负压状态

    D. 关节软骨与关节囊相接,也分泌滑液

    E. 关节不属于骨连接

16. 以下哪一项不是透明软骨的特点?(　　)

    A. 分布较广,多在关节等处

    B. 肋软骨、呼吸道某些软骨也为透明软骨

    C. 透明软骨新鲜时呈瓷白色半透明状

    D. 细胞间质中仅含少量胶原纤维,而基质十分丰富

    E. 此类软骨内没有血管和神经

17. 以下关于心肌纤维的描述中,哪一项是错误的?(　　)

    A. 粗、细肌丝不形成明显的肌原纤维　　　　B. 具有二联体

    C. 有横纹　　　　　　　　　　　　　　　　D. 肌纤维分支吻合成网

    E. 有多个核位于肌膜下

●参考答案●

一、填空题

1. 骨　骨连接　肌肉

2. 骨膜　骨质　骨髓　血管　神经　致密结缔组织　骨密质　骨松质　骨髓腔　骨松质间隙内

3. 胸椎骨　肋骨　胸骨　第一胸椎骨　第一胸肋骨　胸骨柄　最后胸椎骨　最后肋骨　肋弓　剑状软骨

4. 不规则骨

5. 外环骨板　内环骨板　骨单位骨板　间骨板

6. 骨陷窝　突起　骨小管　平行　垂直

7. 干细胞　骨质有机成分　重吸收骨

8. 骨质　有机成分　无机成分　成骨细胞　胶原纤维　基质

9. 直接连接　关节

10. 肩关节　肘关节　腕关节　系关节　冠关节　蹄关节　荐髂关节　髋关节　膝关节　股胫关节　跗关节　系关节　冠关节　蹄关节

11. 关节软骨

12. 滑膜

13. 透明软骨　纤维软骨　弹性软骨　胶原原纤维　血管　神经

14. 肌腹　肌腱

15. 动力肌　静力肌　动静力肌

16. 眼

17. 筋膜　黏液囊　腱鞘　结缔组织成分　保护　辅助肌肉工作

18. 肌原纤维　1/2I+A+1/2I

19. 不变　M 线　窄　消失　不变　肌节

20. 胸腔　腹腔　骨盆腔

21. 胸廓　椎骨　肋骨　胸骨　肌肉　结缔组织

22. 腹部　部分胸壁　腹壁

23. 腹腔　骨盆前口　荐骨　尾椎　髂骨　坐骨弓　荐坐韧带

二、单项选择题

1. A

2. B　题解：A.长骨的骨干主要由骨密质构成,骨骺主要由骨松质构成;C.关节软骨位于骨的表面,紧贴骨的关节面;D.骨膜既有血管分布,又有神经分布;E.关节软骨是透明软骨。

3. C　题解：骨膜的内层为成骨层,参与骨的生长,在骨受损伤时,骨膜的成骨层有修补和再生骨质的作用。

4. B

5. B　题解：骨盐主要为羟磷灰石结晶,即 $Ca_{10}(PO_4)_6(OH)_2$。

6. D　题解：在骨组织中,同一骨板内的纤维是相互平行,而相邻骨板内的纤维则相互垂直,并不是同一骨板内的纤维相互平行与相互垂直交叉排列。

7. B　题解：骨细胞是多突形细胞,相邻细胞突起借缝隙连接相互连接,而不是借紧密连接相互连接。

8. B　题解：骨组织的细胞间质中有机成分是大量胶原纤维和少量基质所构成,不是和大量基质所构成。

9. D　题解：骨骼肌细胞核呈椭圆形,多个甚至达几百个,位于细胞周围近肌膜处,即肌膜下。

10. E　题解：一个肌节包括 1/2 明带 + 一个暗带 +1/2 明带,明带即 I 带,暗带即 A 带,所以肌节是由 1/2I+A+1/2I 带构成。

11. E　题解：当肌纤维收缩时,粗肌丝与细肌丝的长度不变,而是细肌丝在粗肌丝之间向 M 方向滑动。由于细肌丝滑入 A 带内,导致 H 带和 I 带均变窄,甚至消失,A 带宽度不变。

12. B　题解：骨骼肌纤维收缩的结构基础是肌原纤维。据肌丝滑动学说,目前认为肌原纤维收缩是细肌丝向粗肌丝之间引滑行。

13. D　题解：关节的运动方向取决于关节韧带的排列。

14. B　题解：关节囊的滑膜层可以分泌滑液。

15. C　题解：A.关节的辅助结构有韧带、关节盘和关节唇,关节软骨是关节的基本结构,不是辅助结构;B.关节软骨无神经分布;D.关节软骨无分泌滑液的功能,滑液由关节囊的滑膜层分泌。

16. D　题解：透明软骨的细胞间质内含胶原原纤维,而不是胶原纤维。

17. E　题解：心肌纤维细胞核椭圆形,位于中央,可见双核。

思 考 题

1. 动物有哪些类型的骨组织?
2. 何为软骨、骨组织工程?

网 上 更 多

 教学视频　　 教学课件　　 在线自测　　 彩图动画

第四章

循环系统

• 本章提要 •

本章包括血液和心血管系统两节。循环系统中流动着血液,血液由有形成分和血浆组成,血液的有形成分包括红细胞、白细胞和血小板。心血管系统是分布全身的闭路循环系统。心脏有节律的收缩和舒张,推动血液从动脉流向毛细血管、静脉再回到心脏。从动脉到毛细血管,再到静脉这样的封闭管道在家畜体内有两套,分别是体循环和肺循环。

• 学习目标 •

1. 掌握血液有形成分的细胞形态。
2. 掌握心脏的形态和位置,心脏和血管的组织结构。
3. 掌握体循环和肺循环的径路及生理功能。

第四章 循环系统

最早的循环系统见于纽虫,其血浆大多数无色,血细胞有核,其中有一部分血细胞是变形细胞能伸出伪足。3条血管分别位于身体背部和消化道两侧,这些血管在身体前后端联通(图4-1)。纽虫没有心脏,血管能收缩,但收缩的方向不定,因此没有一定的流向。蚯蚓的血液和大多数无脊椎动物一样,血细胞有核,呼吸色素是一种血红蛋白,溶解于血浆中。3条血管分别位于消化管的背面、腹面,腹神经索的下面。这3条血管都分出许多细小血管,分布到消化管、皮肤和其他各部。在身体前部连接背腹血管之间有4~5对弓形的血管,总名为心脏(图4-2)。心脏和背血管的收缩使血液能在血管内按一定方向流动。软体动物的呼吸色素是含铁或含铜的血红蛋白,前者氧化成红色,后者氧化成蓝色。节肢动物中甲壳类的血液中含血蓝蛋白。脊椎动物的血红蛋白位于红细胞中。心脏是循环系统的总枢纽,心脏的收缩和舒张造成血液的循环流动。脊椎动物各纲的进化程度不同,在心脏的结构上表现得很清楚。用鳃呼吸的动物心脏的结构较简单,用肺呼吸的动物的心脏结构较复杂。哺乳动物的循环系统包括血液和心血管系统两部分。血液循环与机体的整体活动有不可分割的联系。血液循环借助于心血管系统中流动的血液,一方面把由肠道吸收来的营养物质和肺吸进的氧运送至全身各器官、组织和细胞,供其生理活动需要;另一方面又把各器官、组织和细胞在生理过程中所产生的代谢产物如二氧化碳和尿素等,运送到肺、肾和皮肤排出体外。体内各种内分泌腺分泌的激素也是通过血液运送至相应的器官。血液循环对机体的生长、发育和生理功能起着重要的调节作用,称此为体液调节。此外,血液循环还参与机体的免疫和体温调节等。

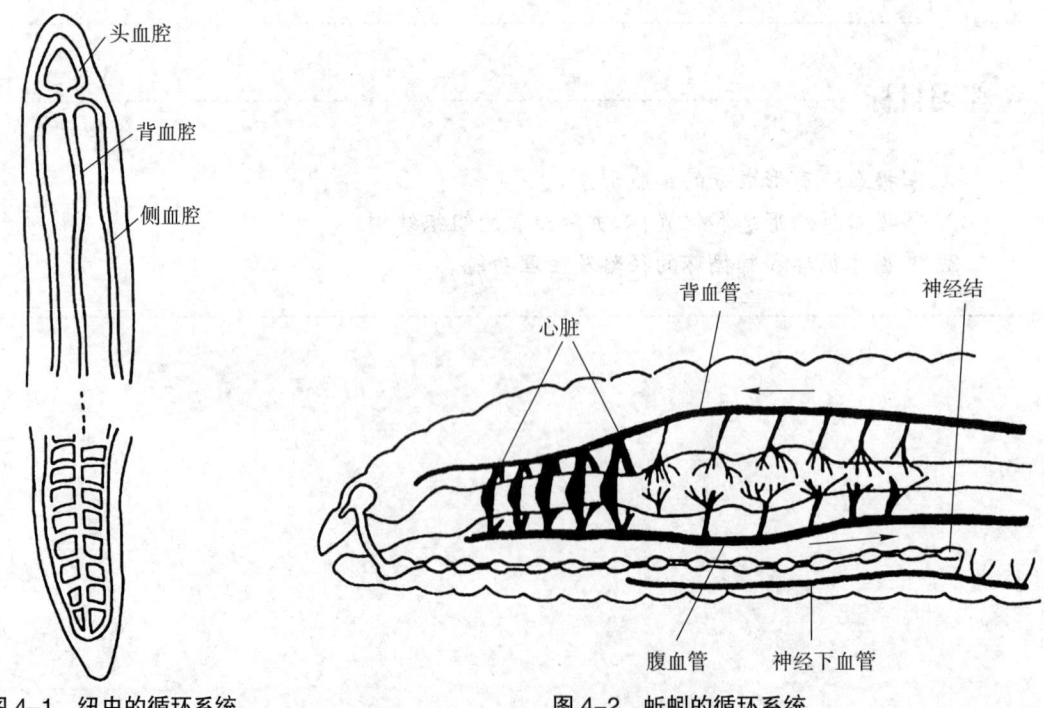

图4-1 纽虫的循环系统　　图4-2 蚯蚓的循环系统

第一节 血 液

猪的血液总量占体重的 3%~5%,小猪比大猪血量多,例如:4.5 kg 的仔猪血量每 kg 体重为 74 mL,到 136 kg 的大猪则降到每 kg 体重 46 mL。血液的 pH 为 7.4,凝集时间 3~4 min。血液是由血浆和悬浮于血浆中的血细胞和血小板组成的。血细胞和血小板统称为血液的有形成分。

一、血浆

从血管里流出的血液经抗凝剂处理和沉淀后,能明显的分为上下两层,上层为血浆,下层为血细胞和血小板(图 4-3)。血浆约占血液容积的 50%。新鲜的血浆为浅黄色,具黏滞性的透明液体。其中水分约占 91%,其余 9% 主要为蛋白质和无机盐类等。哺乳仔猪的血浆由于含脂肪较多而表现浑浊。从血管里流出的血液未经抗凝剂处理将会凝固。血凝时,血浆中溶解的纤维蛋白原在血浆凝血因子的作用下变为絮状的纤维蛋白,将血细胞凝结成血块,析出物称为血清。血清的其余成分与血浆相似。

血浆不仅是运载血细胞、血小板、营养物和机体代谢物的循环液体,它还有以下的一些功能:血浆含有免疫球蛋白和补体系蛋白,参与机体的免疫活动;血浆运载各种激素,参与机体的体液调节;血浆含有激肽类蛋白质,参与血管壁通透性和血管扩张的调节;血浆含有纤维蛋白原及凝血因子,参与血凝;运输体内热能,参与体温调节;运输无机盐,参与酸碱平衡和渗透压的调节等。

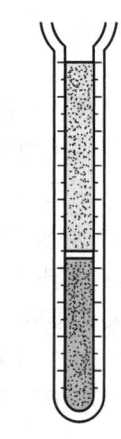

图 4-3 血浆、白细胞和红细胞比积

二、血液的有形成分

血液的有形成分包括红细胞、白细胞和血小板(彩图 1)。

(一)红细胞

猪的成熟红细胞表面光滑,无细胞核,呈双凹圆盘形。胞质中充满血红蛋白,血红蛋白的功能是运输氧气和二氧化碳。红细胞直径为 6.0 μm,数量为 $6.5 \times 10^{12}/L$,寿命为 86 ± 11.5 d。

(二)白细胞

白细胞是具有细胞核和细胞器的球形细胞,体积比红细胞大,种类也较多,能做变形运动,具有防御和免疫功能。白细胞数值及分类百分比见表 4-1。

1. 中性粒细胞 直径为 6.6~15.4 μm。核的形式多样,有的呈腊肠状,称为杆状核;有的呈分叶状,叶间有细胞相连,称为分叶核。胞质染成粉红色,含许多淡紫色小颗粒。一般认为杆状核为幼稚型,核分叶越多,细胞越接近衰老。中性粒细胞具有吞噬和杀菌的功能。

2. 嗜酸粒细胞 直径为 9.9~16.5 μm。胞质中充满嗜酸性颗粒。嗜酸粒细胞具有抗过敏反应的作用。

3. 嗜碱粒细胞 直径为 11.0~15.4 μm。胞质内含嗜碱性颗粒。具有抗凝血和参与过敏反应的作用。

表 4-1 猪白细胞数值及分类百分比

日龄	每微升血液中的细胞数/千	中性粒细胞/%	嗜酸粒细胞/%	嗜碱粒细胞/%	单核细胞/%	淋巴细胞/%
出生时	11.5	71	0.9	0.2	4.7	20
1 日龄	16	37	3	0.5	5	53
36 日龄	16.3	33	7	0.5	6	52

4. 单核细胞　直径为 11.0~22.0 μm。胞核多呈现马蹄形，胞质呈灰蓝色。单核细胞具有活跃的变形运动能力，穿出血管进入组织成为巨噬细胞。在体内不同的微环境中，单核细胞成为形态和功能不完全相同的细胞，如肝内的库普弗细胞，脑组织中的小胶质细胞等。巨噬细胞具有吞噬病原微生物、清除衰老细胞、杀伤肿瘤细胞、呈递抗原给淋巴细胞和分泌多种免疫活性物质等功能。

5. 淋巴细胞　直径 5.5~17.6 μm，多数为直径小于 12.0 μm 的小淋巴细胞。豆形或肾形核，胞质较少呈淡蓝色。形态相似的淋巴细胞，根据其发生部位，表面分子特征和免疫功能不同，至少可分为 T 细胞、B 细胞、K 细胞和 NK 细胞四类。淋巴细胞是机体的免疫系统中最主要的细胞。

（三）血小板

血小板是骨髓巨核细胞的胞质碎片。单个的血小板呈圆形或椭圆形，有小突起，直径 1~5 μm。表面有完整的细胞膜和含有凝血因子的薄层血浆，内部为细胞质。血小板的数量为 $(5.20 \pm 1.75) \times 10^5/\mu L$，寿命约 10 d 左右。血小板在血管壁损伤时起凝血作用。

三、不同动物血液有形成分的形态学差异

绝大多数哺乳动物的红细胞都是圆盘状无核的细胞，但细胞大小不同。骆驼和鹿例外，是椭圆形的无核细胞；白细胞的分类相同，但有细微的形态结构差异。鸟类等动物红细胞是有核的椭圆形细胞，白细胞形态与哺乳动物相比也有较大的差异，鸟类没有血小板而有椭圆形有核的凝血细胞（彩图 1D）。

第二节　心血管系统

心血管系统是一个封闭的管道系统，包括心脏和血管。心脏是血液循环的动力器官，血管是血液运行的径路。血管内含血液，血液循环以心脏为起点，经动脉、毛细血管而至静脉，又返回心脏（图 4-4）。

一、心脏

心脏是中空的圆锥形肌质器官，锥底朝前上方叫心基，有动脉、静脉相连，锥尖向后下方叫心尖。猪心位于心包内，在胸腔纵隔中略偏左第二至第五肋骨之间，心尖与第六、第七肋软骨和胸骨连接处相对（图 4-5）。靠近心基处有环绕心脏的冠状沟，把心脏分为上部的心房和下部的心室。在心脏的左前方有左纵沟，在右后方有右纵沟，两纵沟相当于左、右心室的外表分界。在冠状沟和两纵沟有营养心壁的血管（图 4-6）。心脏内腔由房间隔和室间隔

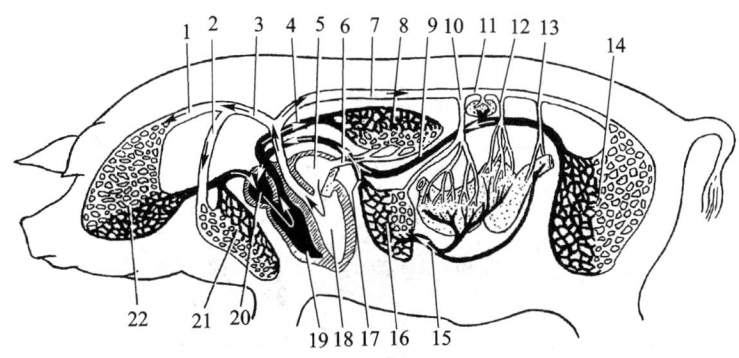

图 4-4 成年猪血液循环模式图

1. 颈总动脉 2. 腋动脉 3. 臂头动脉总干 4. 肺动脉 5. 左心房 6. 肺静脉 7. 胸主动脉 8. 肺毛细血管
9. 后腔静脉 10. 腹腔动脉 11. 腹主动脉 12. 肠系膜前动脉 13. 肠系膜后动脉 14. 骨盆部和后肢的毛细血管
15. 门静脉 16. 肝毛细血管 17. 肝静脉 18. 左心室 19. 右心室 20. 右心房
21. 前肢毛细血管 22. 头颈部毛细血管

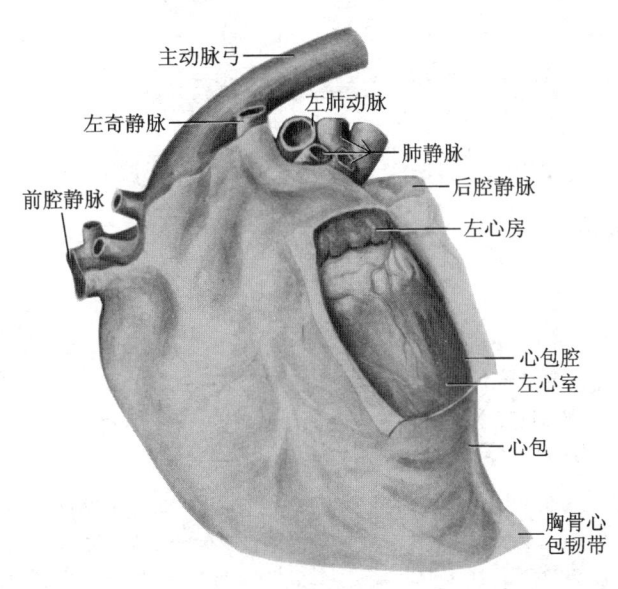

图 4-5 心包

分为互不相通的左右两半。每半又分为心房和心室两部分,心房和心室以房室口相通。因此心腔可分为:右心房、右心室、左心房、左心室四部分(图4-7)。心室壁厚,心房壁薄,其壁均由内膜、肌膜和外膜构成(图4-8)。内膜衬内皮,肌膜主要为心肌,外膜为浆膜。心脏中有特殊的肌纤维构成传导系统,能自动的产生兴奋和传导兴奋,使心脏有节律的收缩和舒张(图4-9)。

二、血管

动脉管壁厚而富有弹性。分内膜、中膜和外膜(图4-10)。动脉在体内反复分支,愈分愈细,最后在组织内形成毛细血管。毛细血管遍布全身,它的管壁由一层内皮构成,具有很大的通透性,是进行物质交换的部位(图4-11)。毛细血管逐渐汇合成静脉。静脉腔大壁薄,

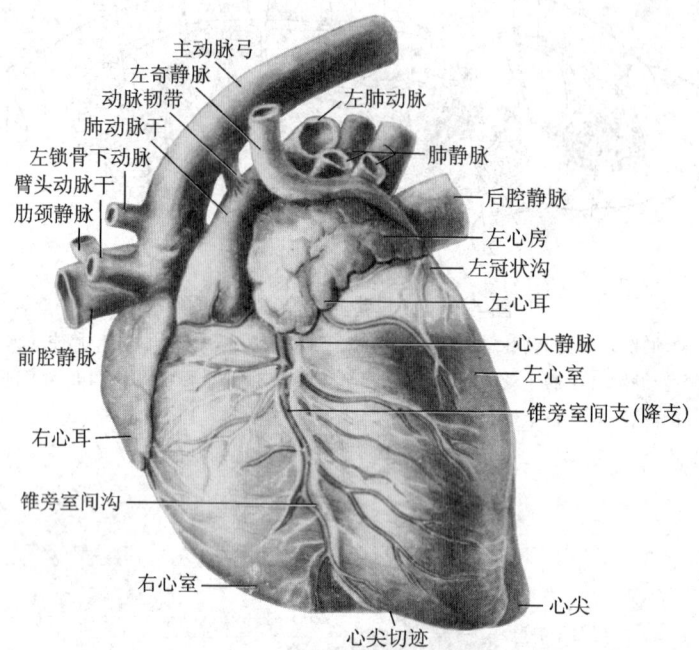

图 4-6 猪心左侧观

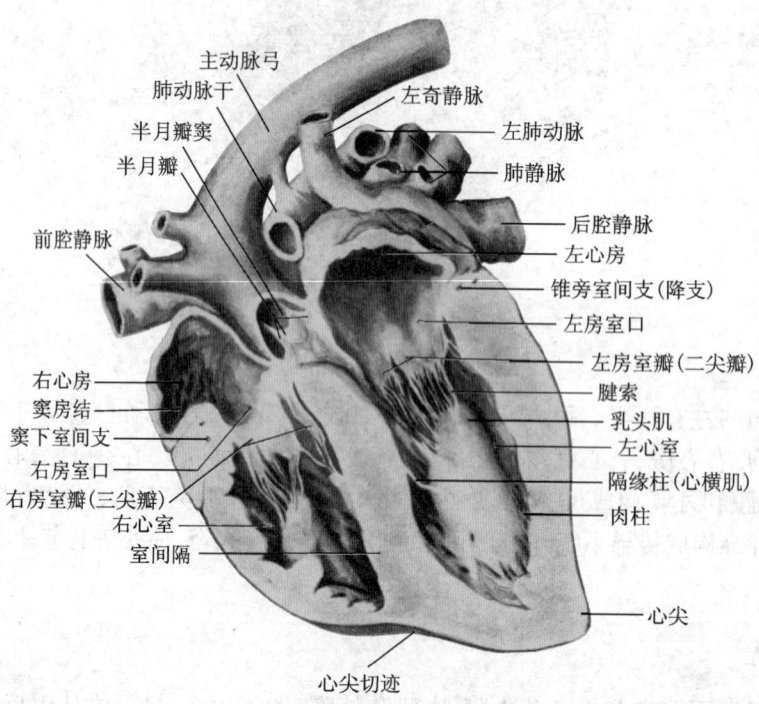

图 4-7 心纵切面

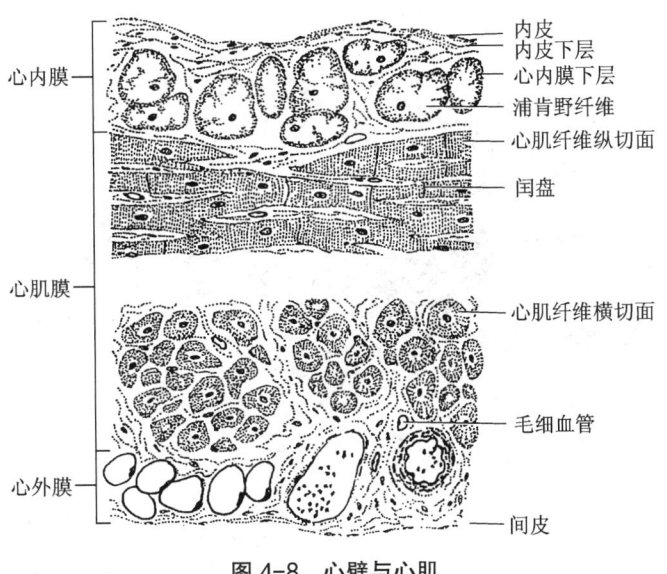

图 4-8 心壁与心肌

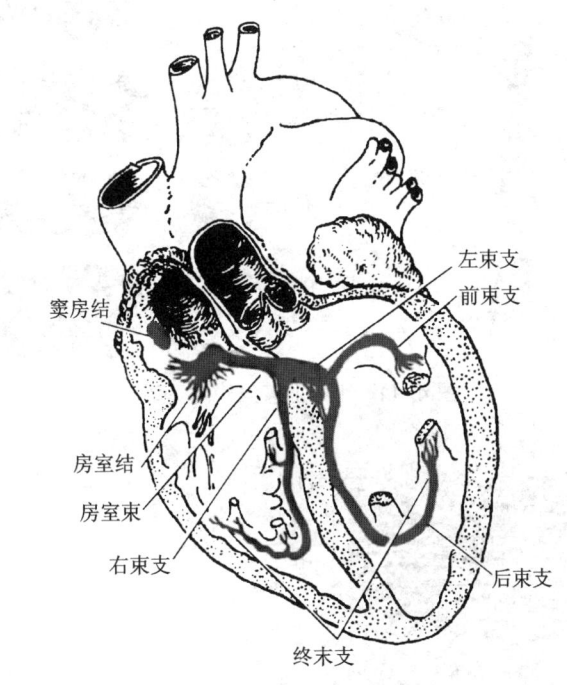

图 4-9 心传导系统

也分内膜、中膜和外膜（图4-12），为了防止血液逆流，保证血液不断流回心脏，静脉内壁有静脉瓣（图4-13）。身体内的动脉、静脉、神经的分支常在深部伴行，多位于关节的屈侧、四肢的内侧等隐蔽部位。静脉的分支分为深静脉与浅静脉，深静脉与动脉伴行，浅静脉则位于皮下，临床上常用来采血和静脉注射（彩图2）。

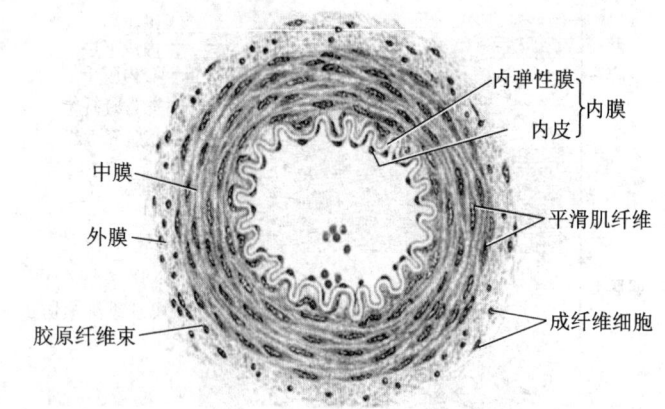

图 4-10 动脉

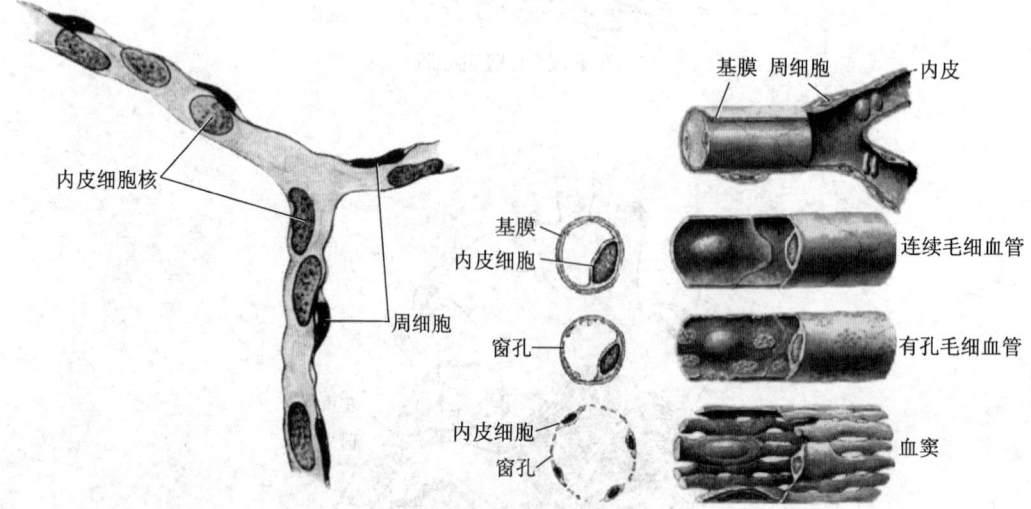

图 4-11 毛细血管结构和类型

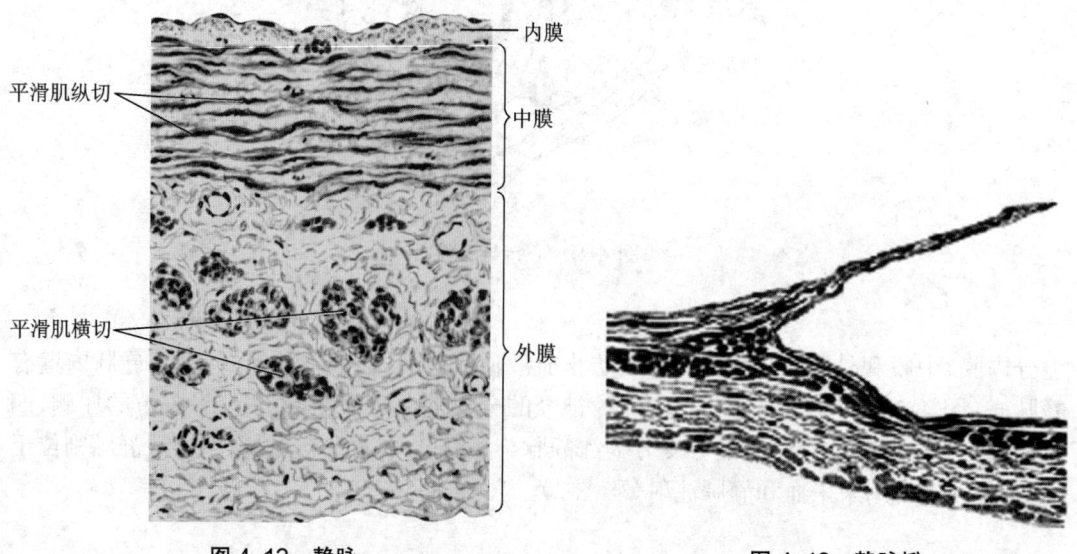

图 4-12 静脉　　　　　　　　图 4-13 静脉瓣

三、血液循环

从动脉到毛细血管再到静脉这样的血液循环的封闭管道在动物体内有两套,分别是体循环和肺循环。

(一)体循环

体循环是将含有氧气的血液自左心室射出,经主动脉到全身的组织器官,通过毛细血管与组织进行交换,将含有二氧化碳的血液通过腔静脉返回到右心房。即:左心室→主动脉→毛细血管→腔静脉→右心房。在体循环中还有一门脉循环,是由胃、肠、脾、胰各器官流出的富含营养物的静脉血汇集成门静脉进入肝,再由肝静脉出肝而入后腔静脉。即:胃、肠、脾、胰静脉→门静脉→肝毛细血管→肝静脉→后腔静脉。经肾动脉到肾的血液经肾小体的过滤等最终生成了尿液(详见第七章)。

(二)肺循环

经体循环返回右心房的血含有二氧化碳,经右房室口进入右心室。含有二氧化碳的血液由右心室出来经肺动脉到达肺进行气体交换,肺毛细血管内含有氧气的血液通过肺静脉流入左心房。即:右心室→肺动脉→肺毛细血管→肺静脉→左心房。经肺循环返回左心房的血含有氧气,经左房室口进入左心室后再进入体循环。

(三)胎儿血液循环的特点

哺乳动物的胎儿在母体子宫内发育,其发育过程中所需要的全部营养物质和氧都是通过胎盘由母体供应,代谢产物也是通过胎盘由母体运走。所以胎儿血液循环具有一些与此相适应的特点(图4-14)。

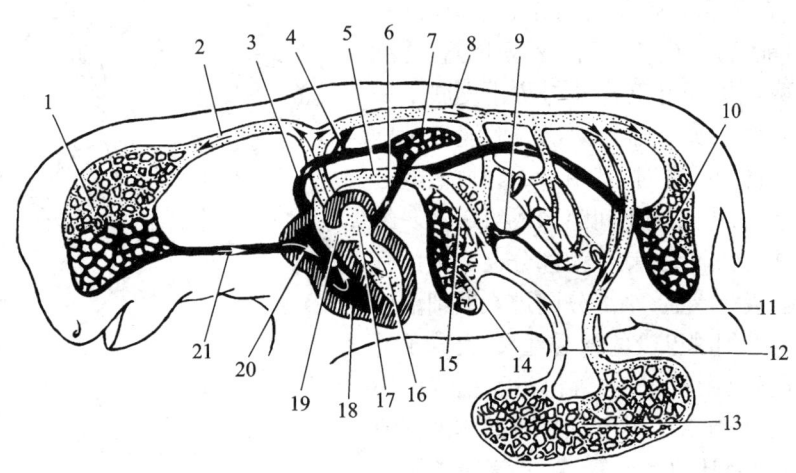

图4-14 哺乳动物胎儿血液循环模式图

1. 身体前部毛细血管 2. 走向身体前部的动脉 3. 肺动脉 4. 动脉导管 5. 后腔静脉 6. 肺静脉 7. 肺毛细血管 8. 主动脉 9. 门静脉 10. 身体后部毛细血管 11. 脐动脉 12. 脐静脉 13. 胎盘毛细血管 14. 肝毛细血管 15. 静脉导管 16. 左心室 17. 左心房 18. 右心室 19. 卵圆孔 20. 右心房 21. 前腔静脉

1. 心血管结构特点

(1)胎儿心脏的房间隔上有一卵圆孔,使左、右心房相通。因该孔左侧有瓣膜,所以血液只能由右心房流向左心房。

(2)胎儿的主动脉与肺动脉间有动脉导管相通。因此,来自右心房的大部分血液经肺动脉通过动脉导管流入主动脉,仅少量血液经肺动脉入肺。

(3)胎盘是胎儿与母体进行气体交换及物质交换的特殊器官,借脐带与胎儿相连。脐带内有两条脐动脉和一条(马、猪)或两条(牛)脐静脉。

2. 血液循环的途径　胎盘内从母体吸收来的富含营养物质和氧气的血液,经脐静脉进入胎儿肝内,反复分支后汇入窦状隙,并与来自门静脉、肝动脉的血液混合,最后汇合成数支肝静脉,注入后腔静脉(牛有一部分脐静脉的血液经静脉导管直接入后腔静脉),与来自胎儿身体后半部的静脉血混合后入右心房。进入右心房的大部分血液经卵圆孔到左心房,再经左心室到主动脉及其分支,其中大部分血液到头、颈和前肢。

来自胎儿身体前半部的静脉血,经前腔静脉入右心房到右心室,再入肺动脉。由于肺基本不活动,因此肺动脉中的血液只有少量进入肺内,大部分血液经动脉导管到主动脉,然后主要供应到身体后半部,并经脐动脉到胎盘。可见,胎儿体内的大部分血液是混合血,但混合程度不同。到肝、头、颈和前肢的血液,含氧和营养物质较多,以适应肝功能活动和胎儿头部发育较快的需要;而到肺、躯干和后肢的血液,含氧和营养物质较少。

3. 胎儿出生后的变化　胎儿出生后,肺和胃肠开始功能活动,同时脐带中断,胎盘循环停止,血液循环随之发生改变。脐动脉和脐静脉闭锁,分别形成膀胱圆韧带和肝圆韧带,牛的静脉导管成为静脉导管索;动脉导管闭锁,形成动脉导管索或称为动脉韧带;卵圆孔闭锁形成卵圆窝,左、右心房完全分开,左心房内为动脉血,右心房内为静脉血。

四、淋巴管与体液回流

从两栖动物开始出现比较完整的淋巴管系统,在皮下形成淋巴间隙,淋巴管系有淋巴心(扩大的淋巴管)能搏动,推动淋巴液经淋巴管、静脉流回心脏。两栖类的淋巴管系与防止皮肤干燥和进行皮肤呼吸有关。哺乳动物的血液经动脉运行到毛细血管动脉端时,其中一部分血液成分经毛细血管滤出,进入组织间隙形成组织液。组织液与组织进行物质交换后,大部分在毛细血管静脉端被重新吸收入血,小部分则进入毛细淋巴管形成淋巴。毛细淋巴管的通透性大,大分子易进入毛细淋巴管(图4-15)。淋巴沿淋巴管向心流动,最后归于静脉。故淋巴管是协助体液回流的途径,可视为静脉的辅助管道,其管壁结构也与静脉相似。淋巴在行程中,流经淋巴结,滤过

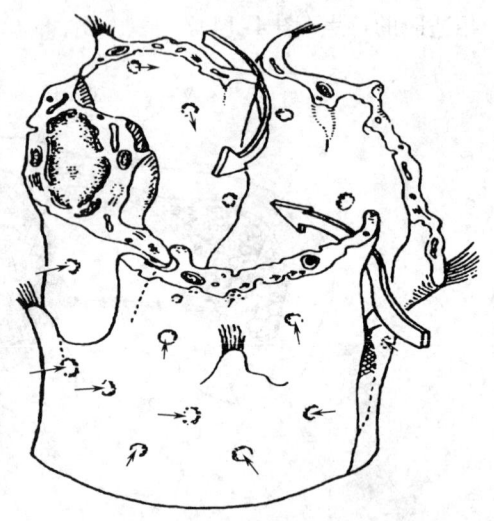

图4-15　毛细淋巴管通透作用示意图

淋巴液和进行免疫应答的详情见第九章免疫系统。动物身体除中枢神经系统、软骨、骨髓、胸腺和牙等处没有淋巴管外,其余的组织和器官大多分布有淋巴管。

------·名词解释·------

1. 心包　指包围心脏的锥形囊。囊壁由浆膜和纤维膜构成。囊腔中有心包液,具有保护心脏的作用。

2. 血液循环 在心脏这个动力器官的作用下,血液以心脏为起点,沿动脉、毛细血管、静脉流动,又返回到心脏,这样周而复始的流动,称为血液循环。血液循环有体循环、肺循环、胎儿循环、冠脉循环、门脉循环几种。

3. 微循环 指微动脉与微静脉之间的微细血管的血液循环,是血液和组织、细胞之间进行物质交换的场所,也是血液循环的基本功能单位。一般包括以下几个组成部分:微动脉、毛细血管前微动脉、中间微动脉、真毛细血管网、直捷通路、动静脉吻合和微静脉。

4. 腹主动脉 为胸主动脉的直接延续,胸主动脉穿过膈的主动脉裂孔进入腹腔,称为腹主动脉。

5. 腋动脉 位于肩关节内侧,在臂上端内侧分出旋肱前动脉之后延续为臂动脉。腋动脉的主要侧支有胸廓外动脉、肩胛上动脉、肩胛下动脉和旋肱前动脉。

6. 股动脉 在股管中向下延伸至膝关节后方,腓肠肌两头之间延续为腘动脉。股动脉的主要侧支有旋股外侧动脉、隐动脉、膝降动脉和股后动脉。

7. 颈静脉 分为颈内静脉和颈外静脉。颈内静脉一般较细或不存在,但有的很发达。颈外静脉较粗,为引导头部血液的静脉干,由舌面静脉和上颌静脉在腮腺后下角汇合而成,在颈静脉沟内向后延伸,注入前腔静脉。因颈外静脉直接位于颈静脉沟的皮下,且在颈的前半,颈外静脉和颈总动脉之间隔有肩胛舌骨肌,在临床上常在此处做静脉注射或放血。

8. 血象 临床上将血细胞、血小板的形态、数量、比例和血红蛋白的含量称为血象。血象对于了解机体状况和诊断疾病十分重要。

9. 核型左移 中性粒细胞的细胞核分为杆状核和分叶核两种,杆状核的细胞较幼稚,占5%~10%,若其比例显著增高,临床上称为核型左移。此现象多出现在严重的细菌性感染时。

10. 浦肯野纤维 又称束细胞,是组成房室束及其分支的特殊心肌细胞,比普通的心肌细胞短而宽,肌质丰富,肌原纤维少,线粒体和糖原丰富,细胞中央有1~2个细胞核,细胞的末端与心肌纤维相连,其功能是传导冲动到整个心脏。

11. 心瓣膜 心内膜突向心腔而成的薄片状结构,瓣膜表面被覆以内皮,中间为致密结缔组织。瓣膜与心肌的纤维环连接,房室瓣的游离缘以腱索连接心室的乳头肌,心瓣膜的功能是阻止血液逆流。

12. 心腔 心脏是一中空的肌质性器官,分左右心房和左右心室四个腔。心脏表面的冠状沟是心房和心室的外表分界,上部为心房,下部为心室。两室间沟是左右心室的外表分界。

13. 心的血管 心脏自身的营养血管,由冠状动脉、毛细血管和心静脉组成,其自身的血液循环称为冠状循环。

14. 体循环的主要血管 动脉系主要由主动脉及其分支构成,主动脉起于左心室的主动脉口,依次分为主动脉弓、胸主动脉、腹主动脉等。主动脉弓的主要分支有左右冠状动脉、臂头动脉干、双颈动脉干及其分支等。胸主动脉为主动脉弓的直接延续,主要分支有支气管食管动脉和肋间背侧动脉。腹主动脉是胸主动脉的直接延续,其在腹腔内的主要分支有腰动脉、腹腔动脉、肠系膜前动脉、肾动脉、肠系膜后动脉以及睾丸动脉或卵巢动脉。腹主动脉向后延伸分出左右髂内髂外动脉后延续为荐中和尾中动脉。体循环的静脉系包括心静脉系、前腔静脉系、后腔静脉系和奇静脉系。

15. 血窦 毛细血管的一种类型,又称为窦状毛细血管,主要分布于骨髓、肝、脾及一些内分泌腺内。其主要结构特点是管腔较大而不规则,内皮细胞之间的间隙较大;部分血窦的内皮细胞可以有孔;内皮基膜或连续或不连续,甚至缺如。分布在不同的器官内的血窦结构差别较大,与所在器官的功能有关,如后述的肝血窦、脾血窦等。

16. **周细胞** 毛细血管壁上紧贴内皮细胞之外的一种扁平而有突起的细胞,是未分化的间充质细胞,可分化为内皮细胞、平滑肌纤维或成纤维细胞。

17. **静脉瓣** 较粗的静脉其内膜向管腔内突出而形成的两个半月形突起,彼此相对,表面为内皮,中央为结缔组织,其作用是防止血液倒流。

18. **胎儿血液循环** 胎儿血液循环具有如下特点:①有通向胎盘的含动脉血的一条脐静脉和含胎儿静脉血的两条脐动脉;②肝内有一条连接脐静脉和后腔静脉的静脉导管,使一部分动脉血进入后腔静脉;③房间隔上有卵圆孔,使后腔静脉来的动脉血可由右心房直接流向左心房,然后注入主动脉;④肺动脉和主动脉间有一条动脉导管相连,使大部分静脉血进入主动脉。胎儿出生后,其血液循环的变化是:脐动脉、脐静脉和静脉导管闭锁,分别形成膀胱圆韧带、肝圆韧带和静脉韧带;胎儿出生后,肺开始呼吸,肺静脉回心血量增多,左心房内压力高于右心房,使第一隔和第二隔紧密相贴,卵圆孔封闭,左右心房血液不再相通;同时,肺循环血流量增大,肺动脉血不再向主动脉分流,则动脉导管闭锁。

19. **血栓细胞** 存在于低等脊椎动物中,呈纺锤形或圆形,在血涂片上常四五个聚集在一起,略大于红细胞的细胞核。胞核为椭圆形,染色质浓密,着色深,在核周围有很薄的细胞质。功能与血液凝固有关。

20. **血蓝细胞** 存在于甲壳动物(除软甲类)中,专司血蓝蛋白的合成,附着于前大动脉、前肠以及消化腺基部三者周围的结缔组织索上。细胞内有一个或几个合成与贮藏血蓝蛋白的颗粒,颗粒逐渐长大,最后破裂,血蓝蛋白释放入血浆。

21. **动脉球** 真骨鱼类腹主动脉基部的扩大部分,不含心肌,不能收缩,但富含弹性纤维而具有弹性。多数鱼类的动脉球内具有海绵状结构,有降低血流速度和混合血液的作用。

自 测 题

一、填空题

1. 大多数哺乳动物的成熟红细胞无核,平均寿命约_____。
2. 有粒白细胞在 Wright 染色下可分为三种,即_____、_____和_____。
3. 淋巴细胞约为白细胞总数的_____%,幼龄动物较多。根据淋巴细胞的发生部位、表面特征、寿命长短和免疫功能的不同,至少又可分为_____、_____、_____和_____等四类。
4. 心血管系统由_____、_____、_____和_____组成。
5. 毛细血管是管径最细、管壁最薄、分布最广的血管。其管壁由_____和_____构成。紧贴内皮细胞之外,还可见到一种扁平而有突起的细胞,称为_____,它在血管生长和再生时可分化为_____和_____。
6. 在光镜下,毛细血管的结构基本相似,而在电镜下,毛细血管又可分为三种类型,即_____、_____和_____。
7. 动脉管壁具有共同的基本结构,由内向外可分为_____、_____和_____。根据管径的大小可将动脉分为_____、_____、_____三级,其中_____管壁的结构最为典型。
8. 管径在 2 mm 以上的静脉,其内膜向管腔突出形成两个半月形薄片,彼此相对,表面为内皮,中心为结缔组织,这个结构称为_____,作用是_____。
9. 心壁主要由_____构成,能自主的进行_____舒缩,使血液在血管中循环流动。

10. 心壁由内向外分为三层,分别为_____、_____和_____。
11. 血细胞中的_____与肥大细胞功能相似,它们均可分泌_____、_____和_____。
12. 红细胞寿命约为_____,衰老的红细胞大多在_____、_____和_____等器官内被_____吞噬。
13. 当机体受到细菌感染时,外周血液中的_____数量增多,其中尤以_____比例为高。
14. 血小板又称为_____,它是由骨髓内的_____的胞质脱落而形成,它在_____中起重要作用。
15. 心脏内腔由_____和_____分为左右互不相通,仅上下相通的四个室。即_____、_____、_____、_____。
16. 右心房有_____和_____两个入口,有_____一个出口。右心室有_____入口和_____出口。
17. 左心房有_____入口,有_____一个出口。左心室有_____入口和_____出口。
18. 在心脏心基部有_____,是_____和_____外表分界线,心脏侧面有_____和_____,是_____的外表分界线。
19. 心脏的肺动脉和主动脉口有_____和_____结构;左房室口有_____、_____结构;右房室口有_____、_____、_____结构。保证血液在心脏内_____流动。
20. 心脏传导系统由_____、_____、_____和_____构成。
21. 体循环动脉系包括_____、_____和_____。
22. 体循环静脉系包括_____、_____、_____和_____。
23. 肺循环动脉系有_____,静脉系有_____。肺动脉血液属_____,肺静脉血液属_____。
24. 由肝门进入肝内的粗大静脉称为_____静脉。

二、单项选择题

1. 以下对于红细胞的描述中,哪一项是错误的?(　　)
   A. 呈双凹扁圆形,中央较薄,周边较厚,直径 7 ~ 8 μm
   B. 呈双凸扁圆形,中央较厚,周边较薄,直径 7 ~ 8 μm
   C. 新鲜的血液,常见红细胞黏合成红细胞缗钱
   D. 大量红细胞肉眼观察时是猩红色
   E. 成熟的红细胞无细胞核和其他细胞器,细胞质中充满了血红蛋白

2. 区分有粒白细胞与无粒白细胞的主要依据是(　　)
   A. 细胞大小不同　　　　B. 细胞有无吞噬功能　　　　C. 细胞核有无分叶
   D. 细胞内有无特殊颗粒　　E. 细胞内有无嗜天青颗粒

3. 以下哪一项不是淋巴细胞的特点?(　　)
   A. 为白细胞总数的 20% ~ 25%
   B. 根据形态可分为大、中、小三型
   C. 血液中小淋巴细胞数量最多
   D. 根据功能的不同,又可分为 T 细胞、B 细胞、K 细胞和 NK 细胞等
   E. T 细胞、B 细胞分别参与机体的细胞免疫和体液免疫

4. 鸟类、爬行类等动物的血液中存在与哺乳动物血小板功能类似的细胞,称为(　　)

A. 嗜酸性细胞   B. 凝血细胞   C. 异嗜性粒细胞

D. 嗜碱性细胞   E. 伪嗜酸性粒细胞

5. 描述单核细胞的错误项是（ ）

    A. 血液中体积最大的细胞   B. 起源于次级淋巴器官

    C. 嗜天青颗粒为溶酶体   D. 是组织中巨噬细胞的前身

    E. 穿出血管进入组织后功能增强

6. 胎儿左心房的血液绝大部分来自（ ）

    A. 右心房   B. 肺静脉   C. 动脉导管   D. 静脉导管   E. 左心室

7. 下列关于家畜心脏的叙述哪一项不正确（ ）

    A. 右房室口为三尖瓣

    B. 左房室口为二尖瓣

    C. 窦房结位于前腔静脉与左心耳交界的界沟中心外膜下

    D. 左心耳与右心耳的盲端都突向肺动脉的始部

    E. 室间隔分隔左右心室

8. 猪的脐带是胎儿与胎盘相联系的索状物，其内含有（ ）

    A. 一条脐动脉和一条脐静脉   B. 二条脐动脉和一条脐静脉

    C. 二条脐动脉和二条脐静脉   D. 一条脐动脉和二条脐静脉

    E. 脐动脉中流动着胎儿血，脐静脉中流动着母体血

9. 下列静脉哪一支属门静脉系？（ ）

    A. 肝静脉   B. 肾静脉   C. 肺静脉   D. 脾静脉   E. 以上都不是

10. 下列何种结构中毛细血管分布较稀疏？（ ）

    A. 肝   B. 肾   C. 肌腱   D. 肺   E. 肌组织

11. 下列关于门静脉的叙述正确的是（ ）

    A. 由腹腔静脉、肠系膜前静脉和肠系膜后静脉汇合而成

    B. 收集来自全部消化管的血液，汇流于肝脏

    C. 肝门静脉与肝动脉、肝静脉一起经肝门入肝

    D. 肝门静脉两端都接毛细血管网

    E. 门部的静脉

参 考 答 案

一、填空题

1. 90 d

2. 中性粒细胞   嗜酸粒细胞   嗜碱粒细胞

3. 50   T 细胞   B 细胞   K 细胞   NK 细胞

4. 心脏   动脉   毛细血管   静脉

5. 内皮   基膜   周细胞   内皮细胞   成纤维细胞   平滑肌纤维

6. 连续毛细血管   有孔毛细血管   血窦

7. 内膜   中膜   外膜   大   中   小   中动脉

8. 静脉瓣   防止血液倒流

9. 心肌　周期性

10. 心内膜　心肌膜　心外膜

11. 嗜碱粒细胞　组胺　白三烯　肝素

12. 120 d　脾　骨髓　肝　巨噬细胞

13. 白细胞　中性粒细胞

14. 血栓细胞　巨核细胞　止血和凝血

15. 房间隔　室间隔　右心房　右心室　左心房　左心室

16. 前腔静脉　后腔静脉　右房室口　右房室口　肺动脉

17. 肺静脉　左房室口　左房室口　主动脉

18. 环行冠状沟　心房　心室　左纵沟　右纵沟　左右房室

19. 三片半月瓣　纤维环　二尖瓣　乳头　腱索　三尖瓣　乳头　腱索　按一定方向

20. 窦房结　结间束　房室结　房室束　浦肯野纤维

21. 主动脉弓　胸主动脉　腹主动脉　左右髂内动脉

22. 前腔静脉　后腔静脉　奇静脉　肝门静脉

23. 肺动脉　肺静脉　静脉血　动脉血

24. 门

二、单项选择题

1. B　题解：红细胞的形态特点是双凹扁圆形,中央较薄,周边较厚,而不是中央较薄,周边较薄。

2. D　题解：白细胞是以细胞内有无特殊颗粒分为有粒白细胞与无粒白细胞的。

3. A　题解：淋巴细胞约为白细胞总数的50%,不是20%～25%。

4. B　题解：禽类没有血小板,与血小板功能类似的是凝血细胞。

5. B　题解：单核细胞起源于骨髓,骨髓属于初级淋巴器官。

6. A　题解：胎儿右心房的血液可经卵圆孔到达左心房。

7. C　题解：窦房结位于前腔静脉与右心耳交界的界沟中心外膜下。

8. B

9. D　题解：门静脉为引导胃、脾、胰、小肠和大肠(直肠的后段除外)血液的静脉干,其主要属支有：胃十二指肠静脉、脾静脉、肠系膜前静脉和肠系膜后静脉。

10. C

11. D　题解：A、B 肝门静脉为引导胃、脾、胰、小肠和大肠(直肠的后段除外)血液的静脉干,其主要属支有：胃十二指肠静脉、脾静脉、肠系膜前静脉和肠系膜后静脉；C. 肝门静脉与肝动脉一起经肝门入肝。

思 考 题

1. 动物哪些器官有造血功能？造血基质细胞怎样调控造血？

2. 综合分析心血管系哪些结构保证血液在体内定向、不断地流动？它们分别起什么作用？

网 上 更 多

教学视频　　教学课件　　在线自测　　彩图动画

第五章 消化系统

● 本章提要 ●

本章包括消化管和消化腺两部分内容。从口腔到肛门是弯曲的、粗细不等的管道，称为消化管。消化管各段的形态和功能不同，包括口腔、咽、食管、胃、小肠、大肠和肛门。唾液腺、胰和肝在消化管外形成独立的消化腺。

● 学习目标 ●

1. 掌握消化管各段的形态、位置。
2. 掌握胃和小肠的组织结构和功能。
3. 掌握消化腺的形态、位置。
4. 掌握胰、肝的组织结构。
5. 掌握肝的功能。

动物在生命活动过程中,要不断地从外界摄取营养物质,以供身体生长、发育、生殖和组织修补等一系列新陈代谢的活动需要。消化系统的功能就是把从外界摄取的食物,经过消化,吸收其营养物质,并将食物残渣排出体外。此外,消化系统还有一定的免疫和内分泌功能。消化系统是保证新陈代谢正常进行的一个重要系统。

单细胞原生动物尚无器官分化,藉伪足(如变形虫)将食物包入细胞内,或直接进入口沟(如草履虫)运至胞质内形成食物泡。使之与溶酶体相融合,由其所含的各种水解酶进行细胞内消化,吸收养分并将未消化的部分排出体外。两胚层的腔肠动物(水螅)具有原口和腔肠,食物从原口进入腔肠中,由腺细胞分泌的消化酶进行细胞外消化,由内层的上皮肌细胞将食物颗粒吞入,进行细胞内消化,不能消化的物质仍经原口排出。扁形动物的消化系统与腔肠动物相似,有口,无肛门,为不完全的消化系统;肠管通常形成许多具盲端的分支,延伸至身体各部,有助于运输营养至全身各细胞;但营寄生生活的吸虫,消化系统常趋于退化,绦虫则完全消失。具有口和肛门的消化管始见于线虫,分为口、咽、肠、直肠和肛门。除中部的肠由内胚层形成外,其余的均由外胚层内褶而成;大多数线虫的咽,除营寄生者外都具有单细胞的咽管腺,能分泌多种消化酶司细胞外消化。环节动物的消化管又进一步分化为口、咽、食管、嗉囊、砂囊、胃、肠和肛门,由于次级体腔的出现和肠壁肌肉的形成,使消化管蠕动自如,消化效率大为提高。软体动物的腹足类,除有消化管外,还出现了唾液腺和肝脏;唾液腺为黏液腺,以腺管通咽,分泌物仅起润滑食管的作用,以利吞咽;肝脏黄褐色,由分支管状腺构成,肝管开口于胃的前端。在头足类,肝管周围又形成许多小泡体的胰腺,成为专门分泌消化酶的腺体。节肢动物食性多样,故消化道的差异很大,如高等甲壳类的胃分贲门胃和幽门胃两部分。前者用以研磨食物,后者起滤器作用,向后与短的中肠相连,由腺细胞上皮分化成许多细管状的肝胰腺与中肠相通,它分泌含酶的消化液,在腺体内或输入中肠行消化作用;后肠细长,以肛门开口于尾节基部下方。棘皮动物海星纲的胃与甲壳类相同;海参的肠很长,由肠系膜悬挂于体腔内,并盘旋两次,开口于肛门;海百合因附着生活而肛门通常转移至口侧;蛇尾类无肛门。脊椎动物的消化系统通常分为三个主要部分:①前肠:衍化为咽(经口与外界相通)、食管、胃及胆管开口之前的一段小肠;②中肠:包括小肠和与之联系的肝和胰;③后肠:为消化系统的后段,称大肠,终末形成特殊的膨大部——泄殖腔,输尿管或膀胱、输精管或输卵管均开口于此。在哺乳动物仅单孔类有泄殖腔,一般皆以肛门直接向外开口。猪消化系统(图5-1)包括消化管和消化腺两部分。消化管是食物通过的管道,包括口腔、咽、食管、胃、小肠、大肠和肛门。消化腺是分泌消化液的腺体,包括唾液腺、肝、胰、胃腺和肠腺等。其中胃腺和肠腺分别位于胃壁和肠壁内,称为壁内腺;而唾液腺、肝和胰则在消化管外形成独立的器官,其分泌物由腺导管通入消化管,称为壁外腺。消化管和消化腺的大部分位于腹腔中。

第一节 消 化 管

从口腔到肛门,消化管各段的形态和功能不同,但在管壁结构上有一些共性,主要表现为除口腔和咽外,由内向外依次分黏膜、黏膜下层、肌层和外膜(图5-2)。黏膜是消化管壁的最内层,是消化管各段结构差异最大,功能最重要的部分,由上皮组织、固有层的结缔组织、黏膜肌层组成。黏膜下层由疏松结缔组织和丰富的血管、神经构成,有连接黏膜和肌层的作用。肌层除口腔、咽、食管前段和肛门为骨骼肌外,其余均为平滑肌。外膜为最外层,由

第五章 消化系统

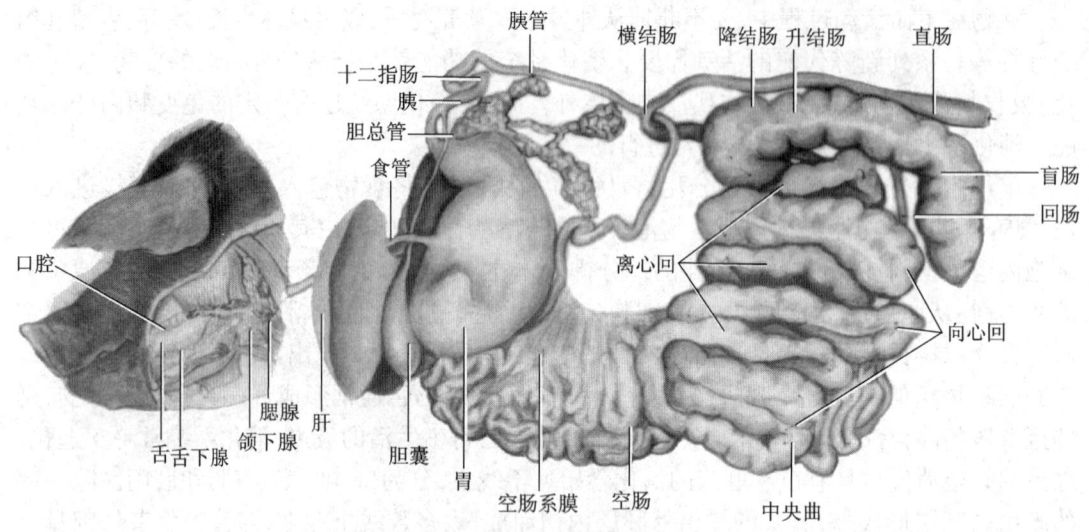

图 5-1 猪消化系统示意图（左侧观）

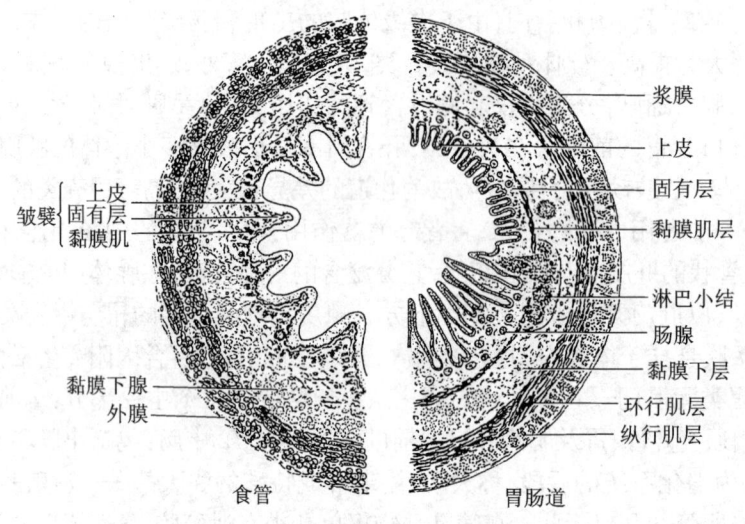

图 5-2 消化管壁结构模式图

富含弹性纤维的疏松结缔组织构成，在颈部食管和直肠后段由外膜与周围器官固定联系。若外膜表面覆盖一层间皮，则称为浆膜。如胃、肠的外膜为浆膜，浆膜湿润而光滑，可减少胃肠间的摩擦。

一、口腔

口腔为消化器官的起始部，有采食、咀嚼、尝味、吞咽和泌涎等功能。文昌鱼无真正的口腔。圆口类的口腔呈漏斗状，无上下颌，口腔不能自动关闭。从鱼类开始出现上下颌，口方能自由关闭。猪口腔的前壁为唇，两侧壁为颊，顶壁为硬腭，底壁为下颌骨和舌（图5-3）。前方经口裂与外界相通，后方经咽峡与咽相接。猪的口裂大，上唇与鼻连在一起构成吻突，有掘地觅食的作用。

口腔内有舌、齿等器官。除齿外，口腔内面均衬有黏膜，其上皮为复层扁平上皮。鱼类和水生两栖类的口腔内只有黏液细胞。陆生两栖类才出现舌腺和上颌间腺的口腔腺。爬行

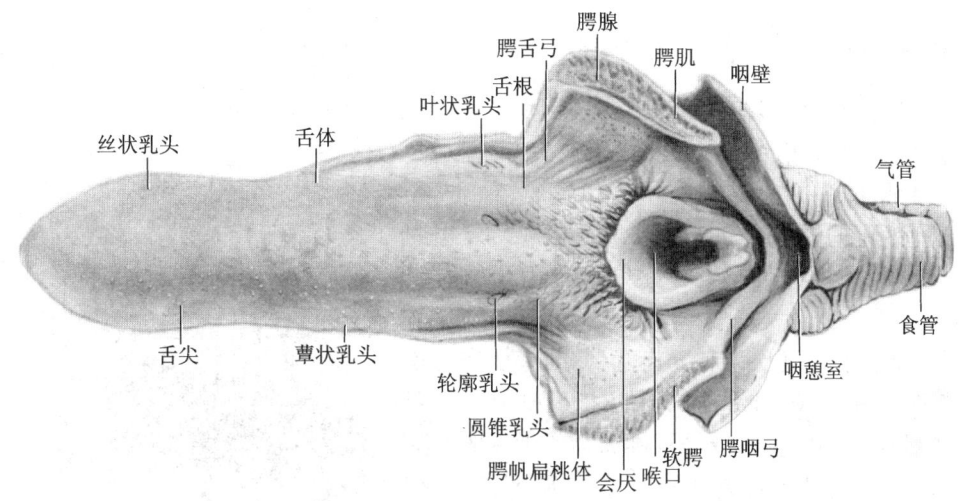

图 5-3 猪舌背侧观

类口腔腺的数量有所增加,分布在唇、腭、舌和舌下,某些蛇类的唇腺和毒蜥的舌下腺可演变成毒腺。海龟和鳄的口腔腺很不发达。鸟类除水鸟外,口腔腺也较多。哺乳动物口腔黏膜内有唇腺、颊腺、软腭腺等。

舌在圆口类开始出现,表面有角质齿,与其他脊椎动物的舌无同宗关系。鱼类的舌为黏膜褶,藉舌弓支持。两栖类的舌出现肌肉和腺体。陆生动物的舌出现味蕾。猪舌由舌尖、舌体、舌根组成。舌背部黏膜形成许多舌乳头,主要有三种:丝状乳头、蕈状乳头、轮廓乳头。

齿是体内最坚硬的器官,镶嵌于切齿骨和上、下颌骨的齿槽内,齿有切断和磨碎食物的作用(图 5-4)。齿可分切齿、犬齿和臼齿三种,根据上、下颌齿弓各齿的数目,可写成下列齿式:

$$\frac{\text{上:切齿、犬齿、前臼齿、后臼齿}}{\text{下:切齿、犬齿、前臼齿、后臼齿}}$$

齿在出生后逐个长出,并到一定的年龄时要更换一次,更换前的齿为乳齿,更换后的齿为恒齿。

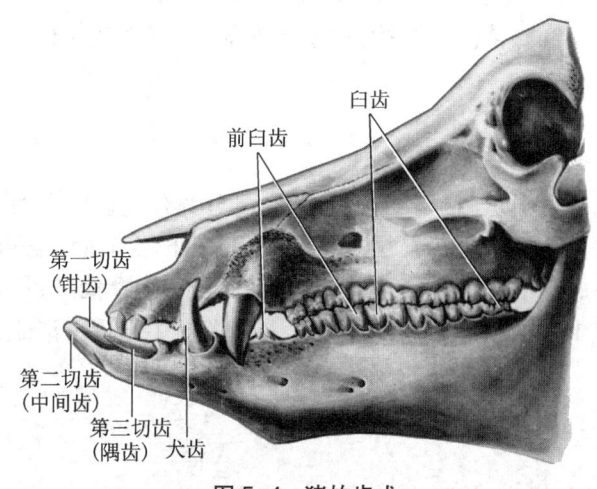

图 5-4 猪的齿式

猪的乳齿式：$2\begin{pmatrix} 3 & 1 & 3 & 0 \\ 3 & 1 & 3 & 0 \end{pmatrix}=28$　　猪的恒齿式：$2\begin{pmatrix} 3 & 1 & 4 & 3 \\ 3 & 1 & 4 & 3 \end{pmatrix}=44$

牙分为三部分，露在外面的为牙冠，埋在牙槽骨内的为牙根，两者交界部为牙颈。牙中央有牙髓腔，开口于牙根底部的牙根孔。牙由牙本质、釉质、牙骨质三种钙化的硬组织和牙髓软组织构成。牙根周围的牙周膜、牙槽骨骨膜及牙龈则统称为牙周组织（图5-5）。

脊椎动物有外胚层齿和真齿两种，前者由表皮角化而成，见于圆口类、蛙和蟾蜍的幼体及鸭嘴兽；后者由外、中胚层共同发生。低等脊椎动物的齿一般呈圆锥形，没有分化，其形态完全相似，故称同型齿；齿鲸也属此型；鲨鱼的牙齿呈三角形，边缘薄有锯齿刃，也是同型齿。哺乳动物的牙齿进化出了分工，切齿用于切断食物，匕首般的犬齿用于杀死猎物，臼齿用于磨碎食物；有些物种还有些特殊的进化，如象的长牙、啮齿类的门齿。大熊猫的牙齿有特殊的组织结构，可自动修复牙釉质。鸡和鸽子等鸟类喜欢吃植物种子，虽然没有牙但可以通过吃砂粒在肌胃中磨碎谷粒。许多鱼没有牙齿，但可以取食多种食物，因为这些鱼的咽腔里有不同形状的下咽齿和对应着一块角质垫板。青鱼的下咽齿呈臼齿状可以压碎螺蛳，草鱼的下咽齿狭而高可以切碎水草。

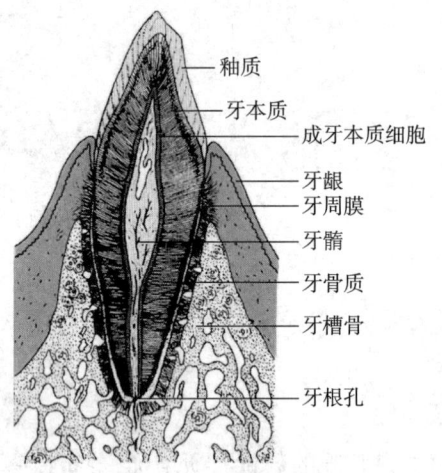

图5-5　牙结构模式图

二、咽和软腭

鱼用鳃呼吸，咽发达。现存鱼类除肺鱼外，均无内鼻孔，故外鼻孔不与咽相通。自两栖类出现肺呼吸，内鼻孔（鼻后孔）与咽相通。哺乳类的咽位于口腔和鼻腔的后方，喉的前上方，是消化管和呼吸道交叉的地方（图5-6）。咽有7个孔与邻近器官相通：前上方为鼻咽部，有两个鼻后孔通鼻腔；前下方为口咽部，经咽峡与口腔相通；后上方有一食管口通食管；后下方经喉口通气管；两侧有一对耳咽管口与中耳相通。

软腭为一含肌组织和腺体的黏膜褶，位于鼻咽部和口咽部之间。软腭在吞咽过程中起活瓣作用。

三、食管

食管为运送食物的管道，连接于咽和胃之间，可分为颈、胸、腹三段。食管腹段很短，与胃的贲门相接。食管的黏膜上皮为复层扁平上皮，黏膜下层有食管腺可分泌黏液润滑食团（图5-7）。在平时，黏膜与黏膜下层形成若干纵行的皱褶，当食团通过时，管腔扩大，纵褶展开。猪食管肌层中前1/3段全部为骨骼肌，以后在骨骼肌中出现平滑肌并逐渐增多，至贲门附近，全部为平滑肌。

四、胃

胃为消化管的膨大部分，其形态与体腔的宽窄有关。硬骨鱼和有尾两栖类的胃呈直

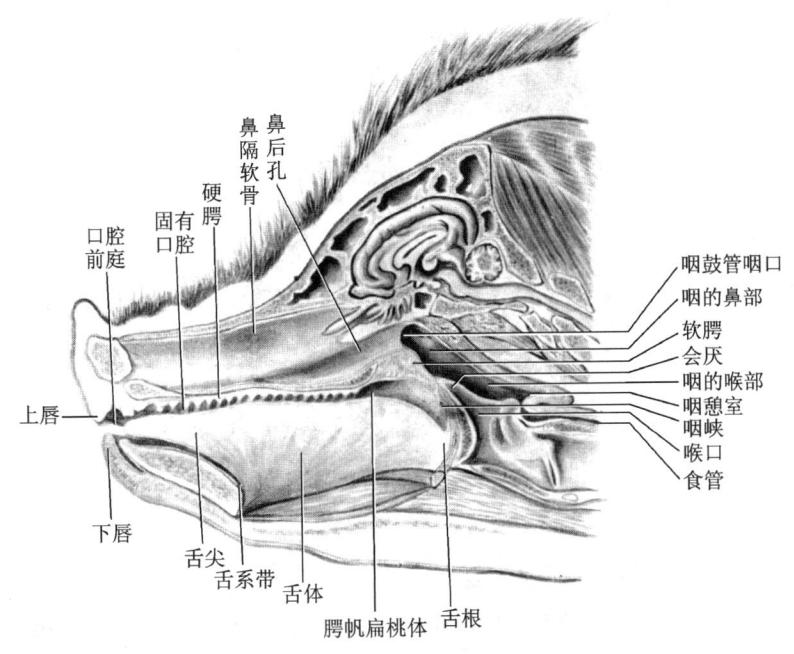

图 5-6　咽和软腭（猪头矢状面）

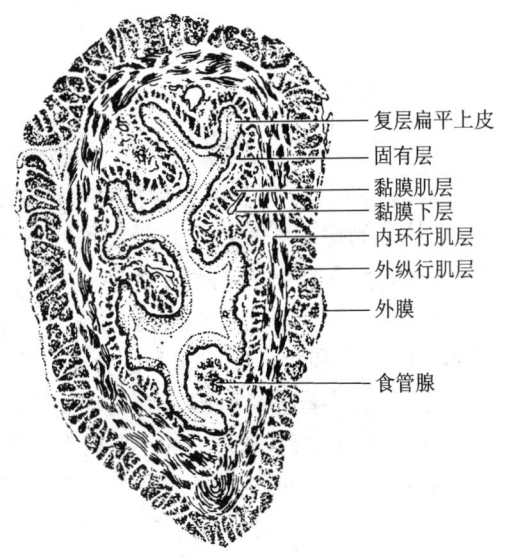

图 5-7　食管横切

管状。无尾两栖类的胃横径扩大，并向右扭转。鳄形成胃壁很厚的肌胃。鸟类胃前后分为腺胃和肌胃。哺乳动物的胃可以分为单室胃（猪、马、犬等）和多室胃（牛、羊等）。胃前端以贲门接食管，后端以幽门与十二指肠相通。贲门和幽门都有括约肌。猪的胃容积为 5~8 L。位于季肋部和剑状软骨部，饱食时，胃大弯可伸到剑状软骨与脐之间的腹腔底壁。胃的左端近贲门处有一盲囊，称为胃憩室（图 5-8）。胃壁分为黏膜、黏膜下层、肌层和浆膜四层。黏膜的无腺部很小，覆盖复层扁平上皮。有腺部很大，黏膜表面有一层厚厚的黏液，黏液下面有许多凹陷称为胃小凹，是胃腺的开口处。黏膜上皮为单层柱状上皮，柱状细胞能分泌黏液，黏液能防止胃液对胃壁的腐蚀。固有层中有许多腺体，在贲门腺区和幽门腺区的腺体主要分泌黏液。胃底部很大，其中的腺体称为胃底腺，胃底腺中的主细胞可分泌胃蛋白酶（哺乳仔猪的主细胞可分泌凝乳酶），壁细胞可分泌盐酸，颈黏液细胞可分泌黏液（图 5-9）。胃的肌层很厚，有内斜行、中环行、外纵行三层平滑肌。

胃有暂时储存食物，分泌胃液进行初步消化和推送食物进入十二指肠等作用。仔猪胃液内缺乏盐酸，胃蛋白酶含量也低，所以消化蛋白质和杀灭细菌的能力很弱。到 2 月龄时，胃液的酸度可接近大猪水平。

牛、羊的胃为多室胃，分瘤胃、网胃、瓣胃和皱胃（图 5-10）。前三个胃的黏膜内无腺体，

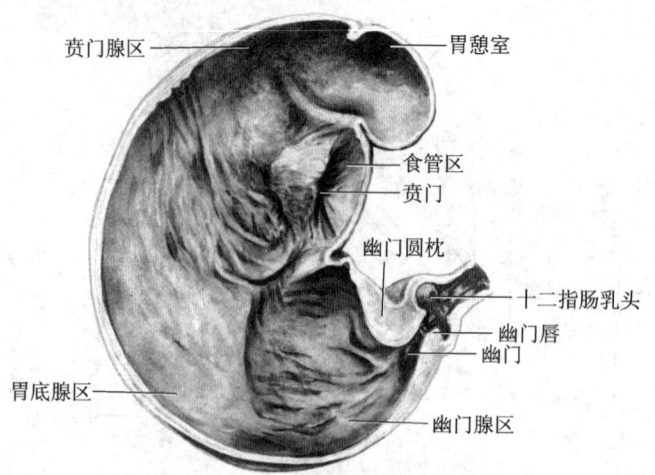

图 5-8　猪胃黏膜分区

和单室胃的无腺部一样黏膜表面覆盖复层扁平上皮,主要起储存食物和发酵、分解纤维素的作用,又称为前胃。皱胃的黏膜内有大量胃腺,主要是胃底腺,具有真正的消化作用,所以又称为真胃(图 5-11)。

五、小肠

圆口类的肠为直管状,但内壁的黏膜形成许多低的螺旋瓣,增加了对食物消化吸收的面积。鲨、鳐等肠的螺旋瓣发达。真骨鱼类肠内无螺旋瓣,有些鱼类在肠的前端附有许多幽门盲囊可增加肠的吸收面积,多数鱼类肠显著增长,并出现盘曲。两栖类和爬行类明显可区分小肠和大肠。小肠细而长,多弯曲;大肠较粗,短而直。小肠黏膜出现皱襞和绒毛雏形,增加小肠吸收面积。爬行类始见盲肠,有些龟有一对。鸟类和哺乳类的小肠分为十二指肠、空肠、回肠。鸟类有一对盲肠;哺乳类有十二指肠腺。

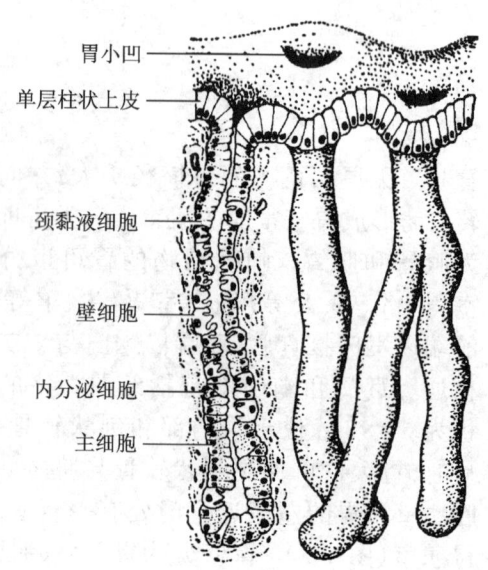

图 5-9　胃底腺结构模式图

小肠包括十二指肠、空肠和回肠,是食物消化和吸收的主要部位(图 5-12)。猪的小肠全长 10~15 m,十二指肠为小肠的第一段,长 40~90 cm,在腹腔背侧形成一环形袢,在起始部附近有胆管和胰管的开口。空肠是小肠最长的一段,形成很多肠圈。回肠短而直,末端开口于盲肠和结肠交界处。

小肠壁分黏膜、黏膜下层、肌层和浆膜。小肠黏膜的结构特点是有环行皱襞、肠绒毛、微绒毛和小肠腺。环行皱襞是由黏膜和部分黏膜下层向肠腔内突出形成的(图 5-13)。黏膜表面有许多指状的突起称为肠绒毛,绒毛由表面的柱状上皮和中央的固有层组成(图 5-14)。肠绒毛的柱状上皮游离面有许多指状的胞质突出称为微绒毛,光镜下显示为纹状缘,杯状细胞分泌黏液。肠绒毛的固有层中有毛细血管网和中央乳糜管(图 5-15)。皱襞、肠绒毛和微绒毛扩大了上皮细胞的吸收面积,固有层中的毛细血管网和中央乳糜管有利于

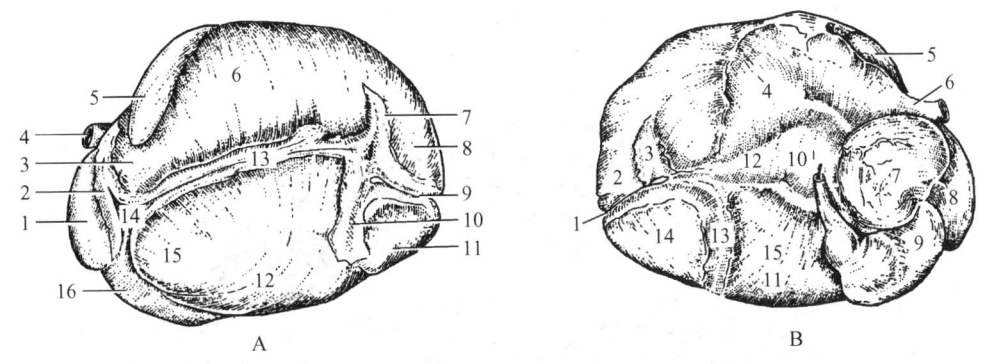

图 5-10 牛胃

A. 牛胃左侧面:1. 网胃　2. 瘤胃沟　3. 前背盲囊　4. 食管　5. 脾　6. 瘤胃背囊　7. 后背冠沟　8. 后背盲囊　9. 后沟　10. 后腹冠沟　11. 后腹盲囊　12. 瘤胃腹囊　13. 左纵沟　14. 前沟　15. 前腹盲囊　16. 皱胃

B. 牛胃右侧面:1. 后沟　2. 后背盲囊　3. 后背冠沟　4. 瘤胃背囊　5. 脾　6. 食管　7. 瓣胃　8. 网胃　9. 皱胃　10. 十二指肠　11. 瘤胃腹囊　12. 右纵沟　13. 后腹冠沟　14. 后腹盲囊

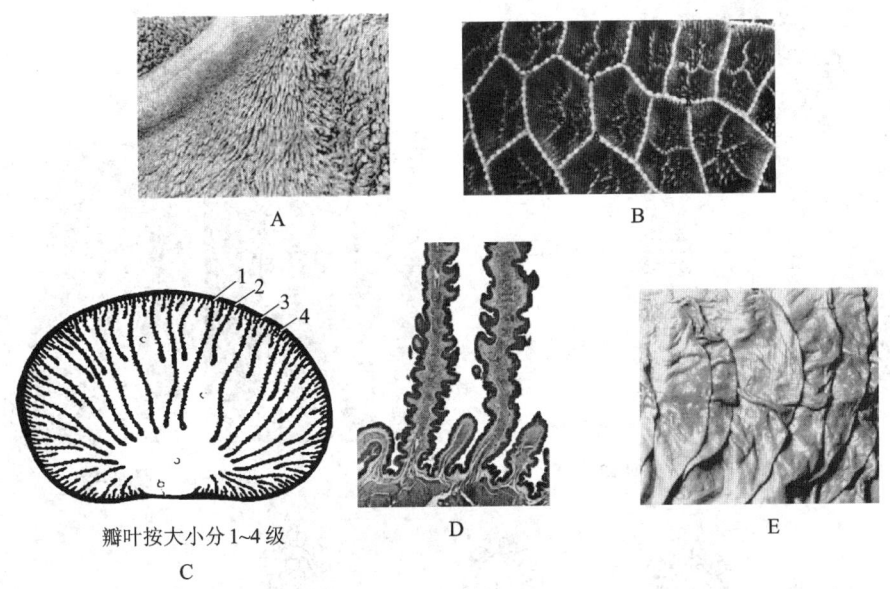

瓣叶按大小分 1~4 级

图 5-11 牛胃黏膜

A. 瘤胃黏膜和肉柱　B. 网胃黏膜　C. 瓣胃　D. 瓣胃黏膜　E. 皱胃黏膜

吸收营养物质的转运。小肠腺是绒毛基部的上皮下陷至固有层内形成的管状结构,腺细胞分柱状细胞、杯状细胞、潘氏细胞可分泌消化酶、黏液、溶菌酶等,肠腺底部的未分化细胞是肠上皮的干细胞,肠上皮的更新周期是 4~6 d(图 5-16)。在十二指肠和空肠的前段,肠绒毛较发达,黏膜下层中有黏液腺,称为十二指肠腺(图 5-17)。十二指肠腺分泌的碱性黏液具有中和肠腔内容物中胃酸的作用。回肠肠绒毛呈丘状,固有层和黏膜下层中常见集合淋巴小结(图 5-13,图 5-18)。肌层为内环外纵两层平滑肌,平滑肌的收缩使小肠蠕动。小肠的浆膜薄。

胃肠黏膜上皮中含有少量内分泌细胞,但种类很多(表 5-1)。这些内分泌细胞分泌的激素可调节消化活动。

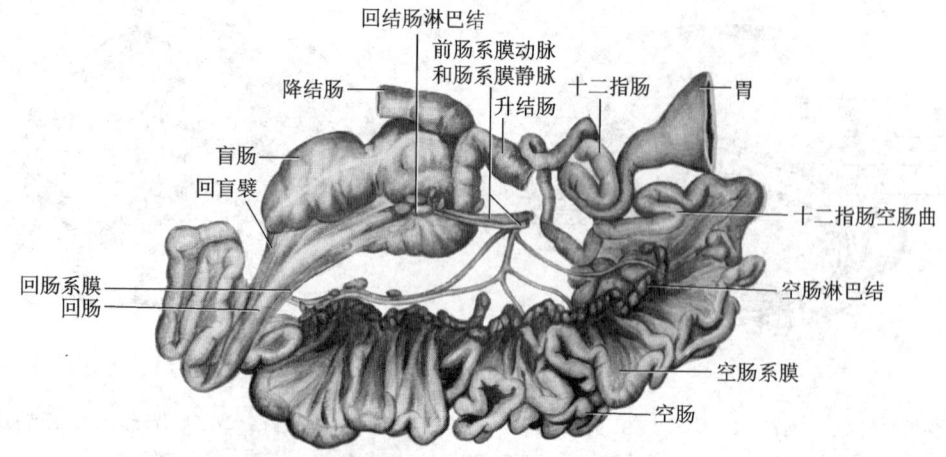

图 5-12　猪小肠排列模式图

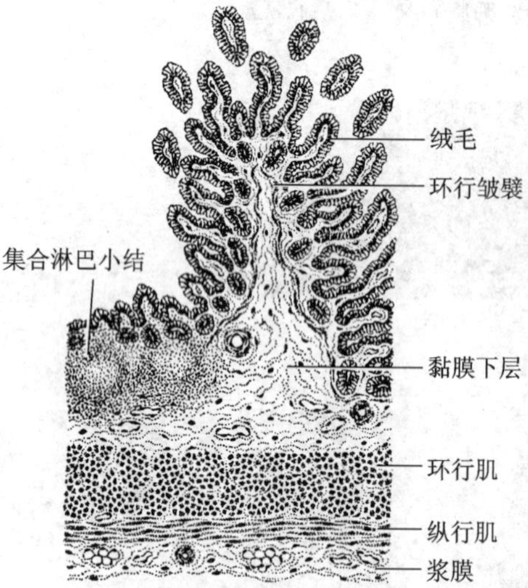

图 5-13　回肠纵切示环行皱襞

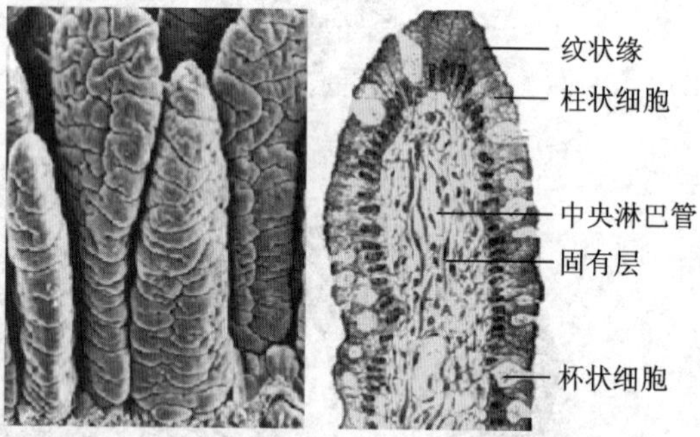

图 5-14　肠绒毛

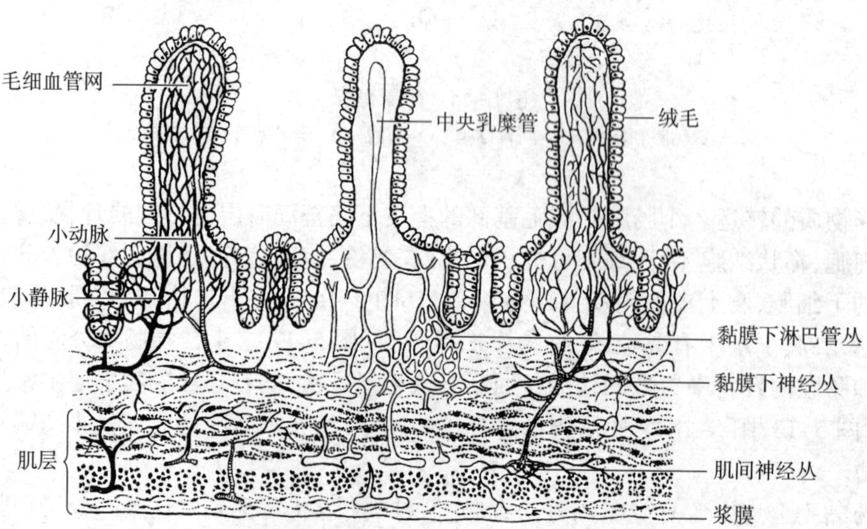

图 5-15　消化管的血管（左）、淋巴管（中）、神经（右）分布模式图

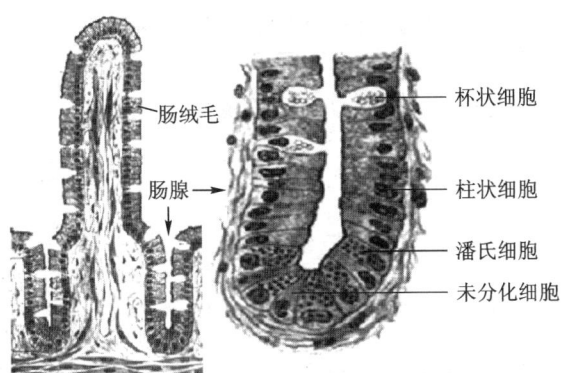

图 5-16 小肠腺

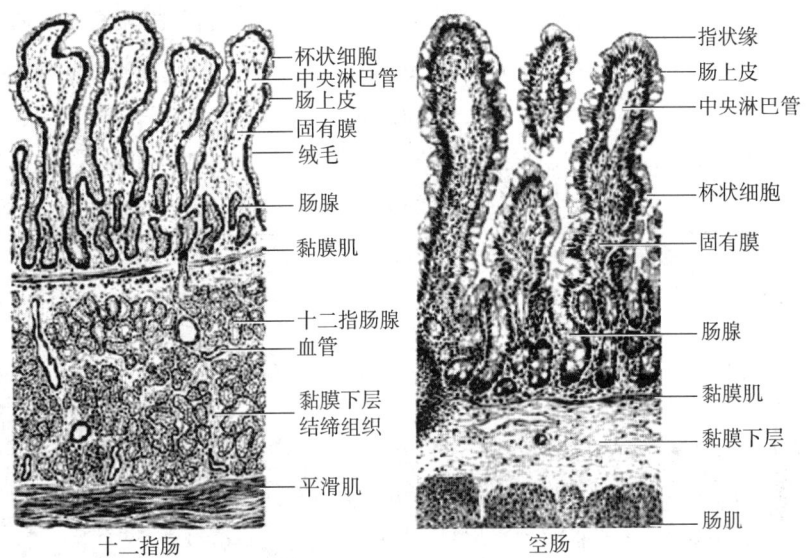

图 5-17 十二指肠和空肠

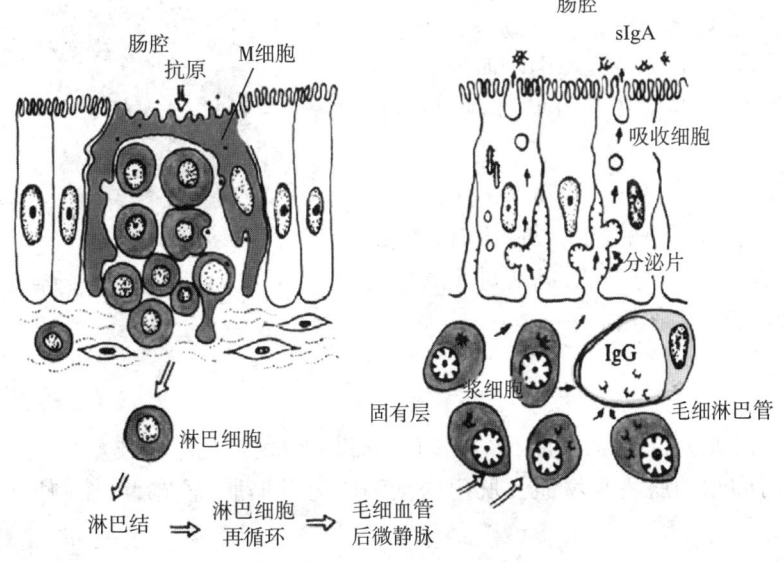

图 5-18 肠道的免疫作用

表 5-1　主要的胃肠内分泌细胞（引自高英茂等，2011）

细胞名称	分布部位		分泌物	主要作用
	胃	肠		
D	大部	小肠、结肠	生长抑素	抑制其他内分泌细胞和壁细胞
EC	大部	小肠、结肠	5-羟色胺	促进胃肠运动
			P 物质	促进胃肠运动、胃液分泌
ECL	胃底腺		组胺	促进胃酸分泌
G	幽门部	十二指肠	胃泌素	促进胃酸分泌、黏膜细胞增殖
I		十二指肠、空肠	胆囊收缩素-促胰酶素	促进胰酶分泌、胆囊收缩
K		空肠、回肠	抑胃肽	促进胰岛素分泌、抑制胃酸分泌
M_0		空肠、回肠	胃动素	参与控制胃肠的收缩节律
N		回肠	神经降压素	抑制胃酸分泌和胃运动
PP	大部	小肠、结肠	胰多肽	抑制胰酶分泌、松弛胆囊
S		十二指肠、空肠	促胰液素	促进胰导管分泌水和 HCO_3^-

六、大肠

大肠分为盲肠、结肠和直肠，前端接回肠，后端通肛门（图 5-19）。在回肠与盲肠体之间有回盲韧带，常作为空肠与回肠的分界标志。回肠的末端有盲肠开口，是小肠与大肠的分界。大肠的主要功能是消化植物纤维，吸收水分，形成和排出粪便等。猪的盲肠为长约 21 cm，直径为 8 cm 的盲囊。盲肠中有大量肠道微生物，马、树袋熊等盲肠发达，能分解植物纤维。结肠是大肠中最长的一段，长 3~4 m，在肠系膜中盘曲形成螺旋形的结肠圆锥。直肠位于骨盆腔，后端与肛门相通。

大肠壁的组织结构与小肠基本相似（图 5-20），但大肠的黏膜无肠绒毛，黏膜内有发达的大肠腺，其分泌物主要为黏液，黏液对大肠中的有害细菌、毒素有屏障作用。

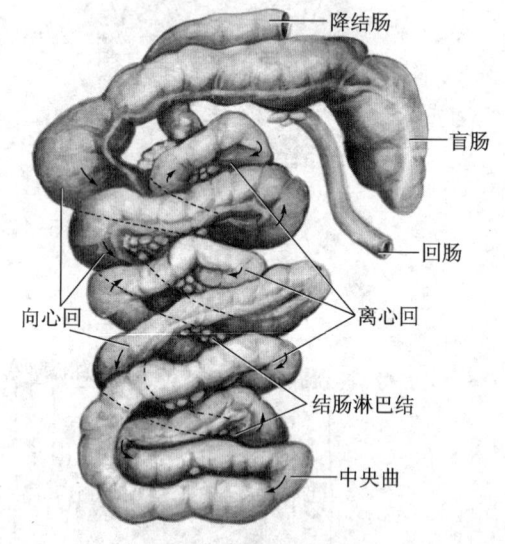

图 5-19　猪盲肠和结肠

七、肛门

肛门为消化管末端，外为皮肤，内为黏膜，黏膜衬以复层扁平上皮。皮肤与黏膜之间有括约肌。肛门内括约肌为平滑肌。肛门外括约肌为骨骼肌，较宽，可控制肛门的开闭（图 5-21）。

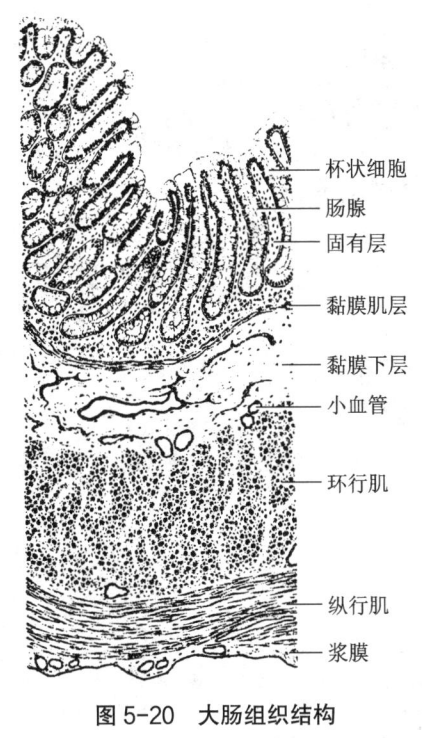

图 5-20 大肠组织结构

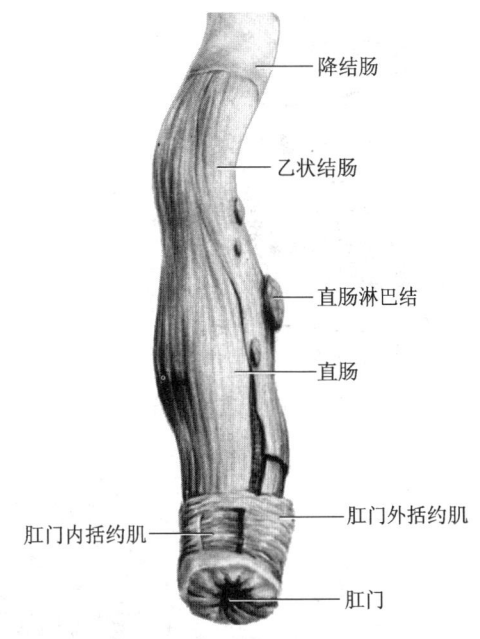

图 5-21 直肠和肛门

第二节 消 化 腺

消化腺中的唾液腺、胰和肝在消化管外形成独立的器官。唾液腺起源于口腔腺,哺乳类唾液腺发达,水栖生活动物的唾液腺常退化。肝始见于文昌鱼,它是凸出于肠腹壁的肝盲突。脊椎动物都有肝,盲鳗的肝分两叶,保留分支管状腺特征。鲤科类肝无定型的分布在肠系膜上,因混有胰腺细胞而称为肝胰腺,其他鱼类的肝不分叶或分多叶。两栖类、爬行类和鸟类的肝通常分两叶,但蛇类的肝不分叶呈长椭圆形。哺乳类的肝一般具有多叶的特征。胰腺在低等脊椎动物中常分散存在,如:七鳃鳗、肺鱼的胰腺细胞埋于肠壁内,大多数硬骨鱼类的胰腺弥散分布常埋于肝内。软骨鱼类的胰腺为单叶或双叶,并与肝分开。两栖类和爬行类的胰腺较发达,鸟类和哺乳类的更发达。

一、唾液腺

哺乳类的唾液腺有腮腺、颌下腺和舌下腺(图 5-22)。猪的腮腺特别大,位于耳郭基部下方,颈皮肌的深面。腮腺管开口于正对第四、五上白齿的口腔黏膜。腮腺的分泌物为浆液,其中含唾液淀粉酶。颌下腺位于腮腺的深面,颌下腺管开口于舌系带侧方的口腔底。舌下腺位于口腔底部,舌下腺管开口于颌下腺管开口附近。颌下腺和舌下腺的分泌物以黏液为主(图 5-23)。

二、胰

猪胰位于十二指肠的环形袢中(图 5-24)。胰的外面包有一薄层结缔组织被膜,结缔组织伸入腺的实质,将实质分为许多腺小叶。胰的实质可分为外分泌部和内分泌部(图

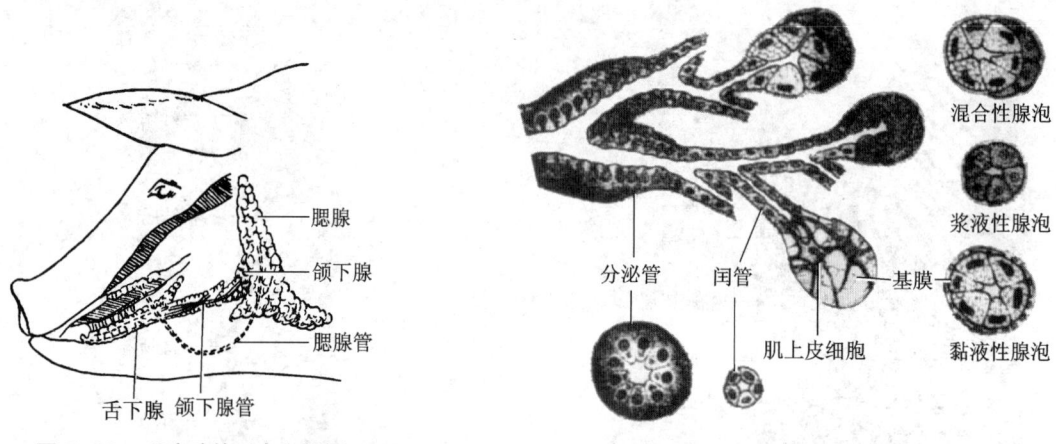

图 5-22　唾液腺的形态和位置　　　　图 5-23　唾液腺结构模式图

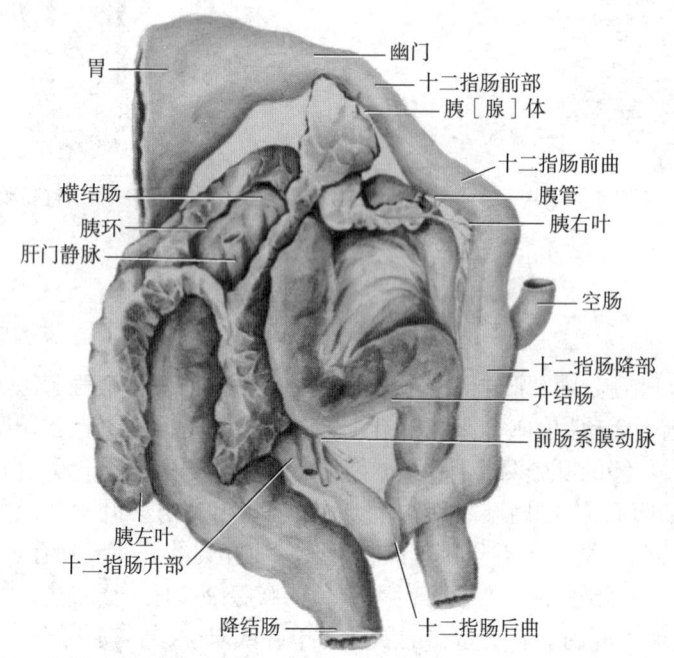

图 5-24　猪胰的位置

5-25）。外分泌部由许多腺泡和导管组成，导管汇合成一条胰管通到十二指肠起始端。腺泡的分泌物称为胰液，胰液是无色透明的碱性液体，猪一昼夜分泌量为 7～10 L。胰液中除水分和电解质外，还含有机物。有机物主要为消化酶，包括胰蛋白酶、胰脂肪酶、胰淀粉酶和胰核酸分解酶等，有消化作用。内分泌部位于腺泡之间，由大小不等的细胞群组成，形如小岛，故名胰岛。胰岛无导管，主要细胞分 A、B、D 三种，其分泌物主要为胰岛素（B 细胞分泌）和胰高血糖素（A 细胞分泌），通过渗透作用进入血流，有调节糖代谢作用。胰腺受交感神经和副交感神经支配，它们分别来自内脏神经丛和迷走神经。这些神经纤维形成腺泡周围丛和胰岛周围丛，并分别深入腺细胞之间和胰岛细胞之间。交感神经兴奋使胰液分泌减少，并促进 A 细胞分泌，使血糖升高；副交感神经兴奋，促进胰液和 B 细胞分泌，导致血糖降低。

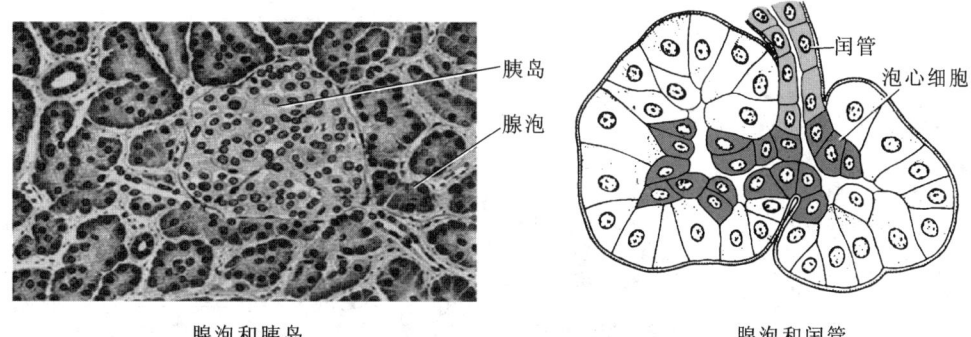

图 5-25 胰的组织结构

三、肝和胆囊

猪肝位于季肋部和剑状软骨部,略偏右侧。肝分左外、左内、右内、右外四叶,肝门和胆囊位于右内叶,肝的表面被覆浆膜,浆膜的结缔组织进入肝的实质,将肝实质分成许多肝小叶(图 5-26)。肝小叶是肝结构的基本单位,呈不规则的多边棱状体,小叶的中轴贯穿着一条中央静脉,中央静脉周围是大致呈放射状排列的肝细胞和肝血窦(图 5-27)。肝血窦中有巨噬细胞、淋巴细胞定居,窦周隙中有贮脂细胞(图 5-28)。在相邻几个肝小叶之间的结缔组织内,小叶间动脉、小叶间静脉和小叶间胆管伴行称为门管区(图 5-29)。

肝不仅可以分泌胆汁促进脂肪的消化与吸收,还参与多种物质的合成、储存、代谢和转化以及免疫等其他生理作用,已远远超过消化腺的范畴。肝的生理功能可概括为以下 6 个方面:①分泌胆汁;②合成糖原、胆固醇、胆盐、脂蛋白和血浆蛋白;③储存糖原、脂滴和多种维生素;④灭活和转化有毒物质;⑤巨噬细胞吞噬细菌,淋巴细胞抗肿瘤细胞等免疫作用;⑥具有造血潜能。

肝细胞分泌的胆汁进胆小管,自肝小叶中央向周边流动,在肝小叶边缘输入小叶间胆管,在肝门外汇集成肝管出肝(图 5-30)。排出肝的胆汁一般先在胆囊内储存和浓缩。胆囊

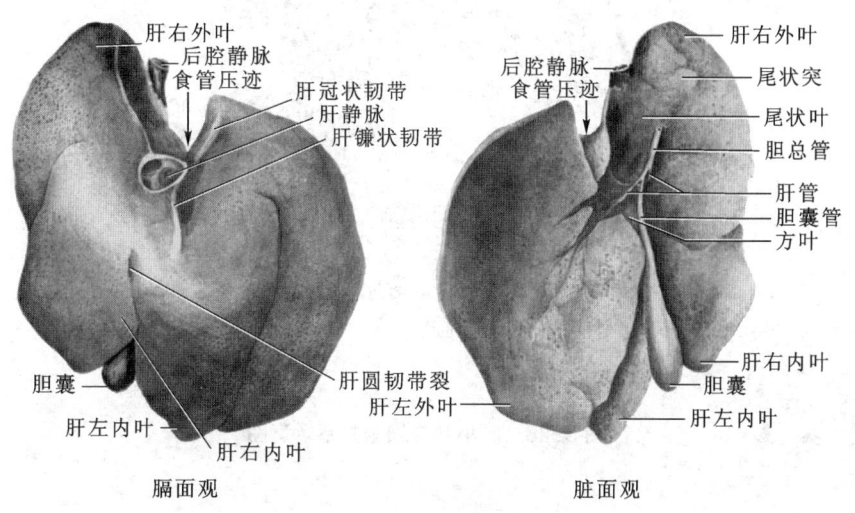

图 5-26 猪肝的分叶

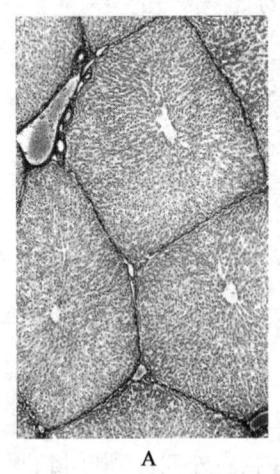
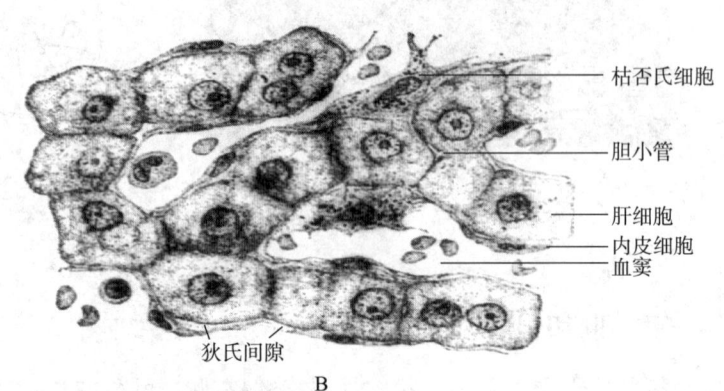

图 5-27 肝小叶
A. 光镜像 B. 肝细胞与肝血窦结构模式图

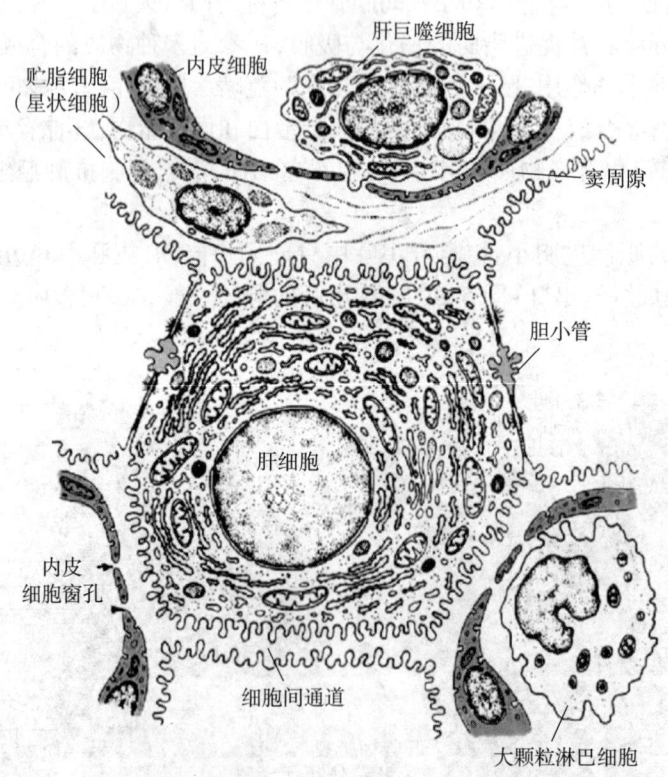

图 5-28 肝小叶内细胞关系示意图

第二节 消化腺

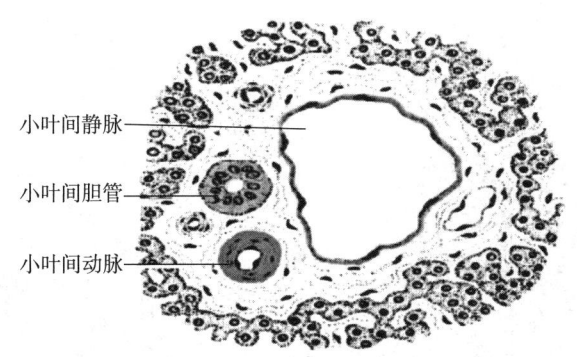

图 5-29 肝门管区的三种管道

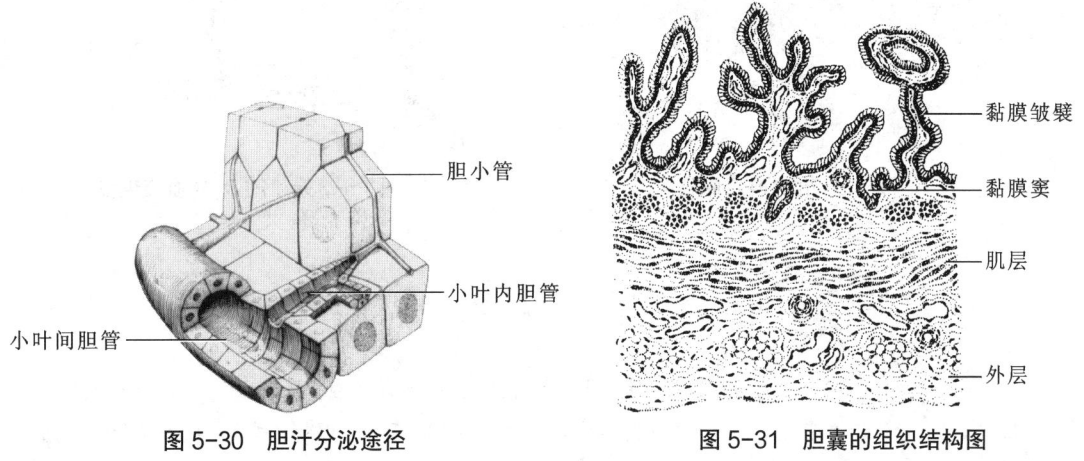

图 5-30 胆汁分泌途径　　　　图 5-31 胆囊的组织结构图

壁由黏膜、肌层和外膜三层组成（图5-31）。胆囊的收缩排空受激素的调节,进食高脂肪食物后,小肠内分泌细胞分泌胆囊收缩素,经血流至胆囊,刺激胆囊肌层收缩,排出胆汁。排出的胆汁经胆总管进入十二指肠前段肠腔。

　　肝的血液供应丰富,接收肝门静脉和肝动脉的双重供血（图5-32）。肝门静脉主要汇集胃、肠、脾、胰等处来的静脉血,其中含丰富的营养物质和消化过程中产生的毒素及胃肠道中的细菌。肝动脉是腹腔动脉的分支,血液中含氧量高。肝门静脉和肝动脉的分支最终从肝小叶的边缘流入肝血窦。当血液流经肝血窦时,营养物质被肝细胞加工,血液中的毒素被肝细胞转化,细菌被巨噬细胞吞噬。肝血窦内的血液自肝小叶周边向中央流动,汇集于中央静脉。中央静脉再汇合成小叶下静脉,最后汇集成肝静脉出肝,注入后腔静脉（图5-33）。血液返回心脏后进入体循环,将肝处理过的消化管吸收的营养物供机体利用。肝动脉和门静脉周围有丰富的交感和副交感神经丛,它们来自内脏神经丛和迷走神经的一些分支和膈神经的分支。肝实质内有单胺类神经分布在肝细胞。肝淋巴管分布于被膜内和小叶间管道周围,形成淋巴丛,胸导管的淋巴有25%～50%来自肝。肝的淋巴主要来自窦周隙的血浆。

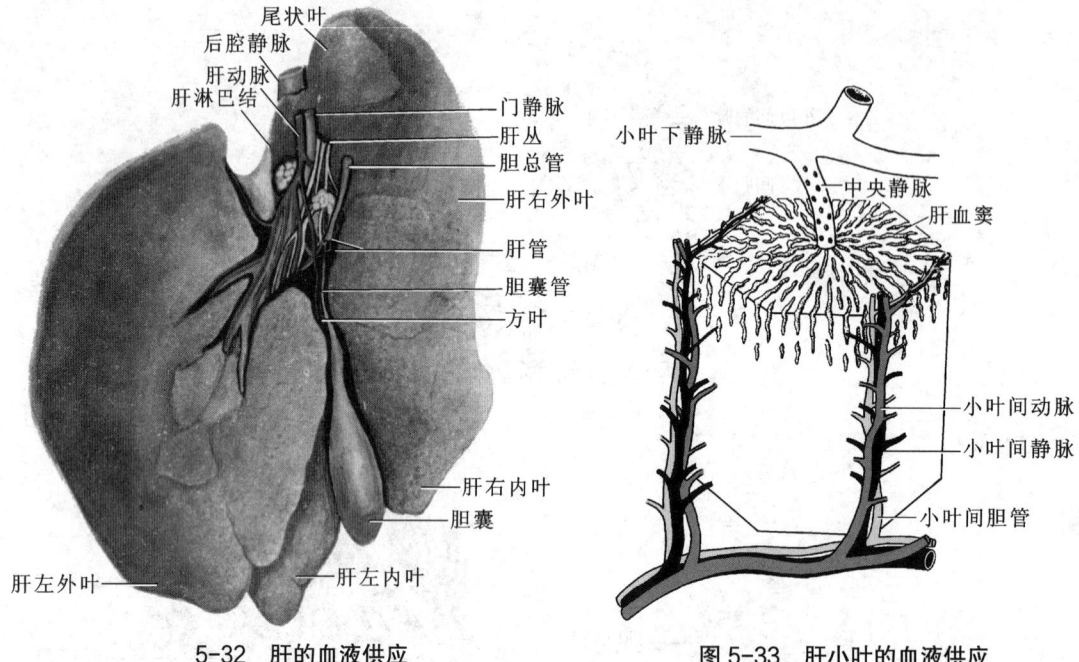

图 5-32 肝的血液供应　　　　图 5-33 肝小叶的血液供应

• 名词解释 •

1. 内脏　指大部分位于躯体内部腔洞中的器官，包括消化、呼吸和泌尿、生殖系统。

2. 味蕾　味觉感受器，由味细胞、支持细胞和基细胞三种细胞组成，主要分布于舌黏膜上的菌状乳头和轮廓乳头。其中味细胞基部与味觉神经末梢形成突触，司味觉。

3. 牙齿的再生　在鲨鱼的一生中，它们的牙齿可以反复再生，而哺乳动物只有一次再生牙齿的能力。2016年2月英国谢菲尔德大学的科学家发现，人类体内也具有与鲨鱼相同的控制牙齿再生的基因，这些基因存在于形成牙齿的特殊细胞内。鲨鱼从来不会缺牙，如果牙齿脱落，那新牙再生的速度会更快。而哺乳动物的乳牙和恒牙开始生长之后，这些基因大部分都消失或进入休眠状态。未来我们有可能通过牙科疗法重新激活这些基因，猪是牙科疗法的最佳实验动物。

4. 咽　位于口腔与鼻腔上方的肌质囊。是消化、呼吸的共同通道。有7个孔与邻近器官相通。

5. 多室胃　又称为反刍胃，在家畜见于牛和羊，分为瘤胃、网胃、瓣胃和皱胃四个室。前三胃又合称为前胃，其黏膜部无腺体，相当于无腺部。贲门开口于瘤胃，皱胃以幽门接十二指肠。

6. 食管沟　在牛羊的多室胃中连在食管和瓣胃之间的一条由两条隆起的黏膜褶形成的沟。起自瘤胃贲门，沿瘤胃前庭、网胃右侧壁下行，通过网瓣孔，止于瓣胃口。两沟唇呈交叉状，当幼畜吸吮乳汁或饮水，沟唇闭合成管。乳汁或水经此管直达皱胃。

7. 胃小凹　胃黏膜表面上皮下陷，形成胃小凹。胃小凹的底部有胃腺开口。胃腺开口处有未分化细胞，这些细胞是胃黏膜上皮和胃腺细胞的干细胞。胃黏膜上皮的更新周期是3～5 d，胃腺细胞的寿命为200 d。

名词解释

8. **胃黏膜屏障** 胃上皮细胞之间的紧密连接以及上皮表面的黏液层构成胃黏膜屏障,可防止胃酸及胃蛋白酶对上皮细胞的侵蚀。

9. **胃底腺** 分布于胃底及胃体部,为分支管状腺。胃底腺主要由壁细胞、主细胞、颈黏液细胞和内分泌细胞四种细胞组成。

10. **肠绒毛** 小肠黏膜上皮和固有层共同向肠腔伸出的细长突起称为肠绒毛。肠绒毛表面为上皮,中轴为固有层。黏膜上皮为单层柱状,由吸收细胞、杯状细胞和少量内分泌细胞组成。吸收细胞的游离面有许多排列整齐的微绒毛,其周围有一层细胞衣,为糖蛋白,内含消化食物的酶。微绒毛可扩大吸收细胞的表面积,有利于食物的消化吸收。中轴固有层含致密结缔组织、有孔毛细血管、中央乳糜管和少量平滑肌细胞。吸收细胞吸收的葡萄糖、氨基酸进入毛细血管,甘油、脂肪酸形成乳糜微粒,进入乳糜管。平滑肌收缩可使绒毛伸缩,也有利于物质的消化吸收。

11. **小肠环行皱襞** 小肠黏膜和黏膜下层共同突入肠腔,形成的环状小肠皱襞。

12. **中央乳糜管** 在小肠绒毛中轴内有一条或两条毛细淋巴管,称为中央乳糜管。主要转运肠上皮吸收的脂肪。

13. **胃肠内分泌细胞** 胃肠的上皮和腺体内散布着40多种内分泌细胞。这些细胞可分泌激素。这些激素可调节消化腺的分泌和消化管的活动。

14. **肠相关淋巴组织** 消化管肠壁内的淋巴组织,包括黏膜淋巴小结,弥散分布在固有层中的淋巴细胞、浆细胞、巨噬细胞和上皮内的淋巴细胞等成分。消化管淋巴组织能接受消化管病原微生物的抗原刺激,主要通过产生和向消化管腔分泌免疫球蛋白作为应答。

15. **微皱褶细胞** 位于消化管集合淋巴小结局部上皮内,其游离面有微皱褶和短小的微绒毛,基底面质膜凹陷呈穹隆状凹腔,内含一或多个淋巴细胞,该细胞的下方基膜不完整。光镜下难分辨,电镜观察可见其胞质很少,其中含线粒体和囊泡。其功能是转运抗原物质,即该细胞摄取肠腔内抗原物质,然后传递给下方的淋巴细胞。

16. **肠黏膜屏障** 肠道是机体和外环境相接触的最大界面。一方面,它作为半透膜,将机体所需的各种营养物吸收进入血液循环;另一方面,它又要筑起一道屏障,防止各种微生物、抗原等有害物进入内环境。肠黏膜屏障由通透性屏障和免疫屏障构成,涉及到肠腔微生态,表面黏液层,上皮,黏膜固有层结缔组织,肠相关淋巴组织。在临床上,很多疾病都是由于肠黏膜屏障作用失调而引发的,如:肠炎、肠源性感染、食物过敏等。

17. **消化腺** 有小消化腺和大消化腺之分。前者是指散在于消化管壁内的一些小腺体,如食管腺、胃腺和肠腺等;后者是位于消化管壁外独立的实质性器官,如腮腺、肝和胰等。消化腺的分泌物对食物行使化学消化作用。

18. **浆半月** 唾液腺中的结构,混合性腺泡以黏液性腺细胞为主组成,其底部或末端附有几个浆液性腺细胞,在切片中呈半月状排列,故称为浆半月。

19. **肝门** 肝面上的一个凹陷。肝门静脉、肝动脉和神经由此入肝。胆管或肝管、淋巴管由此出肝。

20. **肝小叶** 肝的结构和功能单位,为多角棱柱体,每个肝小叶的中央有一条中央静脉贯穿,其周围是肝细胞组成的肝板和肝血窦。肝板内有盲端在中央静脉一侧的胆小管网。肝板由一层肝细胞组成。肝细胞体积大,细胞核圆形,位于细胞中央,可见双核。电镜观察肝细胞含丰富的内质网和发达的高尔基复合体,较多的线粒体等细胞器。肝细胞的粗面内质网可以合成多种血浆蛋白。滑面内质网可参与糖原、胆汁、脂类的合成和一些激素的灭活及解毒作用。肝板之间是血窦，其内皮细胞有孔，且间隙大，基膜不完整。窦腔内除血液外还有参与防御保护作用的肝巨噬细胞和大颗粒淋巴细胞。肝细胞与血窦内皮细胞之间有窦周隙，内充满血浆，此处的肝细胞表面有大量微绒毛。窦周隙内含有少量网状纤维和可储存维生素A、合成纤维蛋白的贮脂细胞。相邻肝细胞凹陷形成的微细管道称为胆小管，胆汁首先进入胆小管然后经一系列管道排入十二指肠。

21. 窦周隙　肝血窦内皮细胞与肝细胞之间的间隙。窦周隙是肝细胞和血液之间进行物质交换的重要场所。

22. 门管区　相邻肝小叶间的结缔组织内含有小叶间动脉、小叶间静脉和小叶间胆管，称为门管区。

23. 胆小管　相邻肝细胞连接面局部胞膜凹陷形成的细管。以盲端起于中央静脉周围的肝板内，互相吻合成网，在肝小叶周围通入小叶间胆管。

24. 肝巨噬细胞　位于肝血窦腔内，体积较大，形状不规则，并有胞质突起附于内皮细胞上，或者穿过内皮间隙或窗孔伸至窦周隙。肝巨噬细胞有很强的吞噬能力，在清除从胃肠道进入门静脉的细菌和异物方面起关键性作用。此细胞还有处理抗原、参与免疫应答的功能。

25. 胰　由外分泌部和胰岛组成。外分泌部由腺泡和导管构成，但无肌上皮细胞。腺泡腔内有由闰管上皮细胞插入形成的泡心细胞。导管与腺泡相连，起始段称为闰管，以后相继为小叶内导管、小叶间导管和主导管。腺泡具有分泌功能，分泌胰脂肪酶、胰蛋白酶、胰淀粉酶而组成胰液，经一系列导管输送，进入十二指肠，对食物进行消化分解作用。胰岛是散在分布、大小不等的细胞团。细胞之间有丰富的有孔毛细血管。胰岛主要有A细胞，分泌胰高血糖素，使血糖升高；B细胞分泌胰岛素，使血糖降低；D细胞分泌生长抑素，对A、B细胞的分泌活动起抑制作用；PP细胞分泌胰多肽，可抑制胰消化酶分泌和胆汁排出。

26. 泡心细胞　胰腺闰管的一端上皮细胞插入腺泡腔内，称为泡心细胞。

27. 口咽腔　鱼的口腔和咽腔无明显的界线，统称为口咽腔，内有齿、舌、鳃耙等，没有唾液腺。

28. 鳃耙　鱼鳃弓内侧面附生的一些稍坚硬的突出物，是鱼类滤取食物的器官，在鳃耙的顶端，鳃弓的前缘分布有味蕾，有味觉作用。草食性和杂食性的鱼类（如草鱼、鲤鱼、鲫鱼等）的鳃耙较疏短，以浮游生物为食的鱼类（如鲢、鳙等）的鳃耙则密而长。

29. 甲壳动物的消化系统　消化管分为前肠、中肠和后肠三部分。前肠与后肠来源于外胚层，两者肠壁内面有几丁质内膜覆盖，中肠由内胚层形成，无内膜，但有十分发达的突出物称为肝胰腺，作为消化腺。包被在中肠前端及幽门胃外，是由中肠分化而来的多分支的囊状肝管组成，最终的分支称为肝小管。肝小管管壁由单层柱状上皮细胞组成，上皮表面有许多微绒毛。肝管汇集后开口于胃与中肠相连接处。肝胰腺主要的细胞类型为吸收细胞、分泌细胞、纤维细胞和胚细胞。

30. 脂肪体　甲壳动物肠道及其突出物附近的团块状或索状的结缔组织。能够吸收并贮藏蛋白质、脂肪与肝糖等，这些贮藏物对甲壳动物蜕皮时期的断食有重大意义。

自 测 题

一、填空题

1. 消化系统包括_____和_____两部分。
2. _____是食物通过的管道,包括口腔、_____、_____、_____、_____和肛门。
3. 咽是_____和_____的交叉通路。它有_____和_____等7个通口与邻近器官相通。
4. 齿的种类由_____、_____和_____三种构成。
5. 猪胃的有腺部包括_____、_____和_____。
6. 猪的盲肠位于_____部位。
7. 回肠与空肠分界的标志是_____系膜。
8. 胰具有分泌消化液和分泌_____的功能。
9. 与胃相连的肠管是_____。
10. 消化管壁的组织结构可分为四层,由内向外依次为_____、_____、_____和_____。
11. 组成胃底腺的细胞主要有_____、_____、_____和_____。
12. 增加小肠表面吸收面积的结构有_____、_____和_____。
13. 小肠皱襞是由_____和_____向肠腔内突出而成。
14. 小肠绒毛是由_____和_____向肠腔内隆起所形成的指状突起。
15. 小肠腺的细胞组成是_____、_____、_____和_____。
16. 腮腺一般是一种_____腺;颌下腺的_____类型因动物而异,而舌下腺以_____和_____腺泡为主,后两者均可称之为_____腺。
17. 胰的腺实质可分为_____和_____。_____由许多腺泡和导管组成,导管汇合成一条_____通到十二指肠起始端。腺泡的分泌物称为_____。
18. 用特殊染色、免疫组织化学以及电镜方法可将胰岛细胞主要分为四种,它们分别是_____、_____、_____和_____。
19. 胰岛素是胰岛内_____细胞的分泌物,它的生理功能是_____。
20. 猪肝分_____、_____、_____和_____四叶,肝门和胆囊位于_____。
21. 肝小叶是肝的_____单位,呈_____状,主要由_____和_____组成。其周围具有由_____、_____、_____三种伴行的管道和结缔组织组成的_____。
22. 胆汁是由_____分泌,依次流经_____、_____和_____出肝。
23. 贯穿肝小叶中央的血管称为_____;肝血窦的窦壁上皮是_____;胆小管的管壁由_____构成。
24. 窦周隙是_____和_____之间的狭窄间隙,是_____和_____之间进行物质交换的重要场所。

二、单项选择题

1. 吞咽时,防止食物误入气管的喉软骨是(　　)

A. 甲状软骨　　B. 会厌软骨　　C. 杓状软骨　　D. 环状软骨　　E. 舌软骨

2. 猪的结肠排列形状为（　　）

　　A. 双马蹄铁形　B. 圆锥形　　C. 圆盘形　　D. 不规则形　　E. 扇形

3. 以下哪一个器官的黏膜上皮内不含杯状细胞？（　　）

　　A. 胃　　　　B. 空肠　　　C. 回肠　　　D. 结肠　　　E. 十二指肠

4. 以下哪一项结构与扩大小肠的表面积无关？（　　）

　　A. 绒毛　　　B. 微绒毛　　C. 小肠腺　　D. 柱状细胞　　E. 环状皱襞

5. 组成小肠腺的主要细胞有（　　）

　　A. 柱状细胞、扁平细胞、潘氏细胞　　　　B. 柱状细胞、潘氏细胞、壁细胞

　　C. 柱状细胞、壁细胞、主细胞　　　　　　D. 柱状细胞、主细胞、颈黏液细胞

　　E. 柱状细胞、杯状细胞、潘氏细胞

6. 肠黏膜固有层中的淋巴集结易见于（　　）

　　A. 十二指肠　B. 空肠　　　C. 回肠　　　D. 结肠　　　E. 直肠

7. 肠腺中分泌消化酶的细胞是（　　）

　　A. 柱状细胞　B. 杯状细胞　C. 潘氏细胞　D. 未分化细胞　E. 嗜银细胞

8. 羊网胃的黏膜上皮为（　　）

　　A. 单层扁平上皮　　　　B. 单层立方上皮　　　　C. 单层柱状上皮

　　D. 网状上皮　　　　　　E. 复层扁平上皮

9. 猪结肠的结构不同于小肠在于（　　）

　　A. 有环行皱襞和绒毛，杯状细胞多，固有层内肠腺发达，有结肠带

　　B. 有环行皱襞，无绒毛，杯状细胞特别多，固有层内肠腺较少，有结肠带

　　C. 有半环行皱襞和绒毛，杯状细胞多，固有层内肠腺发达，有结肠带

　　D. 有半环行皱襞，无绒毛，杯状细胞较少，固有层内肠腺发达，有结肠带

　　E. 有半环行皱襞，无绒毛，杯状细胞特别多，固有层内肠腺发达，有结肠带

10. 关于回肠的描述哪项正确？（　　）

　　A. 有少量的绒毛，肠腺少而短，有丰富的淋巴组织

　　B. 有少量的绒毛，肠腺少而短，杯状细胞较少，有丰富的淋巴组织

　　C. 无绒毛，肠腺少而短，杯状细胞较多，有丰富的淋巴组织，肌层薄

　　D. 无绒毛，肠腺少而短，黏膜肌完整，有丰富的淋巴组织，肌层薄

　　E. 无绒毛，肠腺少而短，黏膜肌不完整，有丰富的淋巴组织，肌层薄

11. 小肠肠腺中没有的细胞是（　　）

　　A. 柱状细胞　　　　　　B. 杯状细胞　　　　　　C. 潘氏细胞

　　D. 未分化细胞　　　　　E. 微皱褶细胞

12. 开口在舌下肉阜的唾液腺是（　　）

　　A. 腮腺　　　B. 舌下腺　　C. 颌下腺　　D. 颊腺　　　E. 以上各腺

13. 肝的基本结构单位是（　　）

　　A. 肝板　　　B. 肝细胞　　C. 肝血窦　　D. 胆小管　　E. 肝小叶

14. 胆小管位于（　　）

　　A. 肝板之间　　　　　　B. 肝细胞与血窦内皮之间　　　　C. 肝细胞之间

　　D. 肝板与血窦之间　　　E. 肝板与窦周隙之间

15. 以下不属于门管区的结构是（　　）

　　A. 小叶间静脉　　　　　　B. 小叶间动脉　　　　　　C. 小叶间结缔组织

　　D. 小叶下静脉　　　　　　E. 小叶间胆管

16. 在肝内,具有吞噬功能的细胞是（　　）

　　A. 淋巴细胞　　　　　　　B. 肝巨噬细胞　　　　　　C. 胆管上皮细胞

　　D. 肝细胞　　　　　　　　E. 以上都不是

17. 有关胰腺腺泡的描述,错误的是（　　）

　　A. 为浆液性腺泡　　　　　B. 腺泡腔内有泡心细胞　　C. 有肌上皮

　　D. 基部的细胞质嗜碱性,顶部的细胞质嗜酸性

　　E. 由单层锥体形的细胞围成腺泡

18. 关于猪肝细胞的错误项是（　　）

　　A. 体积大,多面体形　　　　　　　　　B. 有三种不同的功能面

　　C. 胞核大、圆、居中,多倍体核居多　　D. 是一种低分化,功能复杂的细胞

　　E. 常见细胞分裂象

参 考 答 案

一、填空题

1. 消化管　消化腺

2. 消化管　咽　食管　胃　小肠　大肠

3. 消化管　呼吸道　两个鼻后孔　两个咽鼓管口　喉口　食管口　咽峡口

4. 切齿　犬齿　臼齿

5. 贲门腺区　幽门腺区　胃底腺区

6. 左髂部

7. 回盲

8. 胰岛素

9. 十二指肠

10. 黏膜　黏膜下层　肌层　外膜

11. 壁细胞　主细胞　颈黏液细胞　内分泌细胞

12. 皱襞　绒毛　微绒毛

13. 黏膜　黏膜下层

14. 上皮　固有层

15. 柱状细胞　杯状细胞　潘氏细胞　未分化细胞　内分泌细胞

16. 纯浆液性　腺泡　黏液　混合性　混合

17. 外分泌部　内分泌部　外分泌部　胰管　胰液

18. A 细胞　B 细胞　D 细胞　PP 细胞

19. B　降低血糖

20. 左外　左内　右内　右外　右内叶

21. 结构和功能　多角棱柱体　中央静脉　肝板（肝索）　肝血窦　胆小管　小叶间动脉　小叶间静脉　小叶间胆管　门管区

22. 肝细胞　小叶内胆管　小叶间胆管　肝管

23. 中央静脉　内皮细胞　肝细胞膜

24. 血窦内皮细胞　肝细胞　肝细胞　血液

二、单项选择题

1. B　题解：会厌软骨在吞咽时可以向后翻倾而将喉口关闭。

2. B

3. A　题解：胃上皮细胞为单层柱状，上皮中分泌黏液的细胞为类黏液细胞和颈黏液细胞。小肠、结肠上皮细胞为单层柱状含杯状细胞。

4. C　题解：扩大小肠表面积的三种结构是环状皱襞、绒毛和微绒毛，而微绒毛是柱状细胞的特化结构，因此扩大小肠表面积也与肠绒毛柱状细胞有关，但与小肠腺无关。

5. E

6. C

7. A　题解：杯状细胞分泌黏液，潘氏细胞分泌溶菌酶，未分化细胞是上皮的干细胞，嗜银细胞分泌激素。

8. E

9. E

10. A

11. E　题解：微皱褶细胞主要位于肠黏膜表面的上皮。

12. C

13. E　题解：肝的基本结构单位是肝小叶。肝板、肝细胞、肝血窦、胆小管是组成小叶的基本成分。

14. C　题解：胆小管是相邻肝细胞连接面局部胞膜凹陷形成的细管，故胆小管位于肝细胞之间。

15. D　题解：相邻肝小叶之间的结缔组织内，含有小叶间动脉、小叶间静脉、小叶间胆管称为门管区，门管区内不含小叶下静脉。

16. B　题解：肝血窦内巨噬细胞具有很强的吞噬作用。

17. C　题解：胰腺腺泡与基膜之间无肌上皮细胞。

18. E　题解：正常肝组织中罕见细胞分裂象。

思　考　题

1. 有哪些动物是多室胃？
2. 仔猪从出生到断乳胃肠道的组织结构有哪些变化？
3. 简述肝细胞再生的调控。
4. 简述胰腺的神经调节和内、外分泌部的关系。

网上更多

📹 教学视频　　📥 教学课件　　📝 在线自测　　🖼 彩图动画

第六章

呼吸系统

本章提要

本章包括呼吸道和肺两部分内容。分别介绍了呼吸道的组成、各段的形态、位置、组织结构特征以及肺的形态、位置、组织结构和功能。鼻、咽、喉、气管和支气管是气体入肺的通道,肺是气体交换的器官。胸廓的运动使胸廓扩大和缩小,使肺被动的吸气和呼气。

学习目标

1. 掌握呼吸系统的组成。
2. 掌握肺的位置、形态和组织结构。
3. 掌握呼吸运动的过程。

第六章 呼吸系统

动物在生命活动过程中,要不断地吸入氧,呼出二氧化碳,这种气体的交换过程称为呼吸。呼吸主要是靠呼吸系统来实现的,与心血管系统有着密切的联系。经呼吸系统从外界吸入的氧,由红细胞携带沿心血管系统运送到全身的组织和细胞,组织和细胞利用氧产生各种生命活动所需要的能量和物质并产生二氧化碳,而二氧化碳又与红细胞结合通过心血管系统运至呼吸系统,排出体外。呼吸系统和血液之间的气体交换称为肺呼吸;血液和组织细胞之间的气体交换称为组织呼吸。

原生动物、海绵、水螅等没有专门的呼吸器官。很多水生动物主要用鳃呼吸。陆生动物和外界的气体交换也是以水为媒介的,只有溶于水的气体才能被利用。陆生动物保持呼吸器官湿润的办法是把呼吸器官深藏到身体内部。哺乳动物的呼吸系统包括鼻、咽、喉、气管、支气管和肺等器官(图6-1)。鼻、咽、喉、气管和支气管是气体出入肺的通道,称为呼吸道。肺是气体交换的器官。胸廓的运动使胸腔扩大和缩小使肺被动的吸气和呼气。

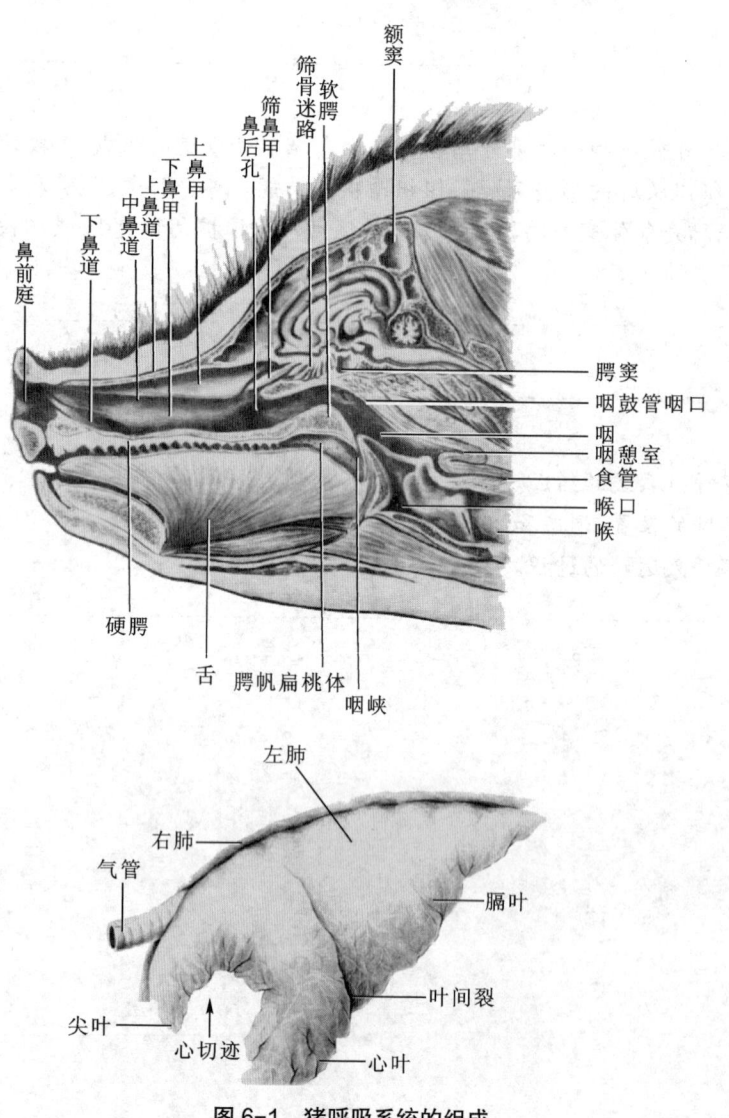

图6-1 猪呼吸系统的组成

第一节 呼 吸 道

呼吸道包括鼻、咽、喉、气管和支气管,它们由骨或软骨作为支架,围成开放性的管腔,以保证气体自由畅通。

一、鼻

鱼有鼻孔,前鼻孔为进水孔,后鼻孔为出水孔。有一对圆形的盲囊不与口腔相通,由多褶的嗅觉上皮组成。嗅觉能感觉食物,识别同类和辨别水质。但鱼用口饮水呼吸,鼻孔只有嗅觉功能而无呼吸功能。鲨鱼具有动物界顶级的嗅觉功能。鸟类有一对鼻孔,向内通入短而狭窄的鼻腔,再以内鼻孔通入咽。哺乳动物的鼻是呼吸道的起始部,又是嗅觉器官。猪鼻可分为吻突、鼻腔和鼻旁窦(图6-2)。猪的鼻尖和上唇共同形成吻突,该部前面圆形区称为吻平面,吻平面的皮肤薄而敏感,皮肤表面有许多浅沟,沟的深处有吻腺腺管的开口,吻腺分泌浆液。在吻平面的中部有两个鼻孔。鼻腔的腹侧由硬腭与口腔隔开,前端经鼻孔与外界相通,后端经鼻后孔与咽相通。鼻腔正中有鼻中隔,将其等分为左右互不相通的两半。鼻腔又可分为鼻前庭和固有鼻腔两部分。鼻前庭是鼻孔向鼻腔的延伸,衬以皮肤。固有鼻腔衬以黏膜,因黏膜的结构和功能不同可分为呼吸区和嗅区。呼吸区靠前,占鼻腔的大部,衬以假复层纤毛柱状上皮,固有层内有鼻腺和丰富的血管(图6-3)。呼吸区对吸入的空气有清洁、温暖和湿润作用。嗅区位于呼吸区后方,表面衬以嗅上皮,内含嗅细胞,有嗅觉功能(图6-4)。犬嗅黏膜面积约100 cm^2,是人的50倍。

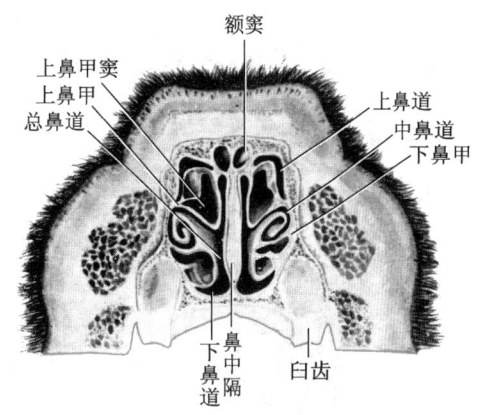

图6-2 猪鼻横断面

鼻旁窦为鼻腔周围头骨内的含气空腔,有额窦、上颌窦等(图6-5)。鼻旁窦空腔表面衬以黏膜,它们均直接或间接与鼻腔相通。鼻旁窦有减轻头骨质量,温暖和湿润吸入的空气以及对发声起共鸣等作用。

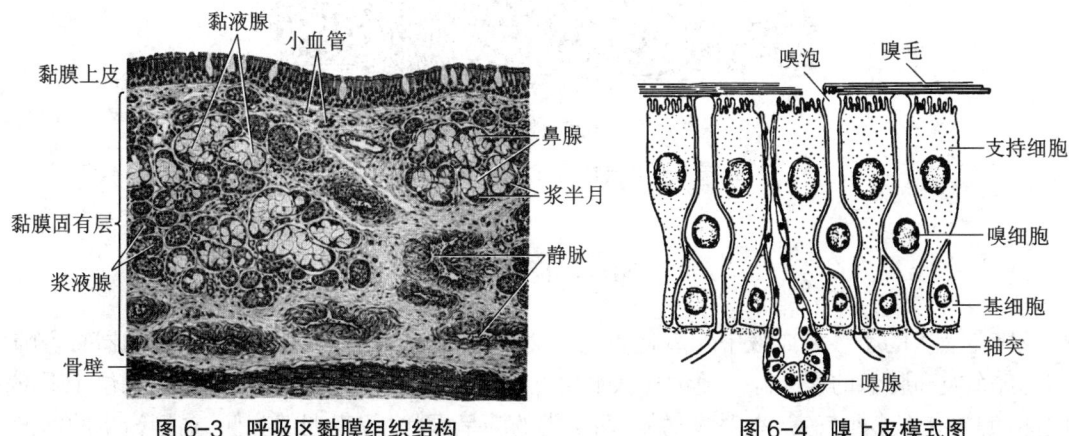

图6-3 呼吸区黏膜组织结构　　图6-4 嗅上皮模式图

二、咽

见第五章"消化系统"。

三、喉

喉前端以喉口与咽相通,后端与气管相延续(图6-6)。喉壁主要由喉软骨和喉肌构成,内面衬有黏膜,喉有调节空气入肺的流量和发声的作用。

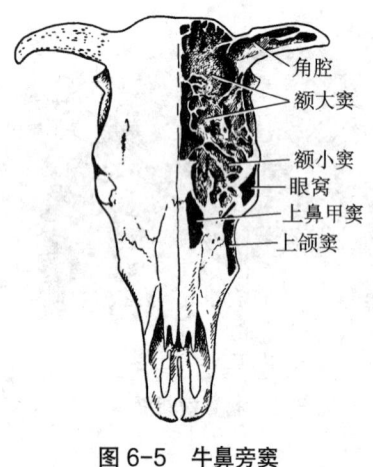

图6-5 牛鼻旁窦

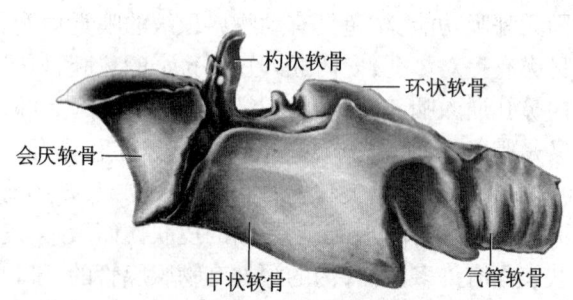

图6-6 喉解剖结构

四、气管和支气管

气管前端与喉相通,向后延伸进入胸腔后分为左、右两条支气管,分别进入左、右肺。气管壁由黏膜、黏膜下层和外膜组成。外膜中有气管软骨环作支架(图6-7)。

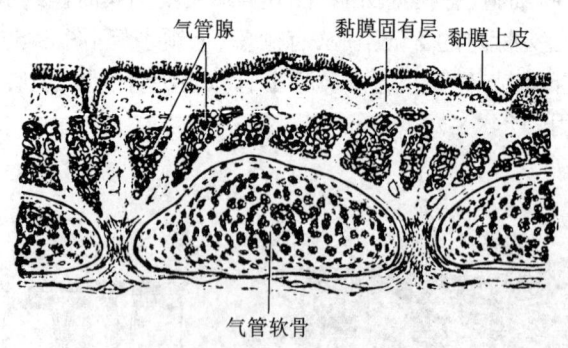

图6-7 气管与支气管的组织结构

第二节 肺

肺是吸入的空气和血液中二氧化碳进行交换的场所,为呼吸系统中最重要的器官。肺与总鳍鱼类和肺鱼的鳔同源。随动物从水生过渡到陆生逐渐演变而成。肺鱼的鳔位于咽部腹侧,鳔内有许多小气室,有呼吸功能;两栖类的肺呈囊状、位于咽部腹侧,陆栖为主的两栖类肺囊内壁形成网状隔膜分割出小室称"肺泡";爬行类的肺通常为一对,位于胸腹腔,肺内部有复杂的分割,分割出许多蜂窝状的小室呈海绵状;鸟类和哺乳类的肺最发达。哺乳类的肺位于胸腔内,在纵隔两侧,左右各一,右肺通常比左肺大。纵隔中有心脏和心包、胸腺、食管、气管,出入心脏的大血管、神经、胸导管以及淋巴结等(图6-8)。

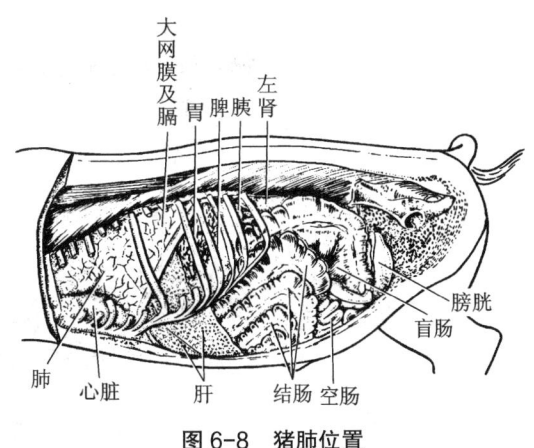

图6-8　猪肺位置

肺的表面覆有胸膜脏层,平滑而湿润。健康猪的肺为粉红色,呈海绵状,质软而轻,富有弹性。肺略呈锥体形,左、右肺都具有三个面。肋面凸,与胸腔侧壁接触。底面凹,与膈接触。纵隔面平,与纵隔接触,其中有肺门,为肺动脉、肺静脉、支气管、淋巴管和神经等出入肺的地方。这些支气管、血管和神经被结缔组织包裹在一起,称为肺根。猪左肺分三叶,尖叶、心叶和膈叶。右肺分四叶,尖叶、心叶、膈叶和副叶(图6-9)。

肺表面肺胸膜的结缔组织伸入肺内将肺实质分隔成许多肺小叶。肺的实质是指肺内各级支气管和大量的肺泡(图6-10)。左、右支气管入肺门后反复分支形成各级支气管、细支气管和终末细支气管。支气管管壁中有软骨和支架,细支气管管壁中有环行的平滑肌层。上述这些管道的结构与肺外支气管相似,称为肺内的导气部。终末细支气管的分支是呼吸性细支气管,其特点是管壁出现肺泡的开口,呼吸性细支气管的分支有更多的肺泡开口称为肺泡管,肺泡管延续称肺泡囊。这些含肺泡的结构,是肺的呼吸部。肺泡呈半球形,肺泡壁很薄,主要由单层肺泡上皮和基膜构成。肺泡上皮由Ⅰ型肺泡细胞(扁平细胞)和Ⅱ型肺泡细胞(立方细胞)组成。尽管Ⅱ型肺泡细胞数量比Ⅰ型肺泡细胞多,但肺泡壁的95%的面积由Ⅰ型肺泡细胞覆盖。肺泡周围有丰富的毛细血管,因此肺泡内的空气可以和血液中的二氧化碳交换,完成呼吸功能(图6-11)。

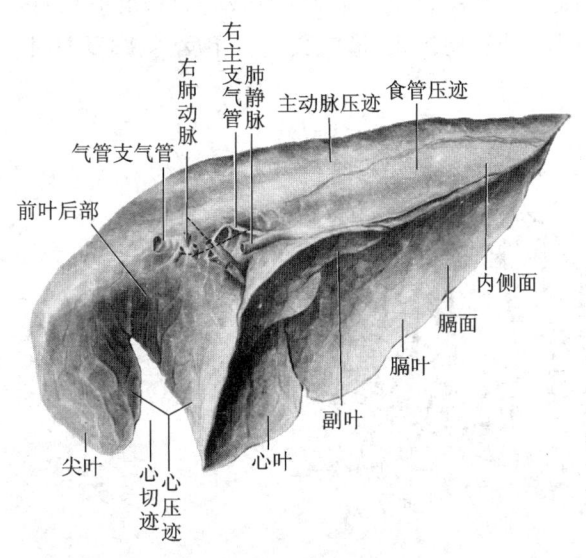

图6-9　猪右肺的分叶

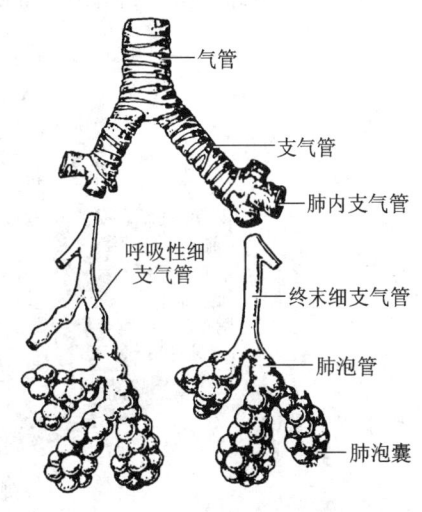

图6-10　肺的组织结构

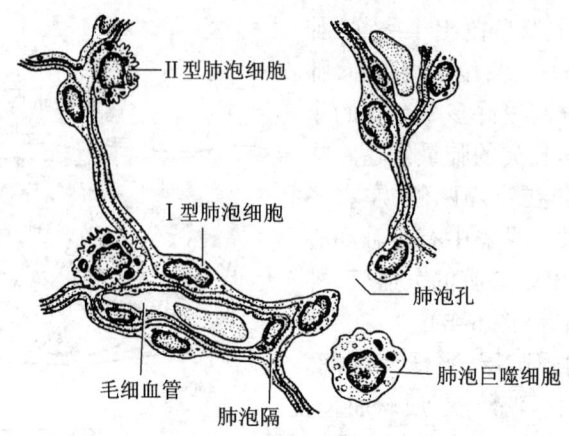

图 6-11 肺泡与气体交换

肺有两类血管,即肺动脉为功能性血管。来自右心室,入肺门后不断分支与各级支气管伴行,直至肺泡,在肺泡隔内形成毛细血管网。其血液与肺泡内的空气进行气体交换后,逐渐汇集入肺静脉,延肺的间质走向肺门出肺;支气管动脉为营养性血管。来自胸主动脉,管径较小,也与各级支气管伴行,沿途发出分支形成毛细血管网。主要营养支气管树。血液回流一部分汇入肺静脉,一部分汇入支气管静脉。肺的运动神经有副交感神经(迷走神经)和交感神经,神经随支气管分支进入肺组织内,分布于支气管树的平滑肌、腺体和血管平滑肌。肺的感觉神经混于迷走神经内,分布于支气管黏膜、肺胸膜和肺泡的结缔组织。

第三节 呼吸运动

肺与外界环境之间的气体交换过程靠呼吸运动来实现,呼吸运动通过呼吸器官和胸廓等完成,气体的流动总是由压力高的地方流向压力低的地方。空气之所以能吸入肺内,是由于肺扩张,肺内气压低于外界气压。而气体被呼出体外,则是因肺缩小,肺内气压高于外界气压。肺本身不能主动的扩张,肺的扩张和收缩是借助于胸廓的运动而被动的进行的(图 6-12)。胸廓扩张时,密闭的胸腔形成负压,肺被动扩张,形成吸气。相反,胸廓复原时,

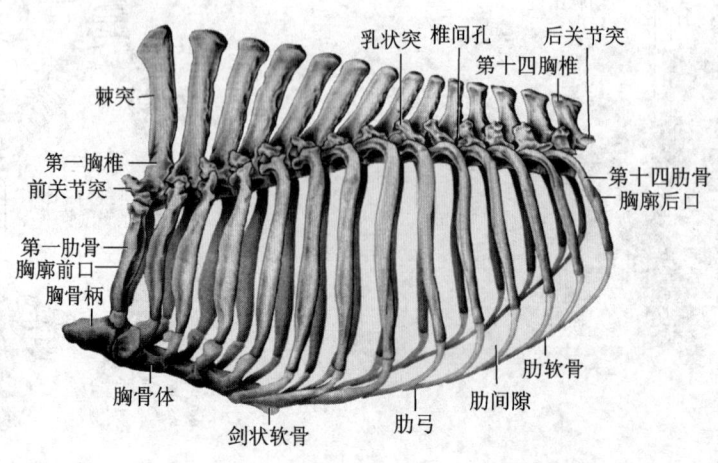

图 6-12 猪胸廓

肺容积变小,形成呼气。动物在整个生命过程中,呼吸运动始终不停地进行着,并且随着机体睡眠、苏醒、激烈活动等不同情况,改变呼吸频率和深度,使肺的通气量适应机体的需要,这是中枢神经系统和体液因素不断地对呼吸运动调整的结果。

鸟类有气囊与肺相通,即使是呼气时也可以从肺后面的气囊向肺内输送新鲜空气(图6-13)。而且,肺的呼吸部是由呼吸毛细血管组成的网络而不是肺泡(图6-14)。

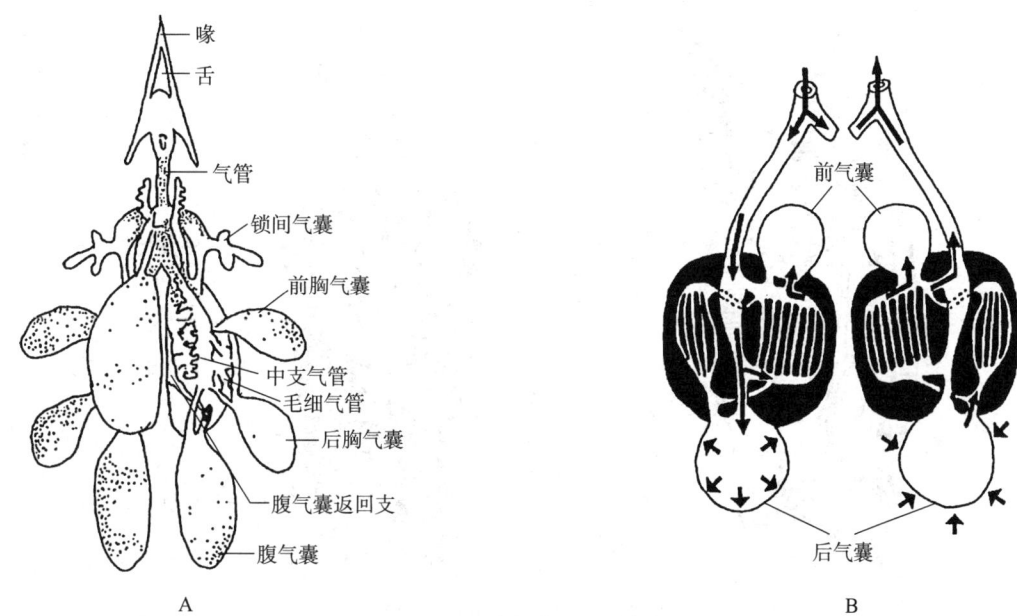

图6-13 鸟肺、气囊与气流途径
A. 肺与气囊的关系　B. 气流途径

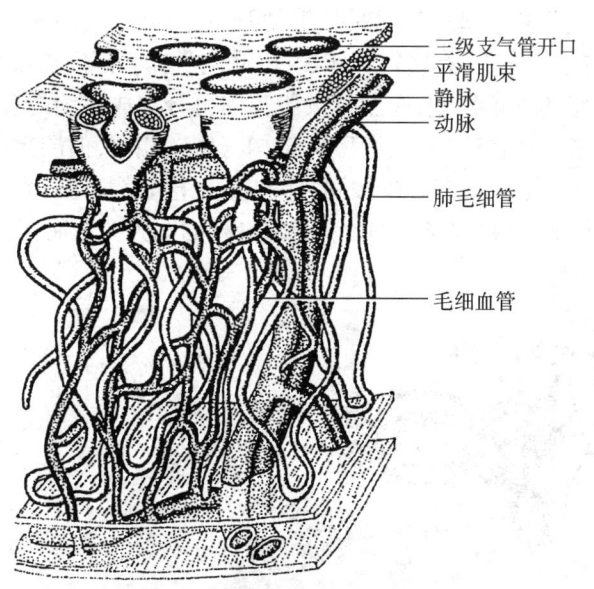

图6-14 鸡肺呼吸毛细小管与毛细血管

很多水生生物用鳃呼吸,各种动物鳃形态不同,但有两个共同特征,就是表面大和有丰富的血液供应(图6-15);流经鳃表面的水流和鳃内的血流方向相反。从而使动物能够从水中高效率地获取氧气。但部分生活在溶氧经常性缺乏水域的硬骨鱼类,还通过皮肤、口腔黏膜、鳔、气囊、肠道等辅助呼吸器官进行气呼吸。气呼吸器官形态各异,共同的特点是具有丰富的血管、超薄的阻隔层,较大的表面积等。泥鳅通过后肠背侧黏膜结构的分化、直肠上皮的特化,解决肠道营养与呼吸区域重叠的问题。

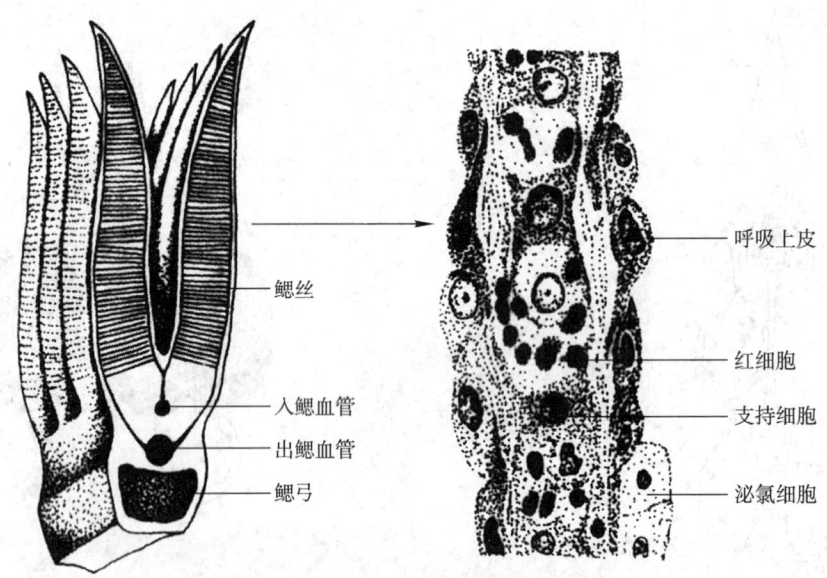

图6-15 鳃和鳃小片模式图

陆生节肢动物不依靠血液而依靠气管将空气直接送到组织,这是对陆生环境的高度适应。但是气管系统只使用于小型动物。昆虫的气管系统(图6-16)由身体两侧的表皮和外骨骼内陷形成,包括气门和气管。气门是气管的开口,控制空气的流入;气管由气门通入体内,在体壁形成左、右气管纵干,有横气管相连,由此向身体各部发出很多分支。气管愈分愈细,至微气管伸入掌状的管顶细胞,在胞体及胞突内再分支成更细的盲端微气管,抵达组织或细胞,在接触面上进行气体交换,气管壁的结构与体壁相同,但层次内外相反。内表面为角化表皮,以内褶或增厚形成的螺旋丝加固气管壁,防止气管塌陷。蝗虫和蜜蜂等飞翔力强的昆虫,在气管干上形成气囊(图6-17)。受肌肉舒缩的压力变化而促进通风。

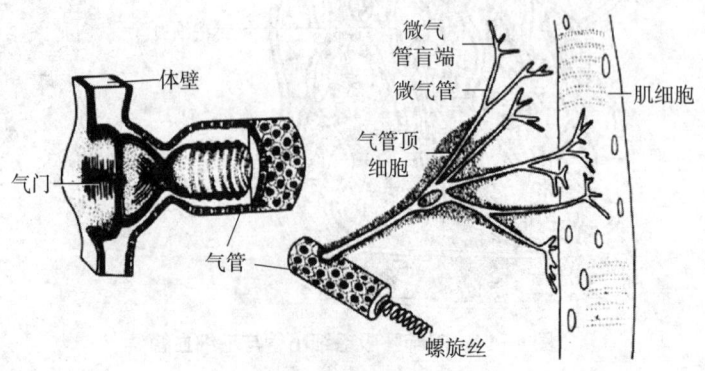

图6-16 昆虫的气管系统

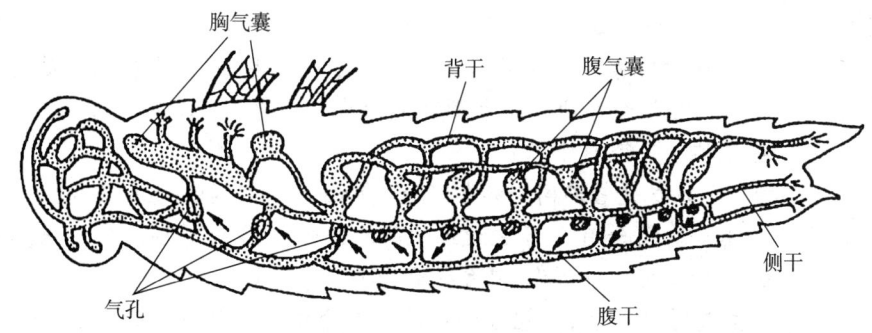

图 6-17　蚱蜢的气管系统

此外,陆生蜗牛的外套膜内壁密布血管网,如肺一样进行气体交换;蝎目和蛛形纲则有很多薄膜状鳃片重叠排列形成的书肺作为呼吸器官(图 6-18)。

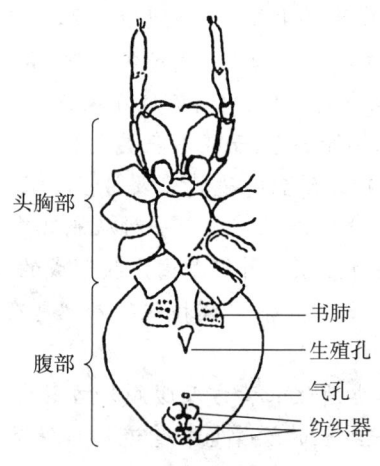

图 6-18　蜘蛛的书肺

名词解释

1. 固有鼻腔　鼻腔的主体部分。内有两个鼻甲骨,将腔洞分为上、中、下三个鼻道,并与鼻中隔形成总鼻道。鼻腔内表面覆盖黏膜,分为呼吸区和嗅觉区,鼻腔具有初步处理空气及嗅觉功能。

2. 鼻旁窦　位于鼻腔周围骨内的空洞。它们与鼻腔相通,内表面覆盖黏膜,是鼻黏膜的延续,包括上颌窦、额窦、蝶腭窦、筛窦。具有减轻头骨重量,预温及湿润空气,使声音共鸣的作用。

3. 胸廓　由背侧的胸椎、两侧的肋骨和肋软骨、腹侧的胸骨构成的骨性支架,为胸腔的骨质基础。其前口小,由第一胸椎、第一对肋骨和胸骨柄构成;后口大,由最后胸椎、肋弓和剑状软骨构成。胸廓的前部窄,坚固性大,用以保护胸腔内的心、肺和大血管,并附着前肢;后部宽,活动性大,以构成呼吸运动的杠杆。正常呼吸运动和人工呼吸就借助胸廓的开大和缩小完成。

4. 气-血屏障　指肺泡与血液间气体交换所必须通过的结构。包括Ⅰ型肺泡细胞、基膜、薄层结缔组织、毛细血管基膜及内皮。

5. Ⅱ型肺泡细胞　光镜下细胞圆形或立方形,镶嵌在Ⅰ型肺泡细胞之间,凸向肺泡腔,核圆形,胞质着色浅。电镜观察可见细胞游离面有少量微绒毛,胞质内粗面内质网、高尔基复合体发达,还有许多嗜锇性板层小体。Ⅱ型肺泡细胞的功能是分泌表面活性物质,具有降低肺泡表面张力,稳定肺泡直径的作用。

6. 肺小叶　指一个细支气管连同它的各级分支和肺泡所组成的肺组织。

7. 肺泡隔　相邻肺泡间含有丰富毛细血管网和弹性纤维的薄层结缔组织,属于肺间质。其中还含有巨噬细胞、成纤维细胞、肥大细胞和神经纤维等成分。

8. 鳃　鱼类的主要呼吸器官,由鳃弓和鳃丝两部分构成。鳃弓由骨骼支撑,一侧具有鳃耙(有些鱼类缺乏),另一侧有鳃丝固着其上。每一鳃丝由一根小棒状的鳃丝软骨支持,一端固着于鳃弓,另一端游离。每一根鳃丝顺序排列着鳃小片。鳃小片,是鱼类与周围环境进行气体交换的结构单位,由上下两层单层呼吸上皮(分别称为远位细胞层和近位细胞层)及其间的支持细胞和毛细血管网所构成。

9. 泌氯细胞　位于鳃小片复层上皮中,细胞较其他细胞大,多呈椭圆形,胞核位于中央,胞质含有微细的嗜伊红颗粒。泌氯细胞含有碳酸酐酶,其功能与渗透压调节有关。该细胞几乎存在于所有海水真骨鱼类的鳃中,也存在于某些淡水真骨鱼类如鳊、普通雅罗鱼等。海水真骨鱼类细胞游离端存在排泄小泡,而淡水鱼类没有。

10. 外鳃　某些鱼类胚胎期或幼鱼阶段的呼吸器官。根据发生的来源不同将其分为内胚层性外鳃和外胚层性外鳃。内胚层性外鳃是一种从鳃孔中伸出的丝状物,有时也从喷水孔伸出,多见于板鳃类的胚胎;外胚层性外鳃是由皮肤形成的,在鳃盖和鳃孔前方发生,动脉弓或鳃动脉发出分支进入外鳃,这些簇状或树枝状的外鳃具有独特的肌肉,能移动外鳃以接触水体吸取氧气。

11. 鳔　绝大多数硬骨鱼类消化管背方及腹膜外方的大而中空的囊状器官,囊内充满氧气、二氧化碳等气体,通过一细长的鳔管与食管连接。鳔壁由黏膜、肌层和外膜或外纤维层构成,鳔管由黏膜、黏膜下层、肌层和外膜四层组成。鳔具有调节比重(相对密度)、感受声波和水压、发声、呼吸等功能。

12. 犁鼻器　两栖类的犁鼻器是鼻腔腹内侧的一对盲囊,能感知进入口腔的空气或物体的化学性质。蛇类的犁鼻器十分发达,它是鼻腔前面的一对盲囊,开口于口腔顶部和鼻腔没有联系。蛇用细而长的舌尖搜集空气中的各种化学物质,用舌尖送入犁鼻器的两个盲囊,产生嗅觉。犬嗅黏膜的犁鼻器小管开口于切齿管,切齿管开口于鼻腔。

自　测　题

一、填空题

1. 呼吸系统包括_____、_____、_____、_____和_____等器官以及_____和_____等辅助装置。

2. 鼻旁窦为鼻腔周围_____内的含气空腔,有_____和_____等。

3. 从鼻腔到支气管是_____,称为_____。肺是_____的场所。

4. 鼻腔由_____、_____和_____构成。

5. 气管和支气管是由_____及_____连接起来的。气管黏膜分泌_____,细胞有_____,阻止_____。

6. 肺位于_____内,在_____两侧,左右各一。纵隔中有_____、_____、_____、_____、_____、_____以及淋巴结等。

7. 猪左肺分_____、_____和_____三叶,右肺分_____、_____、_____、_____四叶。

8. 每个肺有三个缘,即_____、_____和_____。

二、单项选择题

1. 鼻腔内有四个鼻道,其中与鼻旁窦相通的是(　　)
   A. 上鼻道　　B. 中鼻道　　C. 下鼻道　　D. 总鼻道　　E. 鼻前庭

2. 喉由四种软骨构成,其中最大的一块是(　　)
   A. 甲状软骨　　B. 环状软骨　　C. 会厌软骨　　D. 杓状软骨　　E. 气管软骨

3. 鼻前庭的黏膜上皮为(　　)
   A. 假复层柱状上皮　　B. 假复层纤毛柱状上皮　　C. 复层扁平上皮
   D. 单层柱状上皮　　E. 双层柱状上皮

4. 肺的导气部从肺内支气管起,到(　　)
   A. 细支气管止　　B. 终末细支气管止　　C. 小支气管止
   D. 呼吸性细支气管止　　E. 肺泡管止

5. 肺的呼吸部包括(　　)
   A. 肺泡、肺泡囊、肺泡管、细支气管
   B. 肺泡、肺泡囊、肺泡管、呼吸性细支气管
   C. 肺泡、肺泡囊、呼吸性细支气管、终末细支气管
   D. 肺泡、肺泡囊、呼吸性细支气管、细支气管
   E. 肺泡、肺泡囊、肺泡管、终末细支气管

6. 气-血屏障的结构组成是(　　)
   A. 毛细血管内皮,内皮基膜,肺泡上皮
   B. 毛细血管内皮,内皮基膜,上皮基膜和Ⅰ型肺泡细胞
   C. Ⅰ型肺泡细胞,基膜,薄层结缔组织,毛细血管内皮基膜和内皮
   D. 肺泡上皮,上皮基膜及内皮
   E. 肺泡隔,肺泡上皮,基膜和尘细胞

7. 关于肺泡的结构,哪一项是错误的?(　　)
   A. 是肺进行气体交换的场所
   B. 上皮由Ⅰ型肺泡细胞和Ⅱ型肺泡细胞组成
   C. 相邻两个肺泡间的薄层结缔组织称为肺泡隔
   D. 肺泡隔内含丰富的毛细血管
   E. Ⅱ型肺泡细胞参与构成气-血屏障

8. 关于肺泡巨噬细胞,哪一项是错误的?(　　)
   A. 由血液中的单核细胞分化而来　　B. 仅分布于肺间质而不进入肺泡腔
   C. 吞噬功能活跃　　D. 吞噬了尘颗粒后称为尘细胞
   E. 属单核吞噬细胞系统

9. 肺小叶是指(　　)
   A. 小支气管连同其各级分支和肺泡　　B. 细支气管连同其各级分支和肺泡

C. 终末细支气管连同其分支和肺泡　　　　D. 呼吸性细支气管连同其分支和肺泡

E. 以上都不是

10. 关于肺泡的结构特征哪项错误？（　　）

A. 是多面形有开口的囊泡

B. 肺泡上皮细胞由Ⅰ型和Ⅱ型两种细胞组成

C. 相邻肺泡之间的组织称为肺泡隔

D. 肺泡隔中有平滑肌和毛细血管网

E. 相邻的肺泡之间经肺泡孔相通

11. 关于呼吸道净化空气的描述哪项错误？（　　）

A. 纤毛摆动将尘粒推向咽部

B. 腺体分泌物可黏附灰尘和细菌

C. 鼻毛可阻挡空气中大的尘粒

D. 浆细胞产生分泌性IgA能杀灭细菌

E. 固有层中的淋巴组织参与免疫反应

参 考 答 案

一、填空题

1. 鼻　咽　喉　气管　支气管　肺　胸廓　胸膜腔

2. 头骨　额窦　上颌窦

3. 气体的通道　呼吸道　进行气体交换

4. 鼻孔　鼻前庭　固有鼻腔

5. 不闭合的软骨环　结缔组织　黏液　纤毛　尘土入肺

6. 胸腔　纵隔　心　胸腺　食管　气管　血管　神经　胸导管

7. 尖叶　心叶　膈叶　尖叶　心叶　膈叶　副叶

8. 背缘　腹缘　底缘

二、单项选择题

1. B

2. A

3. C

4. B　题解：肺的导气部从肺内支气管起到终末细支气管为止。

5. B　题解：细支气管和终末细支气管是肺的导气部。

6. C　题解：肺泡与血液之间气体交换，至少要经过肺泡上皮（Ⅰ型肺泡细胞）、上皮基膜、薄层结缔组织、毛细血管内皮基膜、毛细血管内皮五层结构，称为气－血屏障。

7. E　题解：Ⅰ型肺泡细胞参与构成气－血屏障，Ⅱ型肺泡细胞的主要功能是分泌表面活性物质，故E是错误的。

8. B　题解：肺泡巨噬细胞广泛分布于肺泡隔或肺泡腔内。

9. B

10. D　题解：肺泡隔中无平滑肌。

11. D

思 考 题

1. 依次列出空气自鼻孔进入,最终到达血液,中途所经通道和结构的名称。然后说出哪些解剖、组织结构的变化可导致机体缺氧?
2. 简述 II 型肺泡细胞研究进展。

网 上 更 多

- 教学视频
- 教学课件
- 在线自测
- 彩图动画

第七章
泌尿系统

• **本章提要** •

　　本章介绍了肾、输尿管、膀胱和尿道的形态、位置、组织结构及功能。家畜在新陈代谢过程中产生许多废物，大部分以尿的形式由泌尿系统排出体外。泌尿作用主要由肾完成，其中肾小体产生滤过液流入泌尿小管，经重吸收和分泌作用形成尿。

• **学习目标** •

1. 掌握肾的形态、位置和组织结构。
2. 掌握尿的形成过程。

无脊椎动物泌尿系统的排泄器官有伸缩泡(原生动物)、原肾管(扁形动物)、后肾管(环节动物)、马氏管(昆虫)和变形细胞(棘皮动物)。脊椎动物的泌尿系统包括肾、输尿管、膀胱和尿道,其主要功能是生成和排出尿液(图 7-1)。机体在代谢过程中产生许多废物和多余的水分、电解质,其中一小部分由消化器官、呼吸器官和皮肤排出,大部分则以尿的形式由泌尿系统排出体外。同时,肾作为机体最主要的排泄器官,还有调节体液,维持电解质平衡的作用。动物的含氮废物本来是多样的,在进化的过程中,动物适应于所在环境。水生动物大都发展了排泄氨的功能,进入陆地后,卵生动物发展了排泄尿酸的功能,胎生动物发展了排泄尿素的功能。

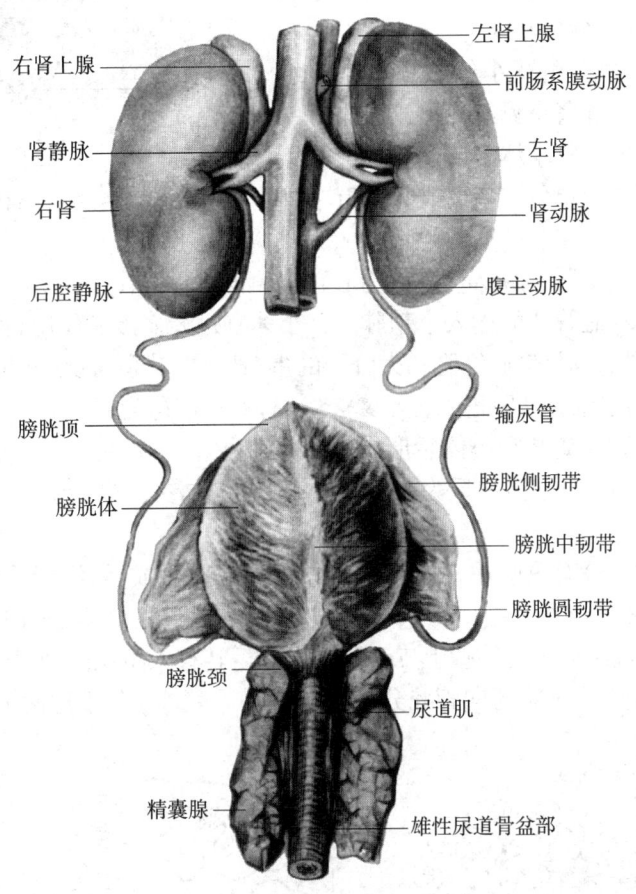

图 7-1 猪泌尿系统的组成

第一节 肾

猪肾呈长而扁的菜豆形,是表面光滑的多乳头肾,其内缘中部凹陷为肾门,是输尿管、血管、神经和淋巴管出入的通道。两肾位置对称,均在最后胸椎及前三腰椎腹面两侧。肾的结构由被膜和实质构成。被膜为一层较厚的纤维膜,容易剥离。实质分外周的皮质和深部的髓质。切面上皮质呈红褐色,含许多细小的颗粒为肾小体。髓质呈淡红色,有条纹,并形成若干个圆锥形的隆起称肾锥体(图 7-2)。椎体底部与皮质相连,顶部突入肾小盏,称肾乳头。

一般哺乳动物的肾在胚胎发生时形成若干椎体形的肾叶，尖端称肾乳头。肾叶后来在哺乳动物有不同程度愈合，因而形成四种基本类型（图7-3）：(a)复肾，肾叶不愈合，见于海豚、熊等；(b)有沟多乳头肾，肾叶仅中部愈合，表面仍以沟分开，见于牛等；(c)光滑多乳头肾，各肾叶除肾乳头外已全部愈合，见于猪、人等；(d)光滑单乳头肾，肾叶完全愈合，乳头合并为总乳头，又称肾嵴，见于马、骆驼、羊、鹿和食肉兽等。有些低等哺乳动物如鼠和兔的肾只有一个肾叶，称单叶肾。

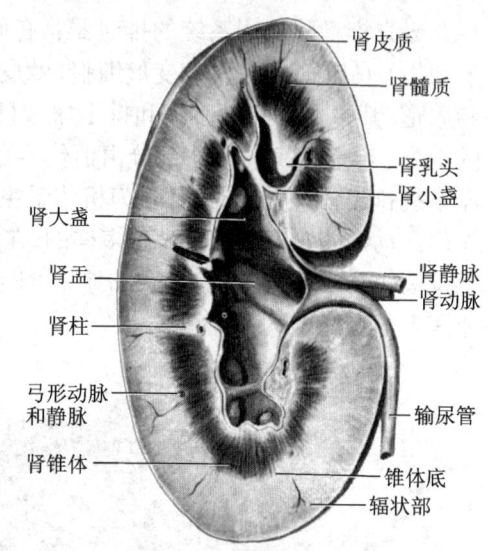

图7-2 猪肾纵剖面

肾的组织结构主要由肾小体和泌尿小管组成。肾小体由肾小球和肾小囊组成。泌尿小管由肾小管和集合管组成。肾小体和泌尿小管组成肾组织结构的基本单元称肾单位。猪约有数百万个肾单位（图7-4）。

肾动脉来自腹主动脉，血流量很大，为心输出量的1/5~1/4，其中90%流入皮质，肾小叶间动脉的分支形成肾血管球的输入小动脉。肾小体有过滤血液的作用（图7-5）。当血液流经肾小球时，血液中的成分除血细胞和大分子的蛋白质外，其余的物质都能通过肾小球的毛细血管壁、肾小囊内层细胞裂隙进入肾小囊腔。这种滤过液称为原尿。原尿几乎不含蛋白质。血管球的输出小动脉在离开肾小体后形成球后毛细血管，分布在皮质肾小管周围。球后毛细血管内以血细胞和大分子蛋白质为主要成分，血液胶体渗透压较高，有利于组织间液转运入毛细血管。

泌尿小管（图7-6）有重吸收、分泌、排泄作用。原尿生成后，沿肾小管流入集合小管，在肾乳头处经乳头孔排入肾小盏，而后再汇入肾盂。在此过程中，原尿中的绝大部分的水和全部的有用物质将被泌尿小管管壁上皮细胞重吸收后转移入组织间液，然后重返血液循环。同时，泌尿小管管壁上皮细胞还向管腔分泌NH_3^+和马尿酸等。经上述两个环节后，原尿成分

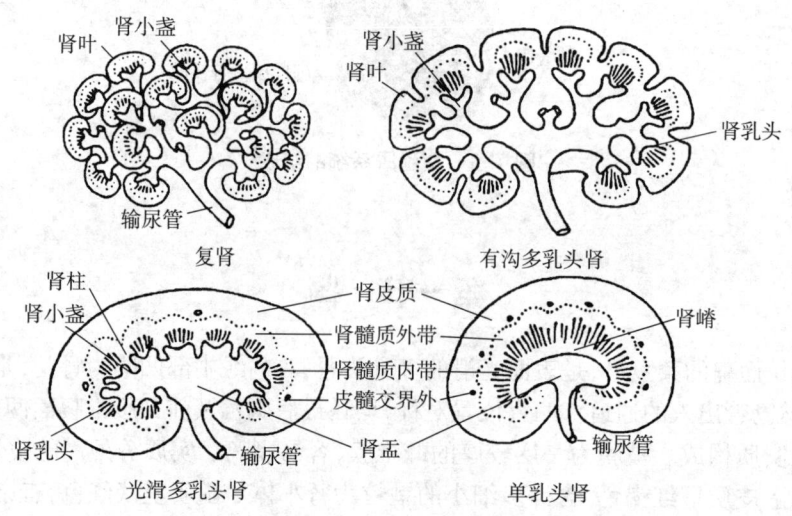

图7-3 肾的类型模式图

第一节 肾

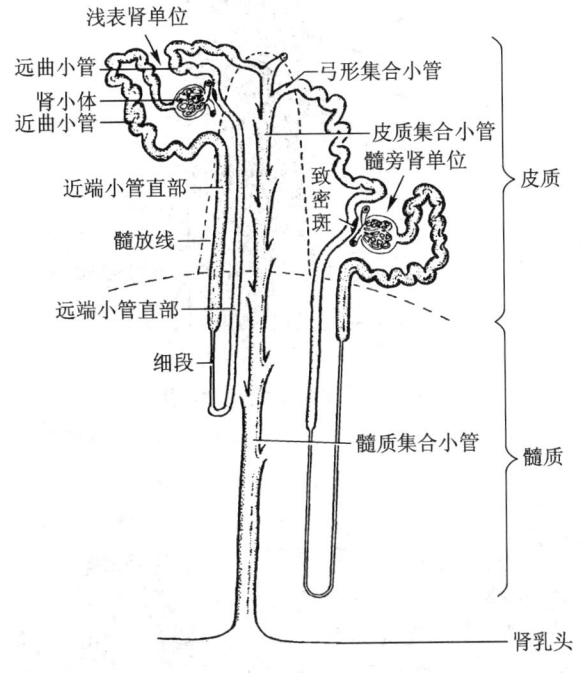

图 7-4 肾组织结构模式图

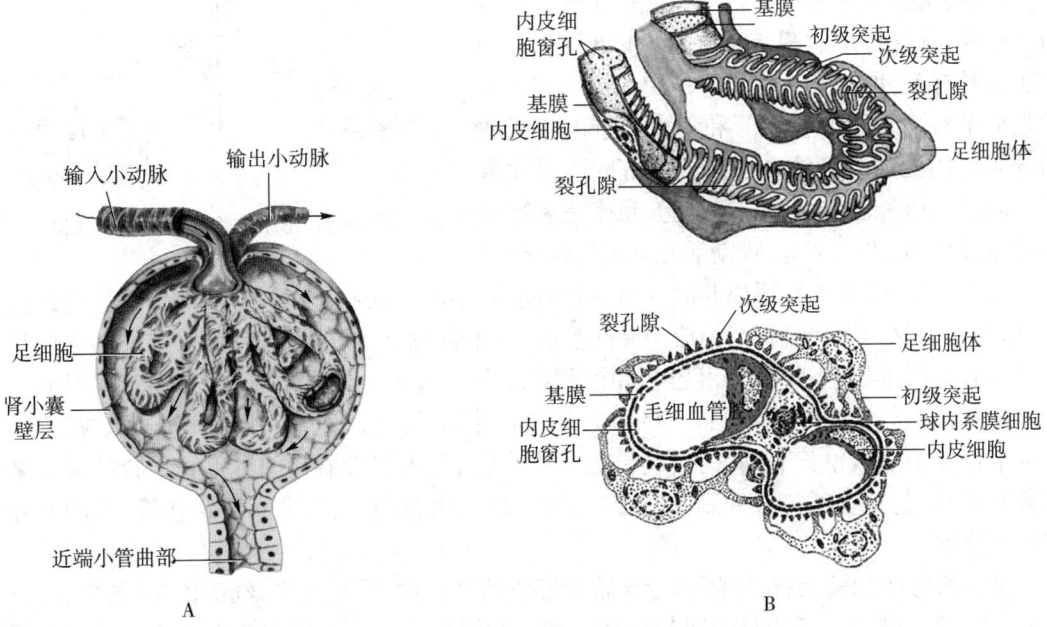

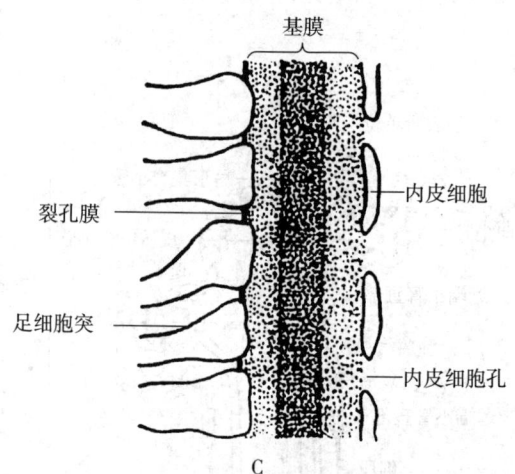

图 7-5 肾小体的滤过作用
A. 肾小体模式图 B. 肾血管球局部模式图 C. 滤过膜

发生改变,从而变成终尿。终尿与原尿相比,差异很大,就数量而言,终尿只有原尿的 1/150~1/100;从成分来看,终尿绝大部分是尿素,没有葡萄糖等。

当机体缺水时,排出尿液的渗透压明显高于血浆渗透压,称浓缩尿。若体内水过剩,尿液的渗透压低于血浆渗透压,称稀释尿。尿的生成主要靠肾小体的滤过和泌尿小管的重吸收和分泌作用。因此,机体对尿生成的调节也就是对滤过作用和重吸收、分泌作用的调节。肾小球的滤过作用与肾血流量有关,所以肾小球滤过作用的调节实际上就是调节肾血流量。肾小管和集合小管的重吸收和分泌作用的调节则抗利尿激素和醛固酮是主要调节因素。球旁复合体由球旁细胞、致密斑和球外系膜细胞组成(图7-7)。肾动脉由腹主动脉分出

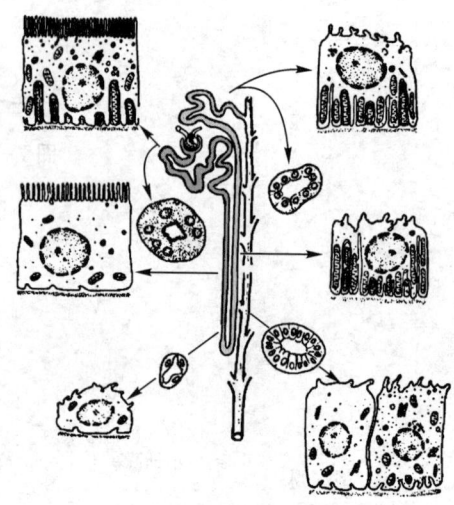

图 7-6 泌尿小管各段结构模式图

后由肾门入肾,分支依次形成叶间动脉、弓形动脉、小叶间动脉、入球小动脉、肾小球毛细血管、出球小动脉。毛细血管汇集成小叶间静脉、弓形静脉、叶间静脉、肾静脉,与同名动脉伴行。肾有两组淋巴丛,即肾内淋巴丛和被膜淋巴丛。肾内毛细淋巴管分布于肾单位周围,沿血管逐级汇合成小叶间淋巴管、弓形淋巴管和叶间淋巴管,经肾门淋巴管出肾。被膜内毛细淋巴管汇合成淋巴管后,与肾内淋巴丛吻合,或汇入邻近器官的淋巴管。肾的神经来自肾神经丛,包括交感神经和副交感神经,神经纤维由肾门入肾,分布于肾血管、肾间质和球旁复合体。

家禽的肾体积较大,位于腰荐骨与髂骨形成的肾窝内,质软且脆,红褐色,长条形,可分为前、中、后三部分。无明显的肾门,血管、神经和输尿管等从不同部位进出肾。肾的表面无脂肪囊,被膜为极薄的结缔组织。肾实质有许多皮质小叶和髓质小叶(图7-8)。皮质小叶的中央有中央静脉,髓质小叶主要由髓袢和集合小管构成。每一个髓质小叶接受数个

第一节 肾

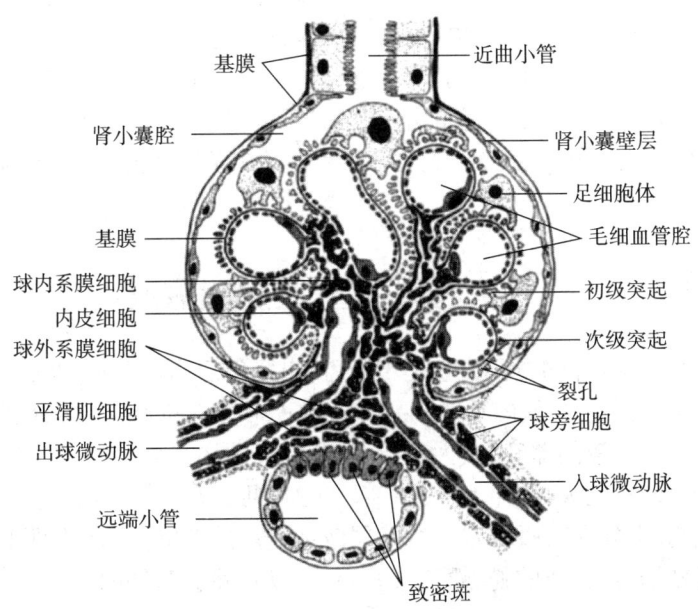

图 7-7 肾小体与球旁复合体模式图

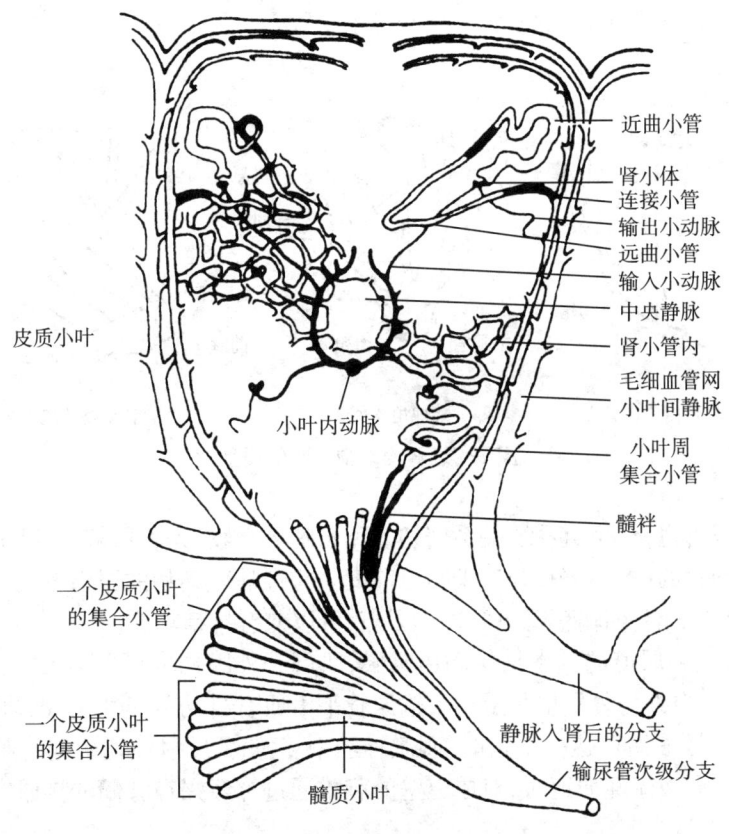

图 7-8 鸡肾小叶结构模式图

皮质小叶的髓袢和集合小管。家禽的肾没有肾盂,输尿管是一个树枝状分支系统。分布到肾的动脉有3对,即肾前动脉、肾中动脉、肾后动脉。它们入肾后反复分支,形成小叶间动脉,进入肾叶后形成多条小叶内动脉,沿途发出许多入球小动脉,在肾小体内形成血管球,再形成出球小动脉。出球小动脉的分支形成肾小叶内毛细血管网进而汇集成肾小叶内静脉、肾小叶间静脉出肾小叶后逐步汇合,最后形成2条肾静脉出肾,经髂总静脉入后腔静脉。

第二节　输尿管、膀胱和尿道

输尿管是一对输送尿液的管道,它起于肾盂,出肾门后向后延伸,在骨盆腔内斜向穿入膀胱背侧壁的后部,它在膀胱壁内延伸2~3 cm,这种结构有利于防止尿液逆流。

膀胱是暂时储存尿液的器官,其大小、形状和位置因尿量多少而异。含尿液少时,呈梨状,位于骨盆腔内;尿液充满时,伸入腹腔后部。膀胱见于大多数脊椎动物(图7-9),是贮存尿液的器官,除哺乳类外还有吸收水分浓缩尿液和分泌的功能。缺少膀胱的脊椎动物有鱼类的圆口纲和板鳃纲,爬行类的蛇、鳄和某些蜥蜴,以及除鸵鸟外的所有鸟类。鱼类的膀胱是次肾导管末段膨大或突出形成。两栖类和爬行类的膀胱则由泄殖腔的腹侧壁突出形成。龟和某些蜥蜴具有较大的膀胱;有些淡水龟类还有两个副膀胱。两栖类和爬行类的尿液要通过泄殖腔才能进入膀胱。哺乳类在胚胎时期由原肠后端的腹侧壁突出形成尿囊,膀胱由胚胎体内的尿囊柄发育而成;输尿管直接开口于膀胱。

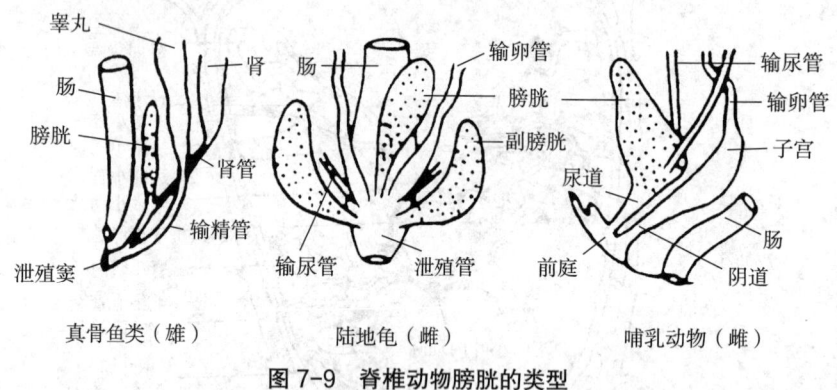

图7-9　脊椎动物膀胱的类型

尿道是排尿管道,与生殖系统关系密切。见于哺乳动物,是将尿液从膀胱排出体外的管道。雌性哺乳动物的尿道较短,开口于阴道前庭。雄性哺乳动物的尿道较长,一部分位于阴茎内,开口于阴茎末端,因输精管也开口于尿道,所以兼有排精功能。

输尿管、膀胱和尿道的基本结构均由黏膜、肌层和外膜构成(图7-10)。黏膜上皮大多为变移上皮,尿道口处为复层扁平上皮。输尿管平滑肌有自动节律性,有推动尿液到膀胱的作用。当膀胱中尿液储存达一定量时,刺激神经中枢就会反射性地引起膀胱肌层收缩,产生排尿动作。当尿液流经尿道时,对尿道壁的刺激通过神经兴奋脊髓的排尿中枢,使膀胱平滑肌收缩,直到尿液排完。

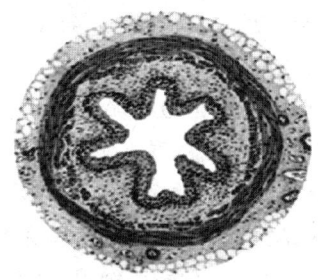
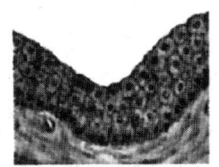

输尿管　　　　　膀胱上皮

图 7-10　输尿管和膀胱的组织结构

名词解释

1. 肾锥体　肾的髓质部呈圆锥形,称肾锥体。内含肾小管、集合管。锥尖末端形成肾乳头,突入肾小盏。

2. 肾单位　肾的结构和功能单位,由肾小体和肾小管组成。猪每个肾约有100万个肾单位。按照肾小体的分布位置,可分为皮质肾单位和髓旁肾单位,前者位于皮质浅层和中层,后者位于皮质深层。

3. 滤过膜　又称滤过屏障,由血管球毛细血管的有孔内皮、基膜和足细胞裂孔膜三层结构组成。当肾小体形成滤液时,血管球毛细血管内的血液在较高压力下经滤过膜进入肾小囊腔,生成滤液。滤液中除不含大分子蛋白质外,其他成分与血浆相似。一般情况下,相对分子质量为7万以下的物质均可通过滤过膜,而大分子物质则不能通过。

4. 足细胞　构成肾小囊脏层的细胞。细胞体积较大。胞体凸向肾小囊腔。足细胞从胞体伸出几个大的初级突起,后者又分出许多指状的次级突起。相邻次级突起呈指状穿插紧贴于毛细血管基膜外。突起之间的裂隙称裂孔,裂孔上覆盖有薄膜,称裂孔膜,该膜参与滤过膜的构成。

5. 泌尿小管　由单层上皮组成的小管系统,能将滤过膜产生的原尿通过重吸收形成尿液。它包括肾小管和集合小管两部分,主要的功能分工是:肾小管以重吸收和分泌为主,集合小管以浓缩和分泌为主。

6. 球旁复合体　球旁复合体又称肾小球旁器,由球旁细胞、致密斑和球外系膜细胞组成。球旁细胞是入球小动脉近血管极处的管壁平滑肌细胞转变成的上皮样细胞,细胞体积较大,呈立方形,细胞质内含丰富的分泌颗粒,可分泌肾素和红细胞生成素;致密斑是远端小管曲部近肾小体血管极一侧的管壁上皮细胞增高并紧密排列而形成的椭圆形斑,其细胞质着色浅,细胞核椭圆形,位于细胞近顶端,是离子感受器,可感受远端小管内尿液的 Na^+ 浓度变化;球外系膜细胞,又称极垫细胞,细胞形态结构与球内系膜细胞相似,并与之相连。

7. 系膜细胞　血管球内毛细血管袢之间的细胞。当系膜细胞上的血管紧张素因子激活时血管球内血流量减少;当系膜细胞松弛时,血管球内血流量增加。此外,系膜细胞还能合成细胞外基质成分;吞噬和清除滤入基质及基膜内的大分子物质;维持基膜的通透性;通过细胞收缩防止毛细血管袢固管内静脉压过高而扩张;合成多种酶及生物活性物质。

8. 肾间质　泌尿小管之间的结缔组织称肾间质,皮质内间质较少,髓质内增多。间质细胞分为纤维细胞、巨噬细胞和载脂间质细胞三种。其中的载脂间质细胞呈星形,可合成间质的纤维和基质,产生前列腺素,肾髓质血管降压脂,细胞突起的收缩可促进周围血管内血液流动,以利于重吸收水分的转运,促进尿液浓缩。

9. **肾的内分泌功能** 肾能产生多种激素或生物活性物质,如:前列腺素、肾素－血管紧张素、激肽释放酶、红细胞生成素、$1,25-(OH)_2D_3$、肾髓质血管降压脂、内皮素及血管内皮生长因子,等等。这些物质可以调节肾功能活动,并对机体的生理功能亦有重要影响。

10. **鱼类的前肾** 胚胎时期的主要泌尿器官,在仔鱼阶段有泌尿作用,成鱼后组织结构发生改变,成为类淋巴组织,有造血功能,产生血小板和淋巴细胞,称为头肾。

11. **鱼类的中肾** 真骨鱼类成体的泌尿器官,还具有调节渗透压的能力。

12. **吸盐细胞** 位于鱼类的肾小管,可使通过肾小管的过滤液中的大部分盐重新吸收回来。

自 测 题

一、填空题

1. 猪肾位于_____胸椎及_____腰椎腹侧。
2. 猪肾的类型是_____。
3. 一个肾叶由_____和_____组成。一个肾小叶由_____和_____组成。
4. 肾组织结构包括_____、_____和_____。
5. 泌尿小管由_____和_____两部分组成。
6. 肾小管中最粗最长的一段为_____。
7. 肾小囊脏层细胞为_____,其次级突起间的孔隙称_____。
8. 滤过膜又称_____,由_____、_____和_____三层组成。

二、单项选择题

1. 肾小管包括(　　)
   A. 近端小管曲部、髓袢、远端小管曲部
   B. 近端小管直部、细段、远端小管直部
   C. 近端小管曲部、细段、远端小管曲部
   D. 近端小管、髓袢、远端小管
   E. 以上均不对

2. 肾小体位于(　　)
   A. 皮质迷路
   B. 皮质迷路、髓放线
   C. 皮质迷路、肾柱
   D. 肾锥体
   E. 肾柱　肾锥体

3. 下列关于肾小体血管球的描述中,哪一项是错误的?(　　)
   A. 为入球小动脉分支形成的袢状毛细血管
   B. 为有孔型毛细血管
   C. 毛细血管壁的孔有窗膜
   D. 出球小动脉较细
   E. 汇合成一条出球小动脉离开肾小体

4. 下列关于输尿管的描述中,哪一项是错误的?(　　)
   A. 管壁由黏膜、肌层、外膜组成
   B. 外膜为浆膜
   C. 雌性尿道肌层为内环、外纵
   D. 雄性尿道肌层为内纵、中环、外纵

  E. 上皮为变移上皮

5. 肾柱属皮质成分,分布于(　　)

  A. 髓放线间　　　　　　　　　　　　B. 小叶间血管与髓放线间

  C. 肾锥体底部与被膜之间　　　　　　D. 肾锥体之间

  E. 肾叶之间

6. 关于肾叶的组成哪项正确?(　　)

  A. 每个肾锥体与其相连的皮质　　　　B. 每个髓放线及其周围的皮质迷路

  C. 两个髓放线间的皮质迷路　　　　　D. 每组小叶间血管周围的皮质迷路

  E. 每个肾锥体与被膜间的皮质

7. 关于血管球的论述哪项错误?(　　)

  A. 由数条毛细血管袢相互连成网　　　B. 在毛细血管之间有血管系膜

  C. 毛细血管基膜完整,较厚　　　　　　D. 属有孔型毛细血管

  E. 在尿极与肾小管相接

8. 肾乳头和肾盏上皮为(　　)

  A. 单层立方上皮　　　　　　　　　　B. 变移上皮

  C. 单层柱状上皮　　　　　　　　　　D. 复层柱状上皮

  E. 复层扁平上皮

参 考 答 案

一、填空题

1. 最后　前三

2. 表面光滑多乳头肾

3. 一个肾锥体　相连的皮质　一条髓放线　周围的皮质迷路

4. 肾门　纤维性外膜　肾实质

5. 肾小管　集合小管

6. 近端小管

7. 足细胞　裂孔

8. 滤过屏障　有孔内皮　基膜　足细胞裂孔膜

二、单项选择题

1. A　题解:肾小管由近端小管、细段和远端小管组成,其中近端小管和远端小管又都分为曲部和直部;髓袢由近端小管直部、细段和远端小管直部组成,因此肾小管包括了近端小管曲部、髓袢和远端小管曲部。

2. C

3. C　题解:肾小体血管球毛细血管的孔眼上一般无隔膜覆盖。

4. B　题解:输尿管外膜为纤维膜。

5. D

6. A

7. A

8. B

• 思 考 题 •

1. 鸡肝和肾都有小叶中央静脉,两者有什么实质性不同?
2. 依次列出尿从肾小体到尿道外口排出的途径。

• 网 上 更 多 •

教学视频　　　教学课件　　　在线自测　　　彩图动画

第八章
生殖系统

• 本章提要 •

　　本章包括雄性生殖系统和雌性生殖系统。分别介绍了雄性生殖系统和雌性生殖系统的组成,各器官的形态、位置、组织结构及功能。睾丸是产生精子和分泌雄激素的器官。卵巢是产生卵子和分泌雌激素和孕酮的器官。子宫是供胎儿生长发育的器官。

• 学习目标 •

1. 掌握雄性生殖系统的组成。
2. 掌握睾丸的形态、位置、组织结构及功能。
3. 掌握副性腺的种类及功能。
4. 掌握雌性生殖系统的组成。
5. 掌握卵巢的形态、位置、组织结构及功能。

第八章 生殖系统

原生动物尚未分化出专一生殖类器官，其有性生殖通过不同配子的融合或原核交换来实现。双胚层腔肠动物（水螅）开始出现雌雄同体或雌雄异体的性个体，但只在冬季由外胚层形成临时性的生殖腺，生殖细胞成熟后直接排入水内，因而既没有输送生殖细胞的管道，也没有交配器官。三胚层的无脊椎动物有雌雄同体和雌雄异体，并由于中胚层的形成，促进了体内各器官系统的发展；其生殖系统已具有固定的生殖腺（精巢、卵巢）、生殖管道（输精管、输卵管）和附属腺（前列腺、卵黄腺等）；体内受精的动物还有交配器官（交合刺、阴茎等）。不过，棘皮动物由于附着生活的影响，体形变为辐射对称，其生殖系统次生性地退化，如海星只保留生殖腺而无生殖管道，生殖细胞不经体腔而直接由生殖孔排出体外。脊索动物中的文昌鱼为雌雄异体，生殖系统很简单，仅有20余对生殖腺而无生殖管道，成熟的生殖细胞从生殖腺破裂而出。最低等的脊椎动物（圆口类），其生殖系统仍保持着许多原始特征，也只有生殖腺而缺乏生殖管道；生殖腺在幼体时（如盲鳗）为两性腺，到成体才分化为睾丸或卵巢，因而在个体发育中先为雌雄同体，而后变为雌雄异体。鱼类以上的脊椎动物均为雌雄异体，一般具有生殖腺、生殖管、副性腺和交配器等完整的生殖系统（图8-1、图8-2）。生殖系

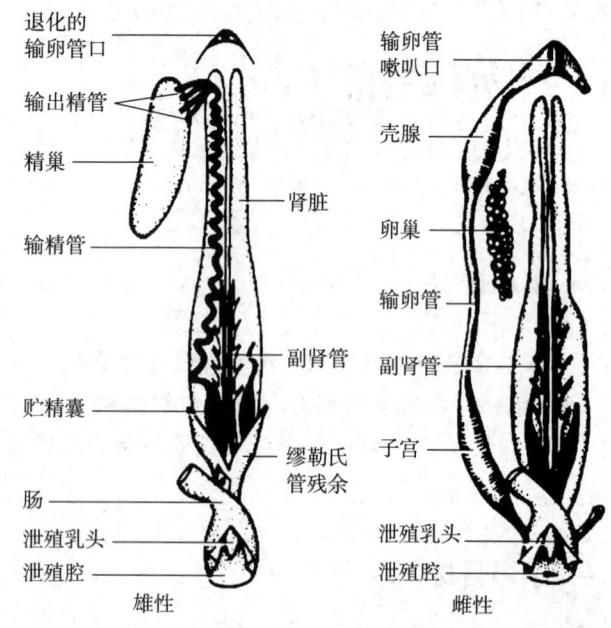

图8-1 鲨鱼的生殖系统

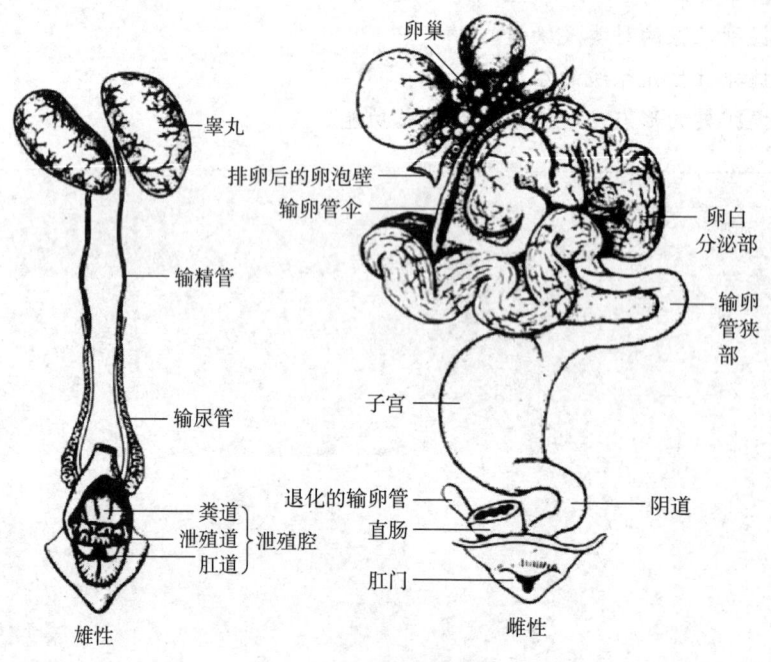

图8-2 鸡的生殖系统

统的主要功能是产生生殖细胞,繁殖新个体,以保证种族的延续。此外,还可分泌性激素,性激素对维持第二性征有重要作用。生殖系统有性别差异,分雄性生殖系统和雌性生殖系统。低等动物中不少是雌雄同体,一个个体内同时具有这两类生殖系统。大多数高等动物则为雌雄异体,分别具有雄性或雌性生殖系统。

第一节　雄性生殖系统

哺乳动物的雄性生殖系统包括睾丸、附睾、输精管、副性腺、尿生殖道、阴茎及其附属器官精索、阴囊和包皮等(图8-3)。

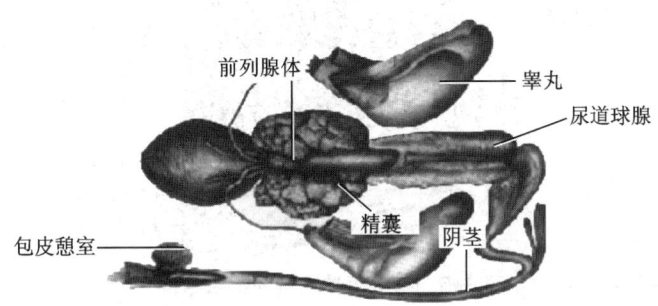

图8-3　公猪的生殖系统

一、睾丸和附睾

猪的睾丸呈椭圆形,前缘有附睾,位于阴囊内。睾丸是产生精子和分泌雄激素的器官。附睾是精子储存和成熟的场所。

(一) 睾丸

睾丸的外面被覆一层浆膜性的固有鞘膜。其下为一层由致密结缔组织构成的白膜。白膜的结缔组织伸入睾丸内部形成睾丸纵隔。纵隔结缔组织的放射状分支称睾丸小隔。睾丸小隔将睾丸分成许多锥形小室称睾丸小叶。小叶中有1~4条生精小管和一些间质。生精小管在睾丸纵隔附近成为直精小管。直精小管在睾丸纵隔内相互吻合形成睾丸网。此后汇合成数条较粗的输出小管进入附睾(图8-4)。

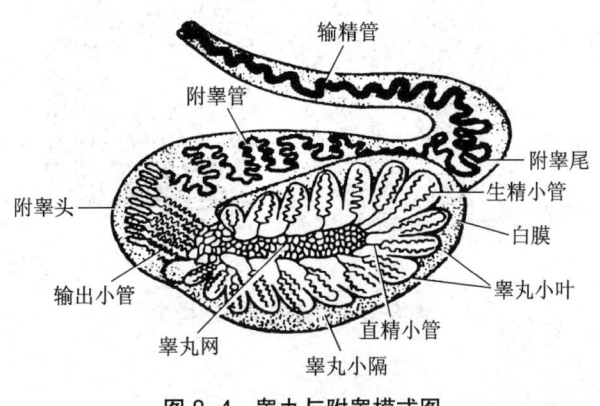

图8-4　睾丸与附睾模式图

生精小管盘曲在睾丸小叶内,外层是界膜,内层是生精细胞和支持细胞。性成熟的公猪,生精细胞可分为精原细胞、初级精母细胞、次级精母细胞、精子细胞、精子 5 个发育期(图 8-5)。支持细胞呈高柱状,胞质中镶嵌有各级生精细胞。从精原细胞到精子的发育称为精子发生。精子发生的时间牛约 60 d,马约 50 d,猪约 45 d。

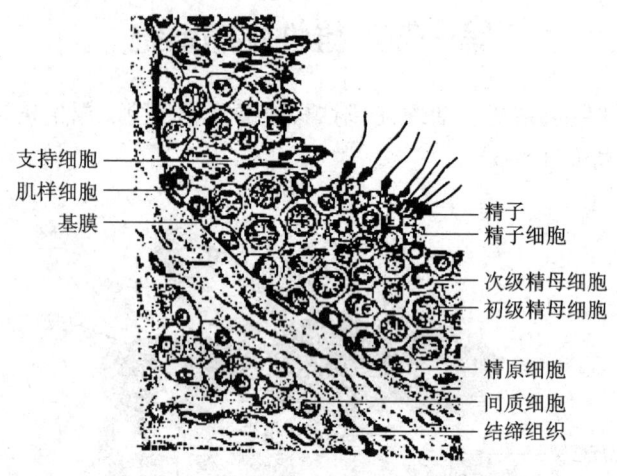

图 8-5　睾丸生精小管的组织结构

生精小管周围的结缔组织中有血管、神经和间质细胞。间质细胞在性成熟后能分泌雄性激素。

(二) 附睾

附睾分头、体、尾三部分。附睾头主要由睾丸输出小管构成。输出小管汇合后形成一条附睾管(图 8-6)。附睾管盘曲形成附睾体和附睾尾,在附睾尾处管径增大延续为输精管。附睾是储存精子和精子成熟的部位。附睾尾借附睾韧带与睾丸尾端相连。附睾韧带由附睾尾延续到阴囊的部分,称为阴囊韧带。去势时切开阴囊后,必须切断阴囊韧带和精索,才能摘除睾丸和附睾。

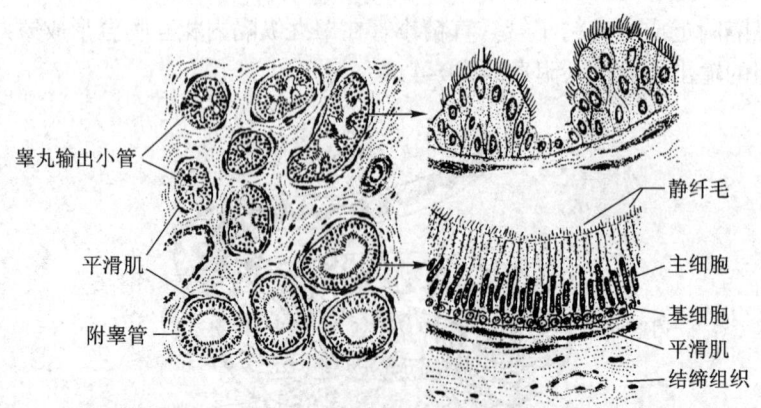

图 8-6　附睾的组织结构

二、输精管和精索

输精管是运送精子的管道,起始于附睾尾的末端。输精管和血管、神经等被覆固有鞘膜称精索。精索中的输精管经腹股沟管进入腹腔,开口于尿生殖道起始部。

三、阴囊

阴囊是一个袋状的皮肤囊。内藏睾丸、附睾和大部分精索。猪的阴囊斜位于肛门的下方。阴囊壁由外向内依次为皮肤、肉膜、阴囊筋膜、睾外提肌和总鞘膜。

四、尿生殖道

尿生殖道是排出尿液和输送精液的管道。可分为骨盆部和阴茎部。骨盆部是位于骨盆腔内膀胱颈至坐骨弓的一段,副性腺管都开口于骨盆部尿生殖道的顶壁上。阴茎部尿生殖道位于阴茎海绵体腹侧的尿道沟中,末端的开口叫尿道外口。

五、副性腺

副性腺包括精囊腺、前列腺和尿道球腺。副性腺的分泌物称精清,输送到尿生殖道内与精子混合共同构成精液。

(一) 精囊

猪的精囊位于膀胱颈的背面和两侧,精囊的输出管开口于输精管末端外侧。

(二) 前列腺

猪的前列腺发达,分为体部和扩散部。体部横位于尿生殖道起始部的背侧,扩散部包围在尿生殖道骨盆部的黏膜和肌层之间。腺的输出管很多,开口于骨盆部尿生殖道管腔的背侧。

(三) 尿道球腺

猪的尿道球腺左右对称,极大,硬而致密。一对粗短的输出管开口于骨盆部尿生殖道末端。

六、阴茎与包皮

阴茎是公畜的交配器官。公猪的阴茎呈长而细的圆柱状。后部起自骨盆部称阴茎根。中部称阴茎体,于阴囊前方有一"S"形弯曲。前部较细,呈螺旋圆锥状。

包皮为皮肤转折而成的管状皮肤鞘。有容纳和保护阴茎的作用。猪包皮前上方内部有一卵圆形的盲囊,称包皮憩室。囊内常积聚余尿和脱落的上皮,奇臭,易于污染公猪每次射精的初期精液和屠宰后的胴体。

第二节 雌性生殖系统

哺乳动物的雌性生殖系统由卵巢、输卵管、子宫和阴道等组成(图 8-7)。

一、卵巢

卵巢是产生卵子和分泌雌激素及孕酮的器官,一对卵巢由卵巢系膜悬于腰椎下方。猪卵巢的位置、形状和大小,因年龄不同有很大变化。小母猪,卵巢较小,呈豆形,表面光滑,淡红色,位于骨盆前口两侧的上部。3月龄以上,卵巢呈桑葚状,位置下垂前移至第六腰椎前缘。经产母猪卵巢体积增大,呈小葡萄状,包于发达的卵巢囊内。位置进一步下垂前移。

卵巢表面覆盖一层上皮,结缔组织构成基质。卵巢的外周部分称皮质,中央为髓质。性成熟的母猪,皮质较厚,含有不同发育阶段的卵泡以及黄体和闭锁卵泡等(图8-8)。髓质由疏松结缔组织构成,与皮质无明显分界,含有许多血管和淋巴管等。卵泡因发育程度不同可分为原始

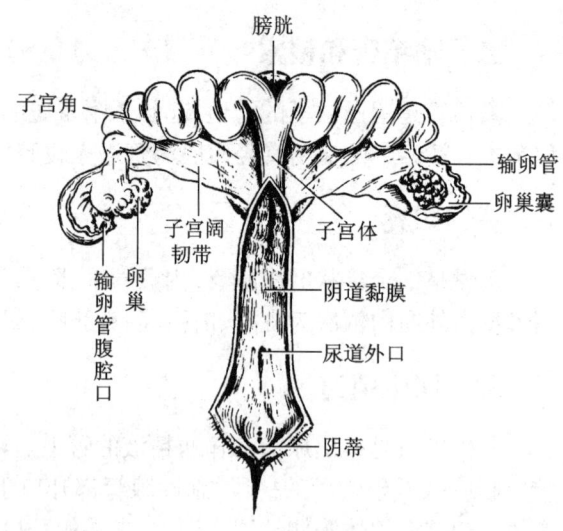

图8-7 母猪生殖系统

卵泡、生长卵泡和成熟卵泡(图8-9)。原始卵泡为静止期卵泡。幼年动物的原始卵泡,数量很多,如初生母牛有75 000个;人约有30~40万个,位于皮质浅层。其中的初级卵母细胞,直径约20微米,周围有一层扁平的卵泡细胞。生长卵泡中的初级卵母细胞的直径逐渐增大至150~300微米,卵母细胞周围出现了一层嗜酸性的透明带,周围的卵泡细胞由单层扁平生长为单层立方,柱状,多层。卵泡细胞分泌卵泡液,卵泡液的增多,使分散的细胞间隙汇合成半月形的卵泡腔。卵泡周围的结缔组织逐渐分化成卵泡膜。卵泡发育到即将排

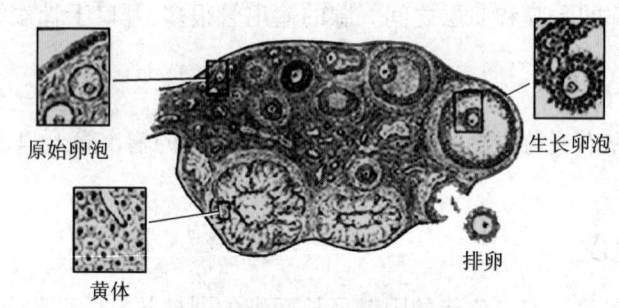

图8-8 卵巢组织结构模式图

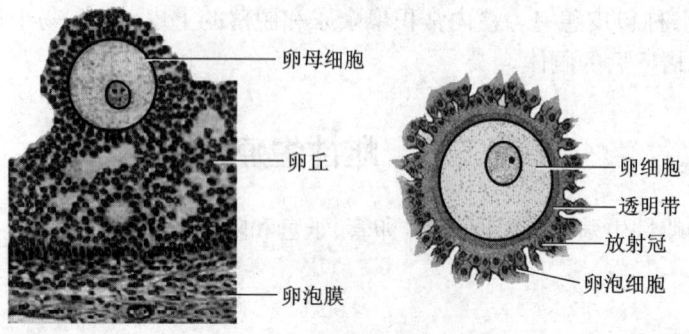

图8-9 成熟卵泡局部结构

卵的阶段,卵泡液激增,称为成熟卵泡。此时卵泡体积显著增大,卵泡壁变薄,卵泡向卵巢表面突出。其直径在牛为 12~19 毫米;马 25~50 毫米;猪为 8~12 毫米;羊为 5~8 毫米。卵泡内部的初级卵母细胞多数动物在排卵前完成第一次成熟分裂,形成次级卵母细胞,和附在次级卵母细胞与透明带间隙中的第一极体。成熟卵泡破裂,卵母细胞及其周围的透明带和放射冠从卵巢排出的过程称排卵。排卵后,卵泡壁塌陷,形成皱襞,卵泡壁的颗粒细胞和内膜细胞发育成黄体细胞(图 8-10)。生长卵泡停止发育后退变为闭锁卵泡。大的生长卵泡、成熟卵泡、黄体、闭锁卵泡中的卵泡细胞和卵泡膜细胞均具有内分泌的功能,可分泌雌激素和孕酮。卵巢的两次排卵之间,有一定的间隔时间。在这段时间里,由于体内激素的作用,母猪表现为周期性的发情活动,称为发情周期。

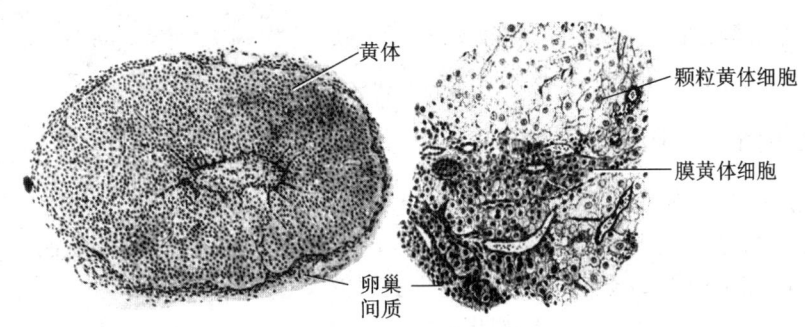

图 8-10　黄体的组织结构

二、输卵管

输卵管是一对细长而弯曲的管道,位于卵巢和子宫角之间。有输送卵细胞的作用。同时也是卵细胞受精的场所。输卵管为输卵管系膜所固定。输卵管系膜与卵巢固有韧带之间形成卵巢囊。输卵管的起始部膨大,称输卵管漏斗,漏斗边缘有许多不规则的皱褶,称输卵管伞,漏斗的中央有一小孔叫输卵管腹腔口,与腹腔相通。输卵管中段较粗称壶腹部。输卵管末段较细,称峡部,末端以小的输卵管子宫口与子宫角相通。

输卵管管壁的组织结构分黏膜、肌层、浆膜三层(图 8-11)。黏膜形成许多不规则的皱襞,黏膜上皮主要为单层柱状上皮,柱状细胞有分泌功能。肌层主要为环行平滑肌。肌层外为浆膜。

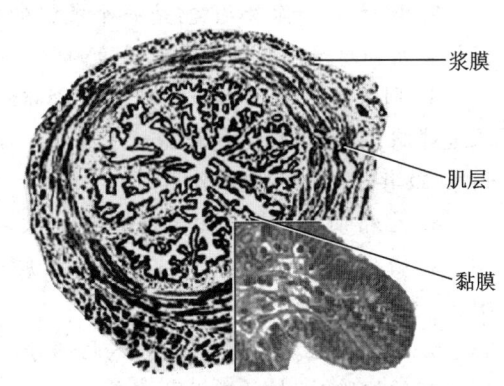

图 8-11　输卵管的组织结构

三、子宫

子宫是供胎儿生长发育的器官。前接输卵管,后接阴道,大部分位于腹腔内,小部分位于骨盆腔内,在直肠和膀胱之间。两侧借子宫阔韧带附着于腰下部和骨盆腔的侧壁上。猪子宫角很长,呈肠管状弯曲,子宫体短,子宫颈较长。

子宫壁由内膜、肌层和浆膜组成(图 8-12)。内膜上皮为假复层柱状上皮,固有层中有子宫腺。内膜的结构和功能随母猪发情呈周期性变化。内膜依次变厚、水肿、分泌高峰、分泌停止、脱落。子宫腺的分泌物富含营养物质,对早期胚胎有营养作用。子宫肌层发达,由内环、外纵两层平滑肌组成。肌层外为浆膜。

四、阴道

阴道是交配器官也是产道。位于骨盆腔内,上方与直肠相邻,下方为膀胱和尿道。前接子宫,后为尿生殖前庭。

阴道壁由黏膜、肌层和浆膜三层构成,黏膜上皮为复层扁平上皮。母猪发情时,从阴道中流出黏液。

五、尿生殖前庭和阴门

尿生殖前庭位于阴道之后,借阴瓣与阴道相隔,后以阴门与外界相通。前庭的腹侧壁有尿道外口。

阴门位于肛门下方,以会阴与肛门隔开,阴门的两侧为阴唇,在前庭的底壁上有突出物叫阴蒂。

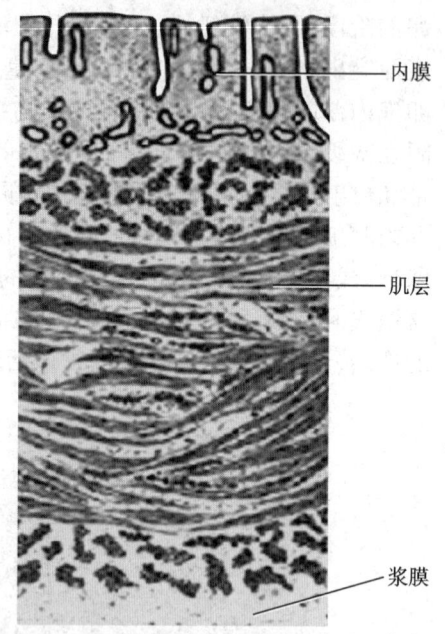

图8-12 子宫的组织结构

• 名 词 解 释 •

1. **精索** 指自附睾尾到腹股沟管内环一段结构。呈扁平圆锥状,表面被覆固有鞘膜,内含输精管、血管、淋巴管、神经和平滑肌束。公畜去势时要结扎精索。

2. **阴囊** 又称睾丸囊,是一个袋状的皮肤囊。内容纳睾丸、附睾和一部分精索。具有保护睾丸和附睾以及调节睾丸温度的作用。

3. **副性腺** 为位于尿生殖道骨盆部的一些腺体,家畜的副性腺包括精囊腺、前列腺和尿道球腺,有的动物还包括输精管壶腹。副性腺分泌物参与形成精液,并有稀释精子,营养精子,改善尿道内环境等作用。

4. **生精细胞** 位于曲精小管内,与支持细胞共同组成曲精小管的生精上皮。它们镶嵌于支持细胞的侧面和腔面,从基底部至腔面依次为:精原细胞、初级精母细胞、次级精母细胞、精子细胞和精子。

5. **精子** 呈蝌蚪形,分头、尾两部分。头部正面观呈卵圆形,侧面观呈梨形,主要为高度浓缩的细胞核,核的前2/3覆盖有顶体。顶体呈扁平帽状囊,内含糖蛋白和多种水解酶。受精时,顶体内的酶释放,可溶解卵子周围的放射冠及透明带,使精子得以进入卵子内。精子尾又称鞭毛,为精子的运动器官,分为颈段、中段、主段和末段四部分。颈段最短,主要由中心粒构成,9+2组微管构成的轴丝由中心粒发出,并贯穿尾部的中段、主段和末段的正中。中段主要由轴丝及螺旋状环绕于轴丝周围的线粒体鞘组成,线粒体可为精子运动提供能量;主段最长,主要由轴丝和纤维鞘组成;末段只有轴丝。

6. **精子发生** 指从精原细胞到形成精子的过程。精子发生包括三个阶段:①精原细胞分裂增殖,形成初级精母细胞;②初级精母细胞减数分裂,形成单倍体的精子细胞;③精子细胞变态形成精子。

7. 精子形成　精子细胞经过复杂的形态变化,由圆形变为蝌蚪形精子的过程,称为精子形成。

8. 支持细胞　光镜下,细胞边界不清楚,胞质染色浅,核呈三角形或椭圆形,染色质稀疏,染色浅,核仁明显。电镜观察,可见支持细胞呈不规则长锥体形,基底面位于基膜上,顶端直达管腔。细胞侧面和管腔面镶嵌着各级生精细胞,支持细胞的外形随着生精细胞的变化而改变。核呈不规则形,胞质中含有丰富的粗面内质网和滑面内质网、大量的杆状线粒体、微丝、微管以及溶酶体、糖原颗粒等。此外,相邻支持细胞侧面近基部的胞膜还形成紧密连接,参与构成血－睾屏障。

9. 血－睾屏障　一种能阻止某些物质进出生精上皮的屏障性结构,由相邻支持细胞之间近基部的紧密连接、曲精小管基膜、界膜以及间质的血管基膜和内皮组成。血－睾屏障形成了有利于精子发生的微环境。

10. 间质细胞　位于睾丸生精小管之间的疏松结缔组织,即睾丸间质内,常成群分布,体积较大,圆形或多边形,核圆,染色浅,核仁明显且常偏位,胞质嗜酸性,含有脂滴和色素颗粒。电镜下,间质细胞具有分泌类固醇激素细胞的特点,即:胞质含有丰富的滑面内质网、管泡状嵴线粒体和较多的脂滴。间质细胞的功能是合成和分泌雄激素。

11. 子宫阜　牛羊所特有的,位于子宫角与子宫体内膜上,牛有4排100多个椭圆形隆起,呈纽扣状,称子宫阜。子宫阜与胎盘上的凹陷紧密嵌合,造成牛胎衣剥离困难。

12. 次级卵泡　次级卵泡体积较大,卵泡细胞层数增多,可达十余层或更多。初级卵母细胞处于第一次成熟分裂前期,体积达到最大,以后不再长大。此期卵泡细胞可分为两部分:一部分与初级卵母细胞一起,组成卵丘,另一部分位于卵泡周围,形成卵泡壁,称颗粒层,卵丘与颗粒层之间为卵泡腔。初级卵母细胞位于卵丘中央,周围由一层增厚的透明带包裹,次级卵泡时期开始出现放射冠。放射冠为紧靠透明带的一层呈放射状排列的柱状卵泡细胞。卵泡腔内含卵泡液,并随着卵泡液的增多卵泡腔迅速增大;卵泡膜由卵泡周围结缔组织中的梭形细胞形成,到次级卵泡时期,卵泡膜分为内、外两层,分别称为内膜层和外膜层。内膜层细胞多,血管多,纤维少;外膜层纤维多,细胞少,血管少。内膜层含有梭形或多边形的膜细胞,具有分泌类固醇激素细胞的特点。

13. 放射冠　卵丘中紧贴透明带外表面的一层卵泡细胞,随卵泡发育而变化呈高柱状,而且排列较松散,呈放射状,此层细胞称放射冠。

14. 排卵　在激素作用下,次级卵母细胞及其周围的透明带、放射冠随同卵泡液一起从卵巢成熟卵泡中排出,经输卵管腹腔口进入输卵管,这个过程称排卵。排卵时间一般为发情周期的发情期。

15. 黄体　成熟卵泡排卵后,残留的卵泡壁向内塌陷形成皱襞,卵泡膜的结缔组织和血管也随之陷入,在黄体生成素的作用下,发育成一个体积较大并富含血管的内分泌细胞团,新鲜时呈黄色,称为黄体。

16. 间质腺　次级卵泡或近成熟卵泡退化时,卵泡壁塌陷,卵泡膜的结缔组织和血管随之陷入;膜细胞一度变得肥大,形似黄体细胞,并被结缔组织和血管分隔成分散的细胞团或索,称为间质腺。

17. 排卵窝　在马的卵巢中,多数卵泡位于卵巢的中央,卵巢表面大部分覆盖着间皮,只有一小部分是生殖上皮,此处凹陷,成熟卵泡在此处排卵,故称排卵窝。

18. 产卵板 鱼类产生卵子的地方,由白膜向卵巢内部伸入许多由结缔组织纤维、毛细血管和生殖上皮组成的板层状结构。

19. 雌雄同体 一个体内同时含有可辨认的卵巢组织和精巢组织,并分别产生卵子和精子。具有雌雄同体的鱼类约300~400种,主要发现于鲈形目鮨科、鲷科以及灯笼鱼目等。其性腺有雌性先成熟的(如鮨科石斑鱼属);有雄性先成熟的(如鲷属);也有雌雄性腺同步发育的(鮨属以及灯笼鱼目)。

20. 性逆转 又称性转换或性反转,即个体在不同的生长阶段表现出不同的性别。有的首先出现雌性,即第一次性成熟为雌性的卵巢,以后转变为雄性的精巢;有的则是第一次性成熟为雄性,具有精巢组织,然后再转变为雌性。如海产鲷科,幼鱼的性腺是精巢,年长后反转成为卵巢。石斑鱼类恰好相反,生殖腺的皮质部优先发育成具有功能的卵巢,但髓质部仍以小群细胞形式构成精原囊存在于卵巢中,随着鱼龄增大,卵巢及其卵母细胞逐渐萎缩,精原囊逐渐增大,最后整个卵巢萎缩失去功能,精巢取而代之,个体变成具有正常功能的雄鱼。

21. 卵生动物的输卵管 真骨鱼类缺乏真正的输卵管,通常只是一个简单扩大的卵囊,以贮存卵子。在软骨鱼类、爬行类和鸟类,输卵管分化为几个特化部位,这与产生大型的有壳卵有关。如软骨鱼类的输卵管中部有特殊的壳腺,能分泌卵白和卵壳物质,后部扩大成子宫,以暂时贮存卵子或作为胚胎发育的场所(星鲨和犁头鳐科);在爬行类和鸟类其前段壳腺部含有丰富的腺体能分泌大量卵白,又称卵白分泌部,后部扩大为子宫,其分泌物形成卵壳。鸟类的输卵管左侧发达,右侧退化。

22. 胎生动物的子宫类型 有胎盘哺乳类的左右子宫有几种不同的愈合情况,形成四种类型。双子宫:两侧子宫分别开口于单一的阴道,如许多啮齿类、兔和象等。对分子宫:两子宫在靠近阴道处合并,以单一的孔开口于阴道,如多数食肉类、牛、猪等。双角子宫:子宫合并的程度较对分子宫大,仅在子宫上端两侧分离,如多数有蹄类。单子宫:两子宫完全愈合,如翼手类和灵长类。

附 录

表8-1 白鲢精巢发育的分期

分期	外部形态	组织学特征
I期	细线状,贴在腹腔壁上,不能分辨雌雄	主要为分散分布的精原细胞
II期	细线状,血管不明显,浅灰色	精小叶无腔隙,小叶间有结缔组织。精原细胞数量明显增多
III期	圆柱状,血管发达,呈粉红色	精小叶出现空腔。初级卵母细胞沿小叶边缘单层或多层排列
IV期	乳白色,表面血管可分辨。挤压腹部有白色精液流出	精小叶由初级精母细胞、次级精母细胞、精子细胞和精子组成,形成精小囊
V期	轻挤腹部,有大量精液流出	精小叶的空腔扩大,腔中充满成熟的精子,小叶壁有少量发育早期的细胞
VI期	精巢体积缩小,呈淡红色	大部分精子已排出。小叶中只残留少量精子。小叶壁有少数精原细胞和精母细胞

表 8-2　白鲢卵巢发育的分期

分期	外部形态	组织学特征
Ⅰ期	细线状,外观不能分辨雌雄	以卵原细胞为主,少量初级卵母细胞。卵巢腔不明显;卵巢内结缔组织及血管不发达
Ⅱ期	扁带状,出现血管,呈浅粉色或浅黄色	全部为第Ⅱ时相卵母细胞或产卵之后退化到第Ⅱ期的卵巢,血管与结缔组织均十分发达
Ⅲ期	黄白色,肉眼可分辨卵粒	以第Ⅲ时相卵母细胞为主,也有较早期的卵母细胞。血管发达,有分支
Ⅳ期	淡黄色或粉红色,肉眼见卵粒饱满,因挤压呈不规则形	以第Ⅳ时相卵母细胞为主,第Ⅱ时相、第Ⅲ时相卵母细胞数量较少
Ⅴ期	卵子排到卵巢腔中,轻挤压就有卵子从生殖孔流出	成熟卵子产出,卵巢结构松散,可见第Ⅱ时相、第Ⅳ时相的卵母细胞
Ⅵ期	体积缩小,松软,血管丰富,紫红色	卵子产出后,卵巢中有大量空滤泡,少数将退化的第Ⅳ时相和第Ⅱ时相的卵母细胞

自 测 题

一、填空题

1. 雄性生殖系统包括_____、_____、_____、_____、_____及其附属器官_____、_____和_____等。
2. 猪的睾丸、附睾位于_____内。
3. 阴囊壁由_____、_____和_____构成。
4. 雌性生殖系统由_____、_____、_____和_____等组成。
5. 家畜的子宫属_____。由_____、_____、_____三部分构成。
6. 生精上皮由两种细胞组成,即_____和_____。
7. 生精细胞包括_____、_____、_____和_____。
8. 精子尾部分为_____、_____、_____和_____四个部分。
9. 副性腺包括成对的_____和_____以及单个的_____。附睾输精管膨大部和副性腺的分泌物称_____,与睾丸产生的精子共同组成_____。
10. 原始卵泡位于_____,数量_____,由一个_____细胞和_____层_____形的_____细胞组成。
11. 透明带位于_____之间,是由_____和_____共同分泌而成。
12. 排卵时随同卵母细胞一起排出卵巢的还有卵母细胞周围的_____、_____以及_____。
13. _____卵泡或_____卵泡退化时,_____细胞一度变得肥大,形似黄体细胞,并被结缔组织和血管分隔成分散的细胞团或索,称为_____。

二、单项选择题

1. 不再进行分裂而只有形态变化的生精细胞是(　　)
   A. 精原细胞　　　　　　　B. 初级精母细胞　　　　　　　C. 次级精母细胞

D. 精子细胞 　　　　　　　　E. 精子

2. 下列关于猪精原细胞的描述,哪一项是错误的?(　　)
   A. 紧贴生精上皮基膜　　　　　　　　B. 为最幼稚的生精细胞
   C. 染色体核型为 38,XY　　　　　　　D. 为性成熟前曲精小管内唯一的生精细胞
   E. 可进行减数分裂

3. 以下关于精子尾部的描述中,哪一项是错误的?(　　)
   A. 是精子的运动装置
   B. 颈段很短,主要为中心粒
   C. 中段短,主要由轴丝、致密纤维和线粒体鞘构成
   D. 主段长,主要由轴丝、线粒体鞘和纤维鞘构成
   E. 末段只有轴丝

4. 以下关于支持细胞的描述,哪一项是错误的?(　　)
   A. 为组成生精上皮的细胞之一
   B. 细胞侧面及腔面镶嵌着各级生精细胞
   C. 胞质弱嗜酸性
   D. 细胞顶部不到达腔面
   E. 胞核位于细胞基底部

5. 以下关于直精小管的描述中,哪一项是错误的?(　　)
   A. 位于睾丸近睾丸纵隔处
   B. 细而短
   C. 由曲精小管移行而来
   D. 进入睾丸纵隔后互相吻合成睾丸网
   E. 管壁上皮为单层扁平上皮

6. 从精原细胞到精子形成,猪所需时间约为(　　)
   A. 60 d　　　B. 50 d　　　C. 45 d　　　D. 30 d　　　E. 25 d

7. 睾丸的功能(　　)
   A. 产生精子
   B. 产生精子和分泌雄激素
   C. 产生精子和分泌雄激素、雌激素
   D. 产生精子细胞和合成雄激素结合蛋白
   E. 产生精子细胞和支持细胞

8. 睾丸间质细胞属于下列哪类细胞?(　　)
   A. 分泌黏液的细胞　　　　　　　　B. 分泌蛋白质激素的细胞
   C. 分泌类固醇激素的细胞　　　　　D. 肌上皮细胞
   E. 吞噬细胞

9. 精子发育成熟及储存在(　　)
   A. 精囊内　　　　　　B. 输精管内　　　　　　C. 附睾内
   D. 睾丸网内　　　　　E. 睾丸小叶内

10. 以下关于透明带的描述,哪一项是错误的?(　　)
    A. 由卵母细胞和卵泡细胞共同分泌形成　　B. 为一层富含糖蛋白的嗜酸性膜

C. 位于卵母细胞与卵泡细胞之间　　　　　　D. 从初级卵泡开始出现

E. 卵母细胞表面突起与卵泡细胞的微绒毛在透明带内密切接触

11. 在卵泡中,颗粒层细胞是指(　　)

　　A. 紧靠透明带的卵泡细胞　　　　　　　B. 与卵母细胞共同构成卵丘的卵泡细胞

　　C. 构成卵泡壁的卵泡细胞　　　　　　　D. 紧靠卵泡腔的一层卵泡细胞

　　E. 卵泡周围的结缔组织细胞

12. 放射冠是指(　　)

　　A. 紧靠透明带的一层柱状卵泡细胞　　　B. 紧靠卵泡腔的一层卵泡细胞

　　C. 紧靠透明带的一层立方形卵泡细胞　　D. 卵泡膜内层的结缔组织

　　E. 卵泡膜内层的结缔组织细胞

13. 多数哺乳动物第二次成熟分裂于(　　)

　　A. 排卵时开始　　　　　　　　　　　　B. 排卵后立即完成

　　C. 次级卵母细胞形成后立即开始　　　　D. 次级卵母细胞形成后立即完成

　　E. 卵泡液迅速增多,成熟卵泡时完成

14. 分化形成粒黄体细胞和膜黄体细胞的细胞是(　　)

　　A. 卵泡膜梭形细胞　　　　　　　　　　B. 颗粒层细胞

　　C. 卵丘的卵泡细胞　　　　　　　　　　D. 膜细胞

　　E. 颗粒层细胞和卵泡膜内膜细胞

15. 输卵管的管壁由(　　)

　　A. 上皮、固有层、黏膜肌层组成　　　　B. 黏膜、肌层、浆膜组成

　　C. 黏膜、肌层、纤维膜组成　　　　　　D. 黏膜、黏膜下层、肌层和浆膜组成

　　E. 黏膜、黏膜下层、肌层和纤维膜组成

16. 子宫内膜的上皮是(　　)

　　A. 单层立方上皮,含分泌细胞

　　B. 单层立方上皮或单层扁平上皮,以分泌细胞为主

　　C. 单层柱状上皮,以分泌细胞为主

　　D. 单层柱状上皮或假复层纤毛柱状上皮,以纤毛细胞为主

　　E. 单层柱状上皮,以纤毛细胞为主

17. 生长卵泡包括(　　)

　　A. 原始卵泡和初级卵泡　　　　　　　　B. 初级卵泡和次级卵泡

　　C. 次级卵泡和成熟卵泡　　　　　　　　D. 初级卵泡和成熟卵泡

　　E. 初级卵泡

---------------- • 参考答案 • ----------------

一、填空题

1. 睾丸　附睾　输精管　副性腺　尿生殖道　阴茎　精索　阴囊　包皮

2. 阴囊

3. 皮肤　肉膜　阴囊筋膜　睾外提肌　总鞘膜

4. 卵巢　输卵管　子宫　阴道

149

5. 双角子宫　子宫角　子宫体　子宫颈
6. 生精细胞　支持细胞
7. 精原细胞　初级精母细胞　次级精母细胞　精子细胞　精子
8. 颈段　中段　主段　末段
9. 精囊　尿道球腺　前列腺　精清　精液
10. 皮质浅层　多　初级卵母　一　扁平　卵泡
11. 卵母细胞和卵泡细胞　初级卵母细胞　卵泡细胞
12. 透明带　放射冠　卵泡液
13. 次级　近成熟　膜　间质腺

二、单项选择题

1. D
2. E　题解：精原细胞只进行有丝分裂，分裂后形成的子细胞的染色体数目不变，DNA含量也不变。
3. D　题解：精子尾部主段无线粒体鞘，由轴丝和纤维鞘构成。
4. D　题解：支持细胞顶部伸达曲精小管腔面。
5. E　题解：直精小管管壁上皮为单层立方上皮或单层柱状上皮。
6. C
7. B
8. C　题解：睾丸间质细胞分泌睾酮，属于分泌类固醇激素的细胞。
9. C
10. E　题解：卵母细胞表面的突起和卵泡细胞的微绒毛在透明带内没有密切接触。
11. C
12. A
13. C　题解：次级卵母细胞形成后立即进行第二次成熟分裂，但停留在分裂中期，直至受精后才完成。
14. E　题解：粒性黄体细胞由卵泡壁的卵泡细胞，即颗粒层细胞分化形成，膜性黄体细胞由卵泡膜内层的膜细胞分化形成。
15. B
16. C　题解：子宫内膜上皮为单层柱状，含分泌细胞和纤毛细胞，其中主要是分泌细胞。
17. B

思考题

1. 鸡生长卵泡中的初级卵母细胞何时转变为次级卵母细胞？
2. 环境激素对生殖系统有何影响？

网上更多

教学视频　　教学课件　　在线自测　　彩图动画

第九章
免疫系统

本章提要

本章包括免疫细胞、免疫组织和免疫器官三部分内容。淋巴细胞是免疫系统中的核心细胞,以淋巴细胞为主要成分构成淋巴组织。以淋巴组织为实质组织构成淋巴器官。胸腺、骨髓、腔上囊为初级淋巴器官。淋巴结、脾、扁桃体等为次级淋巴器官。

学习目标

1. 掌握免疫系统的组成。
2. 掌握淋巴细胞的分类。
3. 掌握抗原呈递细胞的功能。
4. 掌握初级免疫器官和次级免疫器官的区别。
5. 掌握胸腺、脾、淋巴结的形态、位置、组织结构及功能。
6. 掌握腔上囊的形态、位置、组织结构及功能。

免疫系统是动物在进化中逐渐形成和发展起来的。无脊椎动物以吞噬作用和炎症反应来体现防御功能;软骨鱼有了胸腺和淋巴细胞的细胞免疫,可排斥异体组织移植;鸟类有腔上囊,开始出现特异性抗体;哺乳类的个体发生过程中,也是先有细胞免疫而后产生体液免疫。哺乳类的免疫系统由淋巴器官、淋巴组织、免疫细胞和免疫活性分子构成。淋巴器官包括初级淋巴器官(胸腺、骨髓、和腔上囊)和次级淋巴器官(淋巴结、脾和扁桃体等);淋巴组织是构成淋巴结、脾和扁桃体等淋巴器官的主要成分,也广泛分布于消化管和呼吸道等黏膜和黏膜下层的结缔组织中;免疫细胞包括淋巴细胞、抗原呈递细胞、浆细胞、粒细胞和肥大细胞等;免疫活性分子包括免疫球蛋白、补体、多种细胞因子,主要由免疫细胞产生。免疫系统的核心成分是淋巴细胞,它们经血液和淋巴周游全身(图9-1)。使分散各处的淋巴组织和淋巴器官连成一功能整体。免疫系统是体内及其重要的防御系统,其主要功能是识别和清除侵入体内的抗原性异物(如:病原微生物、异体细胞等)以及自身变性的细胞(如:肿瘤细胞、受病毒感染的细胞等),识别和清除体内衰老死亡的细胞,从而维持机体内部的稳定性。免疫功能的分子基础是:1.体内所有细胞表面都有主要组织相容性复合分子,简称 MHC 分子。MHC 分子具有种属特异性和个体特异性,即同一个个体所有细胞的 MHC 分子均相同,而不同个体(单卵孪生动物除外)的 MHC 分子具有一定差别,因此:MHC 分子成为自身细胞的标志。MHC 分子又分为 MHC-Ⅰ类分子和 MHC-Ⅱ类分子,前者分布于个体的所有细胞,后者仅分布于某些免疫细胞表面,有利于免疫细胞之间的协作和互动,如抗原呈递等。2. T 细胞和 B 细胞表面有特异性的抗原受体,其种类可超过百万种,而每个淋巴细胞表面只有一种抗原受体。这样,淋巴细胞作为一个细胞群体,可以针对许多种类的抗原发生免疫应答;而每个淋巴细胞只参与针对一种抗原的免疫应答。

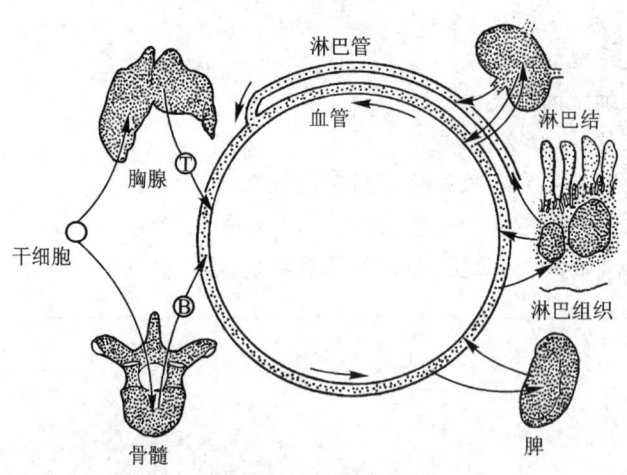

图 9-1 淋巴细胞再循环

第一节 免 疫 细 胞

免疫细胞是指参加免疫应答或与免疫应答有关的细胞,主要指淋巴细胞、浆细胞和抗原呈递细胞。其他免疫细胞见第一章和第四章。

一、淋巴细胞

淋巴细胞由淋巴干细胞转化而来,具有特异性、转化性和记忆性三个重要特性。特异性指各种淋巴细胞表面具有特异性的抗原受体,能分别识别不同的抗原。转化性指当淋巴细胞受到抗原刺激时,即转化为淋巴母细胞,继而增殖分化形成大量效应淋巴细胞和记忆淋巴细胞。效应淋巴细胞能产生抗体、淋巴因子或具有直接杀伤作用,从而清除相应的抗原,即引起免疫应答。记忆性是指记忆淋巴细胞记忆抗原信息,并可在体内长期存活和不断循环,当受到相应抗原的再次刺激时,能迅速增殖形成大量效应淋巴细胞,使机体长期保持对该抗原的免疫力。接种疫苗可使体内产生大量记忆淋巴细胞,从而起到预防感染性疾病的作用。

淋巴细胞有许多功能不同的类群,一般分为四种。

1. T 细胞 在胸腺内发育成熟,是淋巴细胞中数量最多,功能最复杂的一类。T 细胞有三个主要亚群:①辅助性 T 细胞,辅助 T、B 细胞产生免疫应答。②调节性 T 细胞,抑制免疫应答。③细胞毒性 T 细胞,通过与靶细胞(肿瘤细胞、受病毒感染的细胞等)接触杀伤靶细胞,称为细胞免疫(图 9-2)。

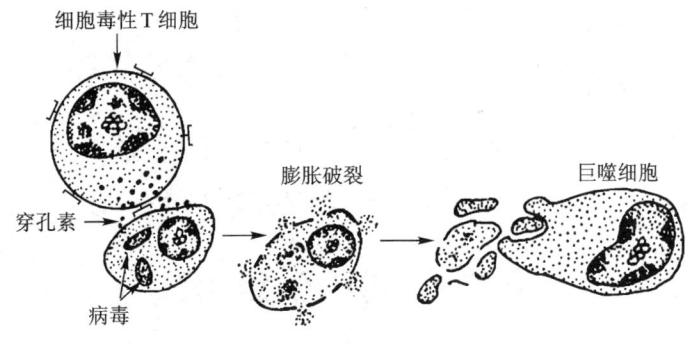

图 9-2 细胞免疫示意图

2. B 细胞 在骨髓内发育成熟,接受抗原刺激后在结缔组织中增殖分化为浆细胞,分泌抗体进入组织液,抗体与抗原结合后可中和毒素、抑制靶细胞或细菌代谢等。这种通过抗体介导的免疫方式称为体液免疫(图 9-3)。

3. K 细胞 在骨髓内发育成熟,数量较少。K 细胞能与带有抗体的靶细胞相结合,使该靶细胞失活。

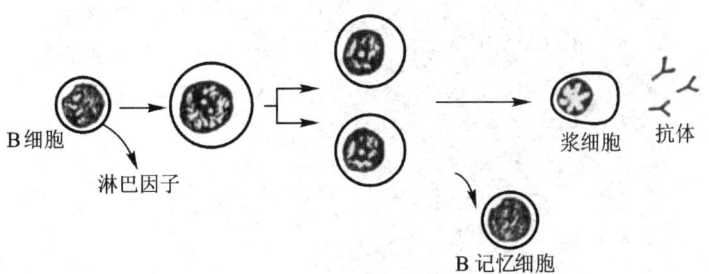

图 9-3 体液免疫示意图

4. NK 细胞 在骨髓内发育成熟,数量最少,NK 细胞不需抗体协助,也不需抗原刺激,即能杀伤某些肿瘤细胞和受病毒感染的细胞。

二、抗原呈递细胞

抗原呈递细胞是免疫系统的前哨细胞,能捕获、加工、处理抗原,并将抗原呈递给淋巴细胞(图9-4)。主要包括巨噬细胞、朗格汉斯细胞、微皱褶细胞、滤泡树突细胞、交错突细胞等。在诱发机体特异性免疫应答中起关键作用。

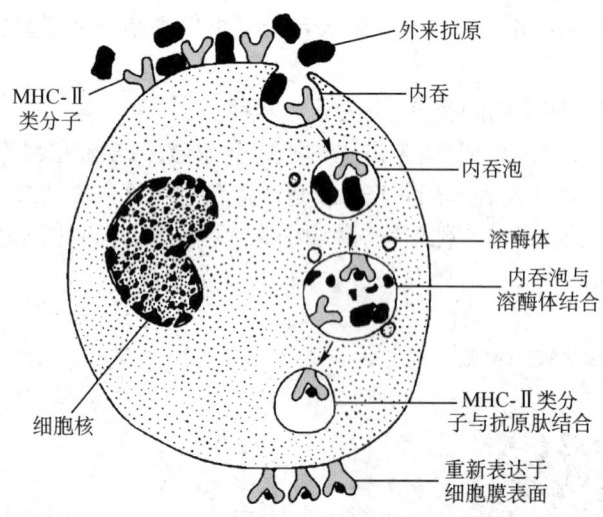

图 9-4 巨噬细胞处理抗原过程示意图

第二节 淋 巴 组 织

免疫组织又称淋巴组织,是一种以网状组织为支架,网眼内填充大量淋巴细胞和一些其他免疫细胞的特殊组织(图9-5),分两种类型,弥散淋巴组织和淋巴小结。

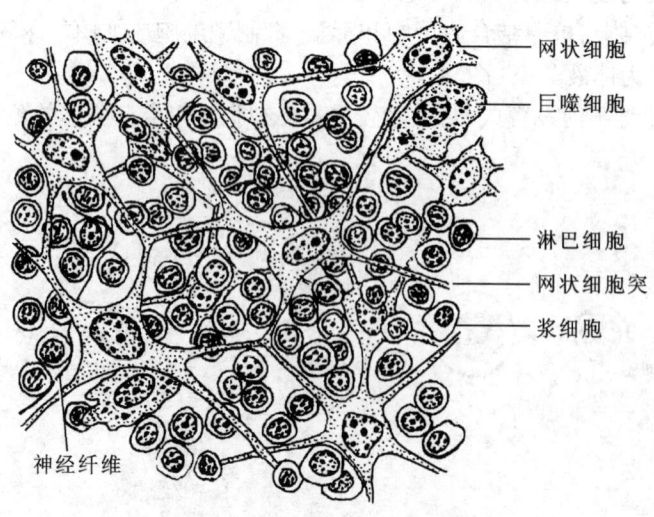

图 9-5 淋巴组织模式图

一、弥散淋巴组织

淋巴细胞呈弥散性分布,与周围组织无明显分界,主要含 T 细胞。

二、淋巴小结

为圆形或卵圆形的密集淋巴组织,与周围组织界限清楚,主要含 B 细胞。较大的淋巴小结,其中央有一淡染区称生发中心,细胞常见分裂象。淋巴小结单独存在时,称为孤立淋巴小结;聚集成群时称为集合淋巴小结(图9-6)。

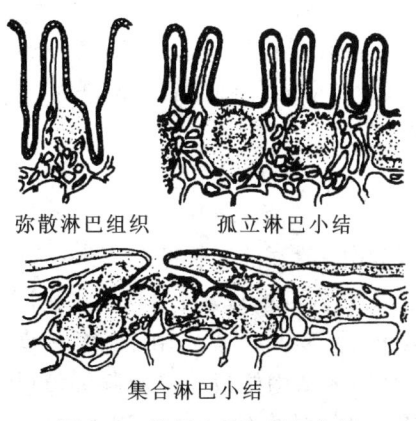

图 9-6 淋巴小结和淋巴集结

淋巴组织除分布于免疫器官外,还广泛分布于消化管、呼吸道和泌尿生殖道的黏膜内,组成黏膜相关的淋巴组织,参与构成机体的第一道防线,抵御外来病菌的侵袭(图9-7)。

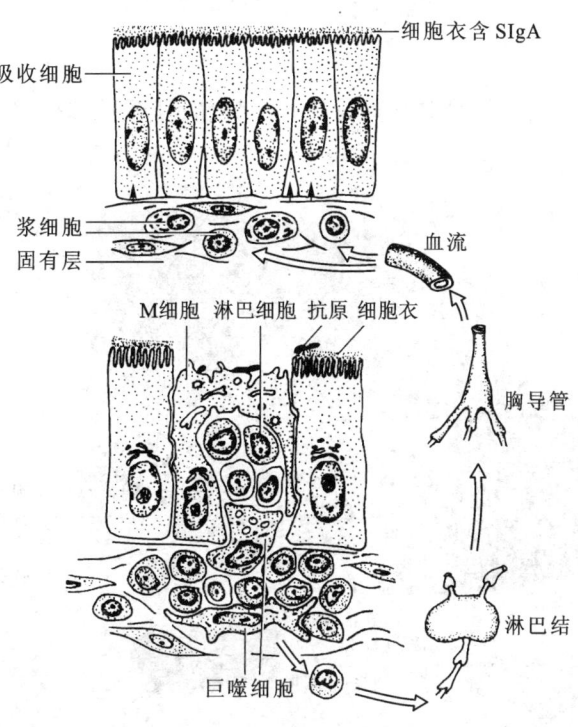

图 9-7 肠道的免疫作用

第三节 淋巴器官

哺乳动物的淋巴器官分初级淋巴器官和次级淋巴器官两类,胸腺和骨髓为初级淋巴器官,脾、淋巴结和扁桃体等为次级淋巴器官。淋巴性造血干细胞在初级淋巴器官特殊的微环境下,经历了不同的分化发育途径,在胸腺形成初始T淋巴细胞,在骨髓形成初始B淋巴细胞。在出生前几天(小鼠),人出生前几周(人),这两类细胞即源源不断地输送到次级淋巴器官和淋巴组织。在胚胎时期次级淋巴器官即已开始生长发育,但较初级淋巴器官晚,出生后一段时间才逐渐发育完善。在初级淋巴器官发育成熟的初始淋巴细胞随血液或淋巴迁移到次级淋巴器官,在那里遭遇抗原或接受抗原呈递,并增殖、分化为效应细胞,产生免疫应答。无抗原刺激时,这些淋巴器官较小,受抗原刺激后迅速增大,形态和结构成分都发生剧烈变化,免疫应答过后又逐渐复原。

一、胸腺

猪的胸腺位于胸腔前部纵隔内及颈部气管两侧(图9-8)。胸腺为分叶的腺体,表面包有薄层被膜,被膜结缔组织伸入其内部形成小叶间隔,将实质分成许多大小不等的胸腺小叶,每一小叶由皮质和髓质组成(图9-9)。皮质由于细胞密集,着色较深,分布在皮质内的毛细血管为连续毛细血管与其周围结构构成血-胸腺屏障(图9-10)。髓质与皮质无明显界限,但染色较淡,含有上皮细胞形成的胸腺小体。胸腺的功能是将骨髓来的淋巴干细胞选育成T细胞和分泌胸腺素、胸腺生成素、胸腺肽等多种激素。鸟类的胸腺位于颈部两侧,沿颈静脉分布。鸡的胸腺呈扁椭圆形,左、右各有7叶。爬行类、两栖类和鱼类的胸腺位置、形状,不同物种有所不同。

二、骨髓

骨髓位于骨髓腔中,分红骨髓和黄骨髓。黄骨髓是脂肪组织。红骨髓是最主要的造血

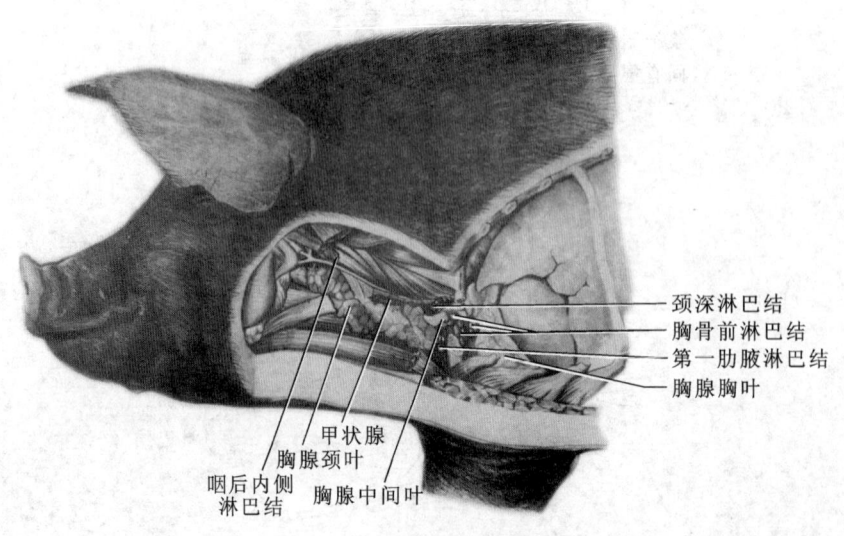

图9-8 猪胸腺的形态及位置

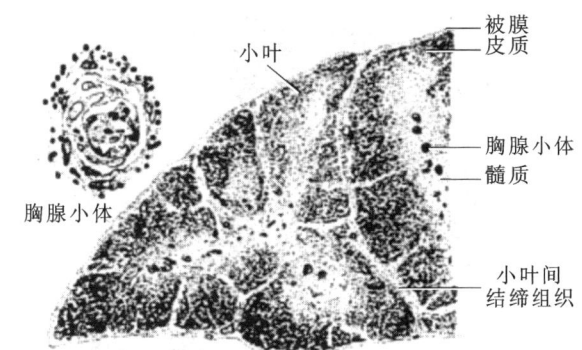

图 9-9　胸腺的组织结构

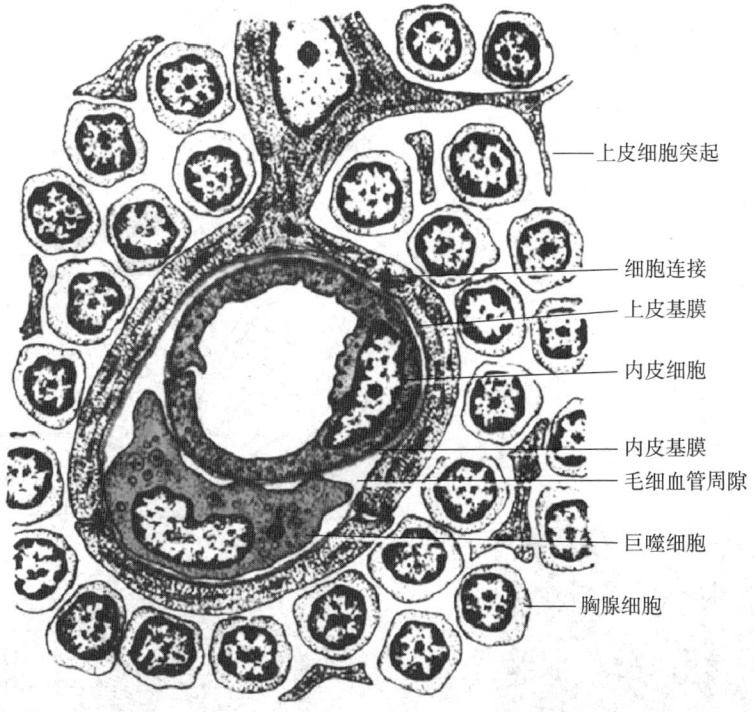

图 9-10　血-胸腺屏障示意图

组织，其特点是以网状细胞构成支架及血窦内皮细胞和巨噬细胞等组成造血微环境，造血干细胞在这种微环境内分化形成各种血细胞和血小板（彩图1）。其中的淋巴干细胞在骨髓中最终发育成 B 细胞。

三、脾

脾是体内最大的淋巴器官，始见于鱼类。猪脾狭长，呈紫红色，位于腹前部胃左侧（图 9-11）。脾有较厚的被膜，表面覆有间皮，被膜结缔组织伸入脾内形成许多小梁，它们互相连接构成脾的间质，小梁之间是实质，分白髓和红髓（图 9-12）。白髓分散在红髓之间，由淋巴组织构成。小动脉从白髓中穿过，称中央动脉。红髓占脾实质的大部分，由脾索和脾窦组成。脾索是富含血细胞的淋巴组织索。脾窦为静脉窦，内皮细胞之间有空隙，可使血细胞通过，脾的主要功能是过滤血液、清除衰老的红细胞和免疫（图 9-13）。

第九章 免疫系统

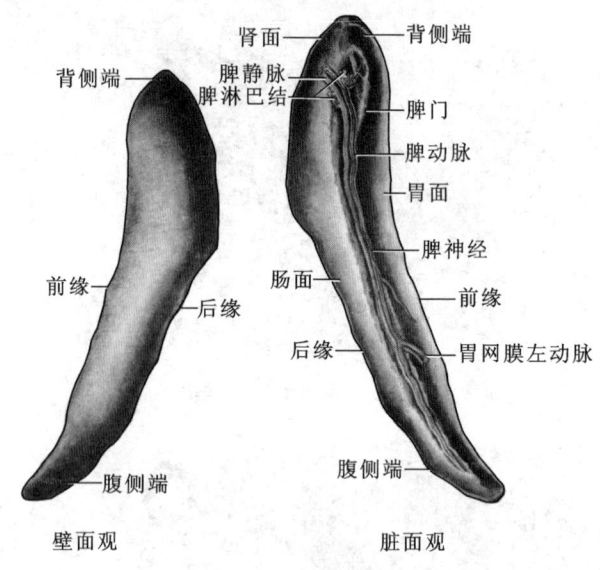

图 9-11 猪脾的形态

图 9-12 脾的组织结构

图 9-13 脾血流通路模式图

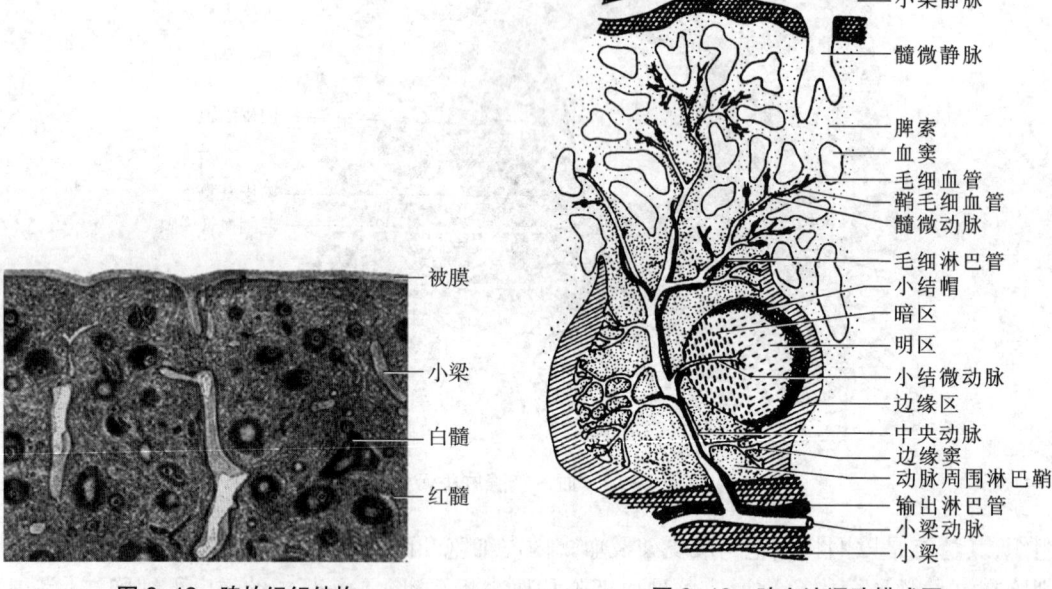

四、淋巴结和淋巴管

鱼类、两栖类、和爬行类有丰富的淋巴细胞,鸟类有比较发达的淋巴组织,多数鸟类无淋巴结,鸭、鹅等有 2 对不典型的淋巴结。哺乳动物的淋巴结遍布身体各部,存在于身体的一定部位,并接受一定区域的淋巴。浅层淋巴结位于皮下的身体凹窝,有的可用手触摸到(图 9-14)。深部的淋巴结则分布于内脏器官附近或大血管沿途(图 9-15)。

淋巴结大小不等,通常为卵圆形或圆形,一侧稍凹陷,称门部,是血管、神经和输出淋巴管出入的部位,而输入淋巴管则从淋巴结的其他部位进入淋巴结。淋巴结的表面包有致

第三节 淋巴器官

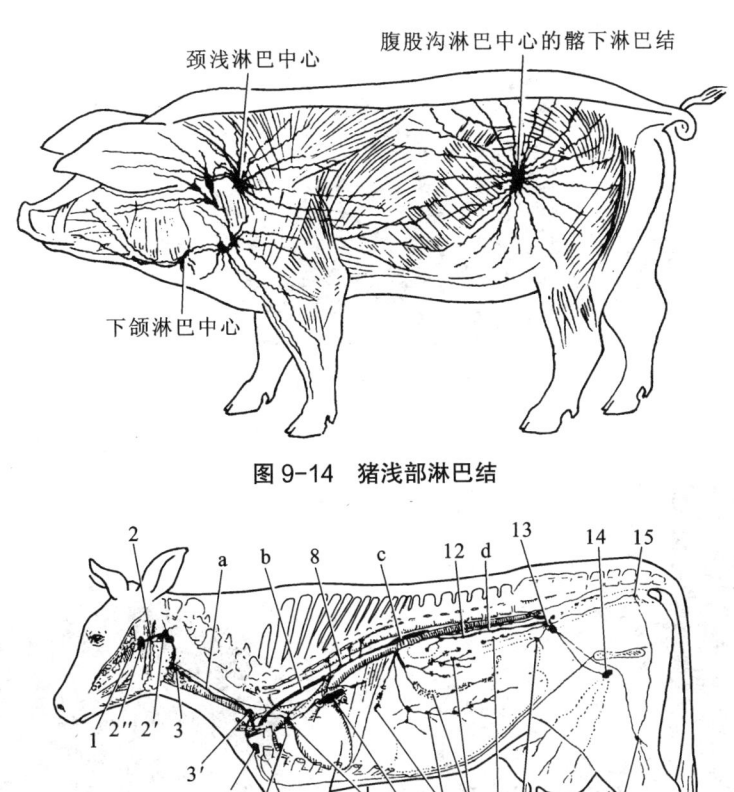

图9-14 猪浅部淋巴结

图9-15 牛深部的淋巴结

1. 下颌淋巴中心 2. 咽后淋巴中心 2′. 咽后淋巴中心的咽后外侧淋巴结 2″. 咽后内侧淋巴结
3. 颈深淋巴中心的颈前淋巴结 3′. 颈后淋巴结 4. 腋淋巴中心 5. 胸腹侧淋巴中心 6. 纵隔淋巴中心
7. 支气管淋巴中心 8. 胸背侧淋巴中心 9. 腹腔淋巴中心 10. 肠系膜前淋巴中心 11. 肠系膜后淋巴中心
12. 腰淋巴中心 13. 髂荐淋巴中心的髂内淋巴结 14. 腹股沟股淋巴中心的腹股沟浅淋巴结 15. 坐骨淋巴中心
16. 腘淋巴中心 17. 髂股淋巴中心的腹股沟深淋巴结 a. 气管干 b. 胸导管 c. 乳糜池 d. 腰淋巴干

密结缔组织被膜，并与淋巴结内部结缔组织小梁相连，淋巴结的实质可分为皮质和髓质两部分（图9-16）。皮质位于被膜的下方，由淋巴小结、副皮质区及皮质淋巴窦等组成（图9-17）。髓质由髓索和髓窦组成（图9-18）。组织液进入毛细淋巴管后称淋巴。淋巴经输入淋巴管入淋巴结，经输出淋巴管离开淋巴结。淋巴结的主要功能是过滤淋巴液和进行免疫应答（图9-19）。

猪的淋巴结结缔组织发达，被膜厚，小梁粗壮。与一般家畜不同的是，猪的输入

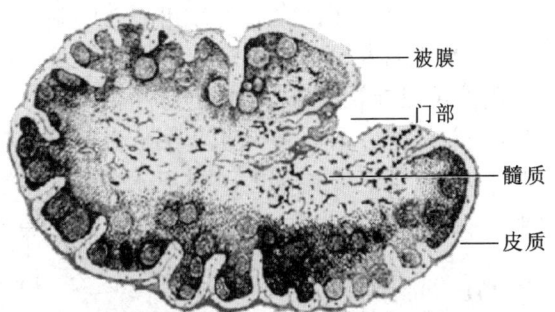

图9-16 淋巴结组织结构示意图

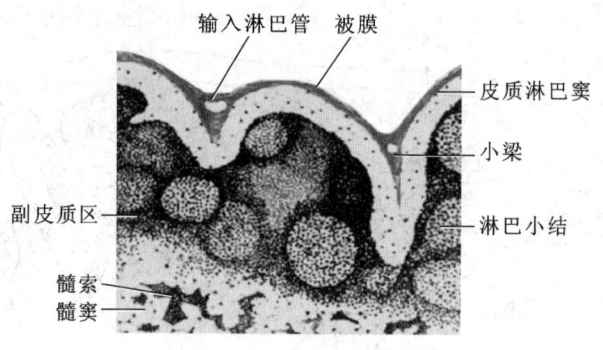

图 9-17 淋巴结皮质

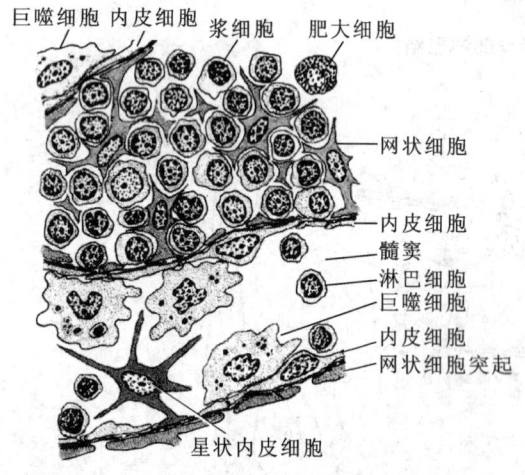

图 9-18 淋巴结髓质

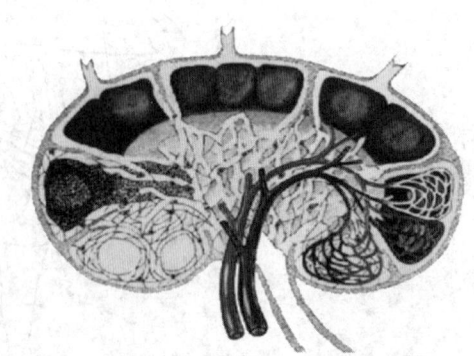

图 9-19 淋巴结内淋巴的流动示意图

淋巴管由淋巴门进入淋巴结,输出淋巴管则由淋巴结表面各处导出。实质为淋巴组织和淋巴窦,与一般动物不同,不易明显的区分皮质和髓质。被膜下方的周围组织以弥散淋巴组织、淋巴窦为主要成分,淋巴结的中央集中有数量较多的淋巴小结(图9-20)。

淋巴管道为淋巴流通的管道,根据汇集顺序、口径大小,依次可分为毛细淋巴管、淋巴管、淋巴干和淋巴导管。毛细淋巴管的结构与毛细血管相似。淋巴管的结构与微静脉相似,淋巴导管的结构与中静脉相似。毛

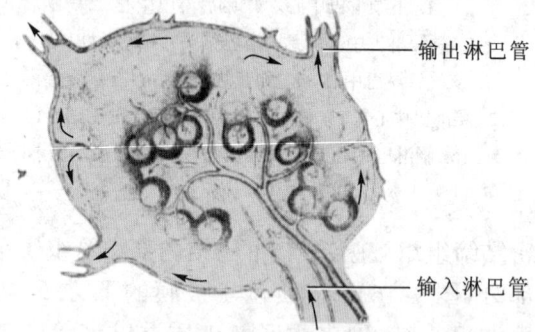

图 9-20 猪淋巴结结构和淋巴结内淋巴流向示意图

细淋巴管广泛分布于全身,汇集形成淋巴管。在淋巴管的行程中,通常要通过一个或多个淋巴结。淋巴管汇集成淋巴干,淋巴干多与大血管伴行。淋巴导管为全身最大的淋巴管,共有两条,胸导管和右淋巴导管(图9-21)。淋巴导管最终注入前腔静腔,淋巴汇入血流。

五、扁桃体

咽、软腭和舌的黏膜下层中具有比较集中的淋巴组织,称扁桃体。表面被覆复层扁平上

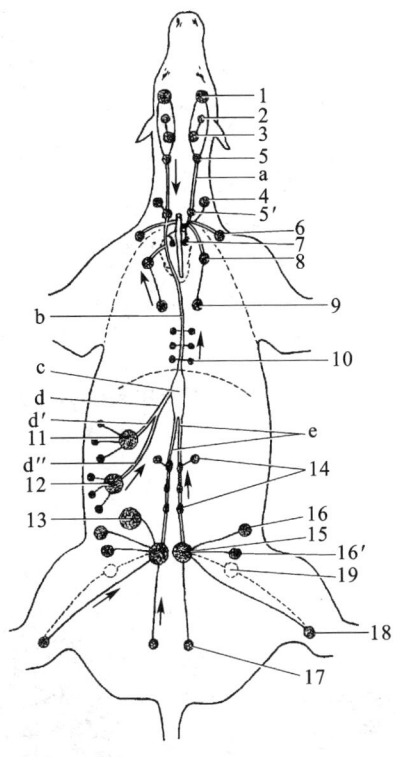

图 9-21 马淋巴管及淋巴结分布模式图（背侧观）

a. 气管干　b. 胸导管　c. 乳糜池　d. 内脏淋巴干　d′. 腹腔淋巴干　d″. 肠淋巴干　e. 腰淋巴干
1. 下颌淋巴结　2. 腮淋巴结　3. 咽后淋巴结　4. 颈浅淋巴结　5. 颈前淋巴结　5′. 颈后淋巴结　6. 腋淋巴结
7. 胸腹侧淋巴结　8. 纵隔淋巴结　9. 支气管淋巴结　10. 胸背侧淋巴结　11. 腹腔淋巴结　12. 肠系膜前淋巴结
13. 肠系膜后淋巴结　14. 腰淋巴结　15. 髂内淋巴结　16. 髂下淋巴结　16′. 腹股沟浅淋巴结
17. 肛门直肠淋巴结　18. 腘淋巴结　19. 腹股沟深淋巴结

皮,上皮向固有层内凹陷,形成分支的扁桃体隐窝,隐窝深部的复层扁平上皮内常有大量淋巴细胞及一些巨噬细胞和浆细胞。在隐窝周围有许多淋巴小结及弥散淋巴组织(图9-22)。咽部易受抗原刺激,因此扁桃体在引发局部和全身的免疫应答中起重要作用。

六、腔上囊

腔上囊或法氏囊是禽类特有的产生B细胞的初级淋巴器官,位于泄殖腔背侧,呈盲囊状,有一短管与肛道相通(图9-23)。幼禽较发达,性成熟后逐渐退化。囊壁由内向外依次分黏膜、黏膜下层、肌层和外膜(浆膜)四层(图9-24)。黏膜形成纵行皱襞,固有层内有许多腔上囊小结(图9-25)。它是一种淋巴上皮小结,每个小结由周边

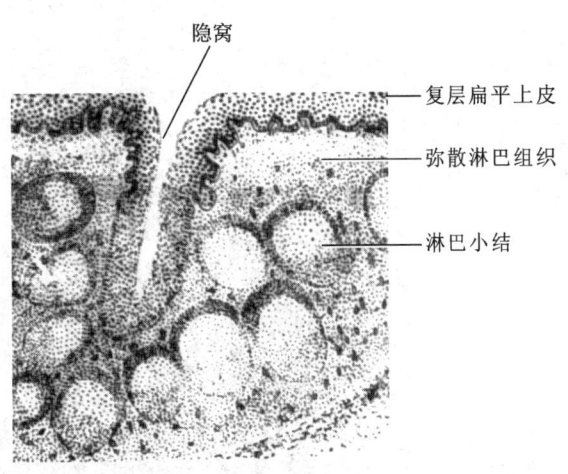

图 9-22 扁桃体组织结构

第九章 免疫系统

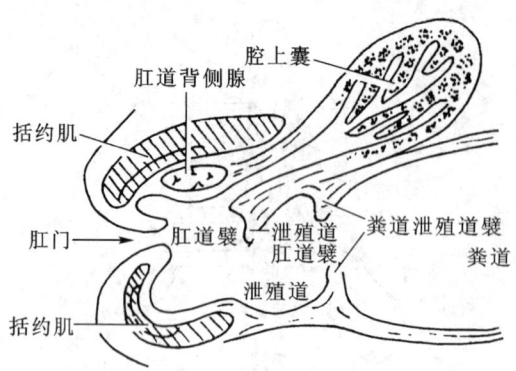

图 9-23 雏鸡泄殖腔正中矢状面示意图

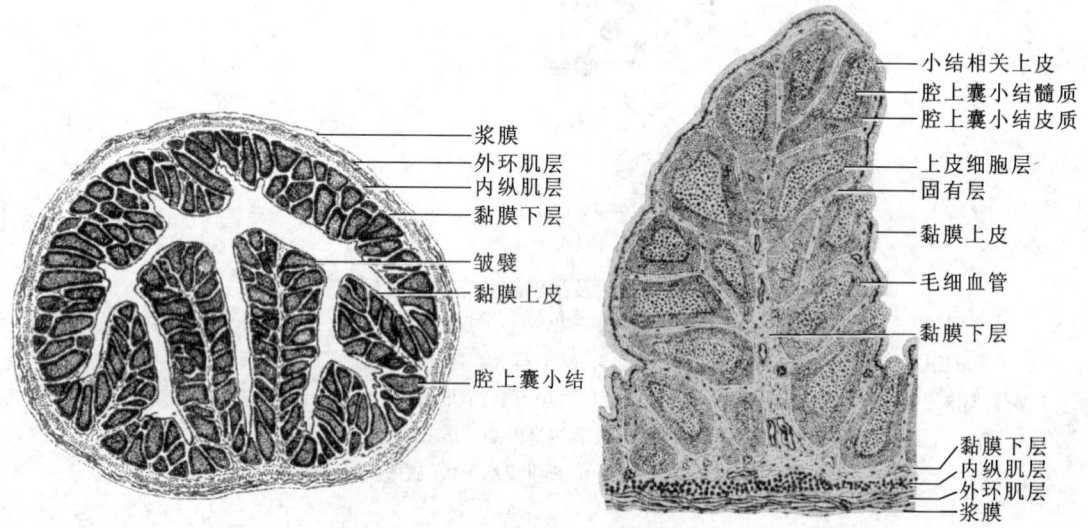

图 9-24 腔上囊的组织结构

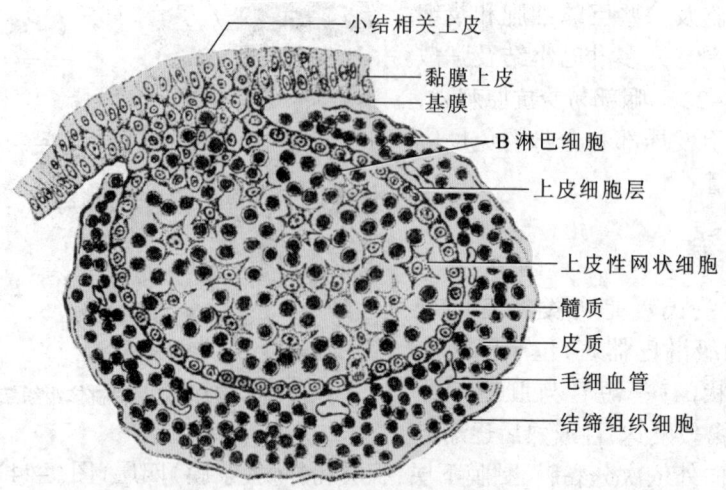

图 9-25 腔上囊小结的结构模式图

的皮质和中央的髓质及介于两者之间的一层上皮细胞层构成。

名词解释

1. 中枢淋巴器官（又称初级淋巴器官） 进行淋巴细胞早期分化的场所，它们的发生比周围淋巴器官（又称次级淋巴器官）早，个体出生前已发育完善，淋巴干细胞在其微环境内增殖、分化为处女型 T 淋巴细胞或 B 淋巴细胞，并不断的播散至周围淋巴器官和淋巴组织。哺乳动物和人的中枢淋巴器官是胸腺和骨髓，它们分别培育 T 淋巴细胞和 B 淋巴细胞。

2. 胸导管 为全身最大的淋巴管道，起始于乳糜池，穿过膈上的主动脉裂孔进入胸腔，沿胸主动脉的右上方，右奇静脉的右下方向前行，然后越过食管和气管的左侧向下行，在胸腔前口处注入前腔静脉。胸导管收集除右淋巴导管以外的全身淋巴。

3. 淋巴组织 以网状组织构成网状支架，网孔中分布着大量淋巴细胞及巨噬细胞的组织，同时在淋巴组织中还可见少量交错突细胞及小结树突状细胞。淋巴组织可分为弥散淋巴组织、淋巴小结两种类型。

4. 淋巴小结 主要是由 B 细胞密集而成的球状结构。功能活跃的淋巴小结中心浅染，称生发中心。生发中心可分为暗区和明区。生发中心内侧聚集着大量的大淋巴细胞，为暗区。生发中心外侧聚集着中淋巴细胞、较多的网状细胞等，为明区。生发中心周边为小淋巴细胞，近被膜侧的小淋巴细胞常聚集成帽状结构，称小结帽。

5. 胸腺小体 胸腺髓质内散在分布着许多圆形、大小不等的胸腺小体。其由数层以至十几层扁平形的上皮性网状细胞围成。外层细胞核呈新月形，胞质嗜酸性，细胞间有桥粒；小体中心细胞退化解体，结构不清。胸腺小体的功能不清楚。

6. 副皮质区 又称胸腺依赖区。位于胸腺皮、髓质交接处（皮质深层），主要由 T 细胞组成。此区有毛细血管后微静脉通过，其结构特点为管腔明显，内皮呈立方形，此处是血液淋巴细胞进入淋巴组织的重要通道。

7. 血－胸腺屏障 为血液与胸腺皮质间的屏障结构。主要由以下五层组成：①皮质的连续毛细血管内皮；②内皮外完整的基板；③血管周间隙，间隙中可有巨噬细胞、周细胞、组织液等；④上皮性网状细胞基板；⑤最外面包裹一层连续的上皮性网状细胞。该结构使血液中的大分子物质很难与胸腺细胞接触，故不引起直接的免疫反应。

8. 动脉周围淋巴鞘 由位于脾中央动脉周围的淋巴组织构成。主要为 T 细胞，属于胸腺依赖区，同时含有巨噬细胞等。

9. 边缘区 为脾白髓向红髓移行的区域。在多数哺乳动物位于动脉周围淋巴组织鞘的边缘，其结构疏松，含有大量的巨噬细胞和一些 T、B 细胞，以 B 细胞居多。该区具有很强的吞噬滤过作用。研究鸡脾表明，鸡脾椭球内含高内皮毛细血管，结构特殊，其具有边缘区的免疫功能特点。

10. 胸腺依赖淋巴细胞 又称 T 细胞，是一类必须经过胸腺的早期分化和选择的淋巴细胞，它们离开胸腺播散到周围淋巴器官和其他器官的淋巴组织内，进一步完成细胞的数量增殖和功能分化。

11. 淋巴细胞再循环 体内各处的淋巴细胞经淋巴管进入血液循环后，又通过毛细血管后微静脉再回到淋巴组织或淋巴器官内，淋巴细胞如此周而复始地从一处迁移到另一处的不断循环过程称淋巴细胞再循环。除效应性 T 细胞、B 细胞和 NK 细胞不参加再循环外，其他类型的淋巴细胞均参与再循环,尤以记忆性T细胞和B细胞的再循环活跃。

12. **抗原呈递细胞** 能捕获和处理抗原物质,并将抗原决定簇传递给淋巴细胞的一类细胞,在免疫应答中起重要的辅助作用。此类细胞中,巨噬细胞分布最广、数量最多,其他还有表皮内的朗格汉斯细胞、消化管等上皮内的微皱褶细胞、淋巴器官和淋巴组织内的树突细胞(交错突细胞、滤泡树突细胞等)等。它们都是由单核细胞分化来的,属单核吞噬细胞系统。内皮细胞、星形胶质细胞等也具有抗原呈递作用。

13. **记忆性淋巴细胞** 在抗原刺激产生效应性淋巴细胞的同时,一部分淋巴细胞经一段分化再次转入静息状态成为记忆性淋巴细胞(T淋巴细胞或B淋巴细胞)。当它们再次遇到该抗原时,能迅速转化增殖形成大量效应性淋巴细胞,清除抗原,成为机体内长寿命的免疫活性细胞(有的甚至可维持终身),使机体对该抗原拥有长期的免疫力。预防接种疫苗可使机体产生大量记忆淋巴细胞。

14. **毛细血管后微静脉** 位于淋巴器官内,由柱状或立方形内皮细胞围成,是血液内的淋巴细胞进入淋巴组织的重要通道,也可有少量淋巴细胞经此进入血液,主要存在于胸腺皮质与髓质交界处,淋巴结的深层皮质单位及扁桃体淋巴小结之间的弥散淋巴组织中。

15. **效应性淋巴细胞** 分布于周围淋巴器官和淋巴组织内,在抗原刺激下发生转化并不断增殖和分化,形成清除该相关抗原的一群特异性淋巴细胞,它们功能活跃,已失去进一步分裂增生的能力,在清除抗原中发挥重要的作用,但是,它们的寿命有限。效应性T淋巴细胞分辅助性T淋巴细胞、调节性T淋巴细胞和细胞毒性T淋巴细胞三个亚群;效应性B淋巴细胞即浆细胞,产生抗体。

16. **单核吞噬细胞系统** 指体内除粒细胞以外,分散于全身各处的吞噬细胞系统。共同来源于骨髓的幼单核细胞。分布十分广泛,如:①结缔组织、淋巴结、脾、扁桃体等处的巨噬细胞;②神经系统的小胶质细胞;③血液中的单核细胞;④骨髓中的单核细胞、幼单核细胞;⑤肝巨噬细胞;⑥肺内的隔细胞;⑦皮肤表皮内的朗格汉斯细胞;⑧骨组织中的破骨细胞等。它们均有吞噬细菌、病毒、异物,参与机体免疫反应,及加工、处理抗原等功能。

17. **腔上囊小结** 位于禽类腔上囊黏膜固有层,腔上囊小结呈圆形或不规则形。每个小结分周边的皮质和中央的髓质,皮质和髓质由一层与黏膜上皮相连的上皮细胞及基膜分界。髓质中由上皮性网状细胞构成支架,网孔中分布着淋巴细胞和巨噬细胞,内无毛细血管;皮质由网状组织构成支架,网孔中小淋巴细胞为主,有毛细血管分布。腔上囊小结是培育B淋巴细胞的场所。淋巴干细胞在胚胎时期通过血液循环进入小结的髓质,在上皮性网状细胞构成的微环境下分化,形成B淋巴细胞,再经皮质的毛细血管迁移到淋巴组织和次级淋巴器官。

18. **调节性T细胞** 机体内调节性T细胞的主要类型$CD4^+$、$CD25^+$T细胞。调节性T细胞可以通过下调机体的免疫应答维持对抗原的免疫耐受。其数量减少和功能紊乱可导致多种自身免疫性疾病;近年来有资料表明肿瘤微环境下,调节性T细胞普遍增多,具有抑制自体细胞毒性T细胞增生和下调有提高识别肿瘤抗原能力的辅助性T细胞数量的作用。

19. **头肾** 鱼类重要的造血器官,完全由淋巴样组织构成,主要由网状细胞、淋巴细胞、粒细胞、单核细胞、巨噬细胞组成,还有许多造血组织以及嗜黑色素细胞等。

20. **免疫系统的进化** 最初的免疫水平是细胞的自身免疫表现为同种细胞或物种的特异性聚集,以竞争生存空间,见于植物、海绵体、原生动物等;第二水平表现为特殊分化的免疫细胞介导的非记忆免疫识别和免疫反应,如腔肠动物;第三水平为具有短期记忆功能的细胞介导的免疫,如环节动物、节肢支物、棘皮动物等;第四水平表现为细胞免疫和体液免疫的协同作用和长效的免疫记忆和免疫放大,见于所有脊椎动物;第五水平表现为 T 和 B 细胞功能亚群的出现,如鸟类和哺乳动物。

自 测 题

一、填空题

1. 免疫系统由_____、_____和_____构成。
2. 猪的胸腺位于_____内及_____两侧。
3. 腔上囊是_____特有的产生_____的初级淋巴器官。
4. 咽、软腭和舌的黏膜下层中具有比较集中的淋巴组织称_____。
5. 淋巴组织是以_____构成网状支架,网孔中分布着大量_____及_____的组织,又可分为_____、_____两种类型。
6. 根据淋巴器官所发生的时间和功能,可分为_____和_____两类。前者包括_____及_____。后者包括_____、_____及_____等,这些器官的淋巴细胞能直接参与机体的_____。
7. 淋巴结实质可分为_____和_____两部分,前者又由_____、_____及_____等构成。
8. 脾的白髓可分为_____和_____两部分。前者即_____,主要由_____组成,常有_____,同时含有巨噬细胞等。后者由位于_____周围的淋巴组织构成,主要含_____,属于_____区。脾的红髓可分为_____和_____。前者腔内充满血液,其壁是由内皮细胞沿血窦纵轴排列所构成,细胞间有_____,基膜_____,另外可见_____附着在壁外,常见其伪足伸在壁内。

二、单项选择题

1. 哺乳动物的中枢淋巴器官包括(　　)
   A. 胸腺、淋巴结及脾　　　B. 胸腺及淋巴结　　　C. 胸腺及脾
   D. 胸腺及骨髓　　　E. 胸腺及腔上囊
2. 脾脏位于(　　)
   A. 左季肋区　　B. 右季肋区　　C. 腰区　　D. 脐区　　E. 背部
3. 乳糜池内含有(　　)
   A. 动脉血　　B. 静脉血　　C. 淋巴液　　D. 脑脊液　　E. 乳汁
4. 关于淋巴组织,哪一项是错误的?(　　)
   A. 可见少量交错突细胞及滤泡(小结)树突状细胞
   B. 网孔中分布着少量造血干细胞及各级造血细胞
   C. 网孔中分布着大量淋巴细胞等
   D. 以网状组织构成网状支架
   E. 可分为弥散淋巴组织、淋巴小结两种类型
5. 脾红髓的结构组成是(　　)
   A. 脾索和边缘区　　　B. 边缘区和脾血窦　　　C. 脾血窦和脾小结
   D. 脾小结和脾索　　　E. 以上均不对

第九章 免疫系统

6. 以下哪一种细胞不属于单核-吞噬细胞系统？（ ）
   A. 单核细胞　　　　B. 中性粒细胞　　　　C. 库普弗细胞
   D. 破骨细胞　　　　E. 小胶质细胞
7. 仔猪淋巴结内"周围组织"相当于其他哺乳动物淋巴结的（ ）
   A. 皮质　　B. 髓质　　C. 被膜　　D. 副皮质区　　E. 小梁
8. 脾不具有下列哪项特征？（ ）
   A. 实质分白髓和红髓　　　　　　　　B. T细胞主要位于动脉周围淋巴鞘
   C. B细胞主要位于脾索内　　　　　　D. 含血窦不含淋巴窦
   E. 成体的主要造血器官之一
9. 描述脾血窦的错误项是（ ）
   A. 窦壁内皮细胞为单层扁平上皮　　　B. 内皮细胞基膜不完整
   C. 窦周围有许多巨噬细胞　　　　　　D. 内皮细胞之间有较明显的间隙
   E. 窦形状不规则，位于红髓的脾索之间
10. 下列哪项不属于免疫系统的基本成分？（ ）
    A. 淋巴组织　　B. 淋巴细胞　　C. 淋巴器官　　D. 巨噬细胞　　E. 内皮细胞

参 考 答 案

一、填空题

1. 免疫器官　免疫组织　免疫细胞
2. 纵隔　颈部气管
3. 禽类　B淋巴细胞
4. 扁桃体
5. 网状组织　淋巴细胞　巨噬细胞　弥散淋巴组织　淋巴小结
6. 中枢淋巴器官　周围淋巴器官　胸腺　骨髓或腔上囊　淋巴结　脾　扁桃体　免疫功能
7. 皮质　髓质　浅层皮质　副皮质区　皮质淋巴窦
8. 脾小结　动脉周围淋巴鞘　淋巴小结　B细胞　生发中心　中央动脉　T细胞　胸腺依赖区　脾血窦　脾索　长杆状　裂隙　不完整　巨噬细胞

二、单项选择题

1. D　题解：中枢淋巴器官包括胸腺、骨髓及腔上囊，但腔上囊是禽类所有有。哺乳动物只有胸腺和骨髓是中枢淋巴器官。
2. A
3. C
4. B　题解：淋巴组织是以网状组织构成网状支架，网孔中分布大量淋巴细胞、巨噬细胞、交错突细胞及小结树突状细胞的组织。
5. E　题解：脾红髓是由血窦和脾索所组成，A、B、C、D四项所叙述的组成全不对。
6. B　题解：单核吞噬细胞系统是指除了粒细胞以外，分布于全身各处的吞噬细胞系统。
7. B　题解：仔猪淋巴结中淋巴小结位于中央区域，周围组织中有不明显的淋巴索和淋巴窦，因此仔猪淋巴结的周围组织相当于其他哺乳动物淋巴结的髓质。

8. E 题解:脾在胚胎早期具有造血功能,成体的主要造血器官是骨髓。

9. A 题解:脾窦内皮细胞呈长杆状。

10. E

思 考 题

1. 有泄殖腔的动物中只有鸟类有腔上囊吗?鸟类的腔上囊都有和鸡一样的囊小结吗?
2. 简述调节性 T 细胞的研究进展。

第十章

神经系统和内分泌腺

> **本章提要**
>
> 本章包括神经系统和内分泌腺两部分。神经系统由脑、脊髓、神经节和分布于全身的神经组成。垂体、甲状腺、甲状旁腺和松果体等内分泌腺分泌的激素经血液循环周流全身,调节畜体的生理活动,称体液调节。神经调节和体液调节协调作用,使畜体成为一个统一的整体。

> **学习目标**
>
> 1. 掌握神经系统的构成。
> 2. 掌握神经组织的结构。
> 3. 掌握垂体、甲状腺、甲状旁腺、肾上腺和松果体的位置和功能。

畜体是一个统一协调的整体,因为它有精确完整的整合结构,神经系统和内分泌腺就是该整合结构的主要成分。动物的迅速反应一般是靠神经系统指挥、传导,靠肌肉系统来完成的。激素的效应比神经慢。生长、性别分化、消化食物等活动都是受激素调节的,效应虽慢,但很稳定。动物的惊恐姿态和各种应变常常是在神经系统和内分泌系统的合作之下实现的。

第一节 神 经 系 统

神经系统主要由神经组织构成,其功能活动主要通过神经元建立的神经网络来实现。海绵动物已有神经特性的细胞,但分散,因此未形成神经系统。水螅形成了网状神经系统。涡虫、蛔虫形成了梯形神经系统。蚯蚓、节肢动物和软体动物形成了链状神经系统。管状神经系统是脊椎动物中枢神经系统的特征。

文昌鱼的神经系统是一条纵行在脊索背面的背神经管。七星鳗已有脑,很小,排列在同一平面,可分:大脑、间脑、中脑、小脑和延脑五部分。鱼类的神经系统由中枢神经系、外周神经系、自主神经系组成。两栖类的神经系统有初步适应陆上生活的演变,表现为:大脑体积增大。爬行动物的神经系统开始出现新皮质,在皮质中第一次出现了椎体细胞。鸟类的中枢神经系统,大脑因纹状体的发达而发达;嗅叶退化;视叶发达。哺乳动物的神经系统高度发达,神经系统由脑、脊髓、神经节和分布于全身的神经组成。它通过感觉末梢或感受器接受体内外各种刺激,通过反射方式借运动神经末梢或效应器支配和调节各器官的功能活动(图10-1)。神经系统活动的主要特点是把无数神经元的活动联系、协调起来,主导着身体的

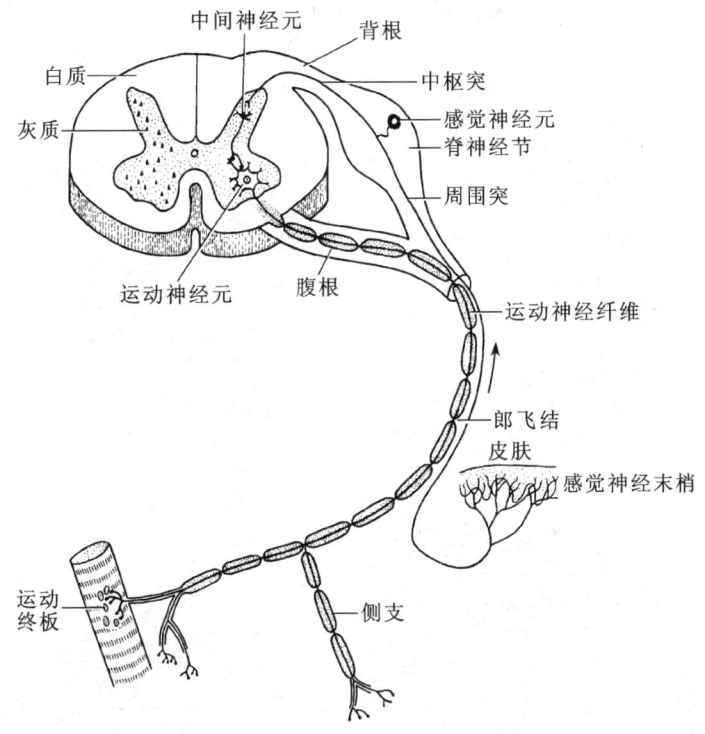

图 10-1 反射弧中三种神经元的关系

第十章 神经系统和内分泌腺

全部生命活动。神经系统在形态和功能是一个不可分割的整体,为了学习方便通常将神经系统分为中枢神经系统和周围神经系统两部分。

猪的中枢神经系统由脑和脊髓(图10-2)组成,周围神经系统由脑神经(图10-3)、脊神经(图10-4,彩图3、4)、神经节(图10-5)以及神经末梢(1-35,1-36)构成。中枢神经系统的组织结构分灰质和白质,灰质主要由神经元胞体及神经胶质细胞构成;白质主要含有髓神经纤维。脊髓位于椎管内,呈索状,后端逐渐变狭。脊髓的内部为灰质,横切面为"H"形,被白质包围(图10-6)。脑位于颅腔内,由前向后分为端脑(大脑)、间脑、中脑、后脑和延髓。端脑形成一对大脑半球和嗅球;后脑的背侧部形成小脑;脑的其余部分又合称脑干

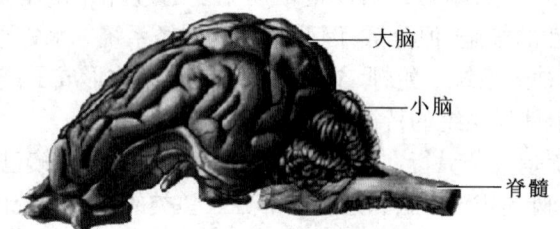

图10-2 猪的脑和脊髓

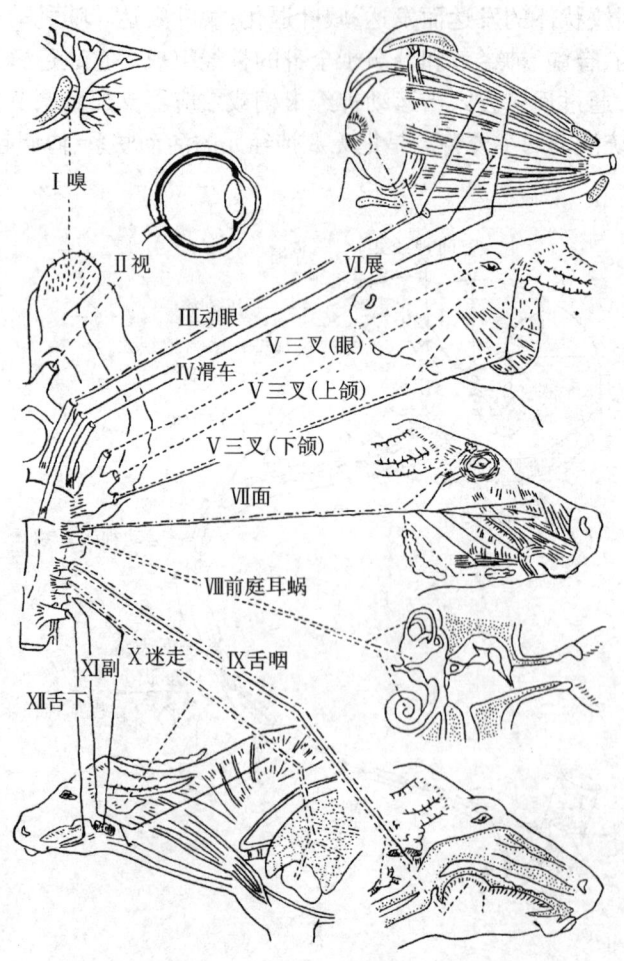

图10-3 脑神经分布示意图

第一节 神经系统

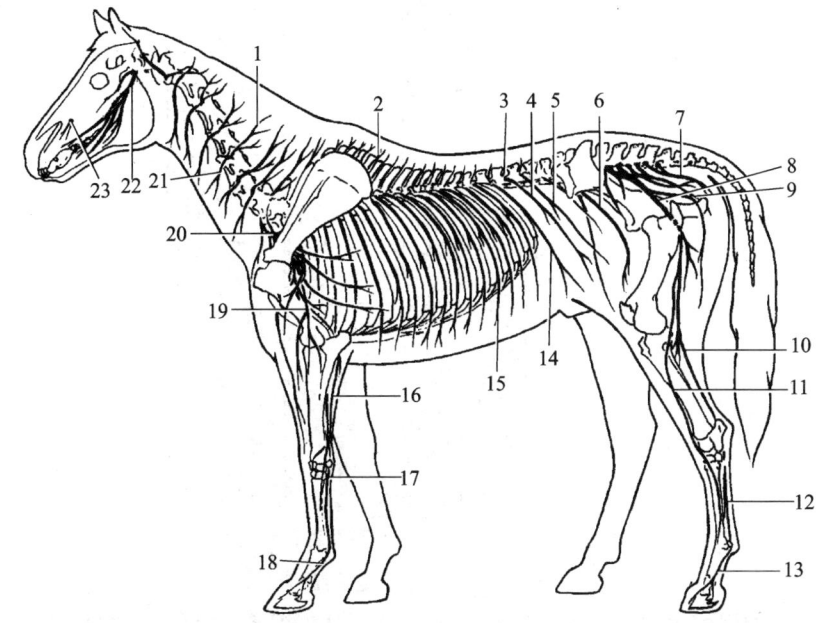

图 10-4　马的脊神经

1. 颈神经的背侧支　2. 胸神经的背侧支　3. 腰神经的背侧支　4. 髂下腹神经　5. 髂腹股沟神经　6. 股神经　7. 直肠后神经　8. 坐骨神经　9. 阴部神经　10. 胫神经　11. 腓神经　12. 足底外侧神经　13. 趾外侧神经　14. 最后肋间神经　15. 肋间神经　16. 尺神经　17. 掌外侧神经　18. 指外侧神经　19. 桡神经　20. 臂神经丛　21. 颈神经的腹侧支　22. 面神经　23. 眶下神经

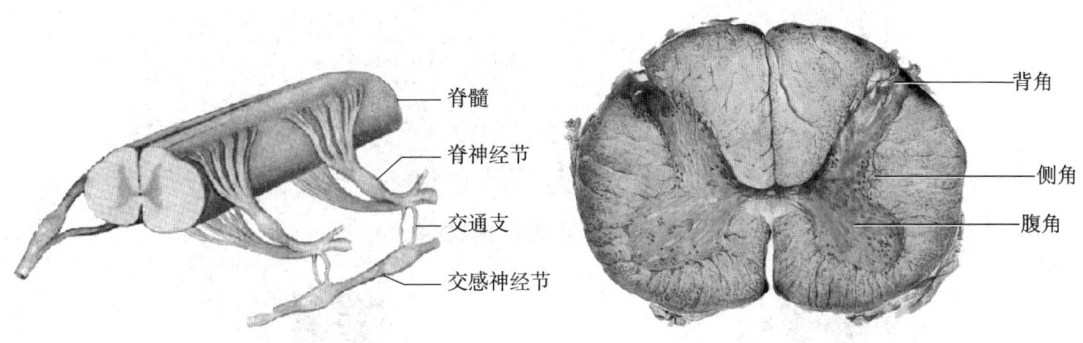

图 10-5　脊髓与神经节　　　　　　图 10-6　脊髓的组织结构

和间脑。大脑半球和小脑的灰质大部分见于浅表，又称为皮质，皮质深面为白质；在延髓、脑干和中脑的灰质同脊髓灰质相延续，呈分散的团块，称为神经核；在其他一些特殊区域，白质与灰质相互交错，称为网状结构。大脑皮质的组织结构分为6层（图10-7）。小脑皮质的组织结构分为3层（图10-8）。在功能上，神经系统又可分为躯体神经系统和自主神经系统，前者由支配躯体的运动和感觉的神经系统组成，后者包括支配内脏、心肌和腺体的非随意运动传出系统，还包括感受内脏疼痛、自主反射的感觉传入系统。自主神经系统还可进一步分为交感神经系统（图10-9）和副交感神经系统（图10-10）以及独立于这两类之外的肠道神经系统（图10-11）。

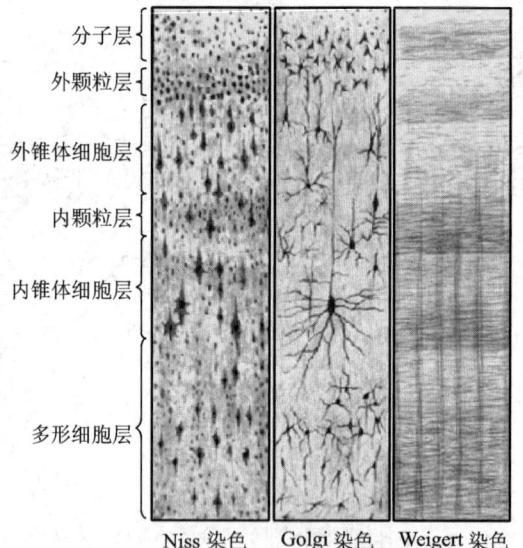

图 10-7 大脑的组织结构

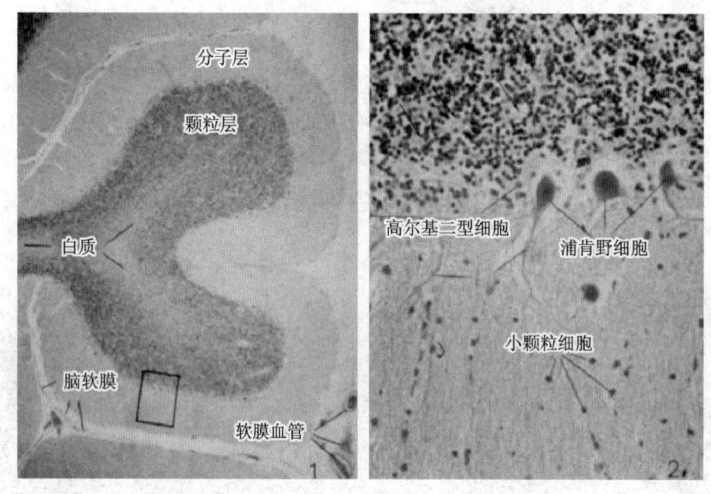

图 10-8 小脑的组织结构

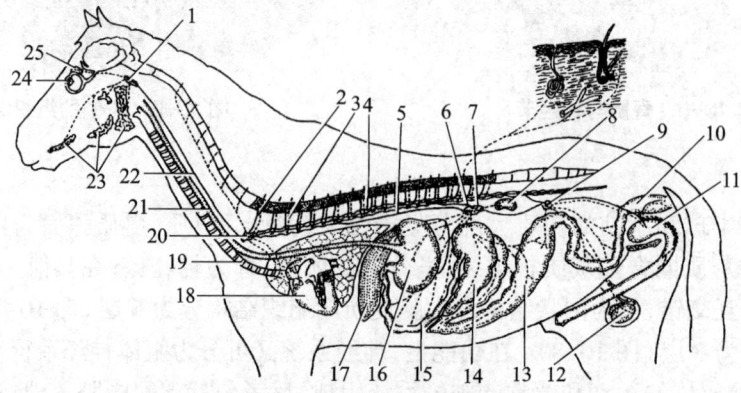

图 10-9 交感神经分布模式图

1. 颈前神经节 2. 白交通支 3. 灰交通支 4. 交感神经干 5. 内脏大神经 6. 内脏小神经 7. 腹腔肠系膜前神经节
8. 肾 9. 肠系膜后神经节 10. 直肠 11. 膀胱 12. 睾丸 13. 结肠 14. 盲肠 15. 小肠 16. 胃 17. 肝
18. 心 19. 气管 20. 星状神经节 21. 食管 22. 颈部交感干 23. 唾液腺 24. 眼球 25. 泪腺

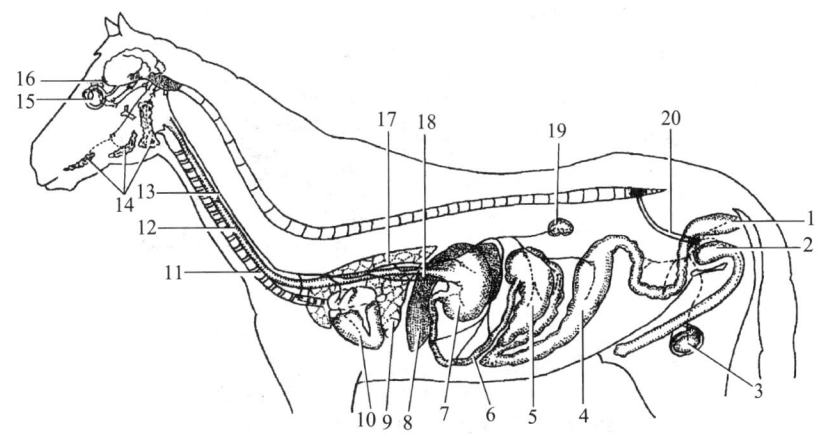

图 10-10 副交感神经分布模式图

1. 直肠 2. 膀胱 3. 睾丸 4. 大结肠 5. 盲肠 6. 小肠 7. 胃 8. 肝 9. 肺 10. 心 11. 气管
12. 食管 13. 迷走神经 14. 唾液腺 15. 眼球 16. 泪腺 17. 迷走神经食管背侧干
18. 迷走神经食管腹侧干 19. 肾 20. 盆神经

实线示节前神经纤维，虚线示节后神经纤维

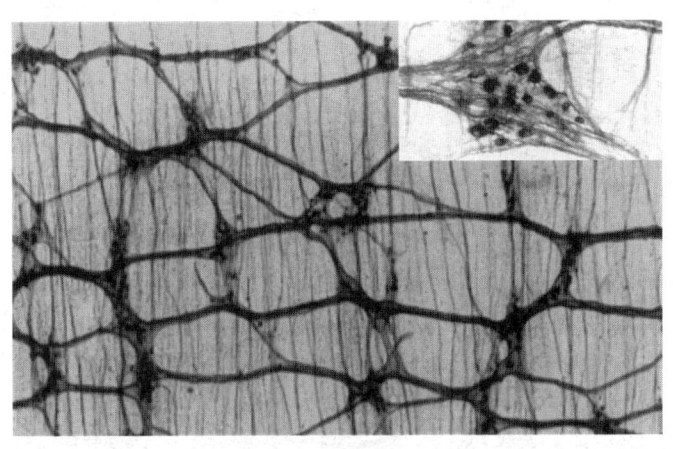

图 10-11 肠道神经系统（仔猪空肠肌间神经丛）

哺乳动物神经系统各部分的形态结构关系如下：

神经系统 { 中枢神经系（图 10-2） { 脑——位于颅腔内脑组织结构（图 10-7、图 10-8）
　　　　　　脊髓——位于椎管内脊髓的组织结构（图 10-6）
　　　　周围神经系 { 脑神经——与嗅脑、间脑和脑干相连，共 12 对，主要分布于头部（图 10-3）
　　　　　　脊神经——与脊髓背侧柱和腹侧柱相连，分布于躯干和四肢（图 10-4，彩图 3、4）
　　　　　　自主神经 { 交感神经——与胸腰段脊髓外侧柱相连，节后神经元主要位于椎旁节和椎下节（图 10-9）
　　　　　　　　　　副交感神经——与脑干和荐段脊髓灰质中部相连，节后神经元位于终末神经节（图 10-10）
　　　　　　肠道神经系统（图 10-11）

神经系统的主要成分是神经组织。神经组织的详细内容见第一章第五节。

脊髓和脑外周包有三层结缔组织膜，由外向内依次为硬膜、蛛网膜和软膜（图 10-12）。在临床施行腰荐麻醉时，需经腰荐间隙将麻醉剂注入硬膜外隙，以阻止硬膜外隙内的脊神

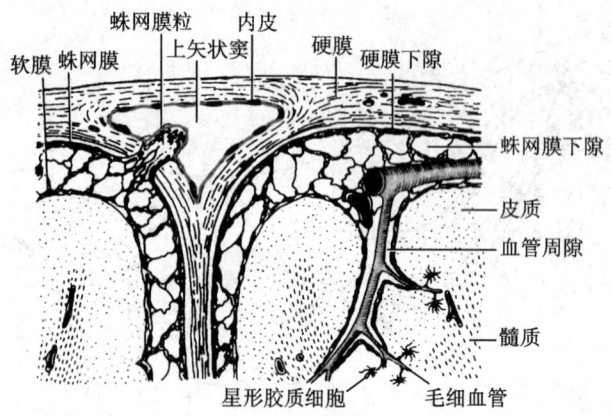

图 10-12 大脑冠状切面示脑膜和血管

经根的传导作用。

脑和脊髓的神经组织与血液之间的物质交流不同于其他器官,存在着一种限制某些物质进入脑组织的屏障结构,称为血-脑屏障(图10-13)。

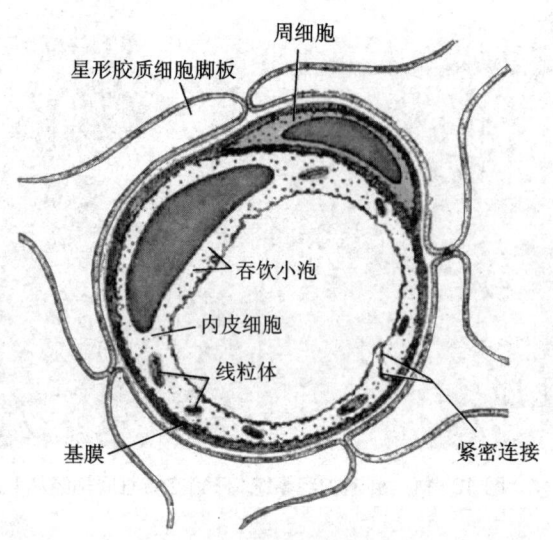

图 10-13 血-脑屏障示意图

第二节 内分泌腺

体内的一些生理活动,如母猪的发情周期和妊娠期是那样的准确,血糖的量总是不会有大的波动,这都是多种内分泌激素协调活动的结果。激素由内分泌细胞分泌,直接进入组织液、血液或淋巴,随血液循环周流全身,以调节各器官系统的功能活动,这种调节称体液调节。体液调节也受控于神经系统,共同实现神经体液调节。不同的激素作用于不同的器官,激素所作用的细胞或器官称为该激素的靶细胞或靶器官。广泛分布于无脊椎动物中具有内分泌功能的细胞是神经分泌细胞。脊椎动物内分泌细胞在体内可形成独立的内分泌腺,如垂体、甲状腺、甲状旁腺、肾上腺和松果体等,或存在于其他器官内,如胰腺内的胰岛、睾丸的间质细胞、卵巢的黄体、胃肠道黏膜中散在的内分泌细胞等。

第二节 内分泌腺

一、垂体

垂体位于颅底蝶骨构成的垂体窝内,是机体内最重要的内分泌腺,分泌多种激素,控制着动物的生长、发育、代谢、生殖等重要的生命活动(图10-14)。各脊椎动物垂体结构和发生基本相似,可分为腺垂体(图10-15)和神经垂体(图10-16)两部分。垂体本身又受下丘脑的控制。因此,垂体在神经与内分泌两大调节系统中起着枢纽作用(图10-17)。

二、甲状腺

脊椎动物的甲状腺均位于咽、喉或气管附近(图10-18)。猪的甲状腺位于胸廓前口,第

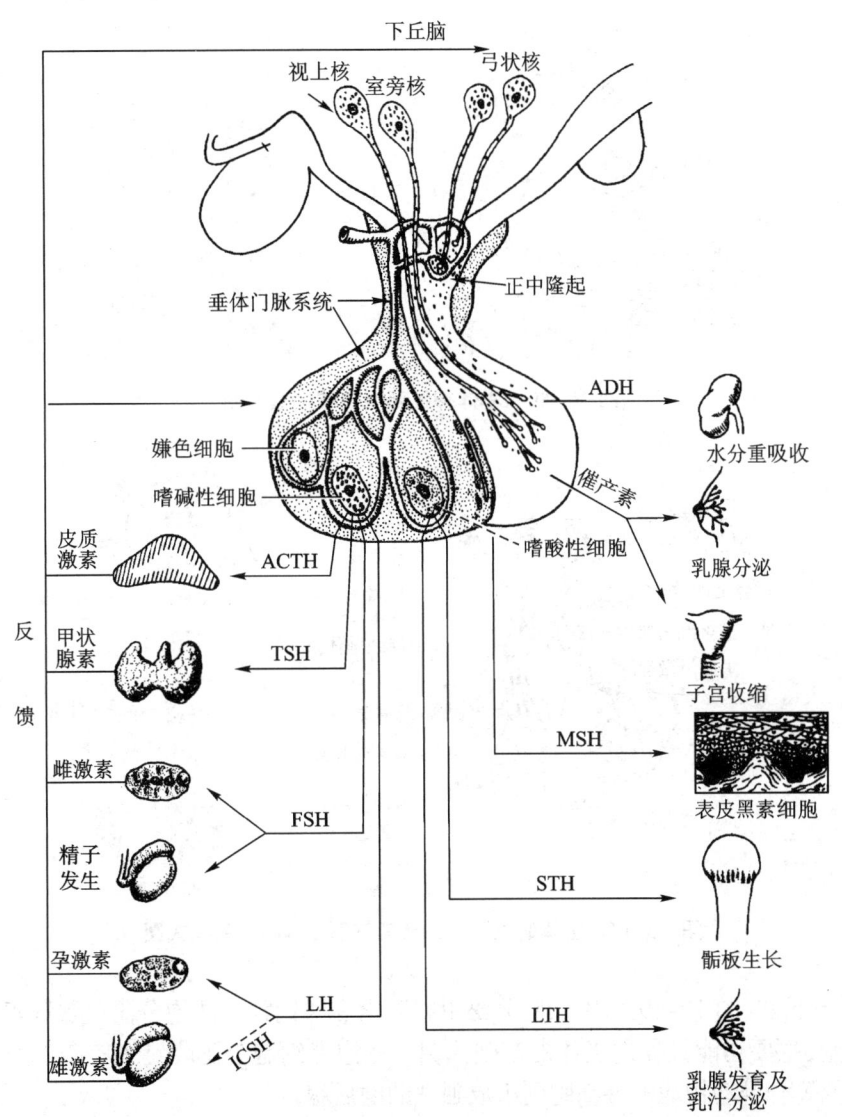

图 10-14 下丘脑与垂体的激素对靶器官作用示意图
ACTH:促肾上腺皮质激素;ADH:抗利尿激素;FSH:卵泡刺激素;ICSH:促间质细胞激素;LH:黄体生成素;
LTH:催乳激素;MSH:黑色素细胞刺激素;STH:生长激素;TSH:促甲状腺素

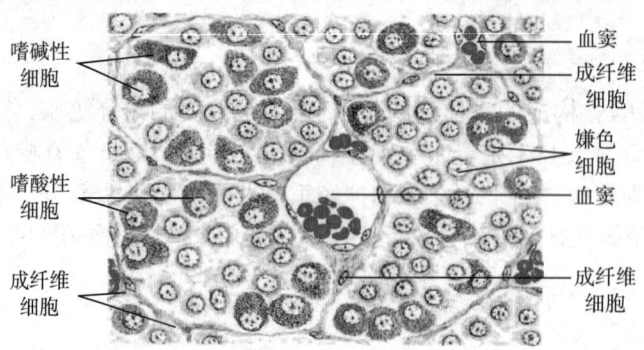

图 10-15　腺垂体远侧部组织结构模式图

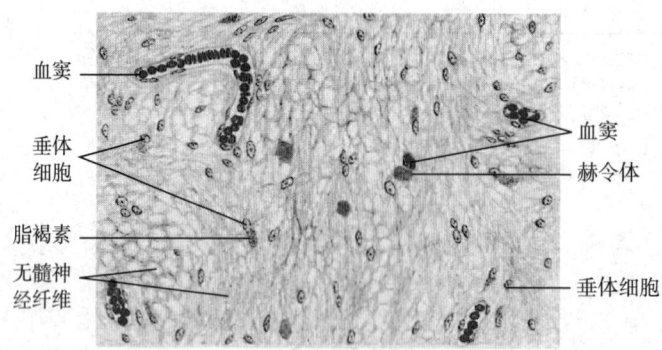

图 10-16　垂体神经部组织结构模式图

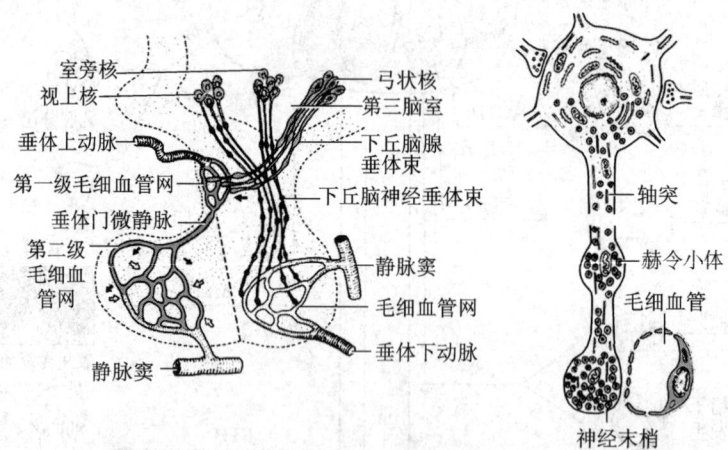

图 10-17　垂体的血管分布及其与下丘脑的关系模式图

6~8气管环下方(图10-19)。甲状腺分泌甲状腺素和降钙素。滤泡分泌甲状腺素可作用于多种靶细胞,主要功能是促进机体的基础代谢。滤泡旁细胞分泌降钙素有降低血钙浓度的作用。在低等脊椎动物滤泡旁细胞则组成独立的鳃后腺。

三、甲状旁腺

位于甲状腺附近(图10-20)。分泌甲状旁腺素,主要功能是升高血钙浓度。

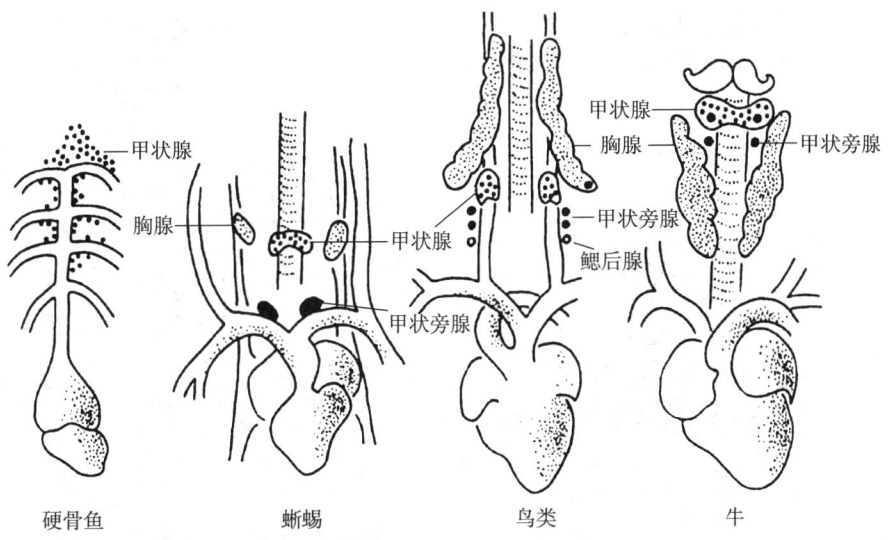

图 10-18 各种脊椎动物甲状腺及甲状旁腺的位置

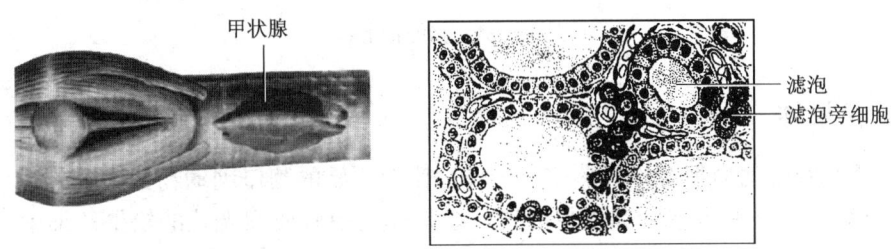

图 10-19 猪的甲状腺

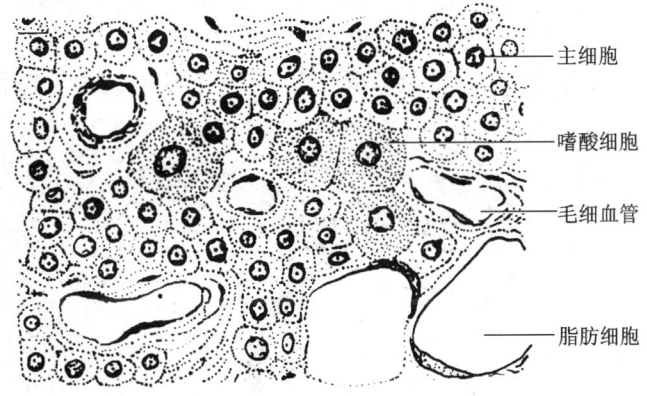

图 10-20 甲状旁腺的组织结构

四、肾上腺

猪的肾上腺位于肾门前方的肾内侧,与肾共同包于脂肪囊内,肾上腺分皮质和髓质(图 10-21)。哺乳类的肾上腺,皮质在外,髓质在内有明显的分界。鸟类的肾上腺,皮质延血窦排列呈索状,髓质组织成团块状分散于皮质中。鱼类的肾上腺皮质组织(肾间组织),髓质组织(嗜铬组织)或分开或混杂在肾组织中,肾组织中还有数量不等的斯坦尼斯小体。两栖类和爬行类肾上腺的两种组织混杂、分散于肾表面。肾上腺皮质分泌醛固酮、皮质醇和少量性激素。髓质分泌去甲肾上腺素和肾上腺素等。

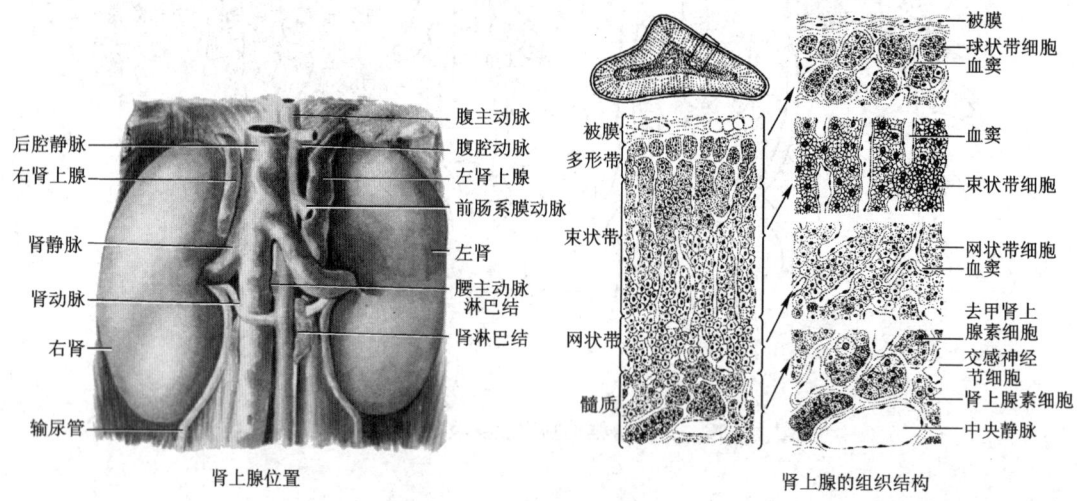

图 10-21　猪的肾上腺

五、松果体

几乎所有脊椎动物都有松果体或脑上体。比较原始的圆口纲动物，其脑上体为两个囊状突起，分别称为松果旁器突和松果体突。松果体突中有典型光感的松果体细胞，有感觉神经直接分布。松果旁器——颅顶眼，保留有角膜、晶体和视网膜结构，位于皮下能辨明暗。两栖类动物为囊状松果体，仍以椎体样光感细胞为主，故为感光性器官。无尾两栖类的某些蛙具有颅顶眼。爬行动物为的松果体主要是原始分泌型光感细胞（图 10-22）。蛇的松果体细胞在形态结构上与哺乳动物很相似。一般认为，鸟类是感光功能松果体转化为分泌功能松果体的中间型，松果体具有囊泡状、多囊泡状的结构与哺乳类松果体的实体

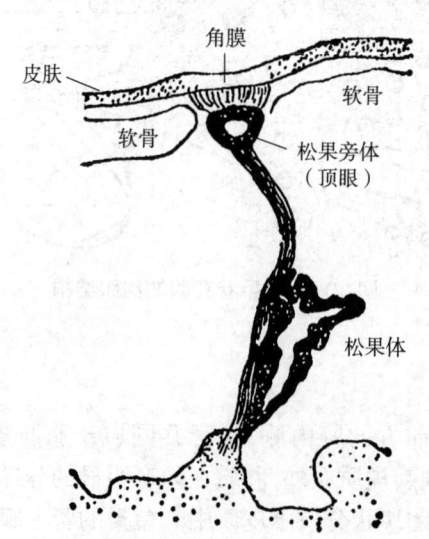

图 10-22　蜥蜴的松果旁体和松果体（杨安峰，1994）

小叶状结构相似。哺乳类的松果体只具有神经内分泌功能，无感光作用。从种系发生上追踪，其松果体细胞由光感型转变为分泌型，而胶质细胞则与低等脊椎动物的细胞同源，并有交感神经支配。猪的松果体位于丘脑上方，分泌多种激素，影响性腺的发育和调节免疫活动（图 10-23）。

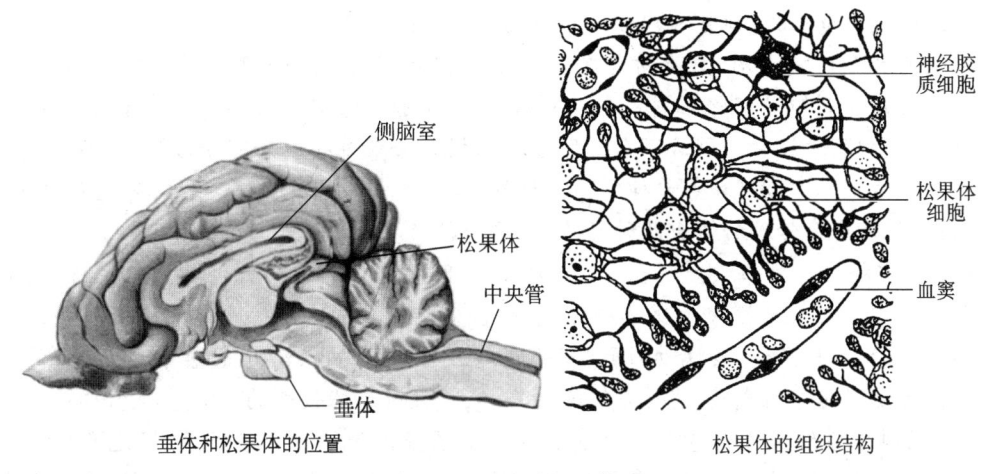

图 10-23　猪的松果体

六、其他器官内的内分泌细胞

见相应器官，如消化管内分泌细胞、胰岛、睾丸间质细胞、卵巢间质腺等。

• 名 词 解 释 •

1. 灰质　在脑和脊髓内，神经元的胞体聚集在一起呈灰色，称为灰质。位于大脑和小脑表面的灰质又称为皮质。

2. 白质　在脑和脊髓内，神经元的突起聚集在一起呈白色，称为白质。是中枢神经传导冲动的通路。

3. 神经核　脑干内，功能相通的神经元胞体聚集成团块状分散在白质中，此分散的灰质团块称为神经核。

4. 神经束　在脑和脊髓白质内，功能相同的神经元轴突集合在一起，称为神经束，是神经传导路径。

5. 神经丛　多条神经相互连接成网状，称为神经丛，分布在固定的部位。

6. 神经节　神经元的胞体聚集在外周神经上呈结节状，称为神经节。有感觉神经节和内脏运动神经节。

7. 交通支　连接两条神经之间的神经分支，称交通支。

8. 网状结构　在中枢神经内，由纵横交错的神经纤维网和散在其中的神经细胞所构成的结构。

9. 脑干　由延髓、脑桥和中脑三部分组成。延髓和脑桥的背面与小脑相连。它们之间的室腔为第四脑室，此室向后与延髓和脊髓的中央管相通，向前连通中脑的中脑水管。脑干的结构与脊髓相似,也是由灰质、白质和网状结构组成。但有变化,灰质形成核团;白质中纤维有交叉走向的;网状结构范围大。

10. **间脑** 位于中脑和端脑之间,分为丘脑和下丘脑,脑室为第三脑室。间脑的核团不像脑干中的核团有明确的分界,多数与邻近核团相互移行。丘脑的顶部有松果体。下丘脑中轮廓较清晰的重要核团有视上核、室旁核和漏斗核。下丘脑的下方是垂体,并与其联系密切。下丘脑是调节内脏、脉管和内分泌系统的皮质下高级中枢。

11. **脑神经** 共12对,第Ⅰ对与嗅脑(嗅球)相连,第Ⅱ对与间脑相连,第Ⅲ~Ⅻ对与脑干相连。常用下列口诀记忆脑神经的排列顺序和名称:一嗅二视三动眼,四滑五叉六外展,七面八听九食咽,十迷十一副舌下全。脑神经根据所含纤维的成分可分为三类:第Ⅰ、Ⅱ、Ⅷ对脑神经只含传入纤维,为感觉神经;第Ⅲ、Ⅳ、Ⅵ、Ⅺ、Ⅻ对只含传出纤维,为运动神经;第Ⅴ、Ⅶ、Ⅸ、Ⅹ对含有传入和传出两种纤维,为混合神经。

12. **自主神经** 分布于内脏器官、平滑肌、心肌和腺体的外周神经称为自主神经,又称内脏神经。内脏神经又可分为交感神经和副交感神经,共同支配一个器官。交感神经活动引起心跳加速、血压升高、肠蠕动减弱,表明它是应对环境变化,动员能量消耗以应急的。副交感神经活动引起心跳减慢,消化系统活动增加,是促进新陈代谢的。

13. **肠神经系统** 由大量存在于哺乳动物胃肠壁内的神经元组成,神经元的数目多达$10^7 \sim 10^8$个。其中的神经元胞体成簇聚集成神经节,并通过神经细胞突起的相互联系形成神经束,组成特殊的神经丛,主要包括位于肠纵肌、环基层之间的肌间神经丛和分布于黏膜下层的黏膜下神经丛,二者都可接受交感神经或副交感神经的节前支配。肠神经系统从一级感觉神经元、中间神经元到运动神经员一应具备,形成独立于中枢神经系统之外的自主神经系统,被称为肠脑,调控肠道的运动、分泌和血流以及免疫和炎症反应等。肠道神经节内神经元主要被类似于星形胶质细胞的肠胶质细胞包裹。肠壁内还有一种特殊的间质细胞,叫Cajal细胞,该细胞是否具有肠道起搏细胞的功能尚存在争议。

14. **大脑皮质** 按种系发生的早晚,分为形成海马和齿状回的古皮质;嗅脑和边缘叶的旧皮质;其余为新皮质。新皮质主要由神经元和神经胶质细胞组成,有三种类型神经元:①锥体细胞,胞体呈锥体形,轴突自胞体底部发出,长者进入髓质,组成投射纤维或联合传出纤维;②颗粒细胞,胞体颗粒状,是大脑皮质的中间(局部)神经元,构成皮质内信息传递的局部神经元回路;③梭形细胞,胞体呈梭形,大梭形细胞的轴突进入髓质,组成投射纤维或联合传出纤维;大脑皮质神经元是以分层方式排列,一般从表面至深层分为分子层、外颗粒层、外锥体细胞层、内颗粒层、内锥体细胞层和多形细胞层。

15. **小脑皮质** 按种系发生的早晚,分为形成绒球小结叶的古小脑,始见于鱼类,其功能为协调躯干运动和平衡;小脑蚓部的旧小脑,始见于爬行类,功能是四肢运动的协调;新小脑占据了小脑的大部分,功能是协调站立平衡。主要由神经元和神经胶质细胞组成。神经元有星形细胞、篮状细胞、浦肯野细胞、颗粒细胞和高尔基细胞五种。小脑皮质神经元以分层方式排列,一般从表面至深层分为分子层、浦肯野细胞层和颗粒层。

16. **锥体细胞** 大脑皮质内的一种神经元,其胞体形似锥子,有一条较粗的顶树突,胞体还向四周伸出一些水平走向的树突。轴突则从胞体的底部发出。锥体细胞是大脑皮质的主要传出神经元。

17. **浦肯野细胞** 小脑皮质的一种神经元,也是小脑皮质内唯一的一种传出神经元。胞体大,呈梨形,位于分子层和颗粒层之间,排成一排,构成小脑皮质的浦肯野细胞层。

名词解释

18. 血-脑屏障　血液和脑组织之间的屏障结构,由连续毛细血管内皮、基膜和神经胶质细胞突起形成的胶质膜组成。电镜下,毛细血管内皮细胞之间有紧密连接,内皮外有完整的基膜和周细胞,星形胶质细胞突起的脚板形成胶质膜,包绕着毛细血管。

19. 脉络丛　分泌脑脊液的结构,位于第三、第四脑室顶部和侧脑室内。它是局部的软膜与室管膜直接相贴并突入脑室的皱襞状结构。脑脊液主要由脉络丛产生,经蛛网膜下隙回流入血液。脑脊液处于不断产生、循环和回流的平衡状态。

20. 运动单位　一个脑干运动神经元或脊髓腹角运动神经元的轴突及其分支所支配的全部骨骼肌纤维,合称一个运动单位。

21. 无髓神经纤维　在中枢神经系统和周围神经系统中都分布有无髓神经纤维。周围神经系统的无髓神经纤维由轴突和包在它外面的施万细胞组成,一个施万细胞的胞膜凹陷可包裹许多条轴突;中枢神经系统的无髓神经纤维其轴突外面没有任何鞘膜,轴突是裸露的。

22. 靶器官　激素作用的细胞或器官称作靶细胞或靶器官。

23. 旁分泌　一些腺细胞分泌的激素通过弥散而作用于邻近细胞称为旁分泌作用。

24. 嗜铬细胞　肾上腺髓质细胞,细胞胞体大,细胞核圆,着色较浅,用铬盐固定液固定时,其胞质内可见棕黄色嗜铬颗粒,因此称作嗜铬细胞,能合成和分泌肾上腺素及去甲肾上腺素。

25. 垂体门脉系统　垂体前动脉从结节部上端进入神经垂体漏斗,并形成袢形窦状毛细血管网,称初级毛细血管网。这些毛细血管网再返回结节部汇集成数条垂体门微静脉,下行入远侧部,再形成窦状毛血管网,称次级毛细血管网,由此构成垂体门脉系统。

26. 赫林体　下丘脑神经内分泌细胞的分泌颗粒经轴突运送到神经垂体,一些分泌颗粒在神经纤维的轴突内或其末端可聚集成团,称作赫林体,光镜下为嗜酸性均质小体。

27. 垂体细胞　神经垂体内的胶质细胞称作垂体细胞,形状不规则,细胞胞体小,有一个或多个突起,有些垂体细胞内富含脂滴和棕黄色颗粒。

28. 内分泌腺　以腺上皮为主要成分构成的器官称腺,若形成的腺无导管,腺细胞的分泌物直接经血液或淋巴运输则称内分泌腺。其结构特点是:腺细胞排列成索状、团状或围成滤泡;腺细胞周围有丰富的毛细血管。腺细胞能分泌高效能的活性物质即激素直接进入血液,经血液循环作用于靶器官或靶细胞,有的亦可通过旁分泌的方式直接作用于邻近的细胞。

29. 肾上腺皮质束状带　肾上腺皮质内的主要结构,束状带细胞较大,排列成单行或多行的细胞索,从皮质到髓质呈辐射状排列。索间有纵向有孔毛细血管。束状带细胞核染色较浅,胞质富含脂滴,在 HE 标本上,因脂滴被溶解,故胞质呈泡沫状。电镜下可见丰富的滑面内质网和管状嵴的线粒体及许多脂滴。束状带细胞分泌糖皮质激素,如可的松等,主要作用是促使糖分解和糖原合成,并能抑制免疫反应。

30. 弥散神经内分泌系统　除内分泌腺外,机体的其他器官中也散布着大量的内分泌细胞,这些细胞具有共同的生物化学特性,即细胞内含有胺,或具有摄取胺前体并进行脱羧反应的能力,故将这些细胞统称为摄取胺前体脱羧细胞(APUD 细胞)。后来的研究发现,这些内分泌细胞与神经细胞在生化特性、形态特征和胚胎来源等方面关系非常密切。有些神经元也具有内分泌功能,称分泌性神经元。目前将分泌性神经元和 APUD 细胞统称为弥散神经内分泌系统。这一概念的提出,使神经系统和内分泌系统这两大调节系统统一为一个有机的整体。至今已知属于这一系统的细胞已有 50 多种,可分为中枢和周围两大部分:
①中枢部分包括下丘脑-垂体轴的细胞(下丘脑弓状核、视上核、室旁核的分泌性神经元以

及腺垂体远侧部和中间部的内分泌细胞等)和松果体细胞。②周围部分包括胃、肠、胰、呼吸道、泌尿生殖道的内分泌细胞,及甲状腺的滤泡旁细胞、甲状旁腺主细胞、肾上腺髓质的嗜铬细胞、血管内皮细胞、部分心肌细胞与平滑肌细胞等。

31. **章鱼的神经系统** 章鱼的聪明已是闻名遐迩,研究表明,章鱼的大脑与我们的大脑类似,具有折叠的脑叶,电生理模式与哺乳动物十分相似。但是,人类与章鱼最近的共同祖先要追溯到很久远的时期——很可能是多细胞生命历史的最初阶段,并且是一种非常简单的生命。也就是说,这种大脑结构的相似性是独立演化出来的。比这些相似性更加令人不可思议的是差异性。在章鱼的5亿个神经细胞中,有超过一半位于它们的触腕上。脊椎动物的脑可以被视为神经中枢,而章鱼的神经系统或许是互联网。

32. **斯坦尼斯小体** 位于真骨鱼类中肾后端背侧或腹面,有时埋藏在肾组织之内,由中肾发育而来,为粉红色、卵圆形或球形的小体。小体分为生长时相、分泌时相和萎缩时相,该周期变化与性腺发育相平行。其功能为一方面促进能量的大量释放,以供应产卵洄游和产卵时所需的能量,保证生殖活动的顺利进行;另一方面可保持钠离子浓度的稳定和降低钾离子的浓度。

33. **甲壳动物的内分泌器官** 由X器官窦腺复合体、后联结器官、围心腺、Y-器官、大颚腺和促雄性腺组成。X器官窦腺复合体产生许多重要的神经肽激素,如蜕皮抑制激素、性腺抑制激素、甲壳动物高血糖激素等,调控甲壳动物的蜕皮、生殖、体色变化等。后联结器官释放神经激素,调控体色变化。围心腺能够释放激素,进入围心窦内的血液中,增加心跳频率与心跳振幅。Y-器官突出在小颚腺与外侧体壁之间的血腔中,由紧贴上皮细胞层的细胞群组成,分泌蜕皮激素,调控甲壳动物的蜕皮。大颚腺分泌孕酮和雌二醇类的雌激素,与蜕皮和生殖有关。促雄性腺只存在于软甲亚纲的雄性个体中,如中国对虾、中华绒螯蟹、锯缘青蟹等。位于输精附近或末端,一对。细胞排列呈索状,含有分泌颗粒,细胞间为复杂的组织间隙。主要功能为:激发和维持精巢成熟;诱导雄性分化和维持雄性性征。

34. **昆虫的内分泌器官** 主要有脑、心侧体、咽侧体和前胸腺等。①脑。有数群神经内分泌细胞,分泌的脑促激素能促进咽侧体、前胸腺等器官的分泌活动,脑促激素形成分泌颗粒后,沿轴突输送到心侧体贮存和释放。②心侧体。在脑后方有一对心侧体,分泌的激素与脑促激素一起释放入血淋巴,调节机体的蜕皮周期,性腺生长及其他各系统的正常活动。③咽侧体。位于心侧体后方,在幼虫阶段分泌保幼激素,在脑促激素的控制下释放入血淋巴,维持动物的幼虫状态,一旦保幼激素停止分泌,动物即开始向成虫发育;在成虫期,咽侧体重新开始分泌激素,对卵的成熟和胚胎发育起重要作用。④前胸腺。分泌蜕皮素释放入血淋巴,引起蜕皮;当幼虫最后一次蜕皮变态为成虫后,前胸腺退化。在脑促激素、保幼激素和蜕皮激素的共同作用下,调节昆虫的蜕皮、变态、发育和生殖等过程。昆虫还有特殊的有管腺,能分泌外激素或称信息激素,起着同种个体间传递信息的作用。目前发现的主要有各种昆虫的性外激素,蛾类的聚集外激素、蚂蚁和白蚁的追踪外激素和社会性昆虫的报警外激素等。

自 测 题

一、填空题

1. 神经系统由_____、_____和分布于全身的_____组成。
2. 脑由_____、_____、_____和_____构成。脑干是脊髓的延续,向前依次分为

_____、_____和_____。

3. 脑干有_____,由前向后为_____、_____、_____和_____,与脊髓_____相通。室腔内充满透明的_____,进行脑脊髓液循环,保证中枢神经的_____,完成其生理功能。

4. 脑膜由外而内有_____、_____和_____。在硬膜下隙含_____,蛛网膜下隙含_____。脑膜伸向小脑半球间形成_____,伸向大脑半球间形成_____。

5. 脊神经是_____,有_____和_____。感觉神经元胞体在_____,脊神经按_____发出,命名为_____、_____、_____和_____。

6. 脑神经有12对,分布到头颈部,按神经纤维的性质分为_____、_____和含有副交感纤维的_____三类神经。

7. 自主神经分为_____和_____。前者的节前神经元胞体位于_____,后者的位于_____和_____。

8. 自主神经支配平滑肌、心肌和_____。

9. 副交感神经的节后神经元属于_____神经节。

10. 神经组织主要由_____和_____组成。

11. 神经细胞形态多样,大小不等,每个细胞又可分为_____和_____两部分,而后者又可分为_____和_____两类。

12. 突触是_____之间或_____之间的一种特化的_____,可分为_____和_____,通常泛指的突触是指_____,电镜下由_____、_____和_____组成,前者包括_____、_____和_____;后者膜上有_____。

13. 小脑皮质分_____、_____和_____三层。皮质内的神经元有_____、_____、_____、_____和_____五种。

14. 动物的内分泌腺有_____、_____、_____、_____和_____等。

15. 内分泌系统由_____和一些散在的_____组成,腺细胞的分泌物称_____。

16. 内分泌腺的主要构造特点是_____。

17. _____位于颅底蝶骨构成的_____窝内,是机体内最重要的内分泌腺。

18. 能调节机体钙磷代谢的内分泌腺是甲状腺和_____。

19. 肾上腺皮质分为_____、_____和_____带。

20. 脑垂体可分为_____和_____两部分。前者又可分为远侧部、_____部和_____部;后者又可分为_____部和_____部。_____部和_____部合称为前叶,_____部和_____部合称为后叶。

二、单项选择题

1. 以下对神经元结构的描述中,哪一项是错误的?(　　)
  A. 细胞均呈星状多突形
  B. 细胞突起可分为轴突和树突两类
  C. 胞质内含丰富的线粒体、发达的高尔基复合体
  D. 胞质内含丰富的粗面内质网和核糖体
  E. 胞质内含许多神经原纤维

2. 关于神经元尼氏体的分布,哪一项最准确?(　　)
  A. 胞体和轴突内　　　　　　B. 胞体和树突内　　　　　　C. 胞体内

  D. 突起内   E. 整个神经元内

3. 关于突触的描述中,哪一项是错误的?(　　)
   A. 是神经元与神经元之间或神经元与非神经元之间特化的细胞连接
   B. 可分为电突触和化学性突触,通常泛指的突触是后者
   C. 光镜下可分为突触前成分、突触间隙和突触后成分
   D. 突触前成分包括突触前膜、线粒体和突触小泡
   E. 突触后膜上有特异性受体

4. 交感神经的节前神经元位于(　　)
   A. 颈胸部脊髓   B. 腰荐部脊髓   C. 脑与荐部脊髓
   D. 脑与胸腰部脊髓   E. 胸腰段脊髓外侧柱

5. 在临床施行腰荐麻醉时,将麻醉剂注入(　　)
   A. 蛛网膜下隙   B. 蛛网膜内   C. 硬膜下隙
   D. 硬膜外隙   E. 软膜内

6. 迷走神经发出的部位是(　　)
   A. 延脑   B. 脑桥   C. 中脑   D. 间脑   E. 端脑

7. 躯体神经的运动神经支配的是(　　)
   A. 心肌   B. 平滑肌   C. 骨骼肌   D. 腺体   E. 骨骼

8. 关于甲状腺的结构的描述中,哪一项是错误的?(　　)
   A. 腺细胞围成滤泡状结构   B. 胞质内有丰富的滑面内质网和脂滴
   C. 滤泡腔内充满胶状物   D. 滤泡上皮的高低与功能状态相关
   E. 滤泡上皮基底有完整的基膜

9. 腺垂体可分为(　　)
   A. 远侧部、结节部和漏斗   B. 前叶和后叶   C. 前叶和垂体柄
   D. 远侧部、中间部和结节部   E. 前叶、漏斗和中间部

10. 腺垂体嗜酸性细胞可分为(　　)
    A. 催乳素细胞、促肾上腺皮质激素细胞和促甲状腺激素细胞
    B. 生长激素细胞、催乳素细胞和抗利尿激素细胞
    C. 促肾上腺皮质激素细胞、促甲状腺激素细胞和促性腺激素细胞
    D. 生长激素细胞、催乳素细胞
    E. 催乳素细胞、促甲状腺激素细胞和促性腺激素细胞

11. 腺垂体嗜碱性细胞可分泌(　　)
    A. 催乳素、促甲状腺激素和生长激素
    B. 促甲状腺激素、促肾上腺皮质激素和促性腺激素
    C. 促甲状腺激素、生长激素
    D. 催产素、催乳激素和促肾上腺皮质激素
    E. 促性腺激素、促甲状腺激素

12. 神经垂体的主要成分为(　　)
    A. 神经胶质细胞和神经元   B. 神经元和有髓神经纤维
    C. 神经胶质细胞和无髓神经纤维   D. 神经组织和腺组织
    E. 神经元和结缔组织

13. 内分泌腺中能将合成的分泌物储存在滤泡腔内的腺体是（   ）

    A. 松果体　　B. 甲状旁腺　　C. 肾上腺　　D. 胰岛　　E. 甲状腺

14. 激素作用方式的错误项是（   ）

    A. 由腺细胞分泌后直接进入血液，通过血液循环作用于靶器官或靶细胞

    B. 由腺细胞分泌后直接作用于邻近细胞

    C. 可由神经内分泌细胞合成，经轴突运输至轴突末端释放入血液，再通过血液循环作用于靶器官或靶细胞

    D. 由腺细胞分泌后进入导管，通过导管进入血液，经血液循环作用于靶器官或靶细胞

    E. 激素作用于靶细胞可改变靶细胞的代谢

• 参 考 答 案 •

一、填空题

1. 脑　脊髓　神经节　神经

2. 大脑　小脑　间脑　脑干　延髓　脑桥　中脑

3. 脑室　大脑侧室　第三脑室　中脑导管　第四脑室　中央管　脑脊液　代谢活动

4. 硬膜　蛛网膜　软膜　少量液体　脑脊液　小脑幕　大脑镰

5. 混合性神经　运动纤维　感觉纤维　脊神经节　体节段　颈神经　胸神经　腰神经　荐神经　尾神经

6. 纯感觉　纯运动　混合神经

7. 交感神经　副交感神经　胸腰段脊髓外侧柱　丘脑下部　荐段脊髓灰质中部

8. 腺体

9. 壁内

10. 神经细胞　神经胶质细胞

11. 胞体　突起　树突　轴突

12. 神经元与神经元　神经元与非神经元　细胞连接　电突触　化学性突触　后者(化学性突触)　突触前成分　突触间隙　突触后成分　突触前膜　线粒体　突触小泡　特异性受体

13. 分子层　浦肯野细胞层　颗粒层　星形细胞　篮状细胞　浦肯野细胞　颗粒细胞　高尔基细胞

14. 垂体　甲状腺　甲状旁腺　肾上腺　松果体

15. 内分泌腺　内分泌细胞　激素

16. 腺体无导管

17. 垂体　垂体

18. 甲状旁腺

19. 多形带　束状带　网状

20. 腺垂体　神经垂体　中间　结节　漏斗　神经　远侧　结节　神经　中间

二、单项选择题

1. A　题解：神经元的形态是多种多样的，并不是均呈星状多突形。

2. B　题解：轴突内没有神经元尼氏体。

3. C　题解：只有在电镜下才能区分出突触的具体结构，光镜下是不能区分突触前成分、突触间隙和突触后成分的。

4. E

5. D 题解：在临床施行腰荐麻醉时，需经腰荐间隙将麻醉剂注入硬膜外隙，以阻止硬膜外隙内的脊神经根的传导作用。

6. A

7. C

8. B 题解：甲状腺滤泡细胞为分泌含氮类激素的细胞，而胞质内有丰富的滑面内质网和脂滴是分泌类固醇激素细胞的特点。

9. D

10. D

11. B

12. C

13. E

14. D 题解：激素由内分泌腺分泌，内分泌腺无导管。

思 考 题

1. 哪些动物的脑组织中有锥体细胞？
2. 章鱼的脑叶与触腕上的神经组织结构有何异同？

网 上 更 多

📹 教学视频   📥 教学课件   📝 在线自测   🖼 彩图动画

第十一章
感觉器官

> **· 本章提要 ·**
>
> 　　本章包括眼和耳两部分内容。眼包括眼球壁、眼球内容物和眼的附属器。耳包括外耳、中耳和内耳。

> **· 学习目标 ·**
>
> 1. 掌握眼球壁中角膜和视网膜的组织结构。
> 2. 掌握眼球内容物是如何构成眼的屈光介质的。
> 3. 掌握眼的附属器是如何保护眼球的。
> 4. 掌握中耳将声波传入内耳的解剖结构。
> 5. 掌握内耳感受位觉和听觉的解剖结构。

第十一章 感觉器官

感觉器官为接受特定刺激的器官,其结构除感觉神经外周末梢外还有特殊的细胞和附属结构,一般仅分布于头部。特定刺激有别于分布全身各处的感觉神经末梢产生的痛、温度、触、压迫等一般躯体感觉。如:视器——眼、位听器——耳,眼和耳接受外界环境的刺激,将刺激转换为神经冲动,经感觉神经和中枢神经系统的传导通路到大脑皮层产生相应的特殊躯体感觉。味觉和嗅觉也属于特殊躯体感觉,它们分属于舌和鼻,不构成独立的感觉器官。

第一节 眼

单细胞生物如:眼虫(图11-1)有特定的光感受器——眼点。涡虫的光感受器已有"眼"的初步结构,但还没有晶状体,能感光,不能成像(图11-2)。昆虫的单眼有晶状体和角膜但不能成像,昆虫复眼的成像是一种特殊结构,复眼是由不同数目、构造相同的小眼组成(图11-3)。小眼的8个小网膜细胞围成一长束,束中心形成透明的视小杆,视神经纤维和脑两侧的视叶相连。复眼的小眼数目少者不足20个,有些蚂蚁仅有一个小眼,蜻蜓可达28 000个。昆虫只能在近距离看到物体,对光的闪烁特别敏感,如蝇类能感知每秒265次的闪烁,因此对物体的移动敏感。软体动物头足类的眼和脊椎动物的眼的结构很相似(图11-4),这是趋同进化的结果。各类脊椎动物的眼球结构相似,但眼的附属结构各有不同。哺乳动物的视觉器官眼位于眼眶内,由眼球及其附属组织眼肌、泪腺、眼睑等共同组成。眼球包括眼球壁及其内容物两大部分(图11-5)。

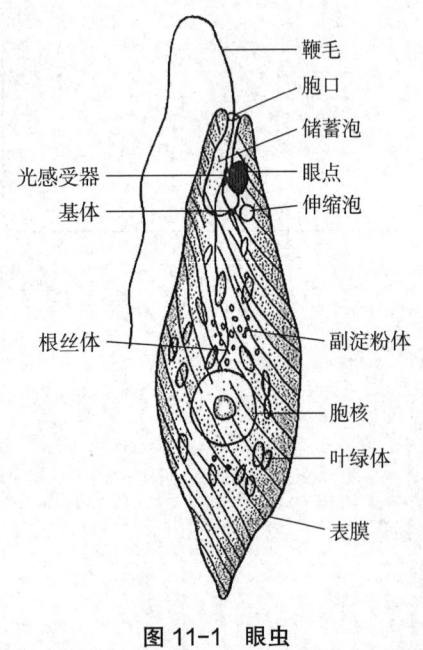

图11-1 眼虫

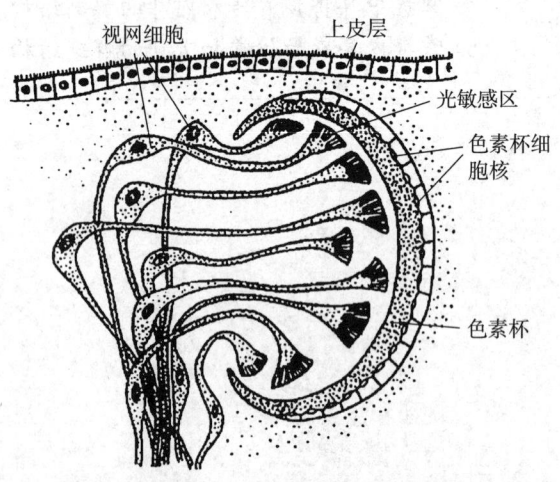

图11-2 涡虫眼的结构示意图(引自侯林等,2016)

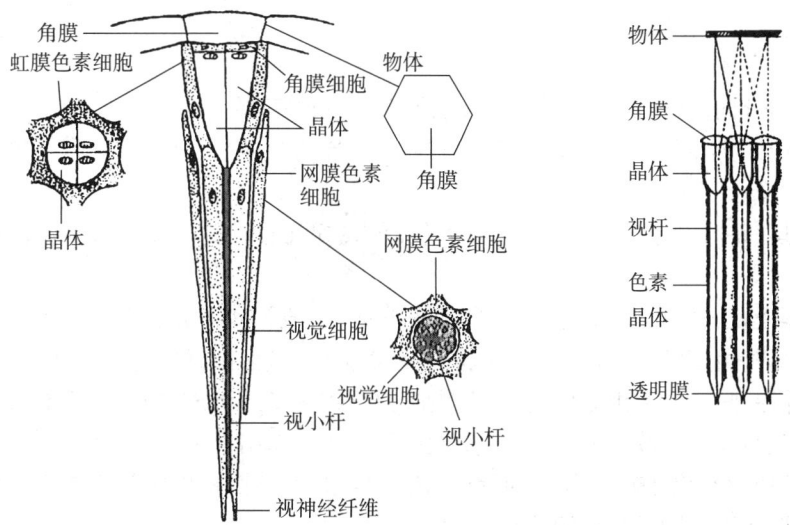

图 11-3　昆虫复眼的小眼的结构（引自侯林等，2016）

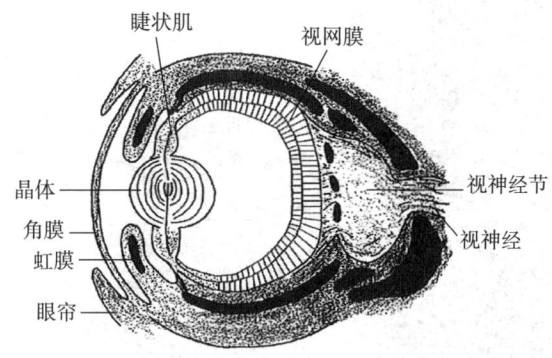

图 11-4　乌贼眼的结构（引自侯林等，2016）

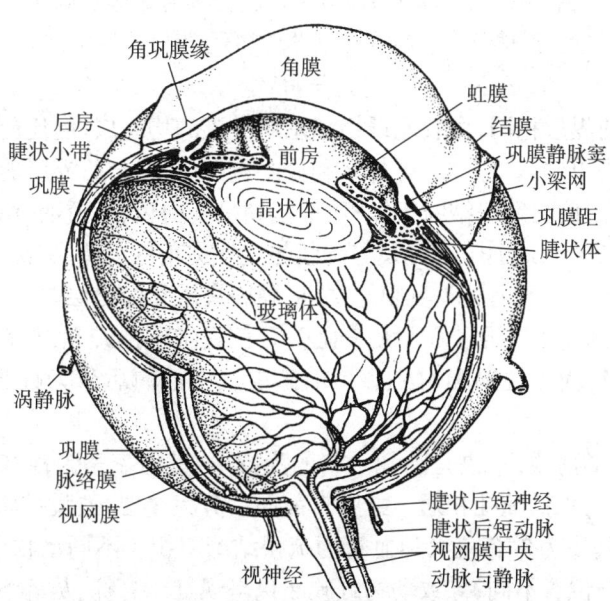

图 11-5　哺乳动物眼结构简图（引自成令忠等，2003）

一、眼球壁

眼球壁自外向内依次分为纤维膜、血管膜和视网膜三层。

1. 纤维膜 厚而坚韧，是眼球壁最外层，前 1/5 为角膜，后 4/5 为巩膜。主要为致密结缔组织。

（1）角膜：眼球的主要屈光介质，像无色透明的凹凸透镜。角膜由外到内分为 5 层（图 11-6）。

① 角膜上皮：由未角化的复层扁平上皮构成，一般为 4～12 层细胞。上皮细胞间分布着丰富的游离神经末梢。上皮表层细胞浸浴在泪液中，基底层细胞有分裂能力。

② 前界层：是一层无细胞的均质层，由胶原纤维和基质组成，损伤后不能再生。

③ 固有层：又称角膜基质，占整个角膜厚度的绝大部分，由呈板层状排列的胶原纤维组成，每层内的胶原纤维平行，板层之间纤维成一定角度排列，板层之间有成纤维细胞。前界层损伤后易形成不透明的白色瘢痕而影响视力。

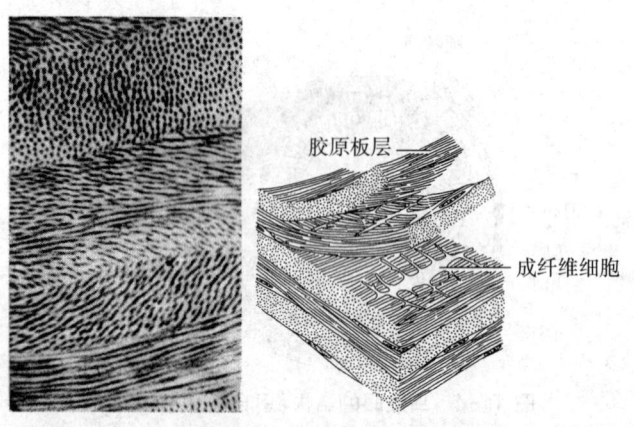

图 11-6 眼角膜固有层模式图（引自成令忠等，2003）
左：豚鼠角膜固有层电镜像（×40 000）；右：角膜固有层模式图

④ 后界层：与前界层相同，由胶原纤维和基质组成的均质层，但比前界层薄，不明显。

⑤ 角膜内皮：为单层扁平上皮，可合成和分泌蛋白质，参与后界层的形成和更新。

（2）巩膜：呈乳白色的致密结缔组织，质地坚硬呈瓷白色，不透明，由胶原纤维和少量弹性纤维构成，内有血管、色素细胞。巩膜与角膜相连处称角巩膜缘，其深面有静脉窦，是眼房水流出的通道。巩膜由外向内分为巩膜上层、巩膜固有层和棕黑层。

2. 血管膜 眼球壁的中层，为含大量血管和色素细胞的疏松结缔组织。可营养眼组织，并形成暗的环境，利于视网膜对光和色的感应。由前向后分为虹膜、睫状体和脉络膜（图 11-7）。

（1）虹膜：为环形薄膜，中央是瞳孔。猪的为圆形，其他家畜为横椭圆形。虹膜将眼房分为前房和后房，眼房水借瞳孔相通。虹膜自前向后分为 3 层：虹膜基质、括约肌和开大肌、色素上皮层。虹膜基质为含有色素和血管的疏松结缔组织。不同动物色素细胞中，色素颗粒的形状、密度、分布位置不同，导致动物虹膜颜色呈现红、黑、棕、灰等不同色泽。瞳孔括约肌呈环形，收缩时使瞳孔缩小；在括约肌外侧呈放射状排列的肌纤维称瞳孔开大肌，收缩时

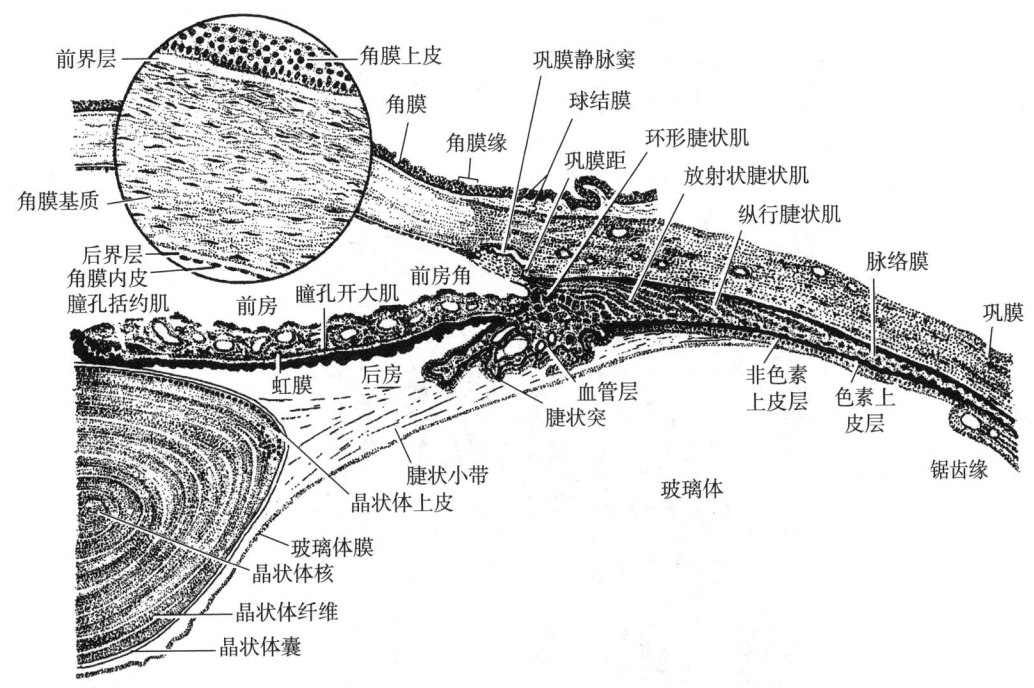

图 11-7　眼球前部结构图（引自成令忠等，2003）

使瞳孔开大。虹膜色素上皮层属视网膜的盲部，称视网膜虹膜部。

（2）睫状体：眼球壁中膜的增厚部分，位于虹膜与脉络膜之间。外层为睫状肌，内层为上皮层。睫状体上皮也属视网膜盲部，称视网膜睫状体部，由 2 层细胞组成，外层细胞为色素细胞，内层细胞为非色素细胞。睫状肌是平滑肌，可调节晶状体的屈度。在鱼类，代替睫状体的是镰状突。

（3）脉络膜：薄而软的棕色膜，约在血管膜的后 2/3 部分，衬在巩膜内面，是富含血管和色素细胞的疏松结缔组织。照膜，又称脉络膜毯，是位于视神经乳头上方的一半月形区域，对光起反射作用。草食动物的照膜是纤维膜，由胶原纤维束和成纤维细胞组成；肉食动物的照膜是由扁平的多角形细胞组成的细胞层，照膜细胞内含有大量锌。照膜的作用是将外来光线反射到视网膜，加强光刺激作用，有助于动物在暗光下对外界的感应。猪没有照膜。

3. 视网膜　为神经组织，是脑的外延部分。视网膜为眼球壁的最内层，衬于脉络膜内面的部分能感光，称视部；衬于虹膜和睫状体内面的不能感光，称盲部。二者交界处呈锯齿状，称锯齿缘。视网膜主要由色素上皮细胞、视细胞、双极细胞和节细胞组成。视细胞为接受光刺激的感觉细胞，双极细胞和节细胞是传导视觉信息的传入神经元。视网膜内还有水平细胞、无长突细胞，是起协调作用的联络神经元。视网膜内的神经胶质包括星形胶质细胞、少突胶质细胞和小胶质细胞以及放射状胶质细胞。以上细胞在视网膜的排列及相互连接形成光镜下的 10 层结构，由外向内依次为：视网膜色素上皮细胞、视锥视杆层、外界莫、外核层、外网层、内核层、内网层、节细胞层、神经纤维层和内界膜（图 11-8）。

（1）色素上皮细胞：视网膜靠近脉络膜的单层立方或矮柱状上皮。细胞的主要特点是胞质内含有大量的黑素颗粒，可吸收光线，防止强光对视细胞的损害。黑素颗粒可以在胞体内移动。另一特点是胞质内含有吞噬体，吞噬体内可见被吞噬的视杆细胞膜盘。

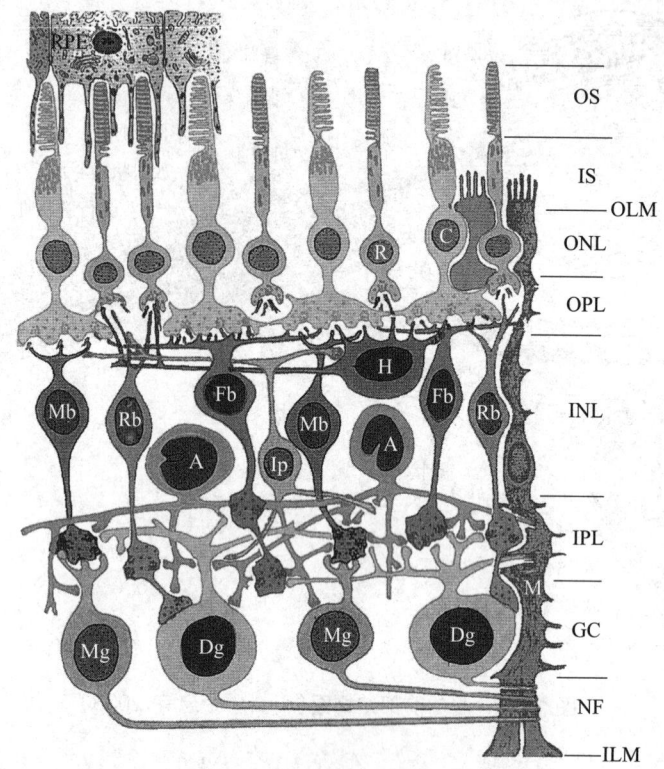

图 11-8　视网膜结构模式图（引自高英茂等，2011）
OS:外节；IS:内节；OLM:外界膜；ONL:外核层；OPL:外网层；INL:内核层；IPL:内网层；GC:节细胞层；
NF:神经纤维层；ILM:内界膜；RPE:视网膜色素上皮；R:视杆细胞；C:视锥细胞；Mb:侏儒双极细胞；
Fb:扁平双极细胞；Rb:杆状双极细胞；H:水平细胞；A:无长突细胞；Ip:网间细胞；
Mg:侏儒节细胞；Dg:弥散节细胞；M:Müller细胞

（2）视细胞：分视锥细胞和视杆细胞，均为特化的双极神经元。能感光，细胞体位于外核层，呈球形，内有圆形的胞核。各以一个树突伸向色素上皮层，分别称为视锥或视杆。视锥或视杆都由内、外两节构成。外节为感光部，内节借细茎与外节相连；内节内有大量线粒体、高尔基复合体、粗面内质网。视锥和视杆组成视锥、视杆层。自胞体的另一端发出轴突伸入外网层，与双极细胞和水平细胞构成突触。视锥细胞的视锥，感光敏锐，外节的膜盘内，含有对红、绿、蓝三色分别感光的化学物质，因此，有三种视锥细胞。视锥细胞在视网膜中央区最多，由此向四周逐渐减少。视杆细胞的视杆含有视紫红质，能感受弱光，视杆细胞比视锥细胞多，在视网膜中央很少，由此向外周逐渐增多。在夜间活动的动物，如猫、狗、猫头鹰，含有较多的视杆细胞，鸡缺乏视杆细胞，是夜盲动物。

（3）双极细胞：联系感光细胞和节细胞的联络神经元，胞体位于内核层，树突与感光细胞的轴突互相形成突触，轴突伸入内网层与节细胞的树突形成突触。

（4）节细胞：位于视网膜最内面，由长轴突的多极神经元组成，轴突构成视神经纤维层，并向视网膜乳头集中，构成视神经，穿出眼球。树突伸入内网层，与双极细胞等形成突触。

（5）视网膜内特有的胶质细胞，放射状胶质细胞又称缪勒氏细胞，具有营养、支持、绝缘和保护作用。

二、眼球内容物

眼球内容物有晶状体、玻璃体和眼房水;角膜、房水、晶状体和玻璃体构成眼的屈光介质。

1. 晶状体　有弹性的双凸透明体,借睫状小带连于睫状体。晶状体内无血管和神经,营养靠房水供应。晶状体的弹性随年龄的增长而衰老,透明度降低或浑浊,形成白内障。

2. 玻璃体　位于晶状体和视网膜之间的无色透明胶状物,其中含水99%,少量透明质酸、玻璃蛋白和胶原纤维。玻璃体起折光和支撑视网膜的作用。如发生浑浊即影响视力,看东西时,感觉眼前如有蚊虫飞舞。玻璃体流失后不能再生,可由房水填充。

3. 房水　为含蛋白的无色透明液体,由睫状体的血管渗透和上皮分泌,可营养角膜和晶状体并维持眼内压。房水由眼后房经瞳孔进入前房,从虹膜角流入巩膜静脉窦回到血液。当房水产生过多或回流受阻,可引起眼内压升高,视力减退,称为青光眼。

眼的视觉传导通路是:光线—角膜—房水—瞳孔—晶状体—玻璃体—视网膜的视细胞—双极细胞—节细胞—视神经—视觉中枢,产生视觉。

三、眼的附属器

眼的附属器主要由眼睑和泪腺组成(图11-9)。眼睑是眼球前方的皮肤皱褶,有保护眼球、防止异物和强光损伤眼球及避免角膜干燥的作用。睑缘是皮肤和眼结膜的移行处,有排列整齐的2～3列睫毛,毛囊有丰富的神经末梢,触觉灵敏。上、下眼睑内侧各有一乳头状突起,中央小孔称泪点,为泪小管的开口。泪腺经眼结膜上穹部流入泪点后,流向鼻腔。眼睑的结构由表及里可分4层:皮肤、肌层、纤维层和睑结膜。肌层主要为骨骼肌组成的眼轮匝肌;纤维层为致密结缔组织,其中含睑板腺,睑板腺分泌皮脂保持睑缘湿润;睑结膜富含血管而呈粉红色,表面覆盖复层柱状上皮,含有杯状细胞。泪腺位于眼眶上壁前内侧的泪腺窝内,属浆液性复管泡状腺,泪腺分泌泪液具有保持角膜和结膜湿润及轻度杀菌作用。

脊椎动物各纲视觉器官的比较　圆口类的眼多退化,隐藏于富有色素的皮下。鱼类角膜扁平,晶状体呈球形,无活动的上下眼睑,鲨鱼是唯一会眨眼的鱼;脉络膜在近视神经通入处形成血管褶称镰状突。它穿过视网膜伸入晶状体后方,膨大形成球形的赫氏钟。镰状突的伸缩,可使晶状体前后移动,从而调节视力。两栖类有活动的上下眼睑,出现睫状肌代替鱼类的镰状突的调节作用。爬行类有活动性更大的眼睑,出现瞬膜及泪腺,巩膜中有软骨环片,眼球内有栉状膜具有营养功能。但蛇无眼睑,眼部皮肤形成透明窗,眼球固定,也无泪腺。鸟类有发达的眼睑和瞬膜,巩膜内也有软骨环片,可防止因气压变化而造成眼球变形。眼球内也有栉状膜,具有营养功能;睫状肌不是平滑肌,而是横纹肌,可在飞行中敏捷地把物像聚在视网膜上。哺乳类一般眼睑有睫毛,眼球内无栉状膜,脉络膜血管特别多,血管膨胀,代替巩膜软骨的支持作用。

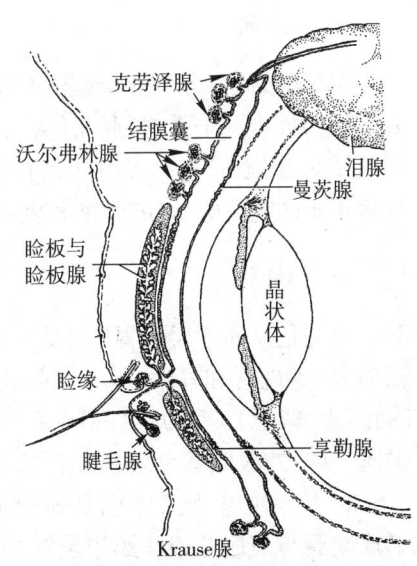

图11-9　眼睑、泪腺和副泪腺示意图
(引自成令忠等,2003)

第二节 耳

耳是感受位觉(平衡觉)和听觉的器官,哺乳动物的耳由外耳、中耳和内耳三部分组成。外耳有收集传递声波的作用。中耳主要将声波传入内耳。内耳又称迷路,包括骨迷路和膜迷路,膜迷路内有感受位觉和听觉的感受器。在种系发生中,平衡觉出现较早,腔肠动物最早出现平衡器官,节肢动物开始出现听器,脊椎动物才形成耳。内耳的出现早于中耳和外耳,如鱼类仅有内耳,两栖类有内耳和中耳,哺乳动物则发育成外耳、中耳和内耳。在个体发生中,内耳的发育也比中耳和外耳早。

一、外耳

外耳包括耳郭、外耳道和鼓膜。哺乳动物的耳郭一般较大,外形因动物而异,有的还能自由转动,主要由弹性软骨和皮肤组成。外耳道外侧为软骨部,内侧为骨部。软骨部的皮肤中有耵聍腺,为螺旋形单管状腺,导管与皮脂腺的导管共同开口于毛囊颈部,分泌物黏稠,有润滑皮肤和阻止异物或昆虫进入外耳道深部的作用。鼓膜为卵圆形半透明的薄膜,位于外耳和中耳之间。鼓膜内面与锤骨柄末端相连。鼓膜的结构分3层,外层为上皮层,中层为固有层,内层为黏膜层(图11-10)。鼓膜在声波作用下发生同步振动,能将外界声波如实地传给中耳。

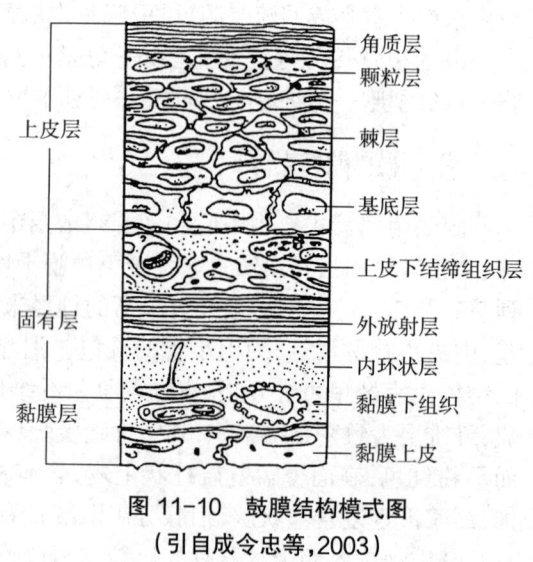

图 11-10　鼓膜结构模式图
(引自成令忠等,2003)

二、中耳

中耳由鼓室、听小骨和咽鼓管等组成,它们是一些连续而不规则的腔隙结构(图11-11)。鼓室是颞骨内一个不规则的腔室,腔内充满空气。鼓室内面有黏膜皱襞,3块听小骨、2条横纹肌及韧带、血管和神经等随黏膜皱襞突入鼓室。咽鼓管开口于鼓室前壁,与鼻咽相通连。骨窦位于鼓室后方,在鼓隐窝和乳突小房之间。

三、内耳

内耳是盘曲于岩颞骨内的管道系统,由套叠的两组管道组成。外部的骨管称骨迷路,包括前庭、半规管和耳蜗;膜管称膜迷路,为套于骨迷路内的膜性管道,相应地也分为膜前庭(椭圆囊、球囊)、膜半规管和蜗管。在膜迷路内充满内淋巴,在膜迷路与骨迷路之间充满外淋巴。内、外淋巴来源与去路不同,互不相通。淋巴有营养内耳和传递声音的作用。

1. 骨半规管、膜半规管和壶腹嵴　骨半规管有3个,互相垂直。每个骨半规管两端膨大,形成壶腹与前庭相连。膜半规管的形状与骨半规管相同,管壁黏膜由单层扁平上皮与薄层结缔组织构成,在膜壶腹处管壁增厚,呈嵴状突入壶腹称壶腹嵴,由毛细胞和支持细胞构成,毛细胞游离缘有纤毛,纤毛伸入壶腹帽内,基底部与前庭神经末梢形成突触。由于3个半规

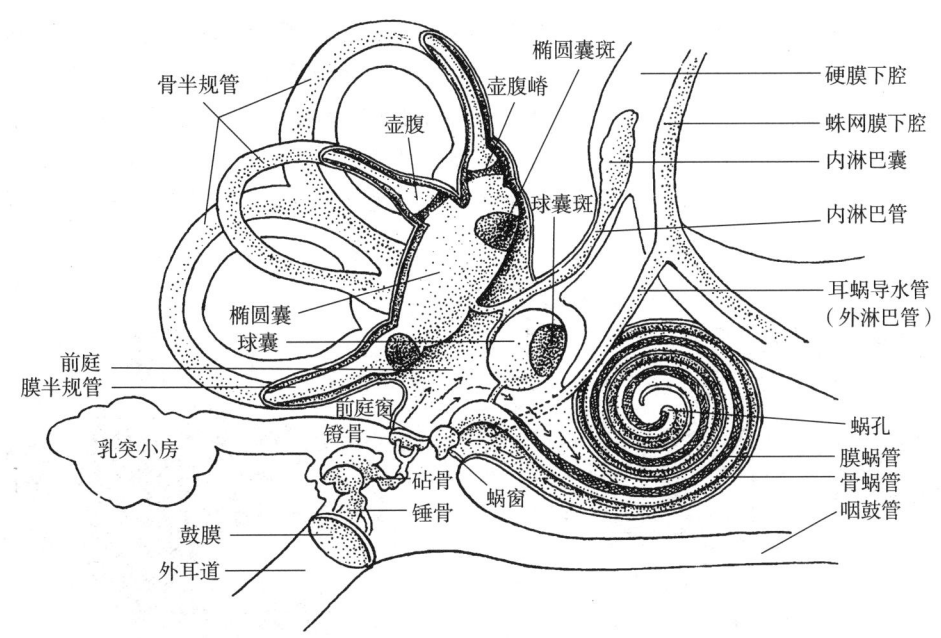

图 11-11 外耳、中耳与内耳结构模式图（引自成令忠等，2003）

管互相垂直。当动物头部做旋转运动时，导致半规管内淋巴冲击壶腹嵴，发生壶腹帽的倾倒，从而刺激毛细胞兴奋，产生神经冲动。因此，壶腹嵴可感受头部旋转运动的刺激，是位置觉感受器。

2. 前庭、椭圆囊和球囊　前庭位于鼓室的内侧，是骨迷路的膨大部，在前庭内有两个小囊，分别称椭圆囊和球囊，椭圆囊与三个半规管相通，球囊与耳蜗管相通，椭圆囊和球囊之间也相通。椭圆囊和球囊附着于前庭壁的部分增厚，分别称椭圆囊斑和球囊斑。斑由毛细胞和支持细胞组成，表面盖有一层耳石膜。毛细胞游离缘上的纤毛伸入耳石膜内，前庭神经末梢与毛细胞基底形成突触。耳石膜含有碳酸钙结晶，比重大于内淋巴，当头部处于不同位置时，耳石膜受地心力的作用而刺激毛细胞，毛细胞感受的刺激也经过前庭传入中枢。因此，椭圆囊斑和球囊斑能感受直线运动开始和终止时的刺激，也是位置觉感受器。

3. 耳蜗和螺旋器　耳蜗由耳蜗螺旋管围绕蜗轴盘旋数圈形成。管的起端与前庭相通，盲端位于蜗顶。沿蜗轴向螺旋管内发出 1 块薄骨板，称螺旋板，将螺旋管分为前庭阶和鼓阶两部分，膜蜗管位于蜗螺旋管内，一端与球囊相连，另一端为盲端，终于蜗顶。膜蜗管的横断面呈三角形，可分顶壁、底壁和外侧壁。顶壁为前庭膜，底壁为骨螺旋板和基膜，外侧壁为盖膜，是复层柱状上皮，因上皮中含有血管，称血管纹，能分泌内淋巴。在底壁的基膜上有螺旋器或 Corti 氏器，是听觉感受器。螺旋器由毛细胞和支持细胞组成，毛细胞排成 3～4 行，固定于支持细胞之间。在螺旋器表面有盖膜，毛细胞上的纤毛与盖膜接触，毛细胞基底部与耳蜗神经末梢形成突触。由外耳道传入的声波使鼓膜振动，并经听小骨传至卵圆窗，引起前庭阶外淋巴与前庭膜和膜蜗管的内淋巴也发生振动。前庭阶外淋巴的振动也经蜗孔传到鼓室阶，使基底膜发生共振，基底膜的振动使盖膜与毛细胞的纤毛接触，引起毛细胞兴奋，冲动经耳蜗神经传至中枢，产生听觉及听觉反射。

脊椎动物各纲听觉器官的比较　圆口类和鱼类仅有内耳，前者无椭圆囊和球囊，半规管仅 1～3 条，后者有椭圆囊和球囊，并出现瓶状囊，有 3 条互相垂直的半规管（图 11-12）。两栖类开始出现中耳,内有2块听小骨(图11-13)。爬行类出现外耳孔及鼓膜,瓶状囊弯曲(图11-14)。鸟类有外耳道,虽无耳郭,但有一圈羽毛排列在外耳孔周围,起收集声波作用。耳咽管左右合并,瓶状囊长而弯曲(图11-15)。哺乳类有发达的外耳道及耳郭,中耳内有3块听小骨,瓶状弯曲形成蜗管(图11-11)。蝙蝠的耳郭特别大,方便收集自己口、鼻发出声波的回波,经听觉神经到脑组织,形成"声视觉"。"声视觉"使蝙蝠在黑夜中自由飞行、捕食。

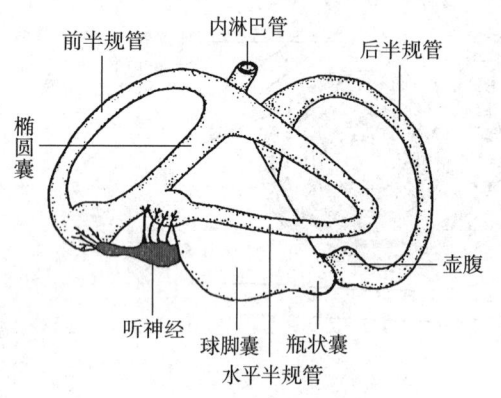

图 11-12 鱼类的内耳

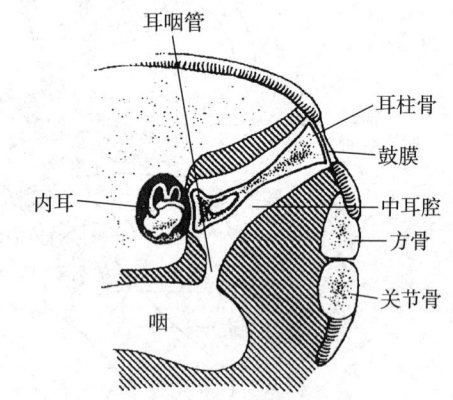

图 11-13 蛙的耳部结构(引自侯林等,2016)

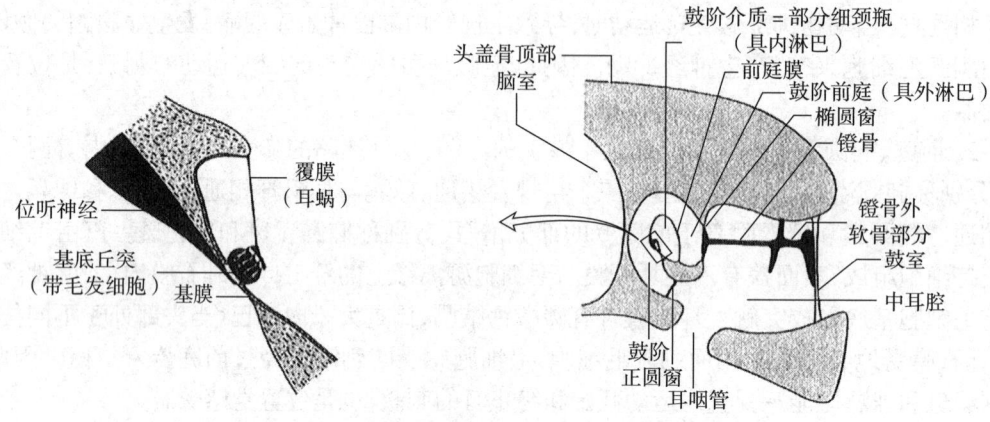

图 11-14 蜥蜴听器的剖面图(引自侯林等,2016)

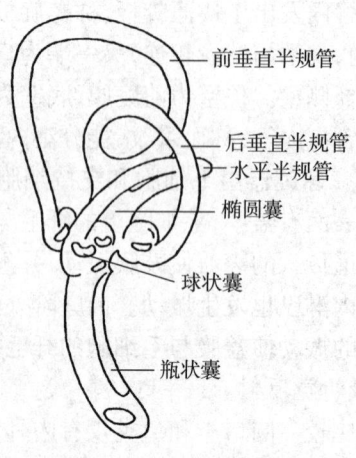

图 11-15 鸟内耳的膜迷路

名词解释

1. **虹膜** 眼球壁血管膜最前部的结构,为环形膜,中央是瞳孔,根部与睫状体相连,组织结构由虹膜基质和上皮组成。虹膜基质为含有大量色素细胞和血管的疏松结缔组织;虹膜上皮属于视网膜盲部,由两层色素上皮细胞组成。浅层色素上皮细胞特化为肌上皮,形成瞳孔括约肌和瞳孔开大肌,前者位于近瞳孔缘,呈环形排列,受副交感神经支配,收缩使瞳孔缩小,后者在括约肌外侧呈放射状排列,受交感神经支配,收缩使瞳孔开大。

2. **黄斑和视神经乳头** 视网膜后极部有一浅黄色区域,称黄斑,其中央有一小凹称中央凹。中央凹的视网膜最薄,光线可直接落在视锥细胞上,且该处的视锥细胞与双极细胞和节细胞形成一对一的传导通路,故是视觉最敏锐的区域。视神经穿出眼球的部分称视神经乳头,直径约 1.5 mm,位于黄斑的鼻侧,此处缺乏视细胞,故为感光盲点。

3. **晶状体** 为扁圆形有弹性的双凸透明体,位于角膜后方,借睫状小带悬挂于睫状体上,主要由纤维状的上皮细胞构成。晶状体外包有一均质的薄膜,叫晶状体囊,由增厚的基膜及胶原原纤维组成。晶状体前面至赤道表面的晶状体上皮呈立方形,向晶状体中央移行分化演变称长柱状的晶状体纤维。晶状体中心部位的纤维构成晶状体核,纤维内充满均质的晶状体蛋白,细胞核消失。晶状体无血管和神经分布,营养由房水供给。通过睫状肌的疏缩可调节晶状体的曲度,从而调节视力。

4. **房水** 为无色透明液体,由睫状体血管渗透和非色素上皮分泌产生。房水经后房经瞳孔至前房,继而沿前方再经小梁网间隙流入巩膜静脉窦。房水的产生和排出保持动态平衡,其起作用是营养角膜、晶状体和玻璃体,维持眼压。若房水回流受阻,眼球内压增高,则导致青光眼。

5. **壶腹嵴** 在内耳半规管壶腹的一侧,部分黏膜呈鞍状增厚并凸向腔内,形成一横行隆起称壶腹嵴。壶腹嵴感受头部旋转运动的刺激。

6. **盖膜与听觉** 由螺旋器上方表面上皮所分泌的糖蛋白和细纤维形成的一螺旋形胶质薄膜,并与毛细胞的听毛接触称盖膜。听觉产生的路径如下:声波经外耳道传至鼓膜,使之振动,并通过与之相连的听小骨将振动传至卵圆窗,引起前庭阶的外淋巴振动,前庭膜和膜蜗管的内淋巴也随之振动。前庭阶的外淋巴振动还可经蜗孔传至鼓室阶,使基底膜中与声波频率相对应的听弦发生共振,毛细胞的听毛与振动的盖膜接触并发生弯曲,刺激毛细胞兴奋。毛细胞的基部与螺旋神经节双极神经元的周围突形成突触,其中枢突穿出蜗轴形成蜗神经,将神经冲动传至听觉中枢。

7. **银膜** 鱼类脉络膜具有一层银色闪光光泽的膜,含有鸟粪素,作用似反光体,可将微弱的光线反射到视网膜。

8. **韦伯氏器官** 鲤科鱼类所具有,介于球状囊与鳔之间,鳔的振动类似鼓膜,水中的振动可通过韦伯氏器官加强并传至球状囊。

9. **顶眼** 蜥蜴的顶眼位于两眼稍后方的头部正中线上,其结构和真眼相似,上部有透明的壁,相当于水晶体,后部有感光细胞和色素细胞,相当于视网膜,并且有特殊的神经和间脑相连。顶眼有感光作用但不能成像。蜥蜴利用顶眼调节日晒时间,对于外温动物适度地利用日光热能十分重要。此外,还有"生物钟"的作用。

10. **颊窝** 长在蝮亚科蛇类的鼻孔和眼睛之间的一个陷窝,窝内有一薄膜,把窝腔分为内、外两部分。薄膜是单层扁平上皮，上面密布神经末梢，其末端呈球形膨大，其内充满线粒体。颊窝薄膜的厚度仅10微米可分为7层，由外向内分别有：外上皮层、外结缔组织层、液泡细胞层、神经末梢层、神经纤维层、内结缔组织层和内上皮层。颊窝是一个热敏器官，能在1-2米距离内感知0.001摄氏度的温度变化。

自 测 题

一、填空题

1. 眼球壁由外向内依次为_____、_____和_____三层，其中最外层前1/5为_____，后4/5为_____。
2. 角膜的结构由前向后分为五层，依次为_____、_____、_____、_____和_____。角膜的营养主要依靠_____和_____。
3. 眼球的视觉通路为：光线→_____→_____→瞳孔→_____→_____→双极细胞→_____→视神经→视觉中枢。
4. 眼睑内衬的黏膜称为_____，其折转覆盖于眼球上的部分称_____，该膜由透明的_____构成，有杯状细胞夹于其中。
5. 听小骨有三块，由外向内依次为_____、_____和_____。
6. 耳蜗的结构是：中央为_____，其周围螺旋形的管道分为三部分，上部为_____，下部为_____，中央是_____。

二、单项选择题

1. 不符合角膜上皮结构特点的是（　　）
   A. 未角化的复层扁平上皮　　　　B. 基底层细胞有分裂能力
   C. 基底层细胞含有色素　　　　　D. 基底面平整
   E. 表层细胞有微绒毛浸入泪液膜中

2. 关于血管膜，哪一项是错误的？（　　）
   A. 又称色素膜
   B. 是眼球壁的中间层
   C. 由结缔组织组成，与巩膜的主要区别在于含丰富的血管和色素细胞
   D. 具有一定的感光作用
   E. 其后方是脉络膜

3. 下列哪一项不是视锥细胞特点？（　　）
   A. 细胞突起分内侧和外侧，外侧突起呈圆锥形，分内、外两节
   B. 外节膜盘上镶嵌有视色素
   C. 膜盘不断脱落，由内节产生补充
   D. 可位于中央凹处
   E. 内侧突起与双极细胞相连

4. 节细胞不具备下列哪一项特点？（　　）
   A. 其树突与双极细胞形成突触　　　B. 为多级神经元
   C. 其轴突组成视神经　　　　　　　D. 先于视网膜上其他细胞感受光刺激
   E. 位于视网膜4层细胞的最内层

5. 关于膜蜗管的描述错误的是(　　)
    A. 属于膜迷路
    B. 其上方为前庭阶,下方为鼓室阶
    C. 上壁为前庭膜
    D. 下壁内有螺旋器
    E. 是与房水循环有关的结构
6. 与位觉感受无关的结构是(　　)
    A. 壶腹嵴　　B. 螺旋器　　C. 椭圆囊斑　　D. 球囊斑　　E. 位砂膜

参考答案

一、填空题

1. 纤维膜　血管膜　视网膜　角膜　巩膜
2. 角膜上皮　前界层　角膜基质　后界层　角膜内皮　房水　角膜缘血管渗透
3. 角膜　房水　晶状体　玻璃体　视细胞　节细胞
4. 结膜　球结膜　复层柱状上皮
5. 锤骨　砧骨　镫骨
6. 蜗轴　前庭阶　鼓室阶　蜗管

二、单项选择题

1. C　题解:角膜无色透明,细胞不含色素。
2. D　题解:血管膜无感光作用。
3. C　题解:视锥细胞膜盘不脱落。
4. D　题解:节细胞主要接受视细胞感受光刺激传来的信息。
5. E　题解:膜蜗管是内耳的结构,房水是眼内容物,二者不相关。
6. B　题解:螺旋器是听觉感受器。

思考题

1. 简述节细胞的感光特性及与视锥细胞、视杆细胞的关系。
2. 声音是如何传导的? 哪些结构受到损害会影响听觉功能?
3. 简述海豚声呐原理的研究进展。

网上更多

教学视频　　教学课件　　在线自测　　彩图动画

第十二章 畜禽胚胎学

本章提要

畜禽胚胎学是研究畜禽个体发育过程中从生殖细胞发生到分娩或孵出前的形态结构及其生理功能变化规律的一门科学。本章主要介绍了畜禽的生殖细胞发生和结构、受精、卵裂、囊胚形成、原肠胚形成、胚层分化与器官发生等主要胚胎发育阶段和胚外膜的结构与功能。

学习目标

1. 了解生殖细胞的起源与分化。
2. 掌握生殖细胞的发生和结构。
3. 掌握畜禽早期胚胎发育过程。
4. 了解各胚层相关器官发生过程。
5. 掌握畜禽胚外膜的结构与功能。

虽然动物的卵有不同类型,胚胎发育模式各异,不同器官发生的图式也不尽相同,但大多数动物早期胚胎发育都经历了受精、卵裂、囊胚形成、原肠胚形成、胚层分化与器官发生等主要发育阶段,这是遗传信息按照一定的时间、空间有序表达的结果,受发育的遗传程序所控制。畜禽胚胎学是研究畜禽个体发育过程中从生殖细胞发生到分娩或孵出前的形态结构及其生理功能变化规律的一门科学。家畜是胎生动物,通过胎盘从母体获取胚胎发育所需的营养物质。家禽是卵生动物,体外发育阶段主要由卵黄提供营养物质。本章主要介绍家畜和家禽的胚胎发育。

畜禽胚胎学既是动物科学与动物医学专业重要的基础形态学理论科学,又对促进现代畜牧业健康、快速发展,实现农业现代化可持续发展具有重要的生产实践意义。目前,以畜禽胚胎学研究成果为基础而发展起来的杂交育种、人工授精、良种繁育、精子/胚胎冻存、胚胎移植、克隆动物、嵌合体技术、转基因技术等已广泛应用于动物繁殖育种,充分发掘了畜禽的繁殖潜能,对促进畜禽产业的发展,造福人类具有举足轻重的作用。

第一节 生殖细胞的发生和结构

生殖细胞是进行有性繁殖的多细胞生物体内能够使物种延续的细胞。雄性生殖细胞的终末分化细胞称为精子,雌性生殖细胞的终末分化细胞称为卵子。精子和卵子都是为完成受精而在性腺内高度特化的细胞。精子产生于睾丸,携带有父系基因的单倍体遗传物质,具有定向运动能力和使卵子受精的潜能。家畜的性别由精子决定。卵子产生于卵巢,携带有母系基因的遗传物质,不具备运动能力,其移动只能靠输卵管黏膜上皮细胞的纤毛摆动和管壁的肌层收缩来实现。家禽的性别由卵子决定。

一、生殖细胞的起源与分化

许多动物在胚胎发育早期,生殖细胞与体细胞就有明显分化,也有些动物(如腔肠动物、扁虫、被囊动物)生殖细胞与体细胞的分化并不确定,一定条件下体细胞能够转化成生殖细胞。

对于胚胎发育早期生殖细胞已经决定的动物,受精前的卵细胞质中含有特定形态结构和特殊定位的生殖质(主要由蛋白质和RNA构成)。受精后,生殖质被分配到特定的细胞中,具有生殖质的细胞将分化为原始生殖细胞,其他细胞则分化为体细胞。家畜等哺乳动物的原始生殖细胞从尿囊与后肠的交接处附近迁移至生殖嵴(图12-1)。家禽的原始生殖细胞从生殖新月借助血液循环迁移到生殖嵴(图12-2)。

生殖腺体细胞构成的微环境指令生殖干细胞分化。畜禽的性别由性染色组成所决定。家畜XX型为雌性,XY型为雄性;而家禽ZW为雌性,ZZ为雄性。这决定了生殖腺发育为卵巢还是精巢。进入卵巢的生殖细胞分化为卵子,进入精巢的生殖细胞分化为精子。

二、生殖细胞发生

生殖细胞发生包括精子发生和卵子发生(图12-3)。生殖细胞第一次减数分裂前期很长,依次经历了细线期、偶线期、粗线期、双线期和终变期。同源染色体发生的联会与交换使一个个体可以产生大量不同的精子/卵子。生殖细胞减数分裂既有效获得了双亲的遗传物质,保证后代的遗传稳定性,又增加了更多变异,增强了生物适应环境的能力。

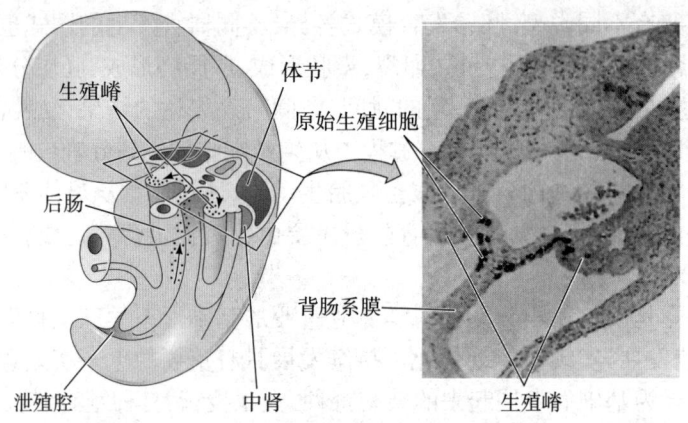

图 12-1 小鼠原始生殖细胞的迁移（改绘自 Gilbert，2016）

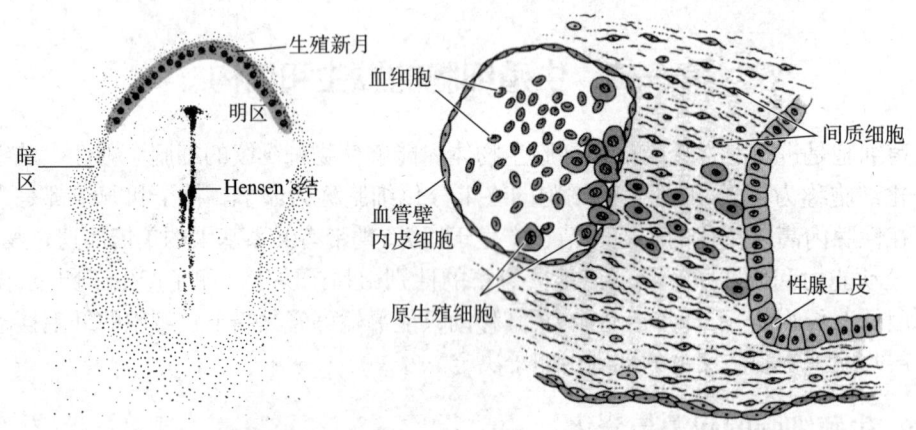

图 12-2 鸡原始生殖细胞的位置和迁移示意图（引自张红卫，2018）

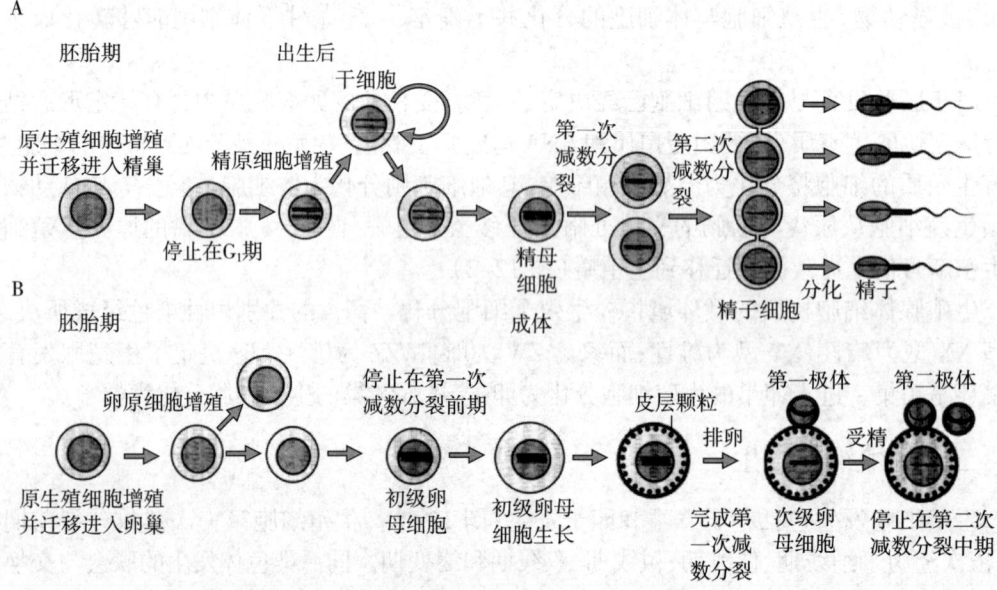

图 12-3 哺乳动物精子和卵子发生示意图（引自张红卫，2018）
A. 精子发生　B. 卵子发生

(一) 精子发生

精子发生是指从精原细胞发育成为精子的过程(图12-3A),在生精小管中进行(第二版,图8-3)。其中,从精子细胞发育成为精子经历了一个形态结构发生巨大变化的精子形成过程(图12-4)。进入生精小管管腔后的精子没有运动能力,也没有受精能力。当精子进入附睾后发生了形态、生理和生物化学等一系列变化,发育为成熟的精子。

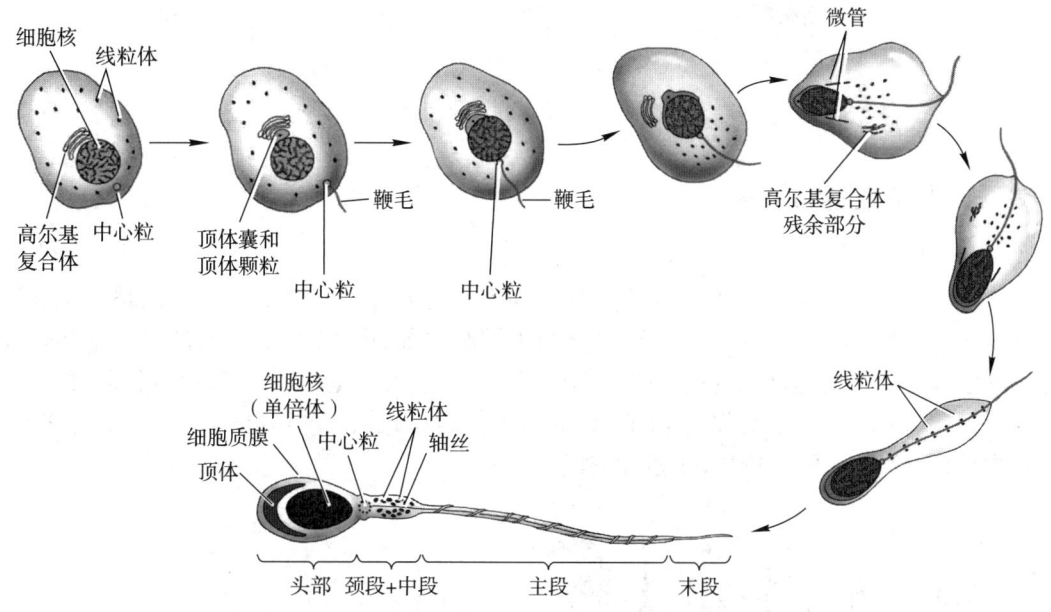

图12-4　哺乳动物精子发生示意图(改绘自Gilbert,2016)

(二) 卵子发生

卵子发生是指从卵原细胞发育成为卵子的过程(图12-3B)。与精子发生不同,成熟卵不但具有一个单倍体的细胞核,而且积累了大量供胚胎发育需要的各种酶、mRNA、tRNA、核糖体、蛋白质等。产卵量大的物种(海胆、鱼、蛙等),成体卵巢中存在卵原细胞;而产卵量很少的物种(如哺乳动物),胎儿出生前卵原细胞已全部发育为初级卵母细胞,出生后卵巢中不存在卵原细胞。

家畜的雌性个体出生后,卵母细胞处于第一次减数分裂双线期,卵泡细胞包围在初级卵母细胞之外,形成原始卵泡。性成熟后,原始卵泡分批生长发育为初级卵泡、次级卵泡和成熟卵泡(见图8-6、图8-7)。卵母细胞外周形成一层由蛋白质和多糖组成的透明带。卵泡成熟后,处于第二次减数分裂中期的次级卵母细胞连同透明带、放射冠和卵泡液一起从卵巢排出,到达输卵管壶腹部等待受精。

禽类的雌性个体出生后,卵巢中存在体积不等的卵母细胞。卵泡细胞包围在卵母细胞外周形成一层连续的上皮细胞层。鸡的卵母细胞占据了卵巢的中央部位。早期的初级卵母细胞直径只有50 μm,排卵时可达35 mm,这是由于胞质中积累了大量卵黄,卵母细胞几乎都被卵黄占据,白卵黄和黄卵黄呈同心圆排列。胚盘位于动物极,细胞核和绝大部分细胞质都位于胚盘中(图12-5)。次级卵母细胞从卵巢中排出,进入输卵管漏斗部等待受精。

第十二章 畜禽胚胎学

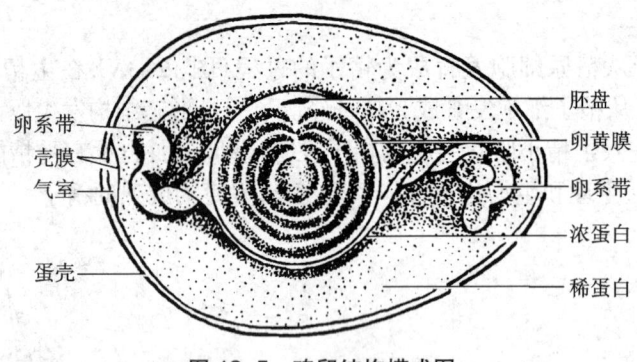

图 12-5 鸡卵结构模式图

三、生殖细胞的结构

（一）精子的结构

脊椎动物的精子形态和大小在不同物种间有一定差异（图 12-6）。家畜的精子总长度为 55~77 μm（图 12-7）。精子的结构可分为头部和尾部（图 12-8）。头部的主要结构是细胞核和顶体。有蹄类哺乳动物精子的头部呈卵圆形，人、犬等呈梨形，小鼠、大鼠等啮齿类动物呈镰刀状，鸡呈圆棒状，头部长 12.5~15 μm，直径约 0.5 μm。尾部也称鞭毛，与头部相连，从前向后依次分为：颈段、中段、主段和末段。

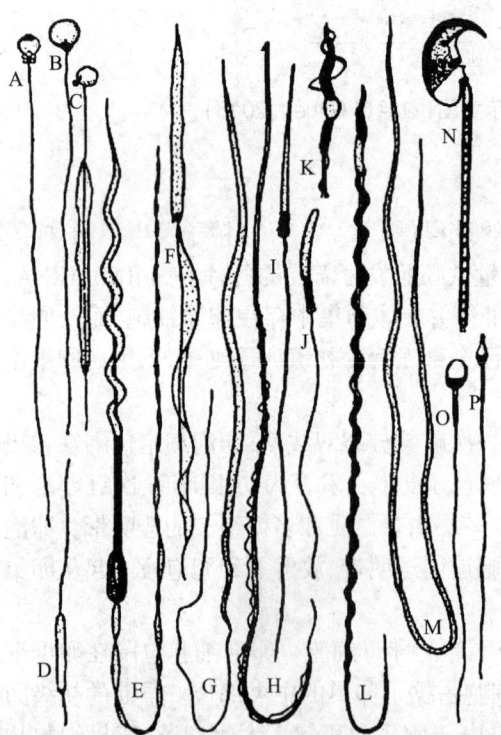

图 12-6 各种脊椎动物的精子（引自张天荫，1996）
A. 文昌鱼；B. 鲑鱼；C. 鲈鱼；D. 七鳃鳗；E. 鳐鱼；F. 蟾蜍；
G. 蛙；H. 蝾螈；I. 蜥蜴；J. 长脚秧鸡；K. 燕雀；L. 鸫；
M. 针鼹；N. 小鼠；O. 人（正面观）；P. 人（侧面观）

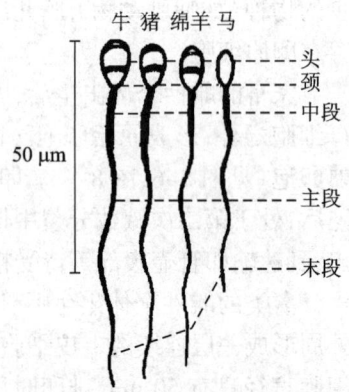

图 12-7 各种家畜的精子

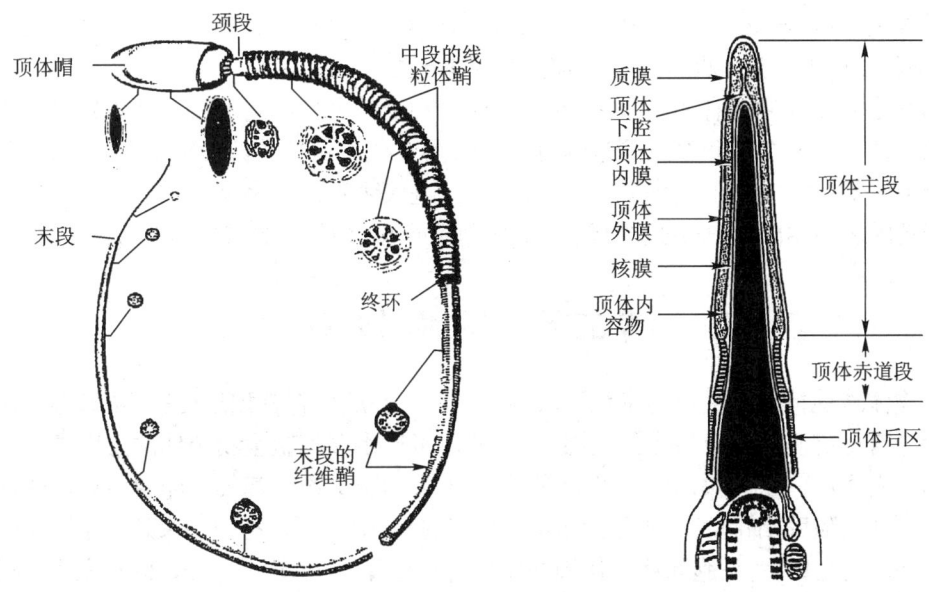

图 12-8　精子结构模式图

(二) 卵的类型和卵膜

卵子为球形,因胞质含有早期胚胎发育所需物质而体积较大。家畜的卵子直径为 120~160 μm;家禽的卵子含丰富的卵黄,大小因物种而异,鸡卵的直径可达 35 mm。少数物种(如海胆)卵子中的细胞核在受精时已是单倍体,但大多数物种(如许多蠕虫、大多数哺乳动物等)卵子的细胞核仍是二倍体,精子在卵的减数分裂结束之前入卵(图 12-9),入卵后激活卵母细胞完成减数分裂。

根据卵黄含量和分布位置的不同,可将卵分为几种类型:①均黄卵,几乎不含或者含有很少的卵黄,且卵黄在卵中均匀分布,如许多无脊椎动物(海胆、文昌鱼等)、胎生哺乳动物。②中等端黄卵,卵黄含量中等,主要分布在植物极,如两栖动物;③极端端黄卵,卵黄含量极大,几乎占据了整个卵子,如无脊椎软体动物,脊椎动物中的鱼类、爬行类、鸟类,哺乳动物中

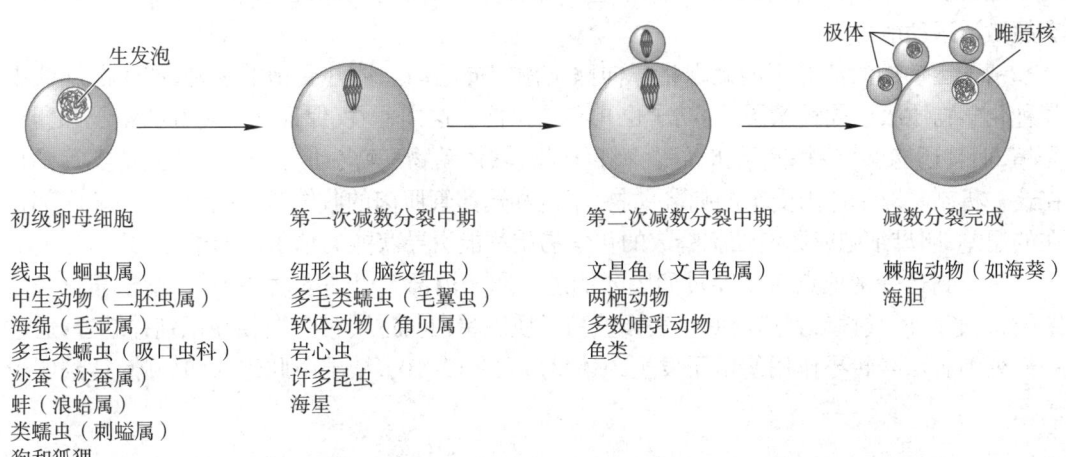

图 12-9　不同动物精子入卵时卵的成熟时期(改绘自 Gilbert,2016)

的原始类型(鸭嘴兽);④中央卵黄卵,卵黄分布于卵的中央,细胞质位于表层并将卵黄包裹起来,细胞核位于卵黄中央,如节肢动物(特别是昆虫)。

卵细胞质膜外通常有卵膜包被,对保护卵子和受精时精卵间的特异性识别具有重要意义。家畜的卵被透明带和放射冠包围(第二版,图8-7)。鸟类的卵母细胞在发育过程中,质膜外周形成了一层由纤维状蛋白组成的卵黄膜。进入输卵管后,输卵管各段的分泌物逐层包被在卵黄膜之外,由内向外分别形成:内外卵黄膜、卵白、内外壳膜、蛋壳和壳外膜(图12-5)。

第二节 胚胎发育

动物体从受精到出生前的发育阶段称为胚胎。胚胎发育起始于受精,精卵融合赋予机体一套含有所有胚胎发育指令的基因,由此开启了产生多细胞生物个体的发育事件。卵裂是受精后发生的一系列快速的有丝分裂,是产生多细胞生物的基础。卵裂结束后的球状胚胎称为囊胚。随后,细胞发生明显的运动,细胞重排后形成了具有内、中、外三个胚层的原肠胚。三胚层建立之后,细胞间相互作用并发生自身重置,胚层分化并开始器官发生。很多物种的生殖细胞被专门留下来用于产生下一代,生殖细胞和体细胞之间的分离通常是胚胎发育过程中最早发生的分化事件之一。

一、受精

受精是两性生殖细胞融合并创造出具备源自双亲遗传潜能的新个体的过程,具有非常重要的生理意义:其一,双亲遗传物质融合,染色体数目恢复成二倍体;其二,激活胚胎发育形成多细胞有机体,如卵母细胞第二次有丝分裂完成、合子代谢活动和形态的变化等。未受精的卵子将老化直至死亡,家畜卵子在雌性生殖道内保持受精能力的时间一般为 $11 \sim 24$ h。

受精的类型有体外受精和体内受精两种,水生动物多为体外受精,畜禽为体内受精。无论何种受精方式,受精都经历如下事件:①精卵特异性识别,确保受精在同一物种间进行;②精卵质膜融合,精子入卵;③卵子代谢被激活;④精卵遗传物质融合,胚胎开始发育。

(一)精卵相遇和识别

精子离开雄性生殖道时没有运动能力。对于体外受精的物种,环境因子 pH 等可激活精子运动。对于体内受精的物种,精子进入雌性生殖道后发生精子获能。获能后的精子具有超激活运动能力。

精子运动的激活并不能确保精子向卵子做定向运动。体外受精的物种,卵子能释放出某种化学物质吸引同种精子,而精子也具有趋化性。这样,不仅保证同一物种的精子和卵子受精,而且还能够控制受精的时间。刺胞动物、软体动物、棘皮动物、尾索动物、鱼类等都存在这一机制。对于体内受精的哺乳动物,子宫和输卵管肌肉的收缩,输卵管峡部与壶腹部存在的温差,卵母细胞或卵泡细胞释放的化学物质都能引导获能的精子向卵子运动。

精子到达受精地点后要穿过卵膜才能进入卵子内部。以哺乳动物为例,精子靠自身活跃的运动穿过放射冠,到达透明带表面。精子质膜蛋白与透明带蛋白相互识别并结合,通过一系列细胞信号转导作用使精子发生顶体反应(图12-10),精子由此进入卵周隙,达到卵子表面。

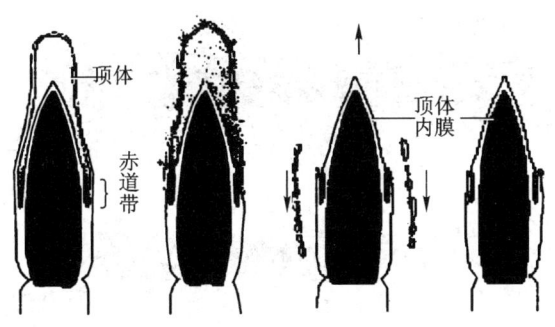

图 12-10 顶体反应

(二) 精卵质膜融合

哺乳动物精子进入卵周隙后,精子头部平行于卵质膜。卵子在精子头部附近伸出许多微绒毛,精子赤道段首先与微绒毛接触,开启精卵质膜的融合。随后,位于精子头部附近的卵子微绒毛逐渐将精子的头部包围起来,精卵细胞质相互连通(图 12-11)。精子的细胞核、线粒体、中心粒、轴丝和少量的细胞质进入卵内。精子的线粒体及线粒体 DNA 在卵细胞质中被降解,中心粒保留下来负责组装新的有丝分裂纺锤体,精子细胞质含有激活卵代谢的一些酶,以及可能改变基因表达的一些 RNA 片段。

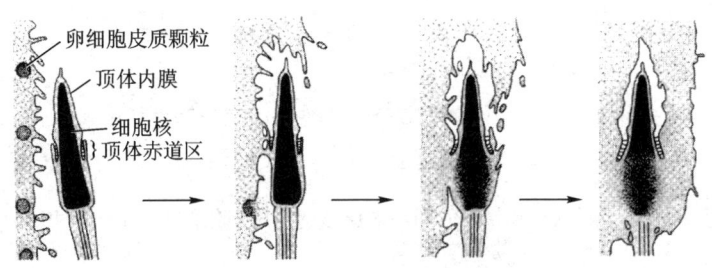

图 12-11 精子进入卵子的过程

(三) 卵子代谢的激活

精卵质膜融合激活了卵子的代谢,使钙离子从内质网中释放出来。细胞质基质中游离钙离子浓度的瞬时升高触发了皮层反应(图 12-12),皮层颗粒中的水解酶释放到卵周隙中。这些水解酶破坏了透明带中的精子受体,阻止未穿过透明带的精子与透明带结合,这一反应称为透明带反应。皮层反应和透明带反应是阻止多精入卵的长效机制。

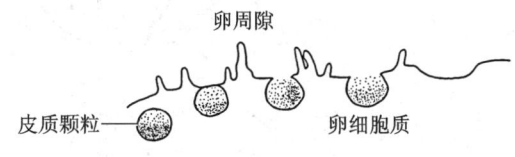

图 12-12 皮层反应

(四) 精卵遗传物质融合

精子细胞核进入卵子之后依次发生核膜破裂、染色质去浓缩与核膜重建,形成雄原核(图 12-13)。哺乳动物精子入卵后,卵细胞完成第二次减数分裂,形成雌原核。有趣的是,雌雄原核相互靠近后并没有一个共同的核膜将二者的染色质包被在一起。第一次卵裂时,雌雄原核的核膜皆破裂,二者的染色体一起排在赤道板上。直到第一次卵裂结束,形成两个细胞,每一个细胞中才有一个共同的核膜将来自父本和母本的染色体包被起来(图 12-14)。

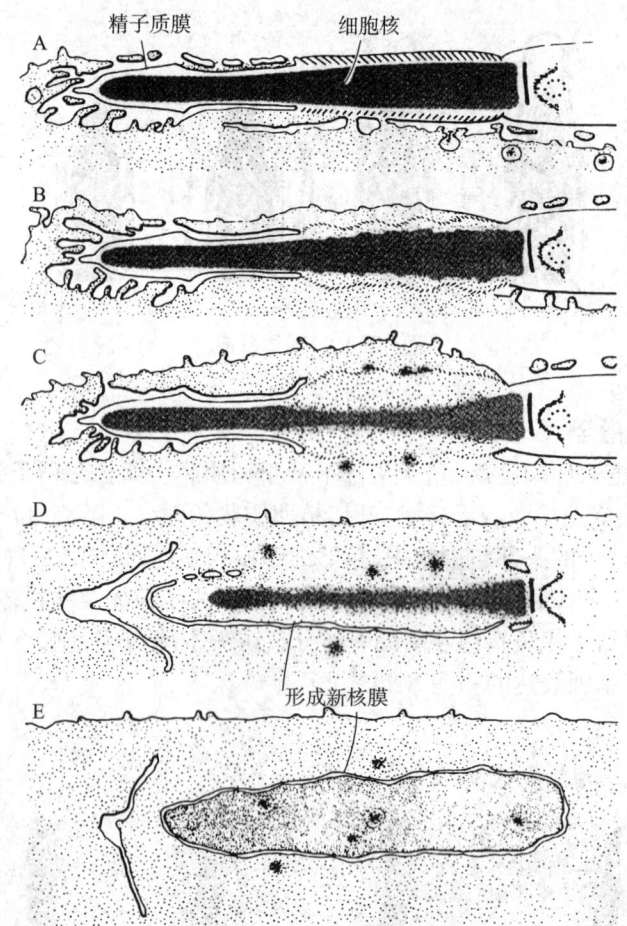

图 12-13 哺乳动物精子入卵与雄原核的形成（改绘自 Carlson,1996）

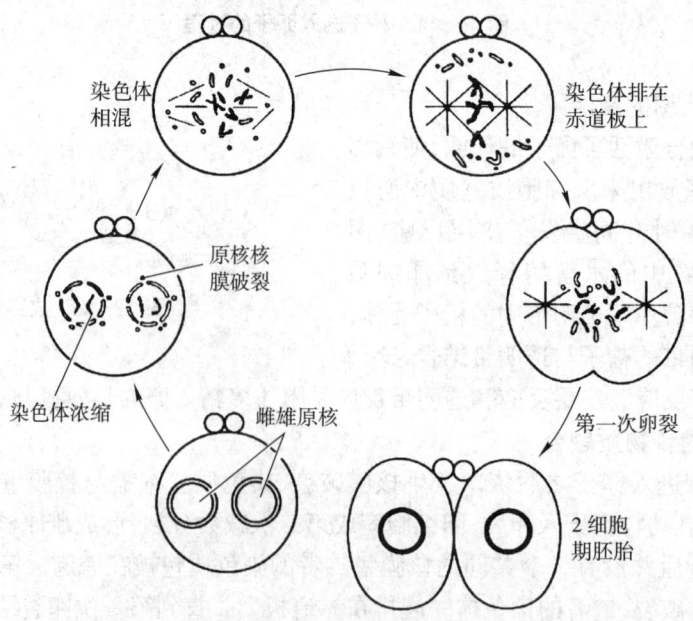

图 12-14 哺乳动物的雌雄原核（改绘自 Longo,1987）

二、卵裂

卵裂是受精后进行的一系列特殊的有丝分裂。卵裂过程中,受精卵的细胞质被分配到许多小细胞中去,这些细胞称为卵裂球。与体细胞的有丝分裂相比,卵裂具有以下特征:①胚胎体积不增加,卵裂球越来越小;②卵裂速度快,相邻两次卵裂的间隔时间短;③卵裂球的核质比增大;④卵裂涉及新质膜的合成。

(一)卵裂的类型

卵裂是极为协调的细胞活动,不同物种,卵裂模式不同(表12-1)。物种特异的卵裂模式主要由两方面因素决定:①卵黄的含量和分布决定了卵裂的位置和卵裂球的相对大小;②影响有丝分裂纺锤体形成位置和角度的卵细胞质因子决定了胚胎的对称方式。

表12-1 卵裂的类型

卵裂类型		卵子类型	代表动物
完全卵裂	辐射对称型	均黄卵	棘皮动物、文昌鱼
	螺旋型		软体动物、环节动物、扁形动物
	两侧对称型		海鞘
	转动型		线虫、哺乳动物
	辐射对称型	中黄卵	两栖类
不完全卵裂	盘状卵裂	端黄卵	鱼类、爬行类、鸟类
	表面卵裂	中央黄卵	昆虫

(二)家畜的卵裂

家畜精子入卵后大约24 h开始第一次卵裂。卵裂时输卵管纤毛将胚胎逐渐推向子宫,透明带可阻止胚胎过早地黏附在输卵管上造成异位妊娠。

家畜的卵裂具有以下特征:第一,卵裂方式为旋转对称完全卵裂,即第1次卵裂结束后,一个卵裂球先旋转90°后再开始第2次卵裂;第二,早期卵裂具有显著不同步性,胚胎常含有奇数个细胞;第三,卵裂速度很慢,每次卵裂通常间隔12~24 h;第四,第3次卵裂后,胚胎出现紧密化现象(图12-15)。位于胚胎外部的细胞之间形成紧密连接,使位于内部的细胞不能与外界相通;而位于胚胎内部的细胞之间形成间隙连接,使一些小分子和离子在内部细胞之间相互沟通。

(三)家禽的卵裂

家禽的卵裂是盘状不完全卵裂(图12-16),卵裂在输卵管中进行。家禽的卵是极端端黄卵,细胞质集中于动物极处没有卵黄的胚盘区域。卵裂只在胚盘中发生,胚胎本体在胚盘中形成;卵黄不参与卵裂,在发育过程中被分解并被胚胎吸收。

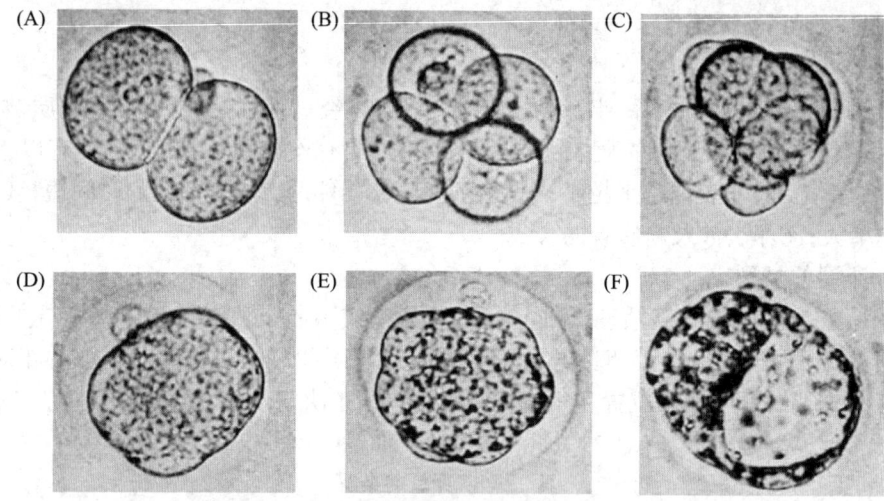

图 12-15 小鼠早胚的卵裂（引自张红卫，2018）

A. 2 细胞阶段；B. 4 细胞阶段；C. 8 细胞阶段早期；D. 紧密化的 8 细胞阶段；E. 桑葚胚；F. 囊胚

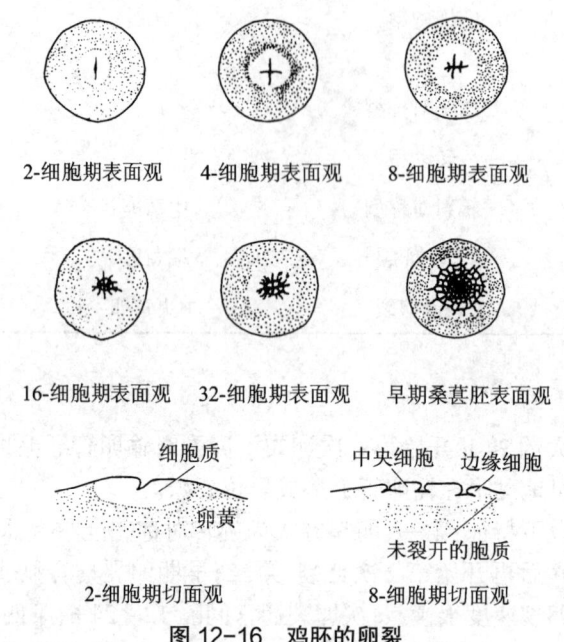

图 12-16 鸡胚的卵裂

三、囊胚形成

多数动物发育至卵裂晚期，胚胎出现了一个腔隙，称为囊胚腔，此时的胚胎称为囊胚。由于卵裂的方式不同，形成了不同类型的囊胚。如海胆、两栖动物、哺乳动物的囊胚为腔囊胚；昆虫的囊胚为表面囊胚；硬骨鱼类、鸟类的囊胚为盘状囊胚。

对于有些动物，如果蝇、斑马鱼、爪蟾等，母性-合子型过渡的时期，胚胎处于囊胚中期，此时细胞分裂速度显著减慢、合子基因组被大范围激活、母源基因产物被降解。

（一）家畜的囊胚和胚泡附植

紧密化后胚胎继续发育，形成一个 16 细胞的桑葚胚。位于胚胎外周的细胞构成滋养层，位于内部的细胞构成内细胞团。滋养层细胞分泌液体,使胚胎内部出现一个较大的囊胚腔,胚胎发育进入囊胚阶段(图 12-17)。当囊胚在输卵管纤毛的推动作用下到达子宫后,滋养层细胞分泌蛋白酶溶解透明带,胚胎从透明带中孵化出来(猪胚受精后第 8 天),囊胚迅速增大发育成胚泡。猪的胚泡呈细带状,可长达 1.5 m(图 12-18)。

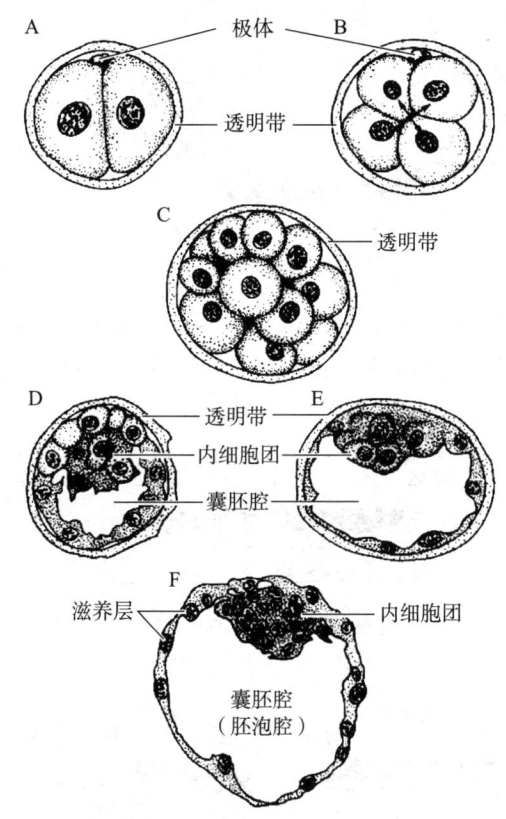

图 12-17 猪的卵裂和囊胚形成(改绘自 Browder et al,1991)
A. 2 细胞期;B. 4 细胞期;C. 16 细胞期(桑葚胚);D~F. 早期至晚期囊胚

刚从透明带中孵化出来的胚泡漂浮在子宫腔中。随后滋养层细胞和子宫内膜分别合成由黏附分子、细胞外基质等构成的"黏附体系",使胚胎附着于子宫壁,与母体建立物质交换体系,这一过程称为植入(图 12-19)。不同物种与子宫壁的黏附程度不同,形成了不同类型的胎盘。

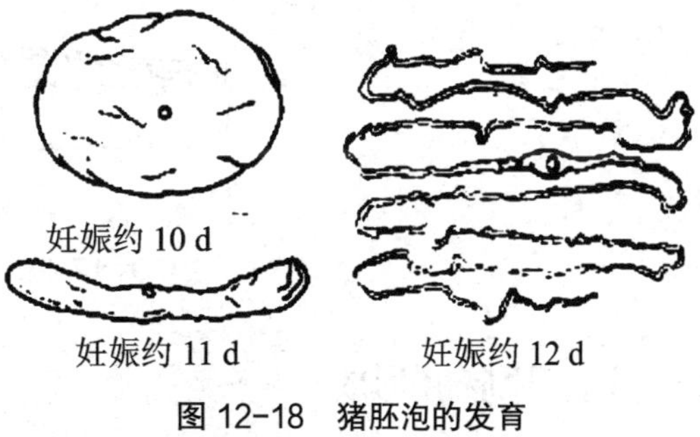

妊娠约 10 d　　妊娠约 11 d　　妊娠约 12 d

图 12-18 猪胚泡的发育

(二)家禽的囊胚

家禽的胚盘细胞从清蛋白中吸收水分并在细胞和卵黄之间分泌液体,使胚盘和卵黄之间形成了胚盘下腔。胚盘中间的深层细胞脱落并死亡,只留下单层细胞构成明区;胚盘的周缘细胞直接贴于卵黄之上形成暗区;明区和暗区之间的薄层细胞构成边缘区。

随后,明区的一些细胞向胚下腔下陷,构成初级下胚层。胚盘上没有下陷的细胞构成了

第十二章 畜禽胚胎学

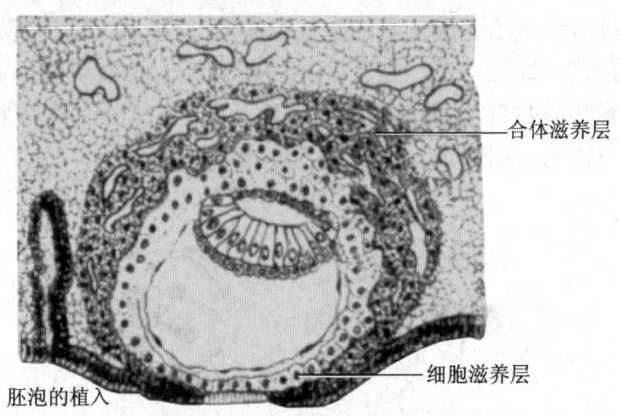

图 12-19 胚泡的植入

上胚层。不久,胚盘后端的细胞增殖,进入胚下腔并向前端扩展。这些细胞在扩展的过程中结合初级下胚层在胚下腔中形成一层完整的细胞层,称为次级下胚层。胚胎形成了盘状囊胚(图 12-20)。

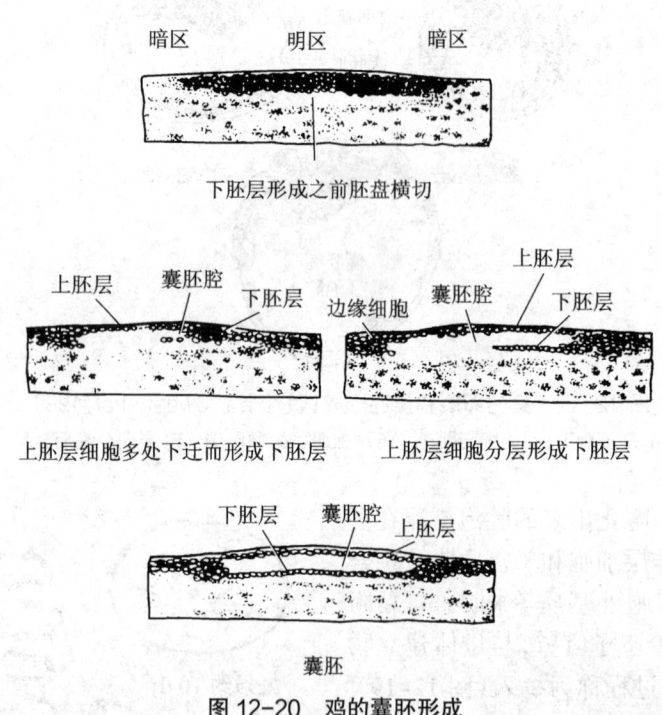

图 12-20 鸡的囊胚形成

四、原肠胚形成

囊胚形成之后,部分位于胚胎外表面的细胞通过各种复杂而有序的运动方式进入内部而形成具有两个或三个胚层的胚胎称为原肠胚形成,这一时期的胚胎称为原肠胚。原肠胚是早期胚胎发育的一个重要时期。经中期囊胚过渡,细胞核开始起主导作用,合成新的蛋白质,分化成不同形态和不同功能的细胞,通过原肠胚形成,胚胎细胞形成上皮细胞和间充质细胞两大类。原肠胚形成结束后,胚胎形成内、中、外三个胚层。胚胎形态由囊胚时的球状(两栖动物、哺乳动物等)或片层状(爬行动物、鸟类等)形成了与成体相似,具有明显的前-后轴和背-腹轴的躯体图式。不同类型的囊胚,原肠胚的形成方式各异。

(一)内胚层的形成

禽蛋产出时,胚胎的盘状囊胚发育至原肠胚阶段,进一步体外孵育,胚胎继续发育。胚盘上胚层中的部分细胞分离出来进入胚盘下腔,插入下胚层中形成内胚层。下胚层细胞被推向外周,参与胚外膜的形成,给胚胎以营养、保护作用,并为上胚层细胞的迁移方向提供化学信号。位于胚胎头端的下胚层细胞形成生殖新月(图12-2)。

哺乳动物内细胞团表面的滋养层细胞脱落,使内细胞团呈盘状裸露出来,形成胚盘。原肠胚形成开始时,内细胞团底部的一些细胞分离出来,进入囊胚腔沿滋养层内壁扩展,逐渐形成完整的细胞层,即内胚层。内胚层围成的腔称为原肠腔(图12-21)。内胚层外周的细胞层称为外胚层,此时胚胎具有内、外两个胚层。

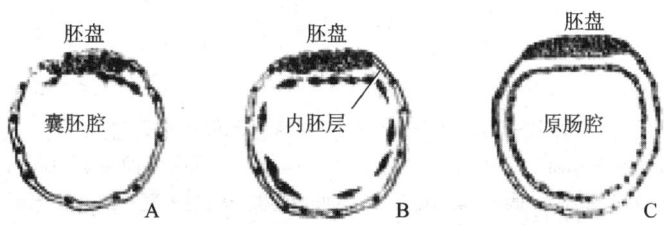

图 12-21 妊娠期 7~9 d 的猪胚(示原肠形成)

(二)原条的形成

鸡胚上胚层细胞增殖并向胚盘尾端中央聚集,在明区的后 2/3 处形成原条。原条两侧的细胞向原条集中,并沿原沟卷入内外胚层之间向外周扩展,在原肠胚的末期形成了中胚层(图12-22)。鸡胚孵化 16 h 开始出现原条,孵化第 1 天末,内、中、外 3 个胚层均已初步形成。原条的出现确定了胚体的方向,胚体将以原条为中轴进行发育。随着构成原条的细胞不断进入胚胎内部,原条在达到最大长度之后开始回缩。原结后移,原条长度变短。当原条开始回缩时,原条前方的神经外胚层和中胚层已经开始分化。神经管、脊索、体节由前端向后端逐渐形成。

与禽类原肠胚形成相似,哺乳动物胚盘尾端外胚层细胞增殖加厚,上胚层细胞向后端和中央聚集,并向前延伸形成原条(图12-23)。上胚层中的部分细胞通过原窝和原沟进入胚胎内部,分裂增殖,并向外周扩展,形成中胚层。在胚盘区内的中胚层为胚内中胚层,在胚盘区外的为胚外中胚层。

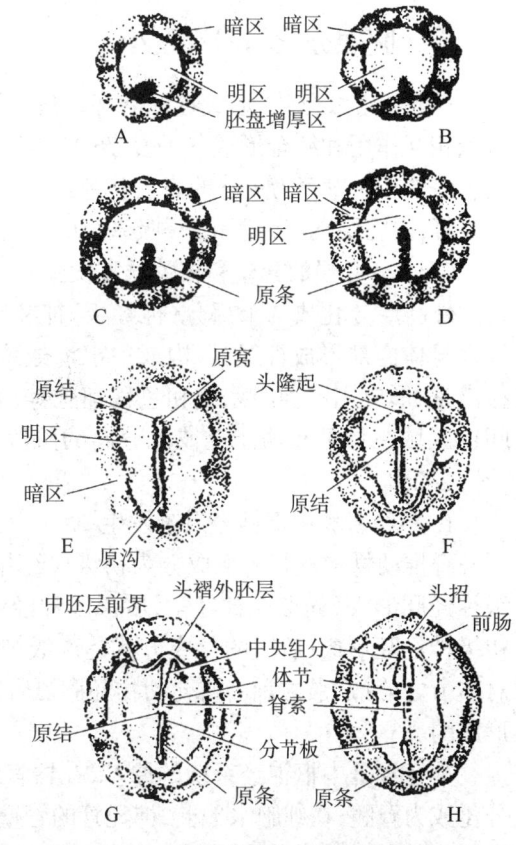

图 12-22 鸡胚原条和中胚层形成(A~H)

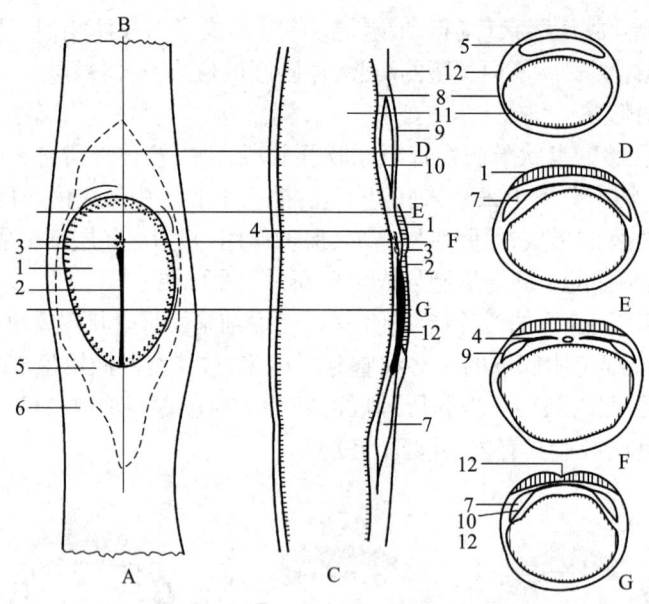

图 12-23　妊娠期 12 d 的猪胚（示原肠的形态）
A. 背侧表现面　B. 纵切线　C. 纵切面　D、E、F、G. 胚胎不同部位的横断面
1. 胚盘　2. 原条　3. 原结　4. 脊索　5. 胚外中胚层　6. 滋养层　7. 体腔　8. 内胚层
9. 体壁中胚层　10. 脏中胚层　11. 原肠腔　12. 外胚层

五、胚层分化与器官发生

三胚层继续分化，形成各种器官原基。胚胎性组织分化为四大基本组织的同时，由各类组织相互作用和结合形成各种复杂的器官，称器官形成，各种器官形成后组成系统，称系统发生。外胚层发育为皮肤的表皮和神经系统；中胚层发育为结缔组织、心、肾、生殖腺、骨骼、肌肉等；内胚层发育为消化、呼吸系统的上皮及相关器官（图 12-24）。

（一）外胚层的分化和相关器官发生

外胚层分化成 3 个部分：神经板、神经嵴和表皮外胚层。神经板在脊索的诱导作用下进入身体内部形成神经管，构成中枢神经系统的原基；神经嵴细胞从神经管与表皮之间迁移出来，形成周围神经系统和色素细胞等；表皮外胚层发育为表皮及其衍生物。这三个外胚层区域在物理和功能上彼此分离的阶段称为神经胚形成，这一时期的胚胎称为神经胚（图 12-25）。

1. 神经管和中枢神经系统发生

脊椎动物神经管的形成分为初级神经胚形成（依次形成神经板、神经沟和神经管）和次级神经胚形成（先形成神经索，后形成神经管）两种方式。通常，神经管前段的形成方式是初级神经胚形成；后段的形成方式是次级神经胚形成。非洲爪蟾蝌蚪尾巴之前、鸡胚第 29 对体节之前（后肢之前）、哺乳动物胚胎骶骨之前的神经管都是通过初级神经胚形成的方式形成的。

神经管是中枢神经系统的原基，在器官水平上，其前端部分将分化成为脑，后端部分将分化成为脊髓；在细胞水平上，神经管的管壁上皮细胞分化为不同类型的神经细胞和神经胶质细胞。

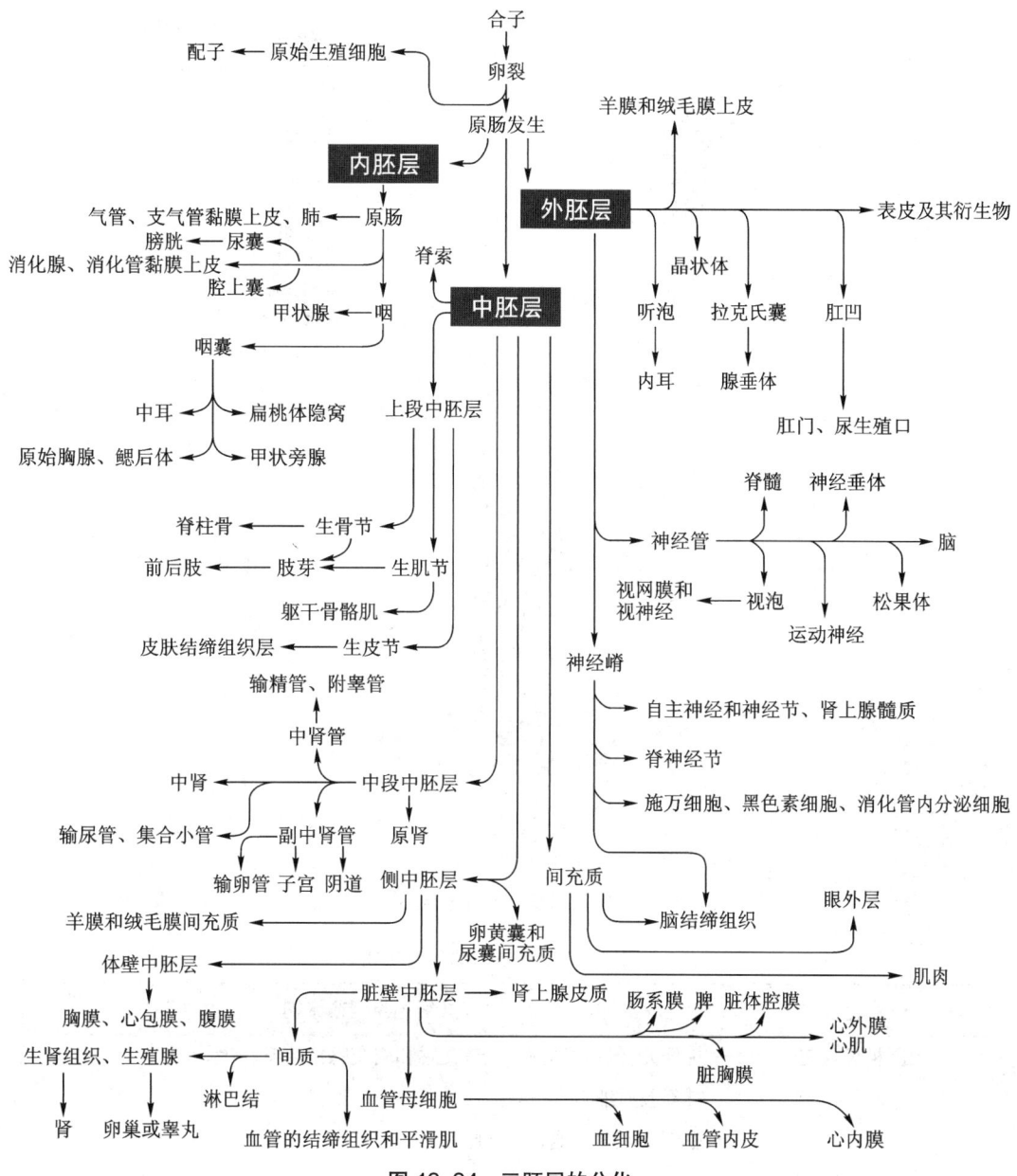

图 12-24 三胚层的分化

2. 神经嵴

神经褶闭合形成神经管的过程中,神经嵴细胞从神经褶融合处分离出来。神经嵴是一个过渡性结构,在神经管背侧经历了从上皮到间充质的转换后,即沿胚胎的前－后轴广泛迁移,产生各种细胞类型(表 12-3)。神经嵴的出现是动物进化的关键事件之一,由神经嵴细胞分化产生了脊椎动物的颌、面部、颅骨和双侧感觉神经元。

3. 外胚层基板和表皮

表皮外胚层主要形成皮肤的表皮层和皮肤的衍生物。在表皮的某些区域,细胞特化并增厚形成了外胚层基板。外胚层基板包括颅感觉基板(如嗅基板、听基板和晶状体板)和产生非感觉性皮肤结构(如毛发、牙齿、羽毛、乳腺、汗腺等)的基板。

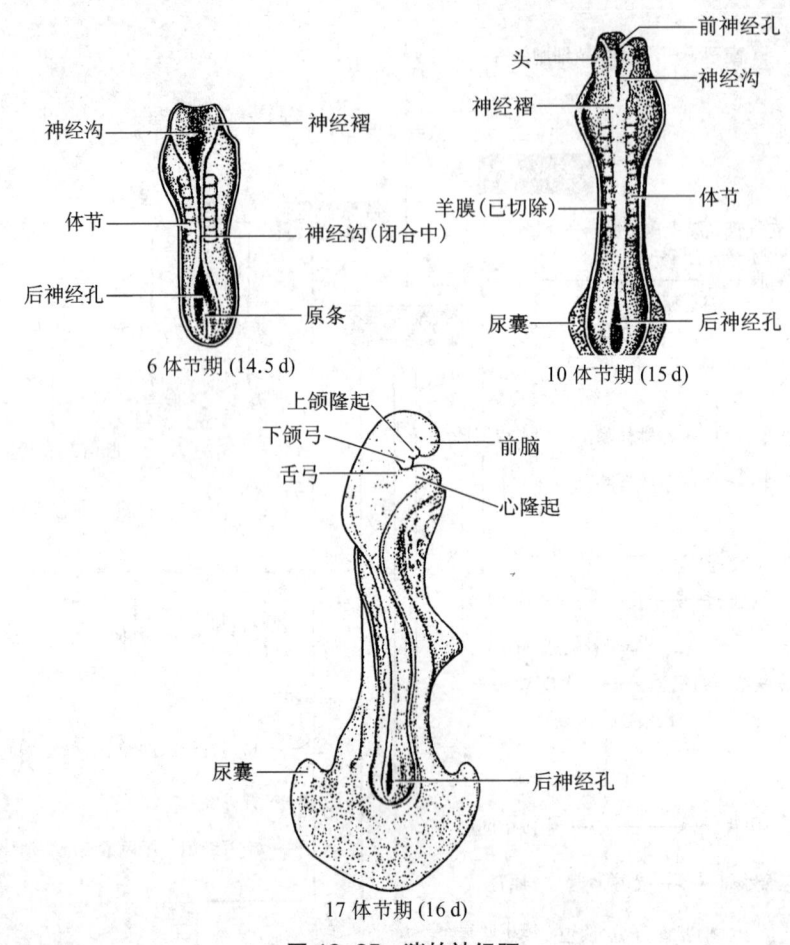

图 12-25 猪的神经胚

表 12-3 神经嵴的部分衍生物

衍生组织	细胞类型或结构
周围神经系统	神经元,包括感觉神经节、交感和副交感神经节、神经丛
	神经胶质细胞
	施万细胞和其他胶质细胞
内分泌和旁分泌组织	肾上腺髓质
	降钙素分泌细胞
	颈动脉体Ⅰ型细胞
色素细胞	上皮色素细胞
面部软骨和骨骼	面部及前端腹侧的颅软骨和骨骼
结缔组织	角膜内皮和基质
	牙乳头
	真皮、平滑肌,以及骨肤、头部和颈部的脂肪组织
	唾液腺、泪腺、胸腺、甲状腺和垂体的结缔组织
	源自主动脉弓的动脉中的结缔组织和平滑肌

表皮外胚层发育为皮肤的表皮。由表皮外胚层发育而来的基层细胞经过细胞分裂和分化由内向外构成了基层、棘层、颗粒层和角质层，形成复层扁平上皮。此外，起源于神经嵴的色素细胞迁移至基层，产生色素。表皮外胚层与间充质真皮在特定部位的诱导作用下发育为表皮衍生物，如毛发、指甲、羽毛、角和各种腺体（汗腺、乳腺、皮脂腺等）。

（二）中胚层的分化和相关器官发生

中胚层的分化与神经管形成同步进行。中胚层可分为4个区域，从中央向两侧分别是脊索中胚层、体节中胚层（又称轴旁中胚层）、间介中胚层和侧板中胚层（图12-26）。

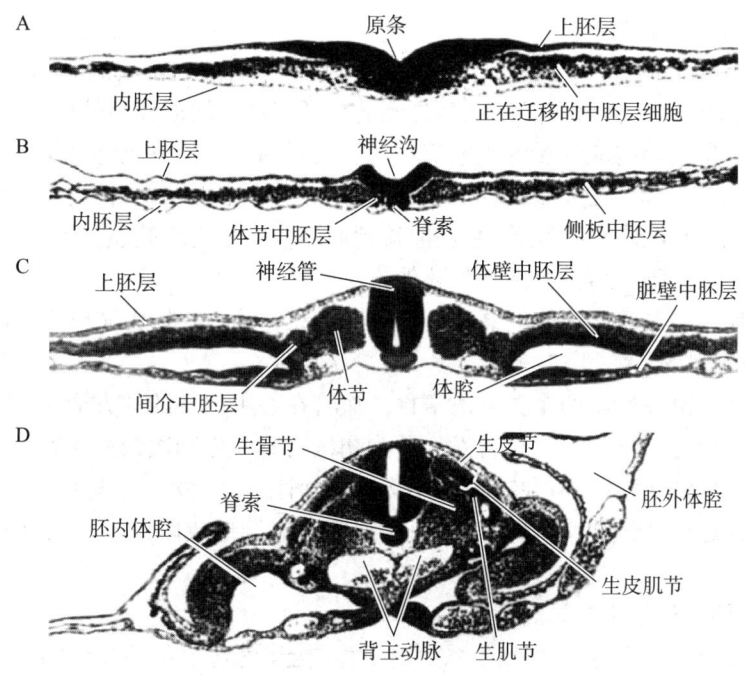

图12-26　鸡的神经胚形成和中胚层分区（改绘自Gilbert，2016）
A～C. 20～25 h　D. 约48 h

1. 脊索中胚层的分化

躯干部中胚层的中央是脊索中胚层。脊索中胚层形成的脊索是一个过渡性组织，主要功能是诱导神经管形成和建立躯体的前-后轴。最终大多数脊索细胞凋亡，只留下很少一部分发育为成体椎间盘组织的髓核。

2. 体节中胚层的分化

体节中胚层分布于脊索两侧。神经管出现后不久，体节中胚层开始从前向后分节。同一物种体节的形成具有一定的节律，体节数目也是确定不变的。鸡胚约每隔90 min形成一对体节，体节数是50对。体节是过渡性组织，将进一步分化成腹侧的生骨节、背外侧的生皮节和生皮节内侧的生肌节。生骨节将发育为脊椎骨和肋骨；生皮节将发育为躯干部皮肤的真皮；生肌节将发育为背部和四肢等处的肌肉。最前端的体节中胚层不分节，称为头部中胚层，将与神经嵴一起形成颅面部的骨骼、肌肉和结缔组织。

3. 间介中胚层的分化

间介中胚层只存在于躯干部，将发育为肾、生殖腺及其附属导管组成的泌尿生殖系统。

畜禽肾的发生经历了前肾、中肾和后肾三个阶段。前肾是脊椎动物中最低等类群（如盲鳗和某些鱼类）成体的肾脏。前肾在鱼类和两栖动物的胚胎阶段发挥泌尿功能。前肾存在的时间很短暂，中肾出现时即开始退化。中肾是鱼类和两栖动物成体的肾脏。在其他更高等脊椎动物的胚胎期发挥泌尿功能。后肾是爬行动物、鸟类和哺乳动物成体的肾脏。

脊椎动物的生殖腺主要由两类细胞构成：体细胞和生殖细胞。体细胞来源于生殖嵴，生殖细胞来源于原始生殖细胞。在发育过程中，原始生殖细胞迁移到生殖嵴，与生殖嵴细胞共同发育为生殖腺。与其他器官不同，生殖腺的发生经历了性未分化期和性别分化期两个阶段。

4. 侧板中胚层的分化

侧板中胚层位于间介中胚层的外侧，左右侧板中胚层的远轴端裂开，背侧称体壁中胚层，腹侧称脏壁中胚层。体壁中胚层和其外侧的外胚层共同构成胚胎的体壁层，脏壁中胚层和其内侧的内胚层共同构成胚胎的脏壁层。两层之间的空腔是体腔，分居于胚胎的两侧，从胚胎的颈部扩展到后部。在胚胎发育后期，两侧体腔融合，从体壁层伸出来的褶将体腔分成不同的几个空间。在哺乳动物胚胎中，从前端到后端依次是胸膜腔、心包腔和腹膜腔。侧板中胚层主要分化为心脏、血管、血细胞和胚外膜。

心脏是胚胎中最早行使功能的器官。低等脊椎动物的心脏较为简单，高等脊椎动物（羊膜动物）的心脏较为复杂（图12-27）。

血管发生和心脏发生是两个独立的事件。血管在心脏以外的地方形成，再与心脏相连，共同构成一个完整的循环系统。血管发生分为初级血管发生和次级血管发生两个阶段。初级血管发生阶段，从脏壁中胚层中产生初级毛细血管丛；次级血管发生阶段，初级毛细血管丛被改造，形成毛细血管、动脉和静脉。血细胞由血管形成阶段的造血干细胞分化而来（图1-26）。

（三）内胚层的分化和相关器官发生

内胚层主要参与消化系统和呼吸系统的发生，构建消化道和呼吸道的黏膜。起源于脏壁中胚层的间充质围绕内胚层形成黏膜外的其他组织。

内胚层的分化起始于原始消化管的形成。羊膜动物的原始消化管伴随着头褶的形成而出现，最终形成前肠、中肠和后肠（图12-28）。在随后的发育中，前肠逐渐向后伸长，后肠逐渐向前伸长，中肠在中间伸长盘曲。

前肠、中肠和后肠继续分化。前肠将形成口腔的后半部分、咽、食管、胃、肝、胰和十二指肠等器官的黏膜以及气管和肺的黏膜。中肠形成空肠和回肠的黏膜，后肠形成大肠的黏膜。

（四）肢的发育

四足动物（两栖动物、爬行动物、鸟类和哺乳动物）的肢主要由中胚层和外胚层产生。其中，骨骼和血管来源于侧板中胚层；肌肉来源于体节中胚层；皮肤和神经来源于外胚层。与其他器官不同，肢的发育过程中呈现出近远轴、前后轴和背腹轴的分化。成体的前肢和后肢都可以分成肢柱、肢杆和肢身三部分，都存在近远轴、前后轴和背腹轴。

肢在胚胎的体侧形成，前肢的发育略早于后肢。间充质细胞增殖，表皮外胚层加厚从胚胎两侧突出形成了肢芽（图12-29）。鸡胚的前肢芽约在与第17对体节相当的体侧生成，后肢芽约在与第29对体节相当的体侧生成。肢中的血管系统在肢芽时期就存在，以后经过改造，形成了动脉、静脉和毛细血管。神经在肢柱区域的骨骼形成不久后进入，并随着肢的伸长分布全肢。在肢身的末端，细胞的程序性死亡起着雕刻指（趾）的作用。

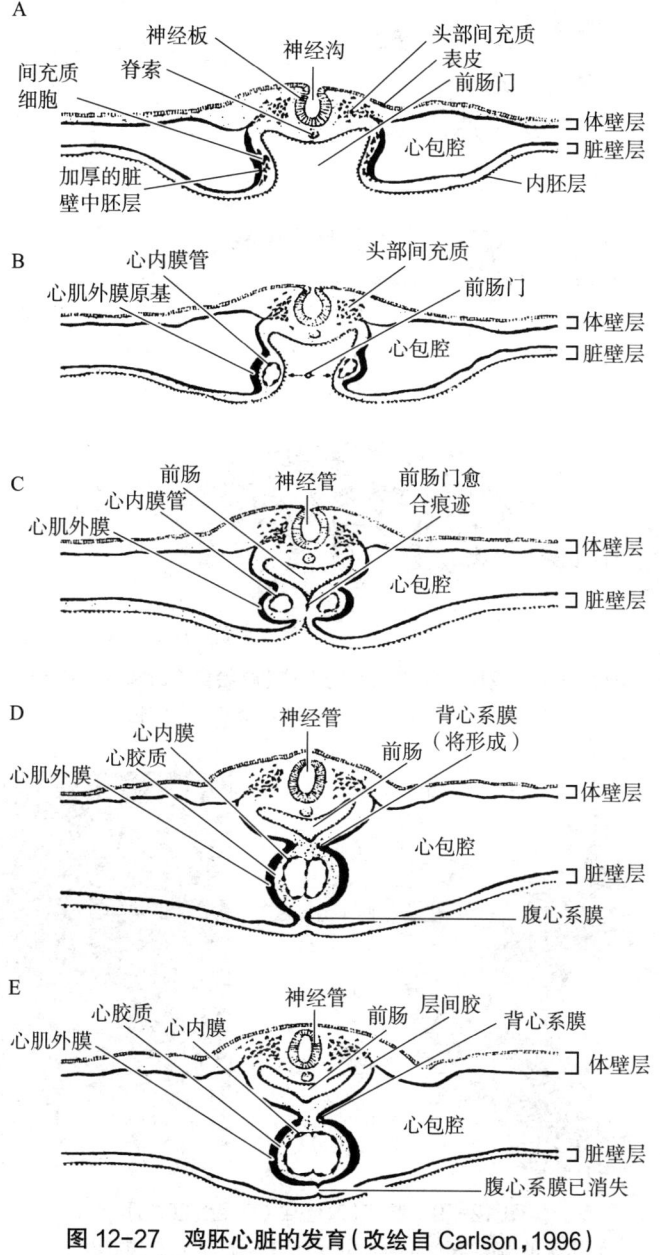

图 12-27 鸡胚心脏的发育（改绘自 Carlson, 1996）
A. 25 h　B. 26 h　C. 27 h　D. 28 h　E. 29 h

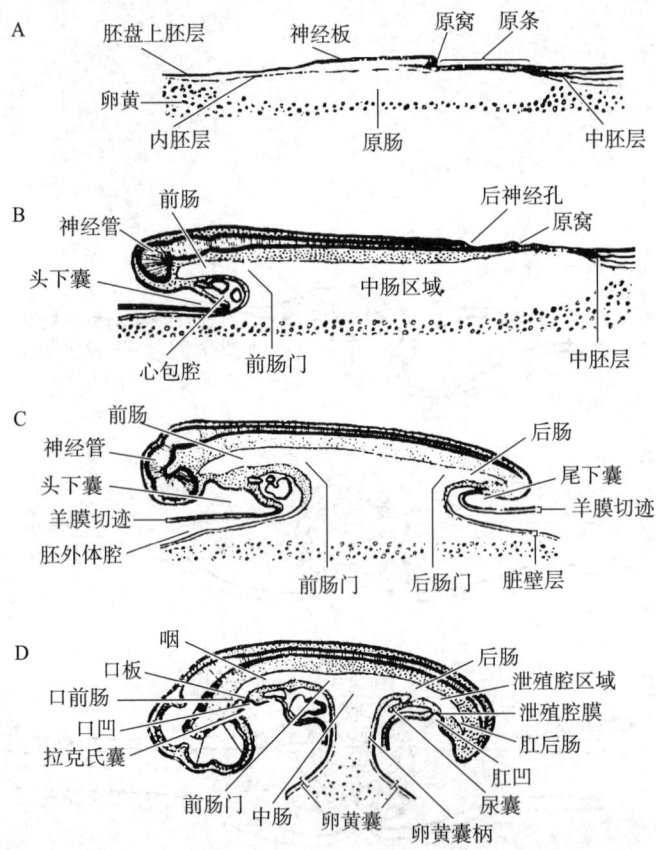

图 12-28　鸡胚原始消化管的形成（改绘自 Carlson，1996）
A. 孵化 1 d　B. 孵化 2 d　C. 孵化 2.5 d　D. 孵化 3.5 d

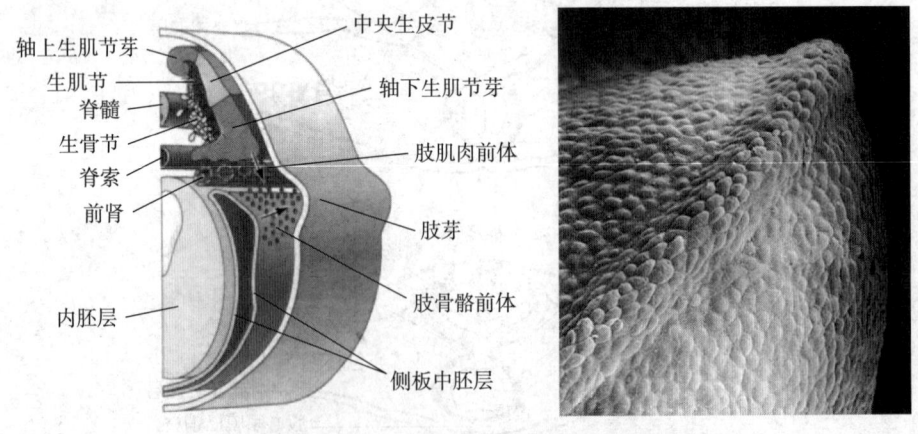

图 12-29　肢芽（改绘自 Gilbert，2016）
左：肢芽的出现（两栖动物）；右：早期鸡胚前肢芽的扫描电镜照片

第三节　胚 外 膜

　　爬行动物、鸟类和哺乳动物为适应陆生生活，在胚胎发育过程中进化出了胚外膜。胚外膜起着保护胚胎、为胚胎提供气体交换，以及运送营养物质和代谢废物的作用。

第三节 胚外膜

一、家畜的胚外膜和胎盘

(一) 胚外膜

家畜的胚外膜也称胎膜,有卵黄囊、尿囊、羊膜和绒毛膜4种,由囊胚期的滋养层细胞和部分内细胞团细胞发育而来(图12-30)。胎生哺乳动物的卵黄囊中没有卵黄,仅在胚胎早期明显可见,不久即退化消失。猪的卵黄囊在胚胎13天左右形成,17天开始退化,1个月左右完全消失。卵黄囊的出现是系统发育的重演,表明其祖先是卵生动物。尿囊可储存胚胎的代谢产物。猪的尿囊特别发达,猪胚13天时尿囊发生,16天左右与绒毛膜接触,随后逐渐发育形成尿囊绒毛膜,通过分布于尿囊上的脐血管到达胎盘,与母体进行物质交换。羊膜能分泌羊水,为胚胎发育提供了水生环境。绒毛膜能够与母体的子宫内膜共同形成胎盘,建立胎儿与母体之间的物质交换。

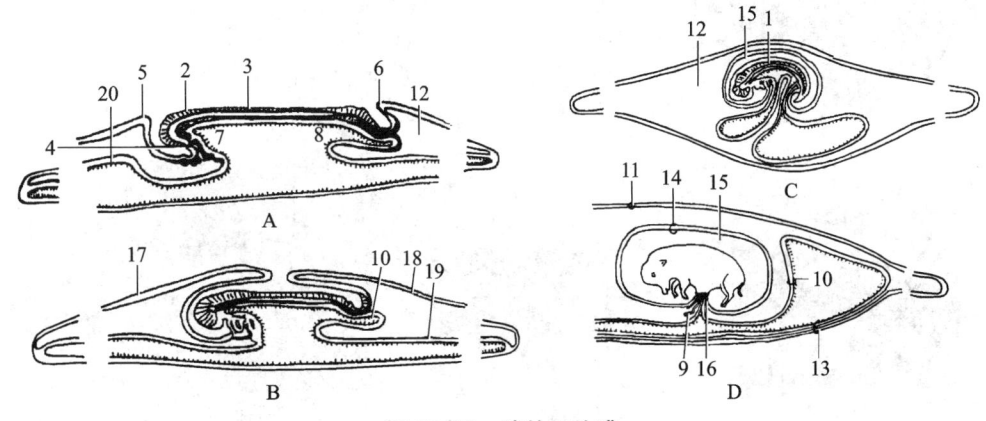

图 12-30 猪的胚外膜

A. 体节开始形成期 B. 约15体节期 C. 约25体节期 D. 30 mm猪胚 1. 胚体 2. 神经板 3. 脊索 4. 心脏 5. 羊膜头褶 6. 羊膜尾褶 7. 前肠 8. 后肠 9. 卵黄囊 10. 尿囊 11. 绒毛膜 12. 胚外体腔 13. 尿囊绒毛膜 14. 羊膜 15. 羊膜腔 16. 脐带 17. 胚外外胚层 18. 胚外体壁中胚层 19. 胚外脏中胚层 20. 胚外内胚层

(二) 胎盘

胎盘是哺乳动物胎儿与母体进行物质交换的结构。由母体子宫内膜和胚胎的尿囊绒毛膜组成,包括胎盘的母体部分和胎儿部分。胎儿在母体子宫内发育,依靠胎盘从母体获得营养并进行物质和气体交换。

家畜的胎盘属于尿囊绒毛膜胎盘。不同家畜的胎盘结构不同,形成了不同类型的胎盘(表12-4)。解剖水平上,胎盘的差异表现为绒毛膜上绒毛的分布方式不同(图12-31);组织水平上胎盘的胎儿部分差异不大,而母体部分对子宫内膜的破坏程度差异较大,可分为不同类型(图12-32)。

二、家禽的胚外膜

家禽的胚胎发育主要在体外进行,胚外膜也有卵黄囊、尿囊、羊膜和浆膜4种(图12-33),主要由胚盘的暗区和明区的一部分细胞发育而来。卵黄囊是储藏营养物质(卵黄)的场所。家禽的卵黄囊很发达,具有消化和吸收卵黄的作用;尿囊具有储存水和沉淀代谢废物尿酸盐的作用,并能溶解和吸收蛋壳中的钙;羊膜为胚胎发育提供了水生环境,能够防止胚胎脱水、

表 12-4 家畜胎盘的分类

物种	绒毛膜上绒毛分布方式	母体—胎儿间的屏障	生产时对母体组织的损伤
猪	散布	上皮绒毛膜	无损伤（非蜕膜）
马	散布和微子叶	上皮绒毛膜	无损伤（非蜕膜）
绵羊、山羊、牛、水牛	子叶	上皮或结缔绒毛膜	无损伤（非蜕膜）
狗、猫	带状	内皮绒毛膜	中度损伤（蜕膜）
人、猴	盘状	血绒毛膜	广泛损伤（蜕膜）

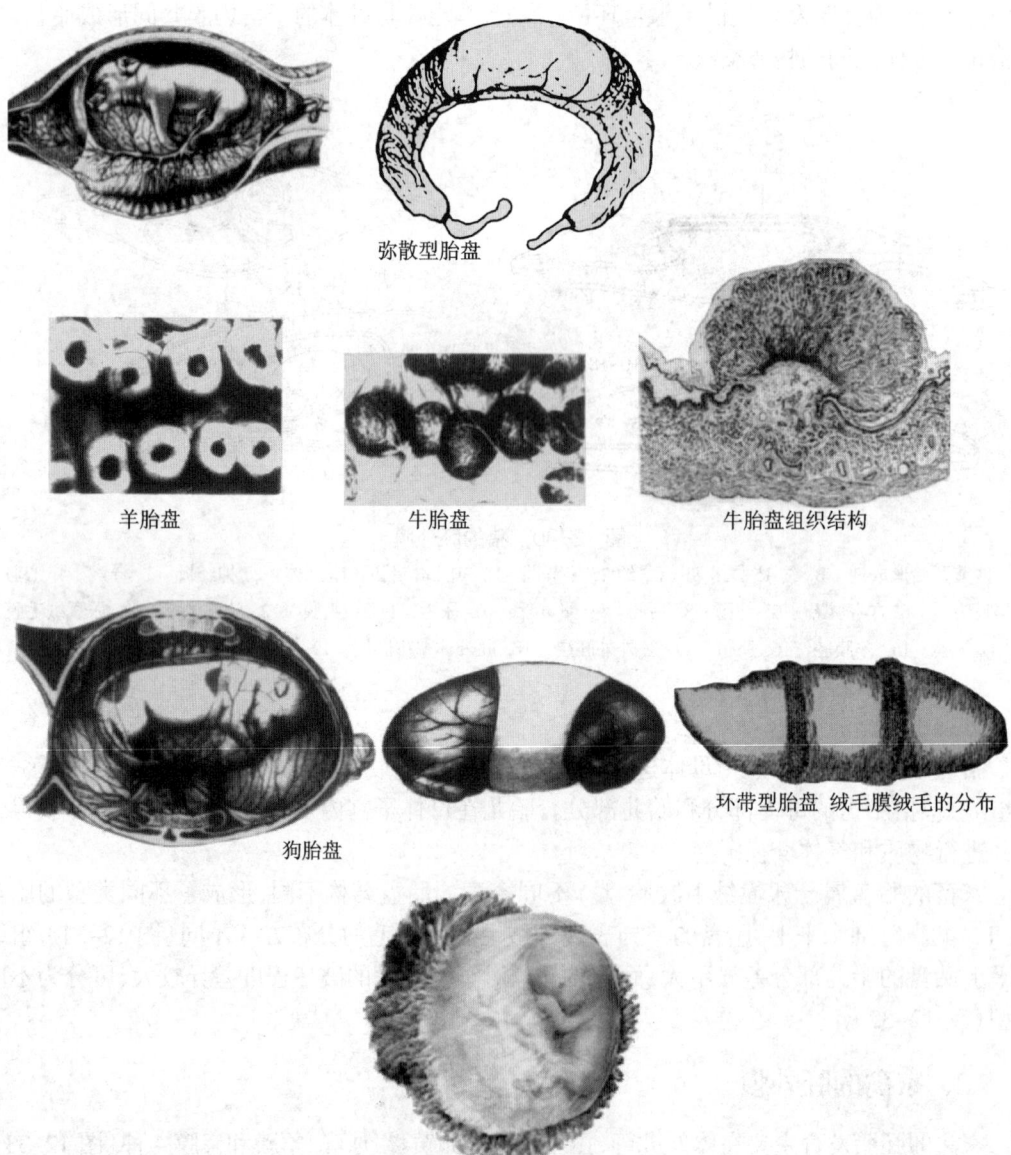

弥散型胎盘

羊胎盘　　　牛胎盘　　　牛胎盘组织结构

狗胎盘　　　环带型胎盘 绒毛膜绒毛的分布

盘状胎盘

图 12-31 根据绒毛膜上绒毛分布方式的胎盘分类

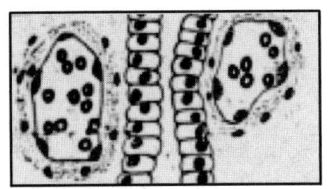
上皮绒毛膜胎盘

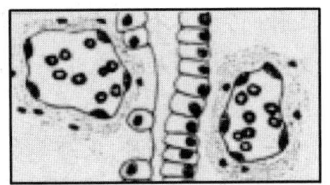
结缔绒毛膜胎盘

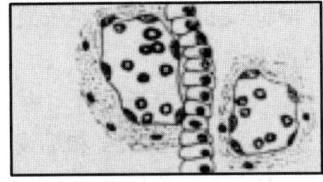
内皮绒毛膜胎盘

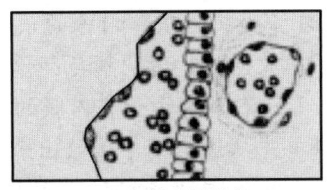
血绒毛膜胎盘

图 12-32 根据胎盘组织结构差异的胎盘分类

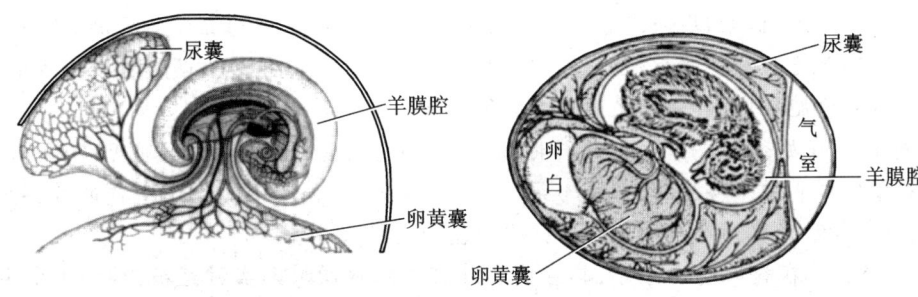

图 12-33 鸡的胚外膜

防止温度突然变化和缓冲机械冲击;尿囊浆膜是胚胎重要的呼吸结构,紧贴壳膜,能够与外界环境进行氧气和二氧化碳的交换;尿囊浆膜还包裹卵白形成了卵白囊,对帮助卵白进入卵黄和羊水中被胚胎吸收利用起了一定的作用。

名词解释

1. **受精** 是两性配子相互融合,形成新的细胞——合子的过程。受精过程中精子首先要获能,即精子的质膜发生某些改变;获能后的精子将发生顶体反应,即精子质膜与顶体外膜之间发生点状融合后破裂,释放出顶体内容物的过程;通过酶的作用和精子的机械运动精子穿过放射冠和透明带。此外,精子和卵子通过精子质膜上的透明带受体识别透明带的糖蛋白,使精子和透明带牢固结合,精子穿过透明带;穿过透明带后的精子头部立即附着到卵质膜上,而后精子和卵子质膜相互融合,精子的细胞核和细胞质并入卵细胞质;在与精子融合时,处于休眠状态的卵细胞被激活,启动一系列形态和生化的变化;被激活的卵细胞释放皮质颗粒内容物,发生皮质反应后又引发了透明带反应和卵质膜反应,皮质反应对阻止多精受精有重要意义;并入卵细胞质中的精子核在卵胞质内解凝后形成雄原核,卵激活后卵母细胞完成减数分裂并形成雌原核,两原核形成之后,原核相互靠拢,到二原核相会时原核膜破裂,染色体混合,至此合子形成。

2. **精子获能** 哺乳动物刚射出的精子并不能使卵子受精,只有在雌性生殖道内或在类似环境中停留一段时间,才具有受精能力,此过程称为获能。获能就是去掉吸附和整合到精子质膜上的某些物质,使精子质膜发生某些改变,便于其在接触卵子时发生顶体反应和与卵质膜相互融合。

3. 透明带反应　皮质反应时,皮质颗粒中释放出来的蛋白酶或糖苷酶可分解透明带上的糖蛋白,使透明带变性,从而阻止多余精子与透明带的结合,此即所谓的透明带反应。

4. 顶体反应　当获能的精子与卵子相遇时,精子顶体的前膜与表面的细胞膜融合,继而胞膜破裂形成许多小孔。顶体内含的顶体酶逐渐释放出来,溶解卵子表面的放射冠和透明带,使精子能穿越放射冠和透明带与卵子的细胞膜相接触。

5. 胚泡植入　胚泡附着于子宫内膜的过程称植入,医学上称着床。植入始于胚胎发育到囊胚阶段,囊胚首先从透明带中释放出来,胚泡滋养层和子宫上皮相贴发生附植。家畜胚胎的植入是非侵入性的,仅仅是胚胎滋养层和子宫上皮的黏着。灵长类和啮齿类的胚泡分泌蛋白溶解酶,溶解子宫内膜形成一个缺口,胚泡由此缺口进入子宫内膜。

6. 原条　原肠形成时,胚盘上胚层细胞增殖迁移至胚盘背侧中轴线上形成一条增厚的细胞索称原条。原条的出现决定了胚体的头尾方向:原条的一端为胚体的尾侧,另一端为头侧。原条的细胞增殖并向深部迁移,在内、外胚层之间向头、尾及左右两侧扩展形成中胚层,由原条顶端处细胞在内、外胚层之间形成的细胞索称脊索。

7. 脊索　在原条形成中胚层的同时,原结的细胞增殖,经原窝向深部迁移,在内、外胚层之间的中轴线上向头端生长,形成一条细胞索,称脊索。脊索可诱导其背侧的外胚层形成神经板,脊索最后退化为脊椎动物的脊柱椎间盘的髓核。

8. 神经管　在脊索的诱导下,其背侧的外胚层细胞增厚形成神经板,神经板中央凹陷为神经沟,沟两侧隆起称神经褶,神经褶在胚胎中部愈合并向头尾延伸成管状,称神经管。神经管将来分化为中枢神经系统的脑、脊髓等。

9. 胚外膜　包括卵黄囊、羊膜、浆膜、尿囊及卵白囊。卵黄囊包围卵黄,卵黄经卵黄囊消化、吸收,经血液循环给胚体提供生长发育所需的营养。羊膜包围胚体并可分泌羊水,为胚胎发育提供了一个类似于水生动物的液体环境,同时免受震荡。浆膜包围着胚胎和其他胚外膜,并与卵壳相贴,具有气体交换的功能。尿囊为后肠腹壁向胚外体腔突出的囊,可堆积代谢废物,储存、转运水,和浆膜一起形成尿囊浆膜发挥呼吸、利用壳钙等功能。卵白囊由尿囊浆膜包围蛋白而形成,卵白囊的蛋白可经浆羊膜道进入羊膜腔内,经胚胎吞食开始胃肠消化过程。

10. 猪的胎盘　胎盘是胎儿与母体进行物质交换的结构,它由胎盘的胎儿部分和母体部分共同组成。根据尿囊绒毛膜上绒毛的分布和胎盘的组织分类,猪的胎盘属于散布胎盘和上皮绒毛膜胎盘。胎盘屏障是胎儿血和母体血在胎盘内进行物质交换必须经过的结构。猪的胎盘屏障结构如下:胎盘的胎儿部分有三层组织,血管内皮、间充质和滋养层上皮。胎盘的母体部分也由三层构成,分别是子宫内膜上皮、结缔组织和血管内皮。

11. 生态胚胎学　研究个体发育所需要的生态条件,即研究个体发育各阶段对环境条件的依赖关系。对水产动物来说,生态条件主要指温度、光照、盐度、水体中饵料生物、pH、溶氧、无机与有机物含量等指标。

12. 胚胎工程　是这些年来在进行胚胎移植的基础上,逐步发展起来的提高家畜繁殖力,扩大遗传影响的综合生物工程。技术手段包括:人工授精、胚胎分割、胚胎嵌合、无性繁殖(克隆)、性别鉴定、胚胎冷冻等方法。胚胎工程具有胚胎显微操纵的含义。

13. **雌核发育** 精子只起诱导卵发育的刺激作用,其遗传信息不参与子代的发育,子代的全部遗传信息来自母体。是鱼类单性生殖中一种重要的生殖方式。

14. **精荚** 甲壳动物软甲类与桡足类的精子被输精管末端的分泌物包被,形成精荚。交配后,精荚储存或黏附于雌体的纳精囊内,待雌体产卵时,精荚破裂,释放精子,进行受精作用。

15. **甲壳动物的胚后发育** 演化性变态,在发育过程中要经过无节幼虫、溞状幼虫、糠虾幼虫等阶段。无节幼虫为甲壳类最原始、最典型的幼虫,发育过程中最早出现的幼虫期。身体不分节,具有1个眼点(中眼),位于身体前端腹中线处。有3对附肢。后期无节幼虫由卵子直接孵出或由无节幼虫经过一次或几次蜕皮形成,体节开始自前向后陆续出现。前期溞状幼虫为许多十足目初孵幼虫,前两对胸肢已具备。溞状幼虫由大部分的十足类受精卵直接孵出。幼虫胸部特别短,头胸甲已形成。第三对颚足生成,步足肢芽出现。腹部开始分节,眼柄已长成。后期溞状幼虫在溞状幼虫之后,腹部分节明显。五对步足的肢芽较上期增大。糠虾幼虫在后期溞状幼虫之后,已具有成体的雏形。胸肢带有外肢,具有游泳功能。附肢逐渐发育完善。

16. **卵胎生与胎生** 卵子在体内受精,受精卵在雌性输卵管内发育,但胚胎发育所需的营养依靠卵黄本身供给,与母体没有联系,仅呼吸依赖于母体,少数硬骨鱼为此种繁殖方式。灰星鲨、锤头双髻鲨的繁殖方式属于胎生,胚胎与母体发生循环上的联系,形成卵黄囊胎盘,胚胎发育所需的营养物质除了卵黄外,也靠母体供给。

17. **油球** 又称油滴,是许多海产硬骨鱼卵的特殊组成部分,为内含中性脂肪,表面围有原生质薄膜的小球状体。对于浮性卵,油球不仅可贮藏养料,也起到浮子的作用,能使卵漂浮于一定的水层中。油球的有无、数目的多寡、直径的大小以及色彩等是辨别各种鱼类卵子的重要分类特征。浮性卵,无色透明,卵内大多含有一至多个油球,卵子的相对密度比水小。当卵子产于水中后,便漂浮于水面。这种卵子一般较小,如大多数海水鱼类的卵子。也有些浮性卵由于特殊的相对密度而漂浮于不同的水层中,甚至接近海底的地方。半浮性卵,卵膜无黏性,入水后,卵膜吸水膨胀,形成较大的围卵周隙,增加了卵的浮力。流水情况下漂流于不同的水层中,而在静水中则沉于水底。沉性卵,大多数淡水鱼类卵子的相对密度比水大,产出后沉于水底,卵膜大都具有黏性,缠在水草上。

18. **鱼类个体发育过程** 鱼类个体发育过程可基本分为:胚胎期、仔鱼期、幼鱼期、性未成熟期和成熟期。胚胎期:从受精卵开始到胚胎破膜孵化出的整个发育阶段。期间主要进行了卵裂、囊胚、原肠胚、神经胚和部分器官的发生过程。仔鱼期:从出膜到奇鳍褶开始退化消失、软骨性鳍条开始形成为止。分为①仔鱼前期:从出膜到卵黄囊完全吸收;②仔鱼后期:从卵黄完全吸收到软骨性鳍条开始形成。幼鱼期:奇鳍退化消失,鳍条、鳞片和侧线已形成,外观体形和体色与成鱼相似。性未成熟期:各种器官结构和功能都已具备,但性腺尚未成熟,发育至Ⅱ期。成熟期:进入第一次性成熟,有成熟的生殖细胞产出,第二性征明显。

自 测 题

一、填空题

1. 雌雄生殖细胞的发生过程虽有差别,但都要经过_____期、_____期和_____期三个阶段。家畜卵子的直径依物种不同而异,一般在_____μm。

第十二章 畜禽胚胎学

2. _____是两性生殖细胞相互融合,形成一个新的细胞——_____的过程。

3. 受精卵最初发生的数次细胞分裂叫_____,分裂形成的子细胞叫_____,鸡的卵裂属于_____卵裂或_____卵裂。

4. 家畜的卵子既保留了端黄卵的特征,也具有均黄卵的特点,属于_____卵。家畜的卵裂为_____裂,其特点为卵裂速度_____和_____卵裂。

5. 在囊胚腔的一侧,有一团细胞附着,该团细胞称_____,其附着处的扁平细胞称_____。_____将来形成胚体,而_____则形成胎膜。

6. 胎膜相当于鸡的胚外膜,也有四种,分别是:_____、_____、_____和_____。

7. 脐带外面被覆着光滑的_____,内部主要是_____柄、_____动脉和_____静脉以及_____组织间质。

8. 根据绒毛膜上绒毛的分布方式把胎盘分为四类:_____胎盘、_____胎盘、_____胎盘和_____胎盘。

9. 根据胎盘屏障的组织分类把胎盘分为:_____胎盘、_____胎盘、_____胎盘和_____胎盘。

二、单项选择题

1. 受精部位一般在(　　)
   A. 子宫角　　　　　　　　B. 子宫颈　　　　　　　　C. 输卵管峡部
   D. 输卵管壶腹部　　　　　E. 输卵管漏斗部

2. 有关受精的描述,错误项是(　　)
   A. 顶体反应是指精子质膜与顶体外膜之间发生点状融合后破裂,释放出顶体内容物的过程
   B. 顶体赤道段在顶体反应中最先发生质膜与顶体外膜间的融合
   C. 精子附着于透明带是因为精子质膜上有透明带受体
   D. 穿过透明带后的精子头部先以其顶体赤道段处质膜与卵质膜相融合
   E. 致密的精子核在进入卵胞质后,必须先要解凝才能发育成原核

3. 有关皮质反应,错误项是(　　)
   A. 成熟卵子的皮质颗粒在质膜下排列成一行
   B. 皮质反应指皮质颗粒内容物吐到卵周隙中的过程
   C. 皮质颗粒内容物中有蛋白酶和糖苷酶可分解精子质膜上的透明带受体
   D. 皮质颗粒的膜与卵细胞质膜融合后,使卵质膜的性质发生改变
   E. 皮质反应的主要作用是阻止多精受精

4. 鸡卵子的受精部位在(　　)
   A. 输卵管卵白分泌部　　　B. 输卵管子宫部　　　　　C. 输卵管峡部
   D. 输卵管漏斗部　　　　　E. 输卵管阴道部

5. 受精卵的细胞分裂称(　　)
   A. 卵裂　　B. 成熟分裂　　C. 有丝分裂　　D. 无丝分裂　　E. 减数分裂

6. 诱导神经管形成的结构是(　　)
   A. 原条　　B. 原沟　　　　C. 原结　　　　D. 原窝　　　　E. 脊索

7. 透明带消失发生在(　　)
   A. 受精时　B. 卵裂时　　　C. 桑葚胚期　　D. 胚泡期　　　E. 植入后

8. 下述哪一结构不是由受精卵发育而来?(　　)

    A. 胚盘　　　　B. 脐带　　　　C. 羊膜　　　　D. 蜕膜　　　　E. 绒毛膜
9. 胎儿诞生时,剪断脐带后从切口流出的血液是(　　)
    A. 胎儿的动、静脉血　　　　　　　　B. 母体的动脉血和胎儿的静脉血
    C. 母体的静脉血和胎儿的动脉血　　　D. 胎儿和母体的动、静脉血
    E. 母体的动、静脉血
10. 下列哪项不属于胚泡的结构?(　　)
    A. 滋养层　　B. 胚泡液　　C. 胚泡腔　　D. 内细胞群　　E. 放射冠
11. 胚胎植入子宫内膜的时期是(　　)
    A. 胚泡时期　　　　　B. 胚盘分化时期　　　　C. 桑葚胚时期
    D. 受精后24 h内　　　E. 卵裂早期
12. 胎盘分泌的绒毛膜促性腺激素的主要作用是(　　)
    A. 促进卵母细胞成熟分裂　　B. 使子宫平滑肌松弛　　C. 促进黄体生长
    D. 促进卵泡生长　　　　　　E. 促进卵泡排卵
13. 下列哪项不属于胎膜?(　　)
    A. 羊膜　　B. 包蜕膜　　C. 卵黄囊　　D. 绒毛膜　　E. 尿囊
14. 描述羊水的错误项是(　　)
    A. 羊膜不断吸收羊水　　　　　　　B. 胎儿可吞饮少量羊水
    C. 胎盘血液内部分物质渗入羊水内　　D. 胎儿体内少量代谢废物排入羊水内
    E. 羊膜不断分泌形成羊水

参考答案

一、填空题

1. 增殖　生长　成熟　120～160
2. 受精　合子
3. 卵裂　卵裂球　不全　盘状
4. 次生均黄　全　慢　异时
5. 内细胞团　滋养层　内细胞团　滋养层
6. 卵黄囊　绒毛膜　羊膜　尿囊
7. 羊膜　尿囊　脐　黏性结缔
8. 散布　子叶　带状　盘状
9. 上皮绒毛膜　结缔绒毛膜　内皮绒毛膜　血绒毛膜

二、单项选择题

1. D　题解:虽然受精在体外也能进行,但在体内一般是在输卵管的壶腹部。
2. B　题解:顶体赤道段在顶体反应中不发生质膜与顶体外膜间的融合。
3. C　题解:皮质颗粒中的酶分解的是透明带上的糖蛋白。
4. D　题解:鸡交配后,精子储存在输卵管的漏斗口下部和子宫－阴道结合部,鸡卵子的受精部位在输卵管漏斗部。
5. A
6. E

7. D

8. D　题解:蜕膜由子宫内膜基质发生肥大而形成。

9. A　题解:脐带内的血管是 2 条脐动脉和 1 条脐静脉,是胎儿血循环的必经之路,切断脐带后,流出的是胎儿的动、静脉血。

10. E　题解:放射冠属于卵膜的一部分。

11. A

12. C

13. B　题解:包蜕膜由子宫内膜演变而成不属于胎膜。

14. C　题解:羊水由羊膜分泌形成。

思 考 题

1. 比较畜、禽囊胚的形成。
2. 简述胚胎发生中的组织诱导。
3. 简述胚胎发育中细胞的行为与形态发生。

网 上 更 多

教学视频　　教学课件　　在线自测　　彩图动画

参考文献

[1] 安徽农学院.家畜解剖图谱.上海:上海人民出版社,1977
[2] 成令忠.组织学与胚胎学.4版.北京:人民卫生出版社,1996
[3] 成令忠,钟翠平,蔡文琴.现代组织学.上海:上海科技文献出版社,2003
[4] 丁明孝,王喜忠,张传茂,陈建国.细胞生物学.5版.北京:高等教育出版社,2020
[5] 董常生.动物解剖学.北京:中国农业出版社,2001
[6] 高英茂,李和.组织学与胚胎学.2版.北京:人民卫生出版社,2011
[7] 侯林,吴孝兵.动物学.2版.北京:科学出版社,2016
[8] 华中农学院,等.中国水牛解剖.长沙:湖南科学技术出版社,1984
[9] 李霞.水产动物组织胚胎学.北京:中国农业出版社,2006
[10] 林辉.猪解剖图谱.北京:农业出版社,1992
[11] 马云飞.动物组织学与胚胎学.北京:中国农业大学出版社,2020
[12] 马仲华.动物解剖学及组织胚胎学.3版.北京:中国农业出版社,2002
[13] 南开大学.实验动物解剖学.北京:人民教育出版社,1979
[14] 秦鹏春.哺乳动物胚胎学.北京:科学出版社,2001
[15] 秦鹏春,等.兽医组织学.2版.北京:农业出版社,1989
[16] 沈霞芬.家畜组织学与胚胎学.3版.北京:中国农业出版社,2001
[17] 王平,等.简明脊椎动物组织与胚胎学.北京:北京大学出版社,2004
[18] 薛俊增,堵南山.甲壳动物学.上海:上海教育出版社,2009
[19] 杨宁.家禽生产学.2版.北京:中国农业出版社,2010
[20] 杨维泰.动物解剖学.北京:中国科学技术出版社,1998
[21] 尤永隆,林丹军,张彦定.发育生物学.北京:科学出版社,2011
[22] 张红卫.发育生物学.4版.北京:高等教育出版社,2018
[23] 张立教.猪的解剖组织.2版.北京:科学出版社,1984
[24] 张天荫.动物胚胎学.山东:山东科学技术出版社,1996
[25] 朱士恩.家畜繁殖学.5版.北京:中国农业出版社,2015
[26] Browder L W,Erickson C A,Jeffery W R. Developmental Biology. 3th ed. Philadelphia:Saunders College Publishing,1991
[27] Carlson B M. Patten's Foundations of Emryology. 6th ed. New York:McGraw-Hill Book Company,1996
[28] Dellmann D H. Testbook of Veterinary Histology. 4th ed. Philadelphia:Lea & Febiger,1993
[29] Gilbert S F,Barresi M J. Developmental Biology. 11th ed. Sunderland:Sinauer Associates,Inc. Publishers,2016
[30] König H E,Liebich H G. Veterinary Anatomy of Domestic Mammals,Textbook and Colour Atlas. 3rd ed. New York:Schattauer GmbH,2007
[31] Latshaw W K. Veterinary Development Anatomy. Philadelphia:B.C. Decker Inc.,1987
[32] Longo F J. Fertilaizaition. London:Chapman & Hall Ltd.,1987
[33] Node D M,de Lahunta A. The Embryology of Domestic Animals. Baltimore:Williams & Wilkins,1985

郑重声明

高等教育出版社依法对本书享有专有出版权。任何未经许可的复制、销售行为均违反《中华人民共和国著作权法》，其行为人将承担相应的民事责任和行政责任；构成犯罪的，将被依法追究刑事责任。为了维护市场秩序，保护读者的合法权益，避免读者误用盗版书造成不良后果，我社将配合行政执法部门和司法机关对违法犯罪的单位和个人进行严厉打击。社会各界人士如发现上述侵权行为，希望及时举报，我社将奖励举报有功人员。

反盗版举报电话　（010）58581999　58582371
反盗版举报邮箱　dd@hep.com.cn
通信地址　北京市西城区德外大街4号　高等教育出版社法律事务部
邮政编码　100120

读者意见反馈

为收集对教材的意见建议，进一步完善教材编写并做好服务工作，读者可将对本教材的意见建议通过如下渠道反馈至我社。

咨询电话　400-810-0598
反馈邮箱　gjdzfwb@pub.hep.cn
通信地址　北京市朝阳区惠新东街4号富盛大厦1座
　　　　　高等教育出版社总编辑办公室
邮政编码　100029

防伪查询说明

用户购书后刮开封底防伪涂层，使用手机微信等软件扫描二维码，会跳转至防伪查询网页，获得所购图书详细信息。

防伪客服电话
（010）58582300